ARMORIAL

DE LA

GÉNÉRALITÉ D'ALSACE.

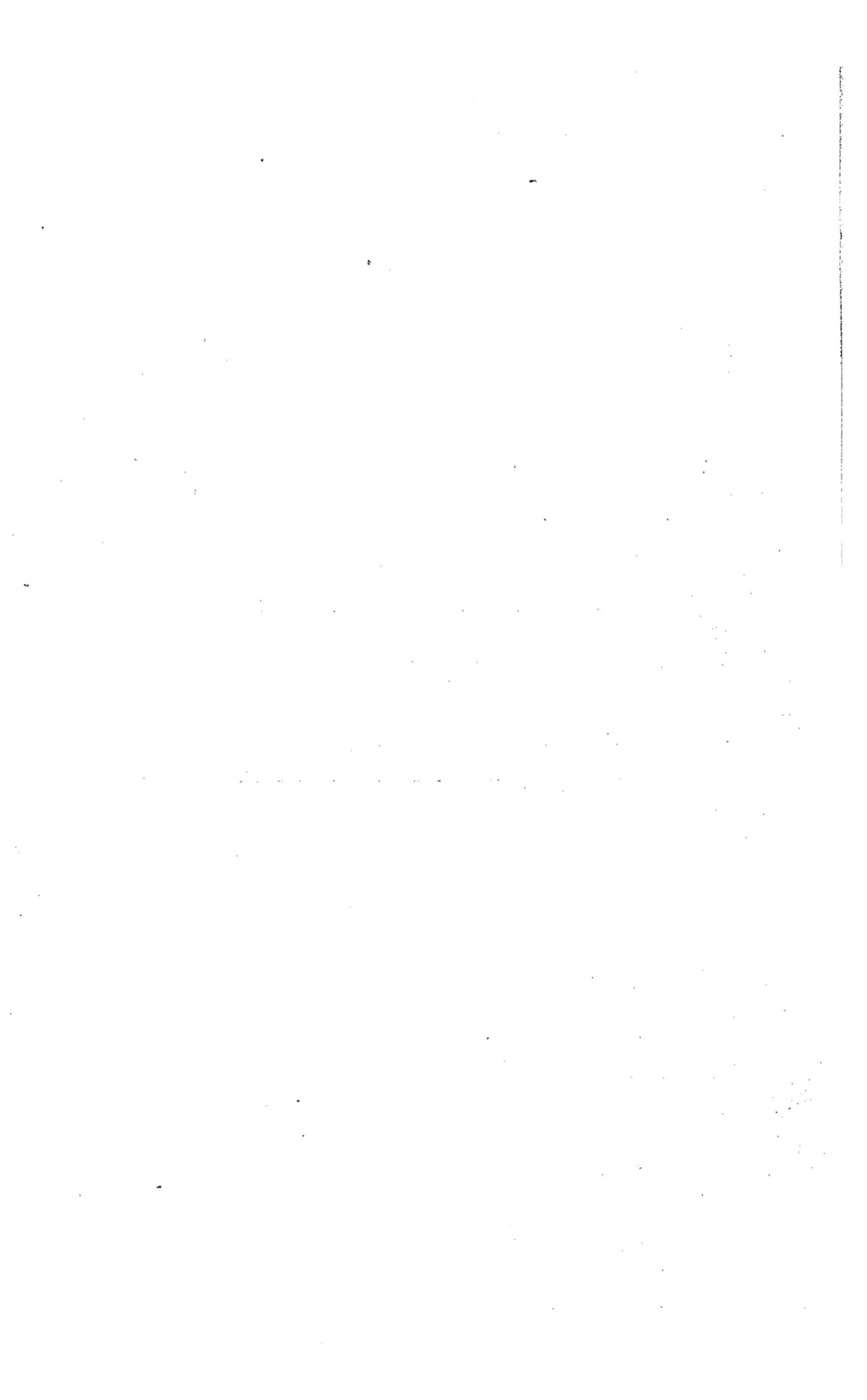

ARMORIAL

DE LA

GÉNÉRALITÉ D'ALSACE.

RECUEIL OFFICIEL

DRESSÉ PAR LES ORDRES DE LOUIS XIV

ET PUBLIÉ POUR LA PREMIÈRE FOIS.

PARIS,

A. AUBRY,

Rue Dauphine, 16.

COLMAR, | STRASBOURG,
EUG. BARTH, | E. PITON,
Rue de l'Eglise, 22. | Rue de la Lanterne, 6.

1861.

Colmar, Imprimerie et Lithographie de Camille Decker.

NOTE DE L'ÉDITEUR.

Le recueil que nous publions n'a pas un intérêt purement nobiliaire : c'est un armorial et non pas un nobiliaire.

Les nobles, comme les bourgeois notables, avaient jadis des armoiries : c'était une marque distinctive d'abord personnelle, ensuite héréditaire. L'étude des anciens sceaux prouve que, dans la société du moyen-âge, le blason était d'un usage général ; le noble comme le bourgeois ne savait pas toujours signer, mais ils avaient tous deux leurs sceaux qu'ils mettaient au bas des actes.

Dès la fin du XVe siècle, il y eut un maréchal d'armes qui fut chargé de recueillir les armoiries de France. Au XVIe siècle on commença à établir une différence entre les armoiries des nobles et celles des bourgeois : les premières seules pouvaient être timbrées, c'est-à-dire surmontées d'un casque ou d'une couronne.

Louis XIII créa la fonction de juge d'armes qui

dura depuis 1615 jusqu'en 1696 ; à cette dernière date, le juge d'armes fut remplacé par une grande maîtrise générale et souveraine qui fut chargée de rédiger un armorial général ; sa mission étant terminée, on rétablit, en 1701, le juge d'armes qui, pendant les opérations de la grande maîtrise, n'avait guère eu qu'à composer les blasons donnés d'office et à délivrer, moyennant 30 sous, aux intéressés, des extraits authentiques de l'armorial général.

L'armorial d'Alsace contient les blasons et les noms de la société de la province dans les dernières années du XVIIe siècle ; les villes, les communautés, les corporations, les chapitres, les nobles et les bourgeois notables y figurent tous. En publiant ce document authentique, nous croyons rendre un service véritable à nos compatriotes et à l'histoire de la province.

Il nous semble indispensable de donner quelques détails sur les opérations de la Grande-Maîtrise dont notre armorial fut le résultat : les recherches publiées pour la province de Flandre par M. Borel d'Hauterive, professeur et secrétaire de l'école impériale des Chartes, ne contribuent pas peu à nous mettre à même de satisfaire nos lecteurs.

L'édit de novembre 1696, qui fonda la grande maîtrise, établit que cette sorte de Cour héraldique se composerait de deux conseillers aux conseils du roi, dont l'un grand-maître et l'autre grand-bailli et sénechal ; de 14 conseillers, dont un lieutenant-général, un lieutenant particulier, un garde de l'ar-

morial et dix commissaires; d'un héraut et grand-
audiencier, huit huissiers ordinaires, huit procureurs; il y avait en outre un procureur-général, un
substitut, un trésorier et un contrôleur. Le royaume
était divisé en un certain nombre de maîtrises particulières; chacune était composée de trois conseillers, savoir : un maître particulier, son lieutenant,
un procureur, un greffier, trois huissiers et trois
procureurs.

Cette cour, comme nous l'avons dit, était chargée
d'enregistrer, après vérification, les blasons de toutes
les personnes et de toutes les corporations; nous
croyons devoir extraire de l'Edit le passage qui a
particulièrement rapport à la bourgeoisie et aux
particuliers non nobles : « Et pour ne pas priver de
« cette marque d'honneur nos autres sujets qui pos-
« sèdent des fiefs et des terres nobles, les personnes
« de lettres et autres, qui, par la noblesse de leur
« profession et leur art, ou par leur mérite per-
« sonnel, tiennent un rang d'honneur et de distinc-
« tion dans nos estats et dans leurs corps, compa-
« gnies et communautés, et générallement tous ceux
« qui se seront signalez à nostre service dans nos
« armées, négociations et autres employs remar-
« quables; voulons que les officiers de la grande
« maîtrise leur en puissent accorder (des armoiries)
« lorsqu'ils en demanderont eu esgard à l'estat,
« qualités et professions. » Plus loin, nous lisons
que les brevets d'enregistrement des armoiries, délivrés d'après l'armorial général, vaudront lettres

d'armoiries « sans cependant que ces brevets ou « lettres puissent en aucun cas estre tirées à consé- « quence pour preuve de noblesse. »

Quoique l'on aie pu dire, la création de la grande maîtrise et de l'armorial général eut pour but principal de créer un impôt extraordinaire: l'enregistrement des armoiries ne se fesait pas gratuitement; voici le tarif établi en 1696:

Armoiries d'un particulier . . . . 20 liv.
— province, pays d'Etat, grand gouvernement . . . . 300 »
— ville archiépiscopale, épiscopale ou ayant une compagnie
    supérieure . . . . 100 »
— ville ordinaire . . . . 50 »
— duchés, pairies . . . . 50 »
— comtés ou marquisats . . . . 40 »
— vicomtés, baronies, vidames . . . . 30 »
— haute justice . . . . 20 »
— moyenne ou basse justice . . . . 20 »
— simples fiefs . . . . 15 »
— archevêchés, maisons d'ordre et universités . . . . 100 »
— évêchés, chapitres de cathédrales ou abbayes . . . . . 50 »
— prieurés, maisons conventuelles et régulières, comman-
    deries et autres bénéfices ayant droit de nomination ou
    autres droits publics . . . . 25 »
— bénéfices ordinaires . . . . 15 »
— corps de compagnies supérieures . . . . 100 »
— corps de ville, communautés laïques et séculières et d'arts
    et métiers dans les villes archiépiscopales, épiscopales
    ou de compagnies supérieures . . . . 50 »
— id. dans les autres localités . . . . 25 »

Il faut remarquer en outre que les droits étaient plus élevés lorsque les armoiries contenaient des fleurs-de-lis.

La meilleure preuve de la fiscalité de cette mesure, c'est que des particuliers ne voulant pas payer les droits s'empressèrent de renoncer à leurs armoiries, et de les faire effacer sur leur vaisselle, leurs cachets et leurs voitures : l'impôt héraldique était en effet personnel et chaque membre de la même famille devait l'acquitter. Or on n'était pas libre de renoncer à son blason; un édit du 19 mars 1697 ordonna la recherche de ceux qui se refusaient « à profiter de la grâce que Sa Majesté leur a voulu « accorder en les autorisant, par l'enregistrement « à l'armorial général, de porter les mêmes armes « qu'ils ont eu par le passé. » — Bien plus, on donna des armoiries, d'office, à une foule de bourgeois qui n'en n'avaient jamais eu.

A dater de 1701, le juge d'armes continua l'armorial général commencé par la grande maîtrise; ce recueil fut définitivement terminé en 1718 pour toute la France, et en 1704 pour notre province.

Les droits de finance pour l'enregistrement des armoiries rapportèrent pour la province d'Alsace la somme de 103,638 livres. Un arrêt du conseil du 20 novembre 1696 avait chargé Adrien Vanier, bourgeois de Paris, de recouvrer non-seulement les droits d'enregistrement de tout le royaume, mais encore la finance devant provenir de la vente des offices des grande maîtrise et maîtrises particulières, et estimée 7 millions de livres. Depuis le 20 novembre 1696, jusqu'au 18 décembre suivant, les brevets extraits de l'armorial général furent délivrés par le sieur Vanier; après cette dernière date nous avons vu que Ch. d'Hozier en fut chargé, sans doute pour l'indemniser des fonctions de juge d'armes qui n'étaient plus qu'un simple titre.

L'Alsace fournit 4,152 enregistrements d'armoiries, qui produisirent la somme que nous avons déjà indiquée. Parmi ces enregistrements il y en eut 1808 qui furent faits d'office, mais pour lesquels les intéressés payèrent. Nous donnons plus loin dans un tableau le dénombrement des individus et des personnes civiles qui eurent ainsi des blasons.

Il y eut, pour l'exécution de la mesure, cinq bureaux établis dans la province, savoir : Strasbourg, siége de la maîtrise particulière, qui reçut 2,373 écussons; Brisack, 1,825; Montroyal, 26; Sarrélouis, 10, et Hombourg 4. Les opérations de ces bureaux commencèrent en septembre 1697 pour être terminées le 1er novembre 1704.

Nous avons cru devoir respecter dans l'édition de ce volumineux document l'ortographe de l'original; si défectueuse qu'elle soit, elle va rarement jusqu'à rendre méconnaissables les noms des familles qui ont de la notoriété dans l'histoire de la noblesse alsacienne; la même remarque s'applique aux familles bourgeoises non éteintes, mais il n'en est pas toujours de même pour les noms des localités : dans la plupart des cas nous avons jugé utile de rétablir, entre parenthèse, le nom du lieu auquel s'applique l'appellation, plus ou moins défigurée, que les agents de la conquête ont souvent écrite, sans autre règle que celle résultant de la prononciation du mot dans le langage alsacien. Dans beaucoup de cas, cette restitution nous a paru absolument indispensable pour empêcher la confusion dans les esprits qui ne sont point familiarisés avec la topographie de la province.

Enfin nous faisons suivre la table alphabétique des noms de famille, de tables analogues des localités, seigneuries, corporations, chapitres et autres personnes civiles comprises dans la mesure prescrite par le Roi conquérant.

Au point de vue historique, notre publication revêt un caractère d'utilité que personne ne contestera. Elle élargit le cercle de nos connaissances sur l'armorial des communes et rectifie beaucoup d'erreurs propagées à cet égard dans les 52 écussons composés pour la première et la deuxième édition du dictionnaire de Baquol.

De l'accueil que le public fera à ce volume dépendra la publication de l'atlas des armoiries peintes, principalement en ce qui concerne les seigneuries, les villes et les villages que nous sommes en mesure de reproduire avec l'authenticité la plus parfaite.

A. DE B.

REGISTRE PREMIER.

—∘∘⦂⧈⦂∘∘—

STRASBOURG.

—

N°s 1 et 2. DE VERPEL, brigadier des armées du roi, ingénieur employé à Landau, et sa femme ;

Portent palé d'or et de gueules de quatre pièces et un chef d'azur chargé de deux hydres affrontées d'or, accollé d'argent à trois étoiles d'azur, deux et une soutenues par deux croissants de gueules.

N° 3. DE WERT, grand baïlli de Neustat, préteur royal de Landau ;

Porte de sinople à un pigeon d'argent, coupé d'argent à trois étoiles de sinople.

N°s 4 et 5. DAOUST, lieutenant de roi de Landau, et JEANNE-BAPTISTE PETREMAND, sa femme ;

Portent d'azur à une bande d'or, accollé d'azur à trois pommes de pin d'or.

N° 6. JACQUES, le jeune, écuyer, conseiller du roi, commissaire ordinaire des guerres ;

Porte d'azur à un demi-vol d'argent parti de gueules à une face d'argent chargée de trois roses de gueules.

N° 7. N . . . CRISTÉ, abesse de Bibelsheim ; (Biblisheim.)

Porte au premier d'azur à un rameau de chêne glandé de trois pièces et feuillé d'azur   ·, au deuxième de gueules à une clef d'argent et un monticule à trois coupeaux d'or mouvants de la pointe et brochants sur le parti.

N° 8. ROTHOUCHS, licencié ès-lois, bailli des terres du chapitre de Strasbourg ;

Porte d'argent à un renard couronné de gueules s'élançant de dessus un monticule de sinople fleuri de même.

N° 9. La Seigneurie d'Erstein ;

Porte de même.

N° 10. La ville du Fort-Louis du Rhin ;

Porte d'azur semé de fleurs-de-lis d'or, à une fasce d'argent, chargé d'un fort de quatre bastions de gueules.

N° 11. DELAGRANGE, conseiller du roi en ses conseils, intendant de justice, police et finances en Alsace et Brisgau et des armées de Sa Majesté en Allemagne ;

Porte de gueules à un chevron d'argent surmonté à la pointe d'un croissant de même et accompagné de trois gerbes d'or.

N° 12. LEBAS, conseiller du roi, trésorier de l'extraordinaire des guerres ;

Porte d'or à trois arbres de sinople et un lion de gueules mis en cœur.

N° 13. AYMIER, conseiller du roi, commissaire des guerres à Haguenau ;

Porte de gueules à une fasce d'argent accompagnée en chef de trois besans d'or, et en pointe de trois macles de même.

N° 14. JEAN-REMOND DE MANNEBACH, bailli de Lauterbourg ;

Porte d'azur à un griffon d'or, les ailes éployées, portant un cœur de gueules, couronné d'or et posé sur un monticule de même.

N° 15. JEAN-ANDRÉ DE GAILL, écuyer, conseiller du roi, maire de la ville d'Obenheim ;

Porte d'or à deux roses de gueules, coupé d'azur à une fleur-de-lis partie de gueules et d'or.

N° 16. N . . . DURANTY, directeur des étapes en Alsace ;

Porte d'azur à trois fasces d'or surmontées chacune d'un filet tissé d'argent en fasce.

Nº 17. Jean-Georges Wimpff, conseiller des princes palatins des Deux-Ponts, et grand bailli de Gonstemberg et autres lieux;

Porte d'azur à un renard couronné d'argent, tenant une croix au pied fiché d'or et posé sur uu monticule à trois coupeaux de sinople.

Nº 18. La communauté et village d'Erstein;

Porte au premier d'azur à une bande d'or cotoyée de deux cotices fleurdelisées de même, et au deuxième de gueules à un grand portail d'église ouvert de deux portes sous deux tours couvertes en dôme, celle de dextre sommée d'une croix et celle de sénestre d'un globe, le tout d'argent mouvants de la partition.

Nº 19. La communauté des Pêcheurs d'Erstein;

Porte d'azur à une vierge tenant son enfant Jésus et assise sur un trône à l'antique adextré d'un St-Pierre tenant une clef en bande, et sénestré d'un St-André tenant sa croix, et soutenu d'un petit écusson chargé d'une croix fleuronnée et accosté de deux dauphins renversés, le tout d'or.

Nº 20. Jean-Adam Kuen, marchand à Erstein;

Porte d'azur à un rencontre de bœuf d'or posé en pointe et sommé d'un quatre de chiffre à double traverse d'argent, au pied duquel sont posés un H et un K de même.

Nº 21. Jean-Léonard Philippy, bailli de Bouxwiller, Paffen-rosen, Bromnate et Offendorff; (Pfaffenhoffen, Brumath.)

Porte d'argent à un lion de pourpre lampassé et armé d'azur.

Nº 22. Ladouze, capitaine dans le régiment de Luxembourg, ingénieur ordinaire du roi, en chef au Fort-Louis;

Porte d'argent à un chêne de sinople surmonté de deux colombes perchées sur un bâton de gueules.

Nº 23. N . . . de la Palisse, commissaire des vivres à Philis-bourg; (Phalsbourg?)

Porte d'azur à un homme tenant un sabre levé de sa main dextre et un cœur de sa sénestre, le tout posé à dextre, et un cupidon posé à sénestre appuyant sa main dextre sur son arc et sa sénestre sur son côté, le tout d'or sur une terrasse de même.

Nº 24. La communauté d'Anglesheim; (?)

Porte d'azur à un temple bâti en rotonde couvert en dôme et per-ronnée de trois pièces, le tout d'or.

Nº 25. La communauté de Kittelsheim ; (Küttolsheim.)
Porte d'argent à une branche de grenadier tigée et feuillée de sinople, fruitée de cinq pièces de même.

Nº 26. Le baillage de Sᵗ-Hippolyte ;
Porte d'argent à un lion de gueules.

Nº 27. JEAN-GEORGES BOURSTE, pour le sceau de la seigneurie de Chastenois ;
Porte d'argent à un lion de gueules.

Nº 28. JEAN-GEORGES BOURSTE, conseiller du roi et bailli de Chastenois ;
Porte d'argent à un lion de gueules.

Nº 29. JEAN-MICHEL OBERLIN, conseiller honoraire de la chambre des comptes de l'Evêché de Strasbourg ;
Porte d'or à une licorne naissante de gueules.

Nº 30. La ville de Benfeld ;
Porte d'azur à une bande d'argent chargée de trois étoiles à six raies de gueules.

Nº 31. Le bailliage de Benfeld ;
Porte d'azur à un Sᵗ-Jean-Baptiste posé à sénestre, couvert d'une peau de chameau, tenant une longue croix de sa main sénestre et montrant de sa dextre abaissée un agneau contourné, le tout d'or sur une terrasse de même.

Nº 32. JEAN LEUFFER, greffier du bailliage de Benfeld ;
Porte écartelé au 1ᵉʳ et 4ᵉ d'or plein, au 2º d'azur à une étoile d'or, et au 3ᵉ aussi d'azur à une flèche d'or posée en barre.

Nº 33. Le sceau servant à sceller les contrats et autres actes de la ville de Benfeld ;
Porte d'azur à une figure du jeune Tobie portant sur son épaule dextre un poisson renversé et appuyant sa main sénestre sur un bâton ; cette figure posée à dextre et dextrée en pointe d'un chien ; et l'ange Raphaël posé à sénestre appuyant sa main dextre sur un bâton ; le tout d'or sur une terrasse de même.

Nº 34. JEAN SOUNER, prévost du village de Northausen ;
Porte d'azur à trois poissons d'argent, entrelacés en fasce et en sautoir, et accompagnés de quatre étoiles d'or posées, une en chef, deux aux flancs et une en pointe.

Nº 35. N... D'HAREMBERG, prévôt de la ville de Benfeld ;

Porte d'argent à un cyprès de sinople planté sur une montagne de trois coupeaux de même.

N° 36. SIMON SCHEK, bourguemestre de la ville de Benfeld;

Porte de gueules à un rencontre de bœuf d'argent accorné d'or, surmonté d'un couperet d'argent emmanché d'or.

N° 37. MICHEL WEYBER, bourguemestre de la ville de Benfeld;

Porte de sable à un cœur vidé, dans lequel sont renfermés en chef une M et un double W et en pointe une étoile, le cœur sommé d'un maillet sur le manche duquel sont passés en sautoir deux crochets ou sergents accostés de deux étoiles, le tout d'or.

N° 38. FRÉDÉRIC WANNER, conseiller de la ville de Benfeld;

Porte d'azur à un serpent d'or arrondi et mordant sa queue et un monticule de trois coupeaux d'argent en abime.

N° 39. FRANÇOIS EXEL, conseiller de la ville de Benfeld;

Porte d'azur à deux crochets d'or passés en sautoir et deux clous d'argent appointés en chevron et brochants en chef sur le tout.

N° 40. GEORGES KOPP, conseiller de la ville de Benfeld;

Porte d'azur à un pain tortillé et vidé d'or, surmonté d'un autre pain en forme de navette couchée d'argent, le tout accompagné en chef de deux lettres G et K d'or.

N° 41. ANDRÉ PETMESSER, greffier du village de Wiersheim; (Weyersheim.)

Porte de gueules à un lion d'or tenant de ses deux pattes de devant un proboscide d'éléphant d'argent.

N° 42. La communauté de Drouzenem; (Drusenheim.)

Parti au 1er de gueules à trois chevrons d'argent, coupé d'azur à un lion d'or, et au 2e d'or à un monde d'azur.

N° 43. La communauté de Neuviller;

Porte d'azur à un évêque vêtu pontificalement tenant sa crosse de sa main dextre, et de sa sénestre une liste ou rouleau étendu en bande, le tout d'or.

N° 44. La communauté du village de Wiersheim; (Weyersheim.)

Porte d'azur à un portail d'église ouvert du champ perronné de deux pièces et sommé d'un clocher en pointe adextré d'un coq contourné, le tout d'or.

N° 45. La communauté du village de Lavamsenault; (la Wantzenau.)

Porte d'azur à un St-Vendelin tenant de sa main sénestre une houlette en barre et un chien mouvant à dextre de derrière le saint, le tout d'or sur une terrasse de même.

N° 46. La communauté de Reisthtet; (Reichstett.)

Porte d'azur à un St-Michel tenant de sa main dextre une épée et de sa sénestre une balance, le tout d'or.

N° 47. Jean-François Merckel, greffier et notaire royal au bailliage de Lavamsenault; (la Wanzenau.)

Porte d'or à deux fleurs-de-lis de gueules l'une sur l'autre, et entre les deux une plume d'azur en fasce arrondie.

N° 48. La communauté de village Sauftel-Weyelsheim; (Souffel-weyersheim.)

Porte d'azur à un St-Georges armé de pied en cap, monté sur un cheval, et perçant de sa lance un dragon renversé sous son cheval, le tout d'or sur une terrasse de même.

N° 49. La ville de Philisbourg; (Phalsbourg?)

Parti au 1er de sable à une croix d'argent, et au 2e d'azur à une haute fleur-de-lis à l'antique d'or.

N° 50. La communauté des boulangers de la ville de Philis-bourg; (Phalsbourg?)

Porte d'azur à un bradler dans lequel sont enfermés trois petits pains, deux en chef et un en pointe.

N° 51. La communauté des bouchers de la ville de Philis-bourg; (Phalsbourg?)

Parti coupé le 1er de gueules à une croix ancrée d'argent, le 2e d'azur à une étoile à six raies d'or, soutenue d'or à un coupeau de sable.

N° 52. Jean-Philippe de Lozanne, prévôt et juge royal à Philisbourg; (Phalsbourg?)

Porte d'argent à un chevron de sable accompagné en chef de deux corbeaux de même et en pointe d'un lion de gueules.

N° 53. Anselme Wilheim, anvalt de la ville de Philisbourg;

Porte d'argent à trois têtes de Maure de sable.

N° 54. Nicolas Anthoni, greffier de la ville et prévôté de Philisbourg; (Phalsbourg?)

Porte d'or à un chêne en forme de crequier à cinq branches de sinople, chacune englandée de même, le tronc cotoyé de deux écureuils affrontés de gueules, l'un posé au pied à dextre et l'autre montant dessus à sénestre, et le chêne mouvant d'un monticule de trois coupeaux de sinople rangés en pointe et chargés des trois lettres J. N. A. d'argent.

Nº 55. Pierre Laymaries, médecin de l'hôpital royal de Philisbourg; (Phalsbourg?)

Porte d'argent à un noyer de sable surmonté de trois étoiles de même, et un croissant de gueules à la pointe.

Nº 56. Vincent-Denis Drouin, maître-chirurgien de Paris, et major dudit hôpital;

Porte d'argent à un chevron de sable et un chef de même chargé de trois étoiles d'or.

Nº 57. Bénédigne Barrogio, échevin, marchand bourgeois de Philisbourg; (Phalsbourg?)

Porte de sinople à une fasce d'argent chargée d'un pot de gueules et de trois roses de même, et accompagné en chef d'un aigle d'argent et en pointe de deux pals abaissés de même accostés de deux B d'argent.

Nº 58. Jean-Joseph Baron de Wangen, seigneur de Minversheim;

Porte de gueules à un lion contourné d'argent, couronné d'or, lampassé de gueules, écartelé d'argent à un lion de gueules couronné d'or, entouré de onze billettes d'azur.

Nº 59. De la Chasteneraye, commis de l'extraordinaire des guerres à Landau;

Porte de gueules à trois châtaigniers de sinople.

Nº 60. De Marignac, major de la ville de Landau;

Porte de gueules à une tour d'argent maçonnée de sable à dextre d'une forêt d'or.

Nº 61. Georges-Charles de Zoller, conseiller à la régence de Mgr le cardinal de Fustemberg, dans son évêché de Strasbourg;

Porte d'azur à un chevron d'or accompagné en chef de deux croix doubles de même et en pointe d'un aigle d'argent.

Nº 62. François-Gaspard de Zoller, conseiller, bailli de Mgr le cardinal de Fustemberg, évêque de Strasbourg, dans le bailliage de Lavamsenault; (la Wanzenau.)

Porte de même.

N° 63. N... Huguin, stætmestre de la ville de Haguenau ;

Porte de sinople à un chevron d'argent accompagné de trois trèfles d'or, deux en chef et un en pointe.

N° 64. Himmermann, conseiller de Son Altesse Sérénissime Mgr le cardinal de Fustemberg, à la régence de Saverne et bailli de Kocquisberg ; (Kochersberg.)

Porte d'azur à une fasce d'or accompagnée en chef de deux haches de même passées en sautoir, et en pointe d'une étoile.

N° 65. Longueil, conseiller du roi, commissaire des guerres à Philisbourg ; (Phalsbourg ?)

Porte d'azur à trois roses d'argent deux et une, et un chef de même chargé de trois roses d'azur.

N° 66. La communauté de Schillerstorft ; (Schillersdorff.)

Porte d'azur à un St-Martin à cheval coupant la moitié de son manteau pour donner à un pauvre, le tout d'or sur une terrasse de même.

N° 67. La communauté de Schungelsheim ; (?)

Porte d'azur à un St-Pierre tenant de sa main sénestre une clef levée en barre et de sa *sénestre* (sic) abaissée un écusson en cartouche chargé d'un lion, le tout d'or.

N° 68. La ville de Marmoustier ;

Porte d'azur à un grand portail d'église d'argent, maçonné de gueules sur une terrasse de sinople, et un pauvre de carnation, vêtu d'or, assis et tendant la main à la porte de l'église.

N° 69. La communauté du village de Balbronne ;

Porte de gueules à un bassin de fontaine de figure carrée d'argent, rempli d'azur et accompagné de quatre roses d'or, deux en chef et deux aux flancs.

N° 70. La communauté de Volfisheim ;

Porte d'or à un St-Pierre de carnation, vêtue d'une robe de gueules et d'un manteau d'azur, tenant de sa main dextre une clef en bande d'argent, et appuyant sa sénestre sur un écusson en cartouche de même chargé d'un crampon de sable et posé devant lui.

N° 71. N... de Melac, lieutenant-général des armées du roi, gouverneur de la ville de Landau ;

Parti au premier d'argent à trois fasces de gueules, et au 2e d'azur à une patte de lion d'or mouvante en barre de la partition.

Nº 72. Hoffer, bourgeois de Strasbourg ;

Porte de sable à trois flammes d'or mouvantes en bande de la pointe de l'angle sénestre de l'écu.

Nº 73. Gaspard Behr, greffier et notaire du bailliage de Kocquisberg ; (Kochersberg.)

Porte d'argent à un ours de sable, lampassé de gueules, marchant debout sur une terrasse de sinople.

-Nº 74. Le bailliage de Kocquisberg ; (Kochersberg.)

Porte de même.

Nº 75. Rothh, greffier et notaire au bailliage de Saverne ;

Porte de gueules à trois coquilles d'argent.

Nº 76. Le bailliage de Saverne ;

Porte de gueules à trois coquilles d'argent, deux et une.

Nº 77. Heremberger, procureur fiscal de l'évêché de Strasbourg ;

Porte d'argent à une tige de (sic) de sinople posée sur un monticule de trois coupeaux de gueules.

Nº 78. Jean-Jacques Mayer, receveur du chapitre collégial de Saverne et de l'abbé de Marminster ; (Marmoutier). ·

Porte d'argent à un homme domé de sable, ombré d'argent, le visage de carnation, posé sur une terrasse de sinople et tenant une épée haute de la main droite, le pot garni d'une plume de gueules.

Nº 79. Herf, bourgeois de Strasbourg ;

Porte d'or à deux fleurs-de-lis d'azur, chapé d'azur, à une porte d'azur à une rose d'or, chapé, plié d'or à deux fleurs-de-lis d'azur.

Nº 80. La communauté d'Offweiller ;

Porte d'argent à un rameau de chêne de sinople, sénestré d'une serpe contournée d'azur emmanchée de gueules.

Nº 81. La ville de Boirshe; (Bœrsch.)

Porte d'azur à deux poissons nommés, penchés adossés d'argent.

Nº 82. La communauté de Surbourg ;

Porte d'azur à un St-Jean-Baptiste, vêtu d'une peau de chameau, et montrant de sa main dextre un agneau couché sur un livre, qu'il tient avec sa croix de sa sénestre, le tout d'or sur une terrasse de même.

Nº 83. Jean Fries, conseiller et directeur de la chambre des comptes de l'évêché de Strasbourg ;

Porte d'azur à deux bandes d'or et chargées chacune d'un aigle de sable.

Nº 84. Jean-Christophe Fries, conseiller et bailli de Rouffac;
Porte d'azur à deux bandes d'or, chargées chacune d'un aigle de sable.

Nº 85. Matthias Fries, doyen de la collégiale de Laufenback;
Porte d'azur à deux bandes d'or, chargées chacune d'un aigle de sable.

Nº 86. La communauté de Souffern; (Soufflenheim?)
Porte d'azur à un St-Michel d'or.

Nº 87. La communauté de Constett; (Kilstett?)
Porte d'azur à un St-Michel d'argent.

Nº 88. La communauté de Duvreback; (Dierbach?)
Porte d'azur à un St-Barthélemy, vêtu en apôtre et tenant de sa main dextre un couteau, le tout d'or sur une terrasse de même.

Nº 89. Gaspard Hitscher, bourguemestre de Landau;
Porte de gueules à trois navettes d'argent, couchées en fasce l'une sur l'autre.

Nº 90. La communauté d'Esbach; (Eschbach.)
Porte d'azur à un St-Martin d'or.

Nº 91. La communauté de Wolckintweiller; (?)
Porte d'or à un St-Laurent de carnation, vêtu en diacre de gueules et d'azur, tenant un gril de sable de sa main dextre abaissée, et une palme de sinople en barre de sa sénestre, posé sur une terrasse de même.

Nº 92. La ville de Landau;
Porte d'azur à une tour d'or sommée de deux tourelles de même, la porte ouverte du champ, et le tout accompagné de huit fleurs-de-lis d'or posées, une entre les deux tourelles, une dans la porte, et trois à chaque flanc, l'une sur l'autre, la fleur-de-lis du milieu surmontée d'un petit écusson en cartouche d'argent chargé d'un lion de sable, et sommé d'une couronne fleurdelisée d'or.

Nº 93. Jean-Thomas Scheveichard, bourguemestre à Landau;
Porte d'azur à un cœur d'or, sommé de trois roses de même, tigées et feuillées d'argent.

Nº 94. Louis Duclos, bourguemestre de la ville de Landau;
Porte d'or à un chevron de gueules, accompagné en chef de deux étoiles d'azur et en pointe d'un croissant de même.

Nº 95. Jean-Jacques Hicler, bourguemestre de la ville de Landau ;

Porte de gueules à trois pigeons d'argent, posés deux et un.

Nº 96. Jean-Philippe Menweeg, doyen de l'église collégiale de Landau ;

Porte d'azur à un chevron d'or, accompagné en chef de deux molettes de même, et en pointe de deux dards d'or passés en sautoir.

Nº 97. Le chapitre de l'église collégiale de la ville de Landau ;

Porte d'azur à une vierge priant à genoux, les mains jointes, et surmontée d'un Sᵗ-Esprit en forme de colombe, portant en son bec une couronne fleuronnée, le tout d'or sur une terrasse de même.

Nº 98. Le couvent des Pères de l'ordre de Saint-Augustin à Landau ;

Porte d'azur à un Sᵗ-Augustin, évêque vêtu pontificalement, tenant de sa main dextre sa crosse et de sa sénestre un cœur enflammé, le tout d'or.

Nº 99. N. Hermann-Gosivin Varenhagen, marchand à Landau ;

Porte d'azur à un compas d'or ouvert en chevron, les pointes liées ensemble par un lac d'amour d'argent.

Nº 100. François-Christophe Schattenman, greffier au magistrat de Landau ;

Porte d'or à une fasce de sable.

Nº 101. Pierre Jacquinot, fermier des revenus de la ville de Landau ;

Porte d'or à un chevron de sable, accompagné de trois coquilles d'azur, deux en chef et une en pointe.

Nº 102. La communauté des potiers de terre de la ville de Landau ;

Porte d'azur à une équerre posée en chef, et un maillet brochant en pal sur l'équerre, soutenue en pointe d'une cruche ou coquemart accosté à dextre d'une truelle d'or, à sénestre d'une autre espèce de truelle renversée, le tout d'or.

Nº 103. La communauté des tonneliers de la ville de Landau ;

Porte d'or à un maillet de tonnellier de gueules posé en chef, à un compas d'azur ouvert en chevron, la tête brochant sur le manche du maillet, et accompagné en pointe d'un baril couché de sable, cerclé d'argent.

Nº 104. Le village de Nousdorff; (Nussdorff.)

Porte d'or à une grenade tigée et feuillée de deux feuilles de sinople.

Nº 105. La communauté des cordonniers de la ville de Landau;

Porte d'azur à une botte contournée, accostée de deux souliers à l'antique, confrontés et percés chacun d'une flèche, l'un en barre et l'autre en bande, sommés aussi chacun de trois roses tigées, et la botte accostée en pointe de deux étoiles à six raies, le tout d'or.

Nº 106. La communauté des tisserands de la ville de Landau;

Porte d'azur à un métier de tisserand d'or, les montants sommés chacun d'une fleur-de-lis d'argent, entre lesquelles est posé un lion d'or appuyant son pied sénestre de derrière sur une billette d'argent couchée sur le métier.

Nº 107. La communauté des bouchers de la ville de Landau;

Porte d'azur à un rencontre de bœuf d'or accorné d'argent, et surmonté d'un couperet contourné de même.

Nº 108. La communauté des marchands de la ville de Landau;

Porte d'azur à une paire de balances d'or.

Nº 109. La communauté des boulangers de la ville de Landau;

Porte d'azur à un bradler d'or en chef, et une demi-roue de moulin de même en pointe.

Nº 110. La communauté des maréchaux et serruriers de la ville de Landau;

Porte de gueules à un marteau en pal à dextre d'argent emmanché d'or, et à sénestre des tenailles de même, pinçant un morceau de fer aussi d'or.

Nº 111. La communauté des chirurgiens de la ville de Landau;

Porte d'azur à un pélican avec sa piété dans son aire d'or, ensanglanté de gueules.

Nº 112. La communauté des bonnetiers de la ville de Landau;

Porte d'azur à des ciseaux ouverts en sautoir d'argent, surmontés d'un dévidoir d'or.

Nº 113. PHILIPPE-JACOB PAULI, apothicaire à Landau;

Porte d'azur à une fasce d'or, accompagnée de trois étoiles de même, deux en chef et une en pointe.

Nº 114. La communauté des tailleurs d'habits à Landau;

Porte de gueules à des ciseaux ouverts en sautoir, d'argent.

N° 115. La communauté des tanneurs et corroyeurs de la ville de Landau ;

Porte de sable à un lion d'or rampant contre un couteau paroir d'argent, emmanché d'or.

N° 116. JEAN HOFFMANN, procureur au magistrat de la ville de Landau ;

Porte d'azur à un sauvage tenant de sa main dextre une flèche en bande, et appuyant sa sénestre sur son côté, le tout d'or.

N° 117. La communauté des gantiers de la ville de Landau ;

Écartelé au premier d'azur à une bourse à trois boursons d'or, au deuxième d'argent à un petit maillet de gueules posé en bande, au troisième d'or à un gant de sable, et au quatrième de gueules à un étau d'argent.

N° 118. JEAN-HENRI SCHUZ, assesseur au magistrat de la ville de Landau ;

Porte d'or à un aigle de sable coupé d'azur, à un lion contourné d'or.

N° 119. ANTOINE DE HANOQUE-QUIRY DE DANISY, capitaine au régiment de cavalerie de Dauriac ;

Porte d'argent à trois lions léopardés de gueules.

N° 120. ETIENNE COURTY, exempt de la maréchaussée d'Alsace, employé pour le service du roi au Fort-Louis ;

Porte d'argent à trois flèches de gueules en bande.

N° 121. CHRISTOPHE BENDER, bailli du bailliage de Magdebourg ; (Madenbourg.)

Porte d'azur à un homme vêtu d'un justaucorps, tenant une coupe de sa main dextre levée, et une couronne de sa sénestre pareillement levée, le tout d'or.

N° 122. Le village d'Arszheim ;

Porte d'azur à une figure d'enfant nud et tournant le dos, d'argent.

N° 123. Le village d'Espach ; (Eschbach.)

Porte de gueules à trois bandes ondées d'argent.

N° 124. ADAM INGUELNELLER, conseiller de la régence de l'évêché de Strasbourg ;

Porte d'azur à un sautoir d'or, accompagné de quatre étoiles de même.

No 125. EMMANUEL-FRÉDÉRIC BECHR, greffier et notaire de la ville de Saverne;

Coupé au premier d'argent, à un ours naissant de sable, au deuxième fascé d'or et d'azur de quatre pièces.

No 126. Le sceau pour servir aux contrats, sentences et autres actes publics de la ville de Saverne;

Coupé au premier d'argent, à un ours naissant de sable, au deuxième fascé d'or et d'azur de quatre pièces.

No 127. La ville de Saverne;

Porte de gueules à un château composé de trois tours d'argent, couvertes en dôme, celle du milieu ronde et les deux autres quarrées.

No 128. La ville de Saverne, pour servir aux actes publics de ladite ville;

Porte d'argent à une bande de gueules, chargée d'une licorne d'or.

No 129. OTHO SCHILLINGER, prévôt de la ville de Saverne;

Porte de sinople à un cœur d'or, sommé d'un quatre de chiffre dont le montant et la traverse sont croisés, le tout d'argent.

No 130. JEAN-LÉONARD BREVER, faisant fonction de bailli au bailliage de Barr;

Porte de gueules à deux branches de laurier passées en sautoir et arrondies de sinople, posées sur une flèche et un trident d'argent aussi passés en sautoir.

No 131. ANDRÉ-FRANÇOIS DE GAILL, conseiller de la régence de Son Eminence le cardinal de Fustemberg;

Porte d'or à deux roses de gueules, coupé d'azur à une fleur-de-lis partie de gueules et d'or.

No 132. La communauté de Hagenbieren; (Hangenbieten.)

Porte d'azur à un St-Jean, l'Evangéliste, tenant un calice duquel sort un dragon, le tout d'or.

No 133. JEAN-GEORGES DE MAYERHOFFER, capitaine au régiment de Bernold;

Porte de gueules coupé d'azur à un lion d'or, brochant sur le tout et tenant un javelot d'argent.

No 134. FRANÇOIS-JOSEPH DE MAYERHOFFER, capitaine audit régiment;

Porte de même.

No 135. DE MAYERHOFFER;

Porte de même.

N° 136. La communauté des tisserands du bailliage d'Haguenau ;

Porte de gueules à un St-Mathieu, apôtre de carnation, vêtu d'or, accosté d'une navette et d'un peigne de tisserand de même.

N° 137. JEAN LOISON, prévôt de la prévôté de Vingersheim ;
Porte de gueules à trois étoiles d'argent posées deux et une.

N° 138. La communauté de Roummersheim ; (Rumersheim.)
Porte d'azur à un St-Nicolas, vêtu pontificalement, la mitre en tête, tenant un livre de sa main dextre, et une crosse de sa sénestre, le tout d'or, adextré de deux croisettes de même, une en chef et l'autre en pointe.

N° 139. La communauté de Schaffelsheim ; (Oberschäffolsheim?)
Porte d'azur à un St-Nicolas, vêtu pontificalement, la mitre en tête, tenant un livre de sa main dextre, et une crosse de sa sénestre, le tout d'or, adextré de deux croisettes de même, une en chef et l'autre en pointe.

N° 140. La communauté de Boclsheim ; (Bolsenheim?)
Porte d'azur à un St-Nicolas, et le reste comme les deux articles ci-dessus, 138 et 139.

N° 141. La communauté de Vingresheim ;
De même qu'aux trois articles ci-dessus.

N° 142. Le chapitre de Neuviller ;
Porte de gueules à une épée d'argent en pal, la garde et la poignée d'or, et deux clefs d'argent passées en sautoir brochantes sur l'épée.

N° 143. MARIE-ESTHER DE ZEDLITZ, née DE MALLENHEIM ;
Porte de gueules à une quintefeuille d'argent, boutonnée d'or et une bordure de même.

N° 144. La communauté des maçons et charpentiers du bailliage d'Haguenau ;
Porte d'azur à un St-Joseph de carnation, vêtu d'or, appuyant sa main dextre sur une hache de charpentier d'argent, emmanchée d'or, adextrée d'une équerre de même, et le saint sénestré d'un marteau de maçon d'argent, emmanché d'or, et d'une truelle de même.

N° 145. LÉOPOLD DE ZEDLITZ, seigneur de Tieff-Hartimansdorff ; (?)
Porte de gueules, diapré d'or à un orle d'argent, tréflé aux deux angles, au chef et à la pointe.

Nº 146. Le village et communauté de Munsffersheim ; (Min-versheim.)

Porte d'azur à un quatre de chiffre d'or posé en bande.

Nº 147. N. HANS MARTIN, prévôt de Munsffersheim ; (Id.)

Porte d'azur à une cornière d'or, accompagnée en pointe des deux lettres H et M de même.

Nº 148. JEAN-CURIN FERCH, curé d'Ourcheviller ; (Orschwiller.)

Porte de gueules à un calice d'or sommé d'une hostie d'argent.

Nº 149. WILLETTE, prêtre et curé de Neuve-Eglise ;

Porte d'argent à un cerf-courant au naturel.

Nº 150. La communauté d'Ebresheim ;

Porte d'or à un sanglier de sable, courant en bande et posant ses deux pieds de derrière sur un monticule de trois coupeaux de sinople.

Nº 151. La communauté d'Ourcheviller (Orschwiller) ;

Porte parti au premier d'azur à une fasce d'or, accompagnée de deux étoiles de même, une en chef et l'autre en pointe ; au deuxième de gueules à trois triangles d'argent renversés, joints et posés un et deux.

Nº 152. La mairerie du comté de Ban ; (Bar ?)

Porte d'or à une fasce d'azur fleuronnée du côté du chef, et accompagnée en pointe d'une S capitale de gueules.

Nº 153. La communauté de Chastenois ;

Porte d'or à un châtaignier arraché de sinople.

Nº 154. VALENTIN ROMMER, prévôt du village d'Evresheim ; (Ebersheim.)

Porte de gueules à un fer de dard d'argent, accosté de deux roses de même, tigées et feuillées de sinople, accompagné en chef des deux lettres F et R d'or, et en pointe de deux étoiles de même.

Nº 155. FRANÇOIS LAMBINET, curé de Chastenois ;

Porte d'azur à un calice d'or surmonté d'une hostie d'argent et accosté de deux palmes d'or, les tiges passées en sautoir, et accompagné en chef de la lettre F, à dextre, et de la lettre L, à sénestre de même.

Nº 156. JEAN SCHEMMANN, curé d'Evresheim ; (Ebersheim).

Porte d'azur à un nom de Jésus d'or, dont la croix est accostée vers le chef des lettres H et S, de même.

Nº 157. JEAN RUCHLEMANN, prévôt du village d'Orcheviller ;

Porte d'azur à un livre ouvert d'or, sommé d'une croix d'argent, accostée des deux lettres H et R d'or, le livre aussi accosté de deux étoiles d'argent, soutenues chacune d'une rose d'or, mouvante d'une terrasse d'argent.

N° 158. Simon Ansberg, maire du comté de Ban ; (Barr?)

Porte d'argent aux deux lettres capitales S et A de sable.

N° 159. Pierre-Jean d'Aymier, écuyer, lieutenant pour le roi au gouvernement de Philisbourg ; (Phalsbourg.)

Porte d'azur à un aigle d'or surmonté de deux étoiles d'argent, à un chef d'azur chargé d'un croissant, accosté de deux étoiles, le tout d'argent.

N° 160. Philippe de Roquefeuil, major de la ville de Philisbourg ; (Phalsbourg.)

Porte échiqueté d'or et de gueules de quatre traits faisant seize carreaux.

N° 161. Antoine Joannes, commis de l'extraordinaire des guerres de la province de Picardie ;

Porte de sinople à un chevron d'or, accompagné de trois étoiles de même.

N° 162. Jacques de Mouy, aide-major de Philisbourg, (Phalsbourg.)

Porte d'azur à un double J, entrelacés avec les lettres M et D, le tout d'or.

N° 163. Delavaisse, maréchal des camps et armées du roi, chevalier de l'ordre de Saint-Louis, gouverneur du Fort-Louis du Rhin ;

Porte d'azur à un lion d'or.

N° 164. De Paquelon du Griffé, major du Fort-Louis ;

Porte de gueules à une fasce d'or, accompagné de trois têtes de griffon d'argent.

N° 165. Laurens Bartimain, bailli du grand chapitre de Strasbourg ;

Porte d'or à un lion de sable, lampassé de gueules, accosté de deux arbres de sinople, arrachés, élancés et ombrés d'or.

N° 166. Le bailliage du grand chapitre de Strasbourg ;

Porte d'or à un lion de sable, lampassé de gueules, accosté de deux arbres arrachés d'or.

Nº 167. François-Luc Bartimain, licencié ès-lois, bailli de la noblesse de la Basse-Alsace ;

Porte de même qu'en l'article 165 ci-dessus.

Nº 168. Denis Baudouier, écuyer, conseiller-commissaire ordinaire des guerres, subdélégué de M. l'Intendant d'Alsace à Landau ;

Porte d'argent à deux chevrons de gueules.

Nº 169. De Regemorte, lieutenant des eaux et forêts de la Basse-Alsace ;

Porte d'azur à une fasce d'argent chargée de trois roses de gueules et accompagnée de trois croissants d'argent.

Nᵒˢ 170 et 171. Jacques Costé, directeur général des domaines, et Noel Costé, receveur des domaines d'Alsace ;

Portent d'azur à un chevron d'argent, accompagné de trois canettes de même.

Nº 172. N... Rottier, commis à la recette générale de l'évêché de Strasbourg ;

Porte de gueules à un lion d'argent, lampassé et armé d'or.

Nº 173. Thiébault Vicq, marchand, hôtelain ci-devant de la fleur-de-lis ;

Porte de gueules à une fleur-de-lis d'or, adextrée de la lettre T, et sénestrée de la lettre V, de même.

Nº 174. N... de Krebs, premier capitaine dans la milice de la Basse-Alsace ;

Porte d'azur diapré d'or à un pal échiqueté de sable et d'argent de deux traits.

Nº 175. Frédéric-Jean-Renard de Schmitzbourg, capitaine au régiment de milice de la Basse-Alsace ;

Porte de sable à un carré d'argent, posé sur son angle de même, et chargé de neuf boules de sable et de gueules, et traversé d'un couché d'argent.

Nº 176. Marguerite-Madeleine née de Walmanshausten, veuve de .... de Schmitzbourg ;

Porte d'or à un sautoir échiqueté d'argent et de sable, de deux traits, et une couronne en chef.

Nº 177. N... DU BOULAY DE CORMBES, commissaire des vivres à Landau ;

Porte de gueules à un chevron d'or, accompagné en chef de deux étoiles de même, et en pointe d'un double cœur de même.

Nº 178. N... DE SAINT-ESTIENNE, commissaire et garde-magasin des vivres à Philisbourg ; (Phalsbourg.)

Porte d'azur à un chiffre composé des trois lettres J, B et E, d'or entrelacées.

Nº 179. PHILIPPE DE BECH-WERTVESHEIM, lieutenant-colonel au régiment de milice de Rémold (Basse-Alsace) ;

Porte de sable à une étoile à six raies d'argent, et un filet d'or en orle parti d'or plein.

Nº 180. JOSEPH GERBER, greffier du Chastenois ;

· Porte d'azur à un chevron d'or, accompagné de trois oiseaux d'argent, deux en chef et un en pointe.

Nº 181. La communauté de Lixausen ;

Porte de gueules à un Sᵗ-Nabor de carnation, à demi-corps aorné d'or, sa tête couronnée d'un bonnet d'électeur de même, rebrassé d'argent, tenant de sa main dextre appuyée sur sa poitrine une épée d'argent posée en bande, et posant sa sénestre sur son côté, et un quatre de chiffre d'or posé en chef.

Nº 182. La communauté d'Enttendorff ; (Ettendorff.)

Porte de même qu'à l'article 181 ci-dessus, à l'exception qu'il ne doit point y avoir de quatre de chiffre.

Nº 183. La communauté de Bossendorff ;

Porte d'or à un Sᵗ-Laurent de carnation, couché sur un gril de sable et surmonté d'un fer à cheval de gueules.

Nº 184. La communauté de Batzendorff ;

Porte d'azur à un Sᵗ-Arbogaste, martyr, tenant une palme de sa main dextre, le tout d'or.

Nº 185. FRANÇOIS-REVEN JACQUOT, curé de Psetisheim ou Drousheim ; (Pfettisheim, Drusenheim ?)

Porte de gueules à un croissant d'argent, accompagné de trois roses de même, deux en chef et une en pointe.

Nº 186. La communauté de Secheffelsheim ; (Schäffersheim ?)

Porte d'azur à un Sᵗ-Michel terrassant un dragon, le tout d'or.

Nº 187. La communauté de Kriegsheim ;

Porte d'azur à un Sᵗ-Ulrich, évêque, vêtu pontificalement, le tout d'or.

Nº 188. JOHANNES ACHERT, curé de Dingtheim, Grissenheim Stützheim ; (Dingsheim, Giesenheim, Stützheim ?)

Porte d'azur à un calice d'or, duquel sortent trois roses d'argent, tigées et feuillées de même ; le calice posé sur un mont d'argent, et accosté des deux lettres J et A de même.

Nº 189. La communauté de Windershausen ;

Porte d'azur à un Sᵗ-Georges à cheval et perçant de sa lance un dragon abattu sous ses pieds, le tout d'or.

Nº 190. La communauté de Berstheim ;

Porte d'azur à un Sᵗ-Martin à cheval, le saint d'or et le cheval d'argent.

Nº 191. N... WILLEM WILMAN, procureur fiscal à Matzenheim ;

Porte de gueules à un couperet de boucher d'argent, accompagné de trois étoiles d'or, une en chef et deux aux flancs.

Nº 192. La communauté de Bernsheim ; (Bernolsheim ?)

Porte d'azur à un Sᵗ-Pancrace, martyr, d'or.

Nº 193. La communauté de Walheim ;

Porte d'azur à une Sᵗᵉ-Vierge tenant l'enfant Jésus sur son bras sénestre, le tout d'or.

Nº 194. La communauté de Rottelsheim ;

Porte d'azur à un Sᵗ-Martin à cheval donnant la moitié de son manteau à un pauvre, le tout d'or.

Nº 195. La communauté d'Hochtet ; (Hochstett ?)

Porte de sinople à une Sᵗᵉ-Gertrude, veuve de carnation, vêtue d'or et d'argent.

Nº 196. La communauté d'Huttendorff ;

Porte d'azur à un Sᵗ-Vincent, martyr, de carnation, vêtu en diacre, d'or et tenant une palme de même à sa main dextre.

Nº 197. L'abbaye de Kornisbruck ; (Kœnigsbruck.)

Porte d'azur à une couronne d'or, dans laquelle est passée une crosse de même.

Nº 198. La communauté de Wittersheim ;

Porte d'azur à un Sᵗ-Ulrich, évêque, vêtu pontificalement, le tout d'or.

Nº 199. La communauté de Mommersheim ; (Mommenheim ?)

Porte d'azur à un homme vêtu en pantalon, posant sa main dextre sur une sphère, et tenant de sa sénestre un guidon, le tout d'or ; cet homme ayant entre ses jambes écartées un livre d'argent chargé d'un annelet de gueules, le guidon croisé de même.

Nº 200. La communauté de Mumpsenhausen ; (Muntzenhausen ?)

Porte de gueules à un St-Blaise, évêque, de carnation, vêtu pontificalement d'or.

Nº 201. La communauté de Matzenheim ;

Porte palé, ondé d'azur et d'argent de huit pièces.

Nº 202. François-Martron Zorn de Boulag, seigneur d'Aust en Basse-Alsace ;

Porte coupé de gueules sur or, le gueules chargé d'une étoile à six raies d'argent.

Nº 203. François-Louis Zorn de Boulag, seigneur d'Aust en Alsace ;

Porte de même.

Nº 204. La communauté de Morschweiller ;

Porte de gueules à un St-Etienne de carnation, vêtu en diacre, d'or, tenant sur sa main un caillou de même.

Nº 205. La communauté de Ringldorff ;

Porte d'azur à une Notre-Dame tenant sur son bras dextre l'enfant Jésus, le tout d'or.

Nº 206. N... Hugin, bailli du bailliage d'Haguenau ;

Porte d'argent à un chevron d'azur, accompagné de trois trèfles de sinople, tigées et feuillées de même.

Nº 207. N... Hugin, conseiller de la régence de l'évêché de Strasbourg ;

Porte de même.

Nº 208. Wolff-Henry Zorn de Robsheim, gentilhomme de la noblesse de la Basse-Alsace ;

Porte coupé de gueules sur or, le gueules chargé d'une étoile à huit raies d'argent.

Nº 209. Louis-Carle Womrbser de Vendenheim, gentilhomme de la noblesse d'Alsace ;

Porte coupé de sable sur or, le sable chargé de deux croissants d'argent rangés en fasce.

Nº 210. François-Ignace Stveitt d'Immendingen, gentil-homme, conseiller de la noblesse de la Basse-Alsace ;

Porte écartelé au 1er et 4e, tranché d'or sur gueules, à une rose de gueules sur l'or, au 2e et 3e d'azur à un griffon d'or couronné de même, celui du troisième quartier contourné.

Nº 211. François-Jacques Dandleau, gentilhomme, conseiller au présidial de la noblesse de la Basse-Alsace ;

Porte d'or à une croix de gueules.

Nº 212. Jean-Conrad Dandleau, gentilhomme de la noblesse de la Basse-Alsace ;

Porte de même.

Nº 213. La ville de Molsheim ;

Porte d'azur à une roue de moulin d'or, aux raies ou branches de laquelle est attaché et entrelacé un homme nu de carnation.

Nº 214. Nicolas Garnier, écuyer, conseiller, secrétaire du roi à la chancellerie de Brisac ;

Porte d'azur à une gerbe d'or, accompagnée de trois étoiles de même, rangées en chef.

Nº 215. N... Des Touches, receveur des consignations à Stras-bourg ;

Porte de gueules à un chevron d'or, accompagné en chef d'un croissant d'argent à dextre, et d'une étoile d'or à sénestre, et en pointe d'un autre croissant aussi d'argent, et un chef cousu d'azur chargé de trois étoiles d'or.

Nº 216. Anselme de Quiney, receveur des finances à Stras-bourg ;

Porte bandé de gueules et d'argent de six pièces, à un chef d'azur chargé d'un soleil d'or.

Nº 217. Dupré, commissaire des fourrages à Schelestat ;

Porte de sinople à un chevron d'argent, accompagné de trois étoiles de même.

Nº 218. N... Spon, bailli de la noblesse de la Basse-Alsace ;

Porte d'argent à une fasce de gueules, accompagnée en chef d'une rose d'azur, et en pointe de trois étoiles de même, posées deux et une, parti d'azur à un lion d'or.

Nº 219. Nicolas Lelaboureur, prévôt de Saint-Pierre-le-Vieux de Strasbourg ;

Porte d'azur à une molette à huit pointes, et un chef danché ou dentelé de même.

Nº 220. JEAN LELABOUREUR, chantre et chanoine de l'église collégiale de Strasbourg;

Porte de même.

Nº 221. WOLFF, seigneur de Tandtsperg, (Landsberg?) gentilhomme;

Porte de sinople à une montagne de six monticules ou coupeaux d'or coupé d'argent plein.

Nº 222. La communauté d'Offhecld; (Hochfelden?)

Porte de gueules à un St-Pierre, à demi-corps de carnation, vêtu d'argent et d'or, et tenant de sa main dextre une clef d'argent.

Nº 223. La communauté de Grasstorff; (Grassendorf.)

Porte d'azur à une Ste-Agathe d'or.

Nº 224. LÉOPOLD DE REICH, chanoine de Saint-Pierre-le-Jeune de Strasbourg;

Porte de gueules à deux fasces abaissées d'argent, et en chef un lion naissant de même.

Nº 225. MARGUERITE-BAPSTINE DE BOLSENHEIM;

Porte de sable à un homme de carnation, vêtu de gueules et d'or, les bras ne paraissant pas, étant cachés sous cet habit long, et ayant une tiare ou mitre à triple diadème d'or avec bordure de même.

Nº 226. JEAN-DANIEL FRAUEK, marchand à Strasbourg;

Porte d'or à une barre d'azur, accompagné en chef d'un demi-chevreau ou chevreau naissant, et en pointe d'une fleur-de-lis de même.

Nᵒˢ 227 et 228. HENRY-JACQUES BARON DE FLECKENSTEIN, et FRÉDÉRIC-JACQUES BARON DE FLECKENSTEIN;

Portent d'argent à deux fasces de sinople, écartelé d'azur à une bande d'or et un canton qui est le sénestre d'argent.

Nº 229. CATHERINE BARONNE DE FLECKENSTEIN, née DE RATHSEMBACH;

Porte d'or à une fasce de sinople et une bordure de gueules.

Nº 230. La baronnie de Fleckenstein;

Porte d'argent à deux fasces de sinople, écartelé d'azur à une bande d'or, et à la sénestre du chef un canton d'argent.

Nº 231. FRANÇOIS-THIÉBAULT WILLEMAINN, bailli de ladite baronnie;

Porte de gueules à un sauvage de carnation au naturel, tenant de sa main gauche un arbre de sinople, le tout sur une terrasse aussi de sinople.

N° 232. EMERICK, marchand-bourgeois de Strasbourg;

Porte d'azur chapé de gueules à un chevron d'argent brochant sur le tout, accompagné de trois étoiles d'or à six raies, deux en chef et une en pointe.

N° 233.   Abbé de Marmoustier;

Porte d'azur à trois sceptres d'or posés, deux en sautoir et un en pal brochant sur les autres.

N° 234. L'abbaye de Marmoustier;

Porte de sinople à un cheval d'argent, la bride de gueules, sur lequel est St-Martin de carnation, vêtu d'or, les bottes de sable, partageant son manteau de gueules avec son épée d'argent à un pauvre assis à terre, vêtu de violet, qui lui demande l'aumône.

N° 235.   abbé d'Asprimoutier;

Porte d'argent à un rossignol ou autre oiseau au naturel.

N° 236. L'abbaye d'Asprimoutier;

Porte de sinople à deux cartouches ou targues à l'antique, l'un de gueules à dextre chargé d'un sanglier contourné au naturel, les défenses d'argent, l'autre d'argent chargé d'un rossignol ou autre oiseau au naturel.

N° 237. WALTER-JOSEPH DE GAILL, préteur royal de la ville d'Haguenau;

Porte d'or à deux roses de gueules, boutonnées d'or, coupé d'azur à une fleur-de-lis d'or.

N° 238. DE LA ROUSSIÈRE, capitaine des portes à Landau;

Porte d'azur à un chevron d'argent, accompagné en chef de deux trèfles, et en pointe d'un croissant de même.

N° 239. BUFFENANT, major de Strasbourg;

Porte d'azur à une croix vidée et fleuronnée d'or.

N° 240. N... VAUDIN, aide-major de la ville de Strasbourg;

Porte de sinople à un chevron d'argent, accompagné de trois étoiles d'or, deux en chef et une en pointe.

N° 241. DE BELLEVILLE, capitaine des portes de Strashourg;

Porte gironé d'or et de gueules de dix pièces.

N° 242. JEAN-MATTHIEU BARON DE HAINDEL;

Porte de sable à un coq d'argent, crété et barbé de gueules, et becqué et membré d'or.

No 243. PHILIPPE-CHRISTOPHE GAYLING D'ALTHEIM, grand-
veneur de M. le comte de Hanau-Liechtemberg;

Porte d'azur à une corne de cerf d'argent, armée de cinq corni-
chons, et périe en croissant tourné.

No 244. PHILIPPE-CHRISTOPHE GREMP DE FREYDENSTEIN, gentilhomme;

Porte de gueules à un cigne d'argent, posé sur trois petits monticules de sinople et tenant en son bec un anneau.

No 245. FRÉDÉRIC-JACOB WOURMSER DE VENDENHEIM, gentilhomme;

Porte d'or à un chef d'azur chargé de deux croissants d'argent.

No 246. JEAN-GEORGE SCHWENGSFEUR, premier conseiller
d'Etat de S. A. M. le Prince Palatin de Birkenfeld;

Porte d'azur à un sauvage au naturel tenant en sa main dextre une
massue d'or.

No 247. JEAN SIMON, conseiller de S. A. M. le Prince Palatin
de Birkenfeld;

Porte d'azur à une lune dans son décours d'argent, adextrée d'une
étoile d'or.

No 248. SAMUEL MULLER, ministre de l'église réformée allemande de Bischviller;

Porte d'azur à un soleil d'or en chef et un globe terrestre de même
en pointe, entouré d'un cercle d'argent, les degrés marqués de sable.

No 249. EMMANUEL-CLAUDIN FAURE, ministre de l'église réformée française à Bischviller;

Porte d'azur à un soleil d'or en chef, et un globe terrestre de
même en pointe, entouré d'un cercle d'argent, les degrés marqués
de sable.

No 250. ISAAC HEUCH, prévôt de la prévôté de Bischviller;

Porte coupé au 1er d'or, et au 2e d'argent, à une hure de sanglier
de sable.

No 251. JEAN-PIERRE WEHEL DE MARSEILLE, conseiller et
maître d'hôtel de S. A. M. le Prince de Birkenfeld;

Porte de gueules à une bande d'argent.

No 252. La communauté et la prévôté de Bischviller;

Porte d'azur à la Ste-Vierge couronnée de trois étoiles, assise sur
une chaise, les bras étendus et ayant le petit Jésus assis sur ses
genoux, le tout d'or.

Nº 253. FRANÇOIS-LOUIS RATSAMHAUSEN ;

Porte d'argent à une fasce de sinople et une bordure de gueules.

Nº 254. EVA-LOÏSA, née ZORN DE PLOBSHEIM, femme de FRANÇOIS-LOUIS RATSAMHAUSEN ;

Porte de gueules à une étoile à huit raies d'argent, coupé d'or plein.

Nº 255. LOUIS-HENRY ZORN DE PLOBSHEIM, gentilhomme ;

Porte de même.

Nº 256. GEORGES-LOUIS DE LANDSPERG, gentilhomme ;

Porte d'azur à une montagne à six coupeaux d'or, l'écu coupé d'argent.

Nº 257. JEAN-JACQUES DE LANDSPERG, gentilhomme ;

Porte de même.

Nº 258. FRANÇOIS-LOUIS D'ICHTVARZHEIM, seigneur d'Ochfelden ;

Porte écartelé au premier et quatrième d'or, à un demi-aigle mouvant de la partition, au second d'azur à une barre d'argent chargée d'une comète d'or et accompagnée de deux étoiles à six raies d'or, au troisième d'azur à trois épis d'or, tigés de même, sur un monticule de sinople.

Nº 259. PHILIPPE-CHRISTIAN DE KIRCHEIM, gentilhomme d'Alsace ;

Porte d'azur à une église d'argent avec son clocher de même, l'un et l'autre couverts de gueules, l'église sommée de deux croix d'or, une à chaque bout, écartelé de gueules, à une fasce d'argent, parti d'un losange d'or et de sable.

Nº 260. PHILIPPE-JACQUES WERBEK, notaire et receveur de la noblesse de la Basse-Alsace ;

Porte de gueules à un lion d'argent.

Nº 261. JACQUES-FRÉDÉRIC DE BOCKABLAS DE GERSTHEIM, gentilhomme ;

Porte de gueules à un bouc sautant d'argent.

Nº 262. N... DU COMTE, chirurgien-major de Strasbourg, et N... sa femme ;

Portent d'argent à un pin de sinople et un chef d'azur chargé d'un croissant d'argent, cotoyé de deux étoiles de même, accolé d'argent à un sauvage au naturel posé sur un monticule de trois coupeaux de sinople, tenant à sa droite un arbre sec arraché.

N° 263. Jean-Georges Lambinet, greffier du bourg d'Erstheim ;

Porte d'azur à un chardon de sinople fleuri de pourpre, sur un mont de trois coupeaux de sinople.

N° 264. La communauté des cordonniers du bourg d'Erstheim ;

Porte de gueules à un St-Sébastien de carnation, attaché à un arbre d'or et percé de flèches de même.

N° 265. Daniel Kopp, cabaretier à la Couronne, au bourg d'Erstheim ;

Porte de gueules à un cœur vidé d'or, couronné de même et accosté de deux palmes aussi d'or, les tiges passées en sautoir.

N° 266. N... Alies, ingénieur du roi à Strasbourg ;

Porte de gueules à une fasce d'argent, chargée de trois croissants de sable.

N°s 267 et 268. Dagobert Wourmser de Vendenheim et de Soundhouse le père, et François-Jacques Wourmser de Vendenheim et de Soundhouse le fils ;

Portent coupé au premier de sable, et au deuxième d'or, le sable chargé de deux croissants d'argent.

N° 269. Catherine-Elisabeth Wourmser de Vendenheim et Soundhouse, née de Wachotz d'Altenhoff ;

Porte d'azur à un rencontre de bœuf d'argent.

N° 270. N... de Chamousseaux du Mourand la Tribarderie, commandant au fort du Rhin de Strasbourg ;

Porte de sable à trois pals d'argent et un chef de même, chargé de trois écussons de sable.

N°s 271 et 272. Philippe-Jacques Wolz d'Altenau, gentilhomme de la noblesse de la Basse-Alsace, ancien capitaine de cavalerie, et Susanne-Elisabeth, née Mueg de Boffzheim, sa femme ;

Portent tiercé en bande, au 1er de gueules, au 2e d'argent, chargé d'une croix de sable remplie d'or, au 3e d'azur accolé, coupé au 1er d'or à un lion de gueules, au 2e d'azur à deux molettes d'or rangées en fasce.

Nº 273. Philippe-Christophe Bockel de Bocklingsaw, gentilhomme de la noblesse d'Alsace ;

Porte de gueules à un bouc rampant d'argent et accorné d'or.

Nº 274. Philippe-Chrestien Bockel de Bocklinsaw, gentilhomme de la noblesse d'Alsace ;

Porte de même.

Nº 275. Rosma Bocklin de Bocklinsaw, gentilhomme de la noblesse d'Alsace ;

Porte de même.

Nº 276. La Chartreuse de Molsheim ;

Porte d'azur à la figure de la Ste-Vierge tenant sur son bras dextre le petit Jésus, et de sa sénestre tenant un sceptre, le tout d'or.

Nº 277. Sigfrid de Béonholdt, gentilhomme de Basse-Alsace, colonel du régiment de milice de ladite province ;

Porte d'or à un lion naissant, contourné et couronné de sable, et lampassé de gueules, coupé de sable.

Nº 278. Marie-Hélène de Bock, née de Weiler veuve ;

Porte de gueules à une barre d'argent.

Nº 279. Frédéric-Ferdinand Bock de Blasheim et Gerstheim, gentilhomme de Basse-Alsace ;

Porte de gueules à un bouc rampant et contourné d'argent.

Nº 280. Sigfrid Bock de Bloesheim et Gerstheim, gentilhomme de Basse-Alsace, major et premier capitaine du régiment de cavalerie de Quadt ;

Porte de même.

Nº 281. Antoine-Eberhard Bock, ci-devant capitaine de cavalerie au régiment de cavalerie de Rotemberg, gentilhomme de Basse-Alsace ;

Porte de même.

Nº 282. N... Meylach de Dettlingen, gentilhomme de la province de la Basse-Alsace ;

Porte d'azur à une fleur-de-lis d'or.

Nº 283. Jean-Gaspard de Ratsamhausen de Ehenveier, gentilhomme de Basse-Alsace ;

Porte d'argent à une fasce de sinople et une bordure de gueules.

Nº 284. Sébastien Scheidel, receveur de M. de Chaulay ;

Porte d'azur à un sauvage de carnation, tenant sur son épaule une massue d'or.

No 285. CHRISTOPHE ADAMI, ministre luthérien à Brumpt; (Brumath ?)

Porte d'or à un pommier de sinople, fruité au naturel et accosté d'Adam et d'Eve de carnation, couvert de feuilles de sinople, le tout sur une terrasse de même.

No 286. La communauté de Brumpt; (Brumath ?)

Porte d'azur à un dextrochère d'argent, tenant une bannière d'or chargée d'une étoile d'azur.

No 287. FRANÇOIS-PAUL WEIMER, greffier et notaire à Brumpt; (Brumath ?)

Porte d'azur à un rosier fleuri de quatre pièces d'or, et mouvant d'un monticule de trois coupeaux d'argent, mantelé de même de deux molettes de sable.

No 288. JEAN-JACQUES NUMBOURG, prévôt et greffier de la prévôté d'Offendorff;

Porte parti au 1er d'azur à une tour d'argent sur un monticule de trois coupeaux d'or, et au 2e d'or à un arbre de sinople sur un monticule de trois coupeaux de même.

No 289. La communauté d'Herlisheim;

Porte écartelé au 1er d'azur à trois chevrons d'or, au 2e de gueules à un fer de lance, la pointe en haut, d'argent, au 3e d'argent à un lion de gueules, et au 4e d'azur à un poisson d'argent posé en barre.

No 290. La communauté du village d'Oberhauben; (Oberhausen ?)

Porte d'azur à un éperon d'or mis en pal, la molette en bas, accosté vers la pointe d'un croissant couché à dextre et d'une étoile de six raies à sénestre, le tout d'or.

No 291. La communauté du village de Pfaffenhoffen;

Porte d'azur à un St-Pierre d'or, tenant en sa main dextre deux clefs passées en sautoir, une d'or et l'autre d'argent.

No 292. DEBEAUX, écuyer, seigneur de ROYAS, lieutenant au gouvernement du fort de Kiel;

Porte d'azur à sept barbeaux adossés et affrontés d'or, quatre en chef et trois en pointe.

No 293. MARESCHAUX DU PLESSIS, major du fort de Kiel;

Porte de gueules à trois croix ancrées d'argent.

No 294. FRANÇOIS-CHARLES SIDLER, commis-greffier au bailliage de Landeck; (?)

Porte d'azur à une montagne de trois monticules d'argent, chacun chargé d'une des trois premières lettres de son nom F, C, S, de sable, accompagné en chef d'un croissant d'argent, accosté de deux molettes et surmonté d'une pareille molette de même.

No 295. FRÉDÉRIC-LÉOPOLD D'OBERKIRCH, capitaine au régiment de milice de Bernhold;

Porte de sable à un lion d'argent, couronné d'or, lampassé et armé de gueules.

No 296. JEAN-CHRISTOPHE D'OBERKIRCH, capitaine audit régiment;

Porte de même.

No 297. JEANNE D'OBERKIRCH, veuve;

Porte de même.

No 298. FRANÇOIS-JOSEPH D'ICHTRATZHEIM, seigneur de Hochfelden, capitaine commandant le second bataillon du régiment de Furstemberg, gentilhomme de la province d'Alsace;

Porte écartelé au 1er et 4e d'or à un demi-aigle de sable mouvant de la partition, au 2e d'azur à une barre d'argent, chargée d'une étoile caudée ou comète de gueules et accostée de deux étoiles à six raies de même, et au 3e d'azur à trois épis d'or, tigés de même sur un mont de sinople.

No 299. FRÉDÉRIC MENNWUG, conseiller du roi, maire et premier stettmestre de la ville d'Haguenau;

Porte d'azur à un chevron d'or, accompagné de trois étoiles de même, deux en chef et une en pointe.

No 300. La ville d'Haguenau;

Porte d'azur à une quintefeuille d'argent, boutonnée de gueules.

No 301. JEAN-BASILIUS ROTHIACOB, bourguemestre de la ville d'Haguenau;

Porte d'azur à deux triangles entrelacés d'or.

No 302. Le sceau pour servir aux contrats de la ville d'Haguenau;

Porte coupé au 1er d'or à un triangle vidé d'azur, au 2e parti au 1er de gueules à une barre d'argent, et au 2e d'azur à trois étoiles à six raies d'argent posées deux et une.

N° 303. ANDRÉ SCHULMEISTER, lieutenant, bourguemestre de la ville d'Haguenau;

Porte d'azur à un chevron d'argent, accompagné de trois raisins d'or, tigés et feuillés de sinople.

N° 304. JOSEPH BOHM, greffier commis de ladite ville;

Porte de gueules à un chevron d'or, accompagné de trois trèfles d'argent.

N° 305. JEAN-MICHEL SCHVEIGHEUSER, lieutenant, bourguemestre de la ville d'Haguenau;

Porte de gueules à un lion d'or.

N° 306. La paroisse de Saint-Georges de la ville d'Haguenau;

Porte de gueules à un St-Georges à cheval perçant avec sa lance un dragon étendu par terre, le tout d'or.

N° 307. BARON DE KREBS LAISNÉ, stettmestre de la ville d'Haguenau;

Porte d'azur diapré d'or à un pal échiqueté de sable et d'argent de deux traits.

N° 308. L'hôpital neuf de Saint-Martin d'Haguenau;

Porte d'azur à un St-Martin à cheval coupant avec son épée la moitié de son manteau, pour la donner à un pauvre qui lui demande l'aumône, le tout d'or.

N° 309. La communauté des jardiniers d'Haguenau;

Porte d'azur à trois betteraves d'argent feuillées de sinople.

N° 310. JEAN-BAPTISTE SATTLER, curé de Clinguenemuster; (?)

Porte d'azur à un calice d'or et un agneau pascal d'argent passant sur le pied du calice.

N° 311. DE VIZDUIN D'EGERSBERG, écuyer;

Porte d'or à un arbre fusté au naturel en bande, la tête coupée ou décimée et sans branches ni feuilles, mais duquel sortent trois pommes de gueules, une dessus et deux dessous.

N° 312. ADOLPHE FAUCON, procureur fiscal du bailliage de Guermersheim;

Porte d'argent à un faucon de gueules.

N° 313. JEAN-JOSEPH KIEL, maître des postes de Weissembourg;

Porte de gueules à un cigne d'argent.

No 314. FELS, ministre de la ville de Weissembourg;

Porte d'argent à une figure de mars à demi-corps de sable, tenant en sa main droite une flèche de même, coupé de gueules à un pied de loup d'argent accosté de deux étoiles d'or.

No 315. SCHNEIDER, ministre de ladite ville;

Porte de sinople à un calice d'or.

No 316. FRANÇOIS BENDER, apothicaire et conseiller de ladite ville;

Porte d'argent à deux doubles crochets de sable passés en sautoir, brochant sur un maillet mis en pal de sinople, emmanché de gueules

No 317. UHRICH, greffier de Weissembourg;

Porte d'argent à une croix coupée ou alèsée de sable, chargé d'un col et tête de cerf d'argent, son bois d'or.

No 318. KHNEN, bourguemestre de ladite ville;

Porte de gueules à deux épées d'or passées en sautoir, les pointes en bas, et une flèche d'argent mise en pal, la pointe en haut et brochant sur les épées.

No 319. GEORGES ANTOINE, bourguemestre de Weissembourg;

Porte de gueules à un lion d'or soutenant de ses deux pattes de devant une fleur d'argent, tigée de même.

No 320. JARY, bourguemestre de ladite ville;

Porte de gueules à une colonne d'argent surmontée d'un œil ouvert de même.

No 321. .... Veuve de MEENWEEG, bailli de Weissembourg et Germersheim;

Porte d'azur à un chevron d'or, accompagné en chef de deux molettes, et en pointe de deux flèches passées en sautoir, les pointes en haut, de même.

No 322. STAZEL, bailli de Guermersheim et Weissembourg;

Porte d'argent à une pie de sable sous un chêne de sinople.

No 323. La communauté des tisserands de Weissembourg;

Porte d'argent à la Weberlad ou peigne de tisserand de sable, accompagné en chef d'un chapeau, et en pointe d'un jardon ou dévidoir et d'une paire de ciseaux ouverte, le tout de sable.

No 324. La ville de Weissembourg;

Porte de gueules à une porte de ville d'argent, garnie de sa herse de sable, et sommée de deux tours crénelées aussi d'argent, et maçonnées de sable.

N° 325. Le chapitre collégial de Saint-Pierre et Saint-Paul de Weissembourg ;

Porte de gueules à la figure d'un St-Pierre d'or, tenant une clef entre ses mains et accosté de deux colonnes de même.

N° 326. La communauté des maîtres vignerons de ladite ville ;

Porte de gueules à un raisin avec sa tige et ses feuilles d'argent, accompagné en chef de deux serpettes passées en sautoir, de même.

N° 327. La communauté des maîtres cordonniers de ladite ville ;

Porte de gueules à deux planes d'argent emmanchées d'or, passées en sautoir et posées en chef, et un soulier d'argent en pointe traversé d'une flèche périe en bande d'or, passant par le dessous de la semelle et paraissant au-dessus du soulier.

N° 328. La communauté des maîtres charpentiers de ladite ville ;

Porte de gueules à un pot d'or garni de quatre fleurs d'argent et sommé d'un maillet de même en pal, posé sur un marteau et une hache d'argent passés en sautoir.

N° 329. La communauté des maîtres bouchers de ladite ville ;

Porte de gueules à une tête de bœuf d'or, accornée d'argent et surmontée d'un couperet de même, emmanché d'or.

N° 330. La communauté des maîtres marchands de ladite ville ;

Porte de sinople à un ciseau ouvert en sautoir d'argent, posé en pal, la pointe en haut, entrelacé d'une balance d'or, le fléau d'argent.

N° 331. La communauté des maîtres boulangers de ladite ville ;

Porte de gueules à une roue d'horloge d'or et un cercle en cordon arrondi et entrelacé de même en chef.

N° 332. La communauté des maîtres maréchaux-ferrants de ladite ville de Weissembourg ;

Porte de gueules à une bande d'argent chargée d'un dragon de sinople, armé et lampassé de gueules, et accompagné en chef d'une tenaille d'argent, et en pointe d'un marteau de même, le manche d'or.

N° 333. SCHMAUS, receveur des confiscations de Landau ;

Porte d'or à un chevron d'azur, accompagné de trois fleur-de-lis de même.

N° 334. BEAULINSAUT, ci-devant capitaine-lieutenant de la compagnie franche de M. Daoust;

Porte de gueules à un léopard d'argent à un filet de même en orle.

N° 335. DE SOMBREUIL, conseiller du roi, intéressé aux fermes de Lorraine, Franche-Comté et Alsace;

Porte de gueules à un bras d'or, tenant un coutelas de même et mouvant d'une nuée de même du flanc sénestre.

N° 336. JEAN WOLF D'OBERKIRCH, seigneur de Saint-Jean d'Oberkirch;

Porte de sable à un lion d'argent, couronné et armé d'or, et lampassé de gueules.

N° 337. N... COULON, curé à Bergbuten et chanoine de Saverne;

Porte d'argent à trois fasces de gueules et un oiseau de sable, brochant sur le tout, levant le pied textre et appuyant le sénestre sur un monticule de trois coupeaux de même, mouvant de la pointe.

N° 338. HENRY-VALENTIN HISCHLER, marchand à Landau;

Porte de gueules à trois navettes d'or, une en chef couchée, et deux en pointe posées, l'une en bande et l'autre en barre.

N° 339. N... SIMONNAIRE, greffier et notaire du bailliage de Moutzig;

Porte d'or à un lion de sable et un chef d'azur chargé de trois étoiles d'or.

N° 340. La communauté du village de Nordhauzen;

Porte d'argent à une croix alésée de gueules et un chef d'azur chargé de deux étoiles à six raies d'or.

N° 341. FRANÇOIS-HENRY NEUBECK, lieutenant, bailli et receveur au bailliage de Lauttenbourg; (Lauterbourg.)

Porte d'argent à une rave de sable, feuillée de sinople, posée en pal et accostée de deux étoiles d'or.

N° 342. La communauté des tisserands du bailliage d'Erstein;

Porte d'azur à un métier de tisserand d'or, enfermant trois navettes de même, posées une et deux, la première couchée et les deux autres posées une en bande et l'autre en barre.

N° 343. JEAN-MARTIN SCHLITZURG, greffier du bailliage de Lauterbourg;

Porte de gueules à une clef d'argent, posée en pal, et un chef cousu d'azur chargé de trois étoiles d'or.

Nº 344. JEAN STABULO, greffier de la ville de Lauterbourg;

Porte d'argent à un cœur de gueules, surmonté de trois roses de même et accosté de deux étoiles d'azur.

Nº 345. JEAN-JACQUES HENGUIN, commis du domaine;

Porte d'argent à un cœur de gueules, surmonté d'une étoile à six raies de sable, et deux roses de gueules tigées et feuillées de sinople, mouvantes des deux flancs du cœur.

Nº 346. JEAN-MICHEL ZEHNER, garde des bois de Benwald;
Porte d'azur à une gerbe d'or.

Nº 347. SIMON KISTNER, curé de Lauterbourg;

Porte coupé au premier d'argent à trois roses de gueules mal ordonnées, au deuxième d'azur à un calice d'or.

Nº 348. JEAN-GEORGES JOFS, curé d'Hernheim; (Herxheim?)
Porte d'azur à une croix fleuronnée d'or.

Nº 349. JEAN-PHILIPPE ASSELBONN, curé de Khinzabern; (Rheinzabern.)

Porte de gueules à un calice d'argent.

Nº 350. NICOLAS FRANCK, curé de Solvard; (?)

Porte de gueules à un cœur d'or, traversé de deux flèches d'argent passées en sautoir, et surmonté d'une étoile d'or.

Nº 351. DOMINIQUE WICKART, religieux augustin, curé de Lauterbach;

Porte d'azur à deux ranchiers de faux adossés, d'argent, et accompagnés en chef d'une croix de Lorraine d'or.

Nº 352. La ville de Lauterbourg;
Porte d'azur à un château à trois tours d'or.

Nº 353. WEITERSHEIM, veuve;

Porte de sable à une étoile à six raies d'argent, parti d'argent plein.

Nº 354. La communauté des maréchaux de la ville et bailliage de Lauterbourg;

Porte de sable à une butte et des tenailles d'argent passées en sautoir, et un marteau de même, emmanché d'or, posé en pal, brochant sur le tout, surmonté d'un fer de cheval ébauché de même.

Nº 355. La communauté des serruriers, menuisiers, charpentiers, maçons et potiers de terre de la ville et bailliage de Lauterbourg;

Porte d'azur à une paire de tenailles ouvertes en sautoir, et accompagnées en chef d'un couperet contourné, aux flancs à dextre d'une truelle, à sénestre d'une clef, et en pointe d'un clou, le tout d'or.

N° 356. La communauté des bouchers, boulangers et meuniers de la ville et bailliage de Lauterbourg ;

Porte de gueules à un rencontre de bœuf d'or adextré d'un bradler de même, et sénestré d'une roue de moulin d'argent, le tout accompagné en chef d'un couperet de boucher d'argent, et en pointe de deux besants de même.

N° 357. La communauté des cordonniers de la ville et bailliage de Lauterbourg ;

Porte d'argent à une botte ou bottine de sable.

N° 358. La communauté des tailleurs de la ville et bailliage de Lauterbourg ;

Porte d'azur à des ciseaux ouverts en sautoir d'argent, surmontés d'un poinçon d'or posé en pal, la pointe en bas.

N° 359. De Wertersheim, gentilhomme de la Basse-Alsace ;

Porte de sable à une étoile à six raies d'argent, parti d'argent plein.

N° 360. La communauté des tisserands de la ville et bailliage de Lauterbourg ;

Porte d'azur à une burelle, accompagnée en chef d'un peigne de tisserand surmonté d'une navette, et en pointe d'un peigne à carder, accosté de deux autres posés en bande et contrebande, le tout d'or, l'écu semé de roses d'argent.

N° 361. Jean-Christophe Bupst de Bolsenheim, gentilhomme de la Basse-Alsace ;

Porte de sable à un buste d'homme de carnation, posé de front, habillé de gueules, croisé d'or, et la tête couverte d'une tiare d'or.

N° 362. Jean-René comte de Hanau-Liechtenberg ;

Porte parti de deux et coupé d'une, le 1er du chef d'or à trois chevrons de gueules, le 2e fascé de gueules et d'or de huit pièces, le 3e d'or à un lion de gueules, celui de la pointe de gueules coupé d'or, le deuxième d'argent à un lion de sable, lampassé de gueules et une bordure de même, le troisième de gueules à deux fasces d'argent sur le tout d'or à un écusson de gueules.

N° 363. André Ler, conseiller de la régence du comté de Hanau-Liechtenberg ;

Porte d'azur à un lion d'or, lampassé et armé de gueules.

Nº 364. La ville de Rosheim ;
Porte de gueules à une rose d'or.

Nº 365. LAURENS HERZOG, curé de la paroisse de Saint-Etienne de Rosheim ;
Porte d'azur à deux sceptres d'or passés en sautoir.

Nº 366. THIÉBAULT GRAU, greffier de la ville de Rosheim ;
Porte d'argent à un arbre de sinople.

Nº 367. JEAN FERST, bourguemestre de la ville de Rosheim ;
Porte de gueules à un lion d'or.

Nº 368. CHRISTOPHE HERTMANN, bourguemestre de la ville de Rosheim ;
Porte de sinople à un bélier passant d'argent.

Nº 369. (Manque.)

Nº 370. CHRISTOPHE FICHER, bourguemestre de la ville de Rosheim ;
Porte d'azur à un poisson d'argent nageant sur une mer de même.

Nº 371. ALEXANDRE SERMONET, bourgeois et marchand à Dambach ;
Porte de sable à un quatre de chiffre de marchand d'or, le pied brochant sur un cœur vidé de même, enfermant les deux lettres A et S, aussi d'or.

Nº 372. La ville de Dambach pour le grand sceau ;
Porte d'azur à un château d'or sur un rocher d'argent.

Nº 373. La ville de Dambach pour le petit sceau ;
Porte d'or à un ours de sable rampant contre le pied d'un arbre de sinople.

Nº 374. JEAN-CHRYSOSTÔME MULLER, conseiller du conseil de la régence de Saverne ;
Porte d'argent à un homme de carnation, vêtu de gueules, tenant en sa main dextre un sabre de sinople.

Nº 375. THOMAS KEPSSEL, bourguemestre de la ville de Dambach ;
Porte d'argent à un sapin de sinople.

Nº 376. JEAN-THÉOBALD HURSTER, greffier de la ville de Dambach ;
Porte d'azur à un cerf passant d'or.

Nᵒ 377. BERNARD HERMAN, greffier et notaire de la ville de Molsheim ;

Porte de sable à un bouc sautant d'argent, accorné d'or, sur un monticule de trois coupeaux de sinople.

Nᵒ 378. Le village d'Eppffich ;

Porte de sable à une bande d'argent cotoyée de deux branches d'arbres de même.

Nᵒ 379. Le village de Koquenheim ; (Kogenheim.)

Porte d'or à un maillet de sable.

Nᵒ 380. Le village de Schaffersheim ;

Porte de sable à un agneau pascal d'argent, la longue croix d'or et la banderolle d'argent.

Nᵒ 381. Le village de Hozheim ; (Holzheim.)

Porte de sable à un tronc d'arbre écoti d'or.

Nᵒ 382. Le village de Limersheim ;

Porte d'or à un Sᵗ-Denis de carnation, vêtu de pourpre et d'argent, portant sa tête en ses mains.

Nᵒ 383. ANDRÉ JAGER, bailli du bailliage de Daztein ; (Dachstein.)

Porte d'azur à un cor de chasse d'or enguiché de gueules.

Nᵒ 384. JOSEPH GRAU, prévôt de la ville de Molsheim ;

Porte d'argent à un arbre de sinople sur un tertre de même.

Nᵒ 385. GUILLAUME FOCCARD, notaire et greffier du bailliage de Daxstein ; (Dachstein.)

Porte d'azur à trois étoiles d'argent, deux et une, parti de gueules à trois cannettes d'or, becquées et onglées d'argent, posées deux et une.

Nᵒ 386. Le bailliage de Daxstein ; (Dachstein.)

Porte de même.

Nᵒ 387. BERNARD HERMAN, notaire de la ville de Molsheim,

Porte de sable à un bouc sautant d'argent, accorné d'or, sur un monticule de trois coupeaux de sinople.

Nᵒ 388. La ville de Mousig ; (Mutzig.)

Porte d'azur à un cavalier galopant d'or, tenant sur son bras sénestre un bouclier ou écusson de gueules, chargé d'une croix d'argent, et accompagné de trois aiglons s'essorant d'or, deux en chef et un en pointe.

Nᵒ 389. PIERRE KŒNIG, marchand à Molsheim ;

Porte d'argent à un quatre de chiffre de marchand de sable, le pied brochant sur un cœur vidé aussi de sable, enfermant les deux lettres P et K de même.

Nᵒ 390. JEAN-CLAUDE BEAUSIRE, juge royal de la citadelle et des fortifications de Strasbourg, ancien lieutenant de la maréchaussée d'Alsace ;

Porte d'azur à un agneau pascal d'argent, diadèmé d'or, la croix de même et la banderolle de gueules, et posé sur un monticule de sinople.

Nᵒ 391. JEAN-GEORGES BEAUSIRE, curé de Bertch ; (Bœrsch.)
Porte de même.

Nᵒ 392. DE LA BASTIE, chevalier de l'ordre militaire de Sᵗ-Louis, lieutenant pour le roi, commandant à Strasbourg ;

Porte d'or à une hure de sanglier de sable, lampassée de gueules et défendue d'argent, coupé de sable à un chevron d'or écartelé d'argent à un aigle d'azur, becqué et langué de gueules.

Nᵒ 393. N... abbé de Neufbourg ;

Porte de gueules à un bras d'or sortant d'une nuée, tenant un coutelas aussi d'or.

Nᵒ 394. L'abbaye de Neufbourg ;
Porte de sable à une double tour d'argent.

Nᵒ 395. N... ZHERMINGER ;
Porte coupé au premier d'azur à deux étoiles à six raies d'argent, au deuxième d'argent à un croissant de gueules.

Nᵒ 396. La communauté d'Hert ; (Hörth.)
Porte d'or à un palmier de sinople accosté au tronc d'un *Tau* ou croix de Sᵗ-Antoine de sable à dextre, et d'une croisette de même à sénestre, l'une et l'autre de ces deux croix touchant au tronc du palmier.

Nᵒ 397. La communauté d'Inquenheim ; (Ingenheim.)
Porte de gueules à un fer de lance d'argent, posé en pal, la pointe en haut.

Nᵒ 398. FRANÇOIS-ANTOINE baron de REINACH de Wertt ;
Porte de sable semé de billettes d'or à quatre trèfles d'argent, leurs tiges de même, mouvants des quatre angles de l'Ecu.

Nº 399. GEORGES-LAURENT LIDROYNEL, lieutenant, bailli de leurs Altesses Mesdames les Princesses palatines de Veldeme;

Porte d'azur à un oiseau d'argent.

Nº 400. CONDIG-HEINRICH DE MULLENHEIM, capitaine au régiment de Bernold;

Porte d'argent à une quintefeuille de gueules, et une bordure de même.

STRASBOURG

SUIVANT L'ORDRE DU REGISTRE 2e.

(Etat du 22 novembre 1697.)

N° 1. Arnould Geibman, prévôt de la ville de Mourzig; (Mutzig.)
Porte parti au premier d'argent à un oiseau de gueules, sur une terrasse de sinople posée en fasce, et au deuxième d'or à un arbre arraché de sinople.

N° 2. La communauté de Barr;
Porte d'or à une bande de sable et un écusson d'azur brochant en cœur sur le tout, chargé d'une fasce alésée d'argent, surchargée de cinq vergettes de gueules.

N° 3. La communauté de Heiligenstein;
Porte d'azur à une montagne de trois coupeaux d'or, rangés en fasce.

N° 4. La communauté de Gertweiler;
Porte d'azur à une branche de laurier d'or, posée en pal, accompagnée de quatre étoiles à dix raies de même, deux en chef et une en pointe.

N° 5. Vincent Reyds, sergent royal;
Porte d'azur à deux levrettes d'argent passantes l'une sur l'autre et une étoile d'or en abime.

N° 6. La communauté des tonnelliers de Molsheim;
Porte d'azur à deux crochets ou sergents passés en sautoir avec un maillet de tonnelier entrelacé en pal, le tout d'or, et un tonneau d'argent cerclé de gueules brochant en fasce sur le tout.

N° 7. La communauté des tisserands de Molsheim ;

Porte d'azur à un évêque vêtu pontificalemeut, tenant sa crosse de sa main dextre, et un livre de sa sénestre, le tout d'or, chargé en pointe d'un écusson de gueules, surchargé de trois navettes d'argent, une couchée en chef, et les deux autres en chevron renversé et une croisette fleuronnée d'argent en abîme.

N° 8. La communauté des tailleurs de Molsheim ;

Porte d'azur à une paire de ciseaux d'or ouverte en sautoir et accompagnée de quatre roses d'argent tigées et feuillées de même.

N° 9. La communauté des maréchaux de Molsheim ;

Porte d'azur à une paire de tenailles d'argent ouvertes en sautoir et un marteau d'or brochant en pal sur le tout.

N° 10. La communauté des boulangers de Molsheim ;

Porte d'azur à un pain en forme de navette, couché en fasce, accosté de deux autres petits pains, et accompagné en chef d'un bradler et pointe d'une roue de moulin dans laquelle sont enfermées quatre rosettes, le tout d'or.

N° 11. Jean-François-Antoine de Flachsland, écuyer ;
Porte diapré d'or à une bande de sable.

N° 12. La communauté des meuniers (?) de la ville de Molsheim ;

Porte parti d'azur par un trait de sable, le premier chargé de deux règles alésées et posées en pals, et deux sergents brochants en sautoir sur le tout, accompagné en chef d'un rabot et en pointe d'une équerre, et le deuxième chargé d'un baquet rempli de copeaux, surmonté d'un compas rond ouvert en deux cercles, les pointes en bas, le tout d'or.

N° 13. La communauté des cordonniers de Molsheim ;

Porte d'azur à un tranchet et un couteau à pied posés en bande, et un compas de cordonnier brochant en pal sur le manche du tranchet, le tout adextré en pointe d'un soulier à l'antique, traversé d'une flèche en pal et sénestré d'une botte, le tout d'or.

N° 14. La communauté des maçons de Molsheim ;

Porte d'azur à une équerre d'or couchée en fasce et un marteau de même brochant en pal sur le tout, coupé de gueules à une hache d'argent couchée en fasce, et une équerre de même brochant en pal sur le tout.

Nº 15. La communauté de Thalheim ; (Thal ?)

Porte d'azur à un St-Blaise évêque, vêtu pontificalement, tenant de sa main dextre sa crosse, et sa sénestre abaissée, le tout d'or, chargé en pointe d'un écusson de gueules, surchargé d'un pied d'oie d'argent.

Nº 16. La communauté du Ban de la Roche en Alsace ;

Porte d'azur à un chevron d'or, accompagné de trois doubles crochets ou crampons d'argent, deux en chef et un en pointe.

Nº 17. NICOLAS MARCHAL, prévôt du Ban de la Roche en Alsace ;

Porte d'azur à un marteau de maréchal, et une paire de tenailles d'argent, passées en sautoir et un cœur d'or brochant sur le tout, chargé d'un N et d'un M de gueules, et sommé de trois roses d'or tigées et feuillées d'argent.

Nº 18. JEAN-PHILIPPE-JOHAM DE MEMDOLSHEIM ;

Porte coupé, diapré de sable et d'or, le premier chargé d'une licorne naissante aussi d'or.

Nº 19. MARIE-FÉLICITÉ WOURMSER DE VENDENHEIM, femme dudit JEAN-PHILIPPE-JOHAM ;

Porte coupé, diapré de sable et d'or, le premier chargé de deux croissants d'argent.

Nº 20. GEORGE-EBERHARD DE KIEPPENHEIM, capitaine de milice au régiment de la Basse-Alsace ;

Porte diapré de gueules à trois poissons d'or, posés en perle mouvants des trois angles de l'écu et appointés par queue en cœur.

Nº 21. PHILIPPE-JACQUES DE KIEPPENHEIM, conseiller au grand sénat de Strasbourg ;

Porte de même.

Nº 22. PHILIPPE-CONRARD-JOHAM DE MUNDOLSHEIM, préteur de la ville de Strasbourg ;

Porte coupé, diapré de sable et d'or, le premier chargé d'une licorne naissante aussi d'or.

Nº 23. PHILIPPE-FRÉDÉRIC DE BERCKHEIM ;

Porte diapré d'or à une croix de gueules.

Nº 24. PHILIPPE-HENRY DE WICKERSHEIM ;

Porte diapré de sable à un membre de cygne de gueules, posé en bande, joint à sa cuisse d'argent, posée en pal à sénestre.

Nº 25. Léopold Oswaldt de Glaubiz ;

Porte diapré d'azur à une carpe au naturel, contournée et posée en fasce.

Nº 26. Wolffgang-Théodore de Rathsamhausen d'Ehnwier ;

Porte diapré d'argent à une fasce aussi diaprée de sinople et une bordure de gueules.

Nº 27. Marie-Madeleine de Neuenstein ;

Porte diapré de sable à une roue d'or.

Nº 28. Guillaume-Frédéric de Dormenz ;

Porte diapré d'azur à un anneau d'or, le chaton garni d'un rubis de gueules.

Nº 29. François-Guillaume de Masko, seigneur de Hircken, écuyer-inspecteur des haras du roi en Alsace, et conseiller dans le magistrat de Strasbourg ;

Porte de gueules à une couronne d'or, écartelé de même, à un cheval effaré de gueules.

Nº 30. Jean-Michel Brankenhoff, bailli du baillage d'Illi-vich (Illkirch ?) et ses dépendances ;

Porte de gueules à un lévrier rampant d'argent, sur un monticule de trois coupeaux d'or, et tenant dans sa gueule un cor de chasse de même qu'il soutient de sa patte dextre de devant.

Nº 31. La communauté des charpentiers sapenblant de Wil-then ; (Winden ?)

Porte d'azur à une règle posée en pal, accostée à dextre d'une équerre et d'une hache passée en sautoir, et à sénestre d'une coi-gnée et d'une doloire aussi passées en sautoir, le tout d'or.

Nº 32. Charles du Pré du Dortal, conseiller des quinze de la ville de Strasbourg ;

Porte diapré d'or à un chevron d'azur, accompagné en chef de deux pommes de pin de sinople tigées de même, et en pointe d'un ours de sable, lampassé et onglé de gueules et rampant.

Nº 33. La communauté de Berghitteim ; (Bergbieten.)

Porte d'azur à un St-Laurent vêtu d'une robe longue, tenant un gril de sa main dextre levée et une palme en barre de sa sénestre, le tout d'or et l'écu semé d'étoiles d'argent.

Nº 34. La communauté de Hultzheim ; (Holtzheim.)

Porte d'azur à une garde et poignée d'épée d'or.

N° 35. JEAN-ULRICH JAGER, receveur du domaine à Dabo ;
Porte de sinople à trois cornets d'or.

N° 36. La communauté d'Aighoffe ; (Hohengœft ?)
Porte d'or à trois glands de sinople, leurs tiges appointées et mouvantes d'une terrasse de même.

N° 37. La communauté de Holtzheim ;
Porte d'azur à un St-Laurent vêtu en diacre, tenant de sa main dextre une palme, et un gril de sa sénestre abaissée, le tout d'or.

N° 38. La communauté d'Ebersminster ;
Porte d'azur à une église d'argent, posée sur une haute terrasse d'or, chargée d'un sanglier de sable passant.

N° 39. La communauté d'Ernelsheim ; (Ernolsheim.)
Porte d'azur à une fourche d'or posée en pal, les pointes en bas, et accostée de deux étoiles d'or.

N° 40. JEAN-JACQUES SCHILLINGER, conseiller-secrétaire en la chambre des comptes de l'évêché de Strasbourg ;
Porte d'or à un chevron de sable, accompagné en chef de deux coquilles de gueules, et en pointe d'un cerf couché de même.

N° 41. JEAN-CHRISTOPHE HERTZOG DE MINBÉLIARD, secrétaire de M. le comte de Hanau ;
Porte de sable à un lion d'argent, tenant de ses deux pattes de devant un double crochet d'or.

N° 42. La communauté des pêcheurs de Lavamsenau ; (La Wanzenau.)
Porte diapré d'azur à deux brochets au naturel posés en sautoir.

N° 43. La communauté des tisserands de Lavamsenau ; (La Wanzenau.)
Porte diapré de gueules à trois navettes de tisserand d'or, posées en triangle, dont les fuseaux sont chargés de fil d'azur.

N° 44. La communauté des potiers de terre du bailliage de Lavamsenau ; (La Wanzenau.)
Porte d'argent à un vase d'azur, orné d'or et rempli de fleurs au naturel de diverses couleurs, tigées et feuillées de sinople.

N° 45. La communauté de Gambshamb ; (Gambsheim.)
Porte d'argent à un St-Nazaire de carnation, vêtu en diacre d'une dalmatique de pourpre sur une aube d'argent, tenant de sa main dextre une épée de sable, le saint contourné, exposé à dextre sur

une terrasse de sinople, et un S⊥-Zolzo aussi de carnation à sénestre, vêtu d'un justeaucorps d'azur, ceint d'argent, étendant sa main dextre et tenant de sa sénestre un bâton d'argent, leurs têtes entourées chacune d'une gloire d'or et une champagne de gueules chargée d'un crampon en forme de fer de flèche d'or.

Nº 46. La communauté du village de Killsten ; (Kilstett.)
Porte de même, à l'exception de la champagne, qui est chargée d'un huit de chiffre d'or.

Nº 47. HERMAN-ADOLPHE REMBOLD, receveur de l'abbaye de Marmunster ; (Marmoutier.)
Porte d'argent à une fleur de lis d'azur.

Nº 48. La maîtrise des pêcheurs de Gambshamb ; (Gambsheim.)
Porte d'azur à deux brochets au naturel posés en sautoir.

Nº 49. Le village et prévôté d'Imbsheim ;
Porte d'argent à un évêque de carnation, vêtu pontificalement d'azur, levant sa main dextre, appuyant sa sénestre devant son estomac, sur un écusson d'or chargé d'un lion de gueules.

Nº 50. Le village et prévôté de Kirviller ;
Porte d'azur à un S⊥-Remy, évêque, vêtu pontificalement, tenant de sa main dextre un livre ouvert, et de sa sénestre sa crosse, le tout d'or.

Nº 51. Le village et prévôté d'Ernolsheim ;
Porte d'azur à un S⊥-Michel, tenant de sa main dextre une épée levée en barre, et de sa sénestre des balances, le tout d'or, accompagné de huit étoiles d'argent posées en orle.

Nº 52. Le village de Melsheim ;
Porte d'azur à un S⊥-Georges à cheval, perçant de sa lance la tête d'un dragon renversé, le tout d'or.

Nº 53. (Manque.)

Nº 54. La ville et prévôté de Bouxviller ;
Porte d'azur à un S⊥-Léger, évêque, vêtu pontificalement, le tout d'or, chargé en pointe d'un écusson parti d'azur et de gueules, le 1er chargé d'un aigle contourné d'or, et le 2e d'un lion d'argent.

Nº 55. La communauté de Louxveiller ; (Lochwiller ?)
Porte d'or à un lion issant de sable, lampassé et armé de gueules.

Nº 56. La communauté d'Ilvesheim ; (Ilbesheim ?)

Porte d'argent à un lion naissant de gueules et mouvant d'un monticule de trois coupeaux de sinople.

Nº 57. La communauté de Francveiller ;

Porte de sable à un lion contourné d'or, couronné de gueules, parti de lozangé en bande d'argent et d'azur.

Nº 58. La communauté d'Albersveiller ;

Porte de sable à un lion naissant contourné d'or, coupé de lozangé en bande d'argent et d'azur.

Nº 59. JEAN-ADAM KESSELER, receveur ;

Porte d'azur à un chiffre composé de deux J, d'un A et de deux K, entrelacés, le tout d'or.

Nº 60. N... THISSON, ci-devant prévôt ;

Porte de gueules à un agneau pascal d'argent.

Nº 61. DAVID HOUCH, fiscal ;

Porte coupé d'azur sur or, l'or chargé d'une hure de sanglier, arrachée de sable.

Nº 62. JEAN GOUBLAIT, prévôt ;

Porte de gueules à trois gobelets d'argent, posés deux et un, et un chef cousu d'azur, chargé de trois étoiles d'or.

Nº 63. BARTHÉLEMY VÉRING, receveur ;

Porte d'or à deux chevrons d'azur, accompagnés de trois étoiles de sable posées, deux en chef et une en pointe.

Nº 64. NICOLAS GATZ, capitaine de chasse ;

Porte d'azur à un chiffre composé des trois lettres N, H, G, entrelacées, le tout d'or.

Nº 65. GUILLAUME-LOUIS MARS, bailli ;

Porte d'azur à un lion d'or, accompagné de cinq besants d'argent, posés deux en chef, deux en fasce et un en pointe.

Nº 66. JEAN-NICOLAS OSSEL, greffier ;

Porte d'azur à un chiffre composé de deux J, d'un H et d'un O, entrelacés ensemble, le tout d'or.

Nº 67. JEAN-FRÉDÉRIC PEÏS, receveur ;

Porte d'argent à un lion de sable lampassé et armé de sinople.

Nº 68. La ville de Bergzabern ;

Porte d'or à un lion passant de sable, coupé d'azur à deux chevrons renversés d'argent.

N° 69. François Pasquier, bourgemestre de la ville de Bolsheim ; (Bolsenheim ?)

Porte d'argent à deux grues adossées d'azur, leurs corps posés l'un sur l'autre et percés d'une flèche de gueules en pal.

N° 70. Le baillage de Neucastel ;

Porte d'azur à six fusées d'or accolées et rangées l'une sur l'autre, trois et trois.

N° 71. Jean Henry Mader, receveur de M. le comte de Hanau au bailliage de Hatten ;

Porte d'azur à un homme de carnation vêtu d'or, tenant de sa main dextre une faucille d'argent, et de sa sénestre une faux de même, le ranchier en haut.

N° 72. La communauté de Griezen ; (Griesheim ?)

Porte de sinople à une chèvre sautant d'argent sur un monticule de trois coupeaux d'or.

N° 73. Jean George Helderiche bailli de M. le comte de Hanau, ès-baillages de Westhoffen, Wert, Niederbronn et Hatten ;

Porte d'argent à une fasce de sinople, accompagnée en chef de deux croix de gueules et en pointe d'une rose de même.

N° 74. N... César, greffier des baillages de Bousseviller et de Pfaffenhoffen ; (Bouxwiller.)

Porte d'azur à un empereur armé et couronné, tenant de sa main dextre un monde et de sa sénestre une épée en barre, le tout d'or.

N° 75. Jean Rauch, vice-prévôt du baillage de Hatten.

Porte d'azur à un vase d'or, accompagné en chef de deux besants de même.

N° 76. Jean-Philipp Engel, ministre luthérien du bourg de Wert.

Porte d'azur à un ange d'or ailé et vêtu de même, tenant de ses mains une tige de lis d'argent.

N° 77. Philippe-Melchior Fuchshuber, receveur de M. le comte de Hanau aux bailliages de Wert et Niederbronn ;

Porte d'argent à un lévrier de gueules courant en bande.

N° 78. Jean-Jacques Mehlem, greffier de baillages de Wert, Niederbronn et Hatten.

Porte parti et coupé, le 1er d'azur à un agneau pascal d'argent, le 2e de gueules à trois épis d'argent appointés par le bas, soutenus d'or à un tonneau couché de sable cerclé d'argent.

No 79. La communauté du village de Niederbronn ;

Porte d'azur à une cuve ou bassin profond d'or, dans lequel tombe une fontaine d'argent mouvante de l'angle dextre du chef, dont l'eau de même s'écoule en pointe par une ouverture qui est au bas du bassin.

No 80. La communauté du village de Hatten ;

Porte d'argent à un lion naissant de gueules, coupé d'azur à une étoile à six raies d'or.

No 81. La communauté du bourg de Wert ;

Porte d'azur à un St-Laurent vêtu en diacre, tenant un gril de sa main dextre levée, et appuyant sa sénestre sur son côté, le tout d'or, le saint accosté à dextre d'un écusson d'or chargé d'un bonnet d'Albanais de sinople, et à sénestre d'un autre écusson d'argent chargé d'un lion de gueules.

No 82. La communauté de Trenheim ;

Porte d'azur à un St...... tenant de sa main dextre une église et de sa main sénestre une épée en barre, le tout d'or.

No 83. Nicolas-Antoine Mathieu, prêtre-chanoine de St Pierre-le-Vieil de Strasbourg, notaire apostolique ;

Porte d'azur à un chevron d'or, accompagné en chef de deux roses de même et en pointe d'une roue d'argent.

No 84. La communauté de Westhoffen ;

Porte d'azur à une tête et col de cheval coupés d'or, et trois cotiees de gueules brochantes sur le tout.

No 85. Georges-Jacques Enguelbach, receveur de M. le comte de Hanau-Liechtemberg ;

Porte d'argent à un pélican avec sa piété dans son aire, le tout d'azur.

No 86. Nicolas Ourweiller, prévôt à Westhoffen ;

Porte d'azur à une tour d'argent maçonnée de gueules.

No 87. Claire-Anne Barbe, veuve de N...., baron de Etsenheim ;

Porte écartelé au 1er et 4e de sable parti d'or à deux proboscides d'éléphant de l'un en l'autre posés en pals, au 2e et 3e de gueules à un renard rampant d'argent et sur le tout d'or à un aigle de sable.

No 88. Le commandeur et religieux de l'ordre de Malte à Strasbourg ;

Porte d'azur à un St-Jean-Baptiste posé à dextre et tenant sur son bras sénestre un agneau gisant, et un S‑Jean, l'évangéliste, posé à sénestre et tenant de sa main sénestre un calice duquel sort un dragon, le tout d'or, la robe du premier chargée en pointe d'un écusson de gueules surchargé d'une croix d'argent, et la robe du second aussi chargée en pointe d'un autre écusson de gueules surchargé d'une croix de Malte à huit pointes d'argent.

Nº 89. N... KOBEL, commandeur de Malte à Strasbourg et Schélestat;

Porte d'or à un arbre de sinople sur un monticule de trois coupeaux de même, et un chef de gueules chargé d'une croix d'argent.

Nº 90. Les commandeur et religieux de l'ordre de Malte à Schélestat;

Portent de gueules à une croix d'argent.

Nº 91. La commanderie d'Orlissen (Dorlisheim), de l'ordre de Malte;

Porte de gueules à une croix de Malte d'argent.

Nº 92. GUILLAUME-FRÉDÉRIC DEFFANNE, gentilhomme de Livonie, ancien lieutenant-colonel de cavalerie et maréchal des logis des gendarmes de Monseigneur le Dauphin;

Porte diapré d'or à un coq de gueules.

Nº 93. GEORGES-ALBERT STEINHEIL, avocat consultant de la noblesse de la Basse-Alsace;

Porte diapré de gueules à deux marteaux confrontés d'argent passés en sautoir et accompagnés de quatre étoiles d'or.

Nº 94. MARIE-ELISABETH FIPPER D'ANGENSTEIM, veuve, née de Sternenfelss;

Porte de gueules coupé d'argent à une colline de trois coupeaux de gueules en pointe, laquelle supporte un panier de même, rempli de plusieurs tiges de feuilles de sinople fleuries à sénestre de trois œillets d'argent brochantes sur le premier.

Nº 95. FRÉDÉRIC PAWEL DE RAMMINGEN, gentilhomme de la noblesse du Rhin, capitaine au régiment d'Alsace;

Porte écartelé au 1er et 4e de gueules à un bélier contourné d'argent, accorné d'or, au 2e échiqueté de sable et d'or, soutenu d'une champagne d'argent, au 3e d'argent à un pal de sable, et sur le tout d'argent à deux pattes d'écrevisses de gueules passées en sautoir.

N°s 96 et 97. Wolfgang-Philippe-Henry Esbrech de Durck-heim, gentilhomme, et Christine-Dorothée Waldner de Frund-stein, sa femme;

Portent diapré d'argent à deux fusils de Bourgogne de sable, vidés, confrontrés, joints ensemble et posés en pal, accolé, diapré d'argent à trois pointes de sable, mouvants du bas de l'écu et sommés chacun d'un oiseau de gueules.

N° 98. Le corps de la noblesse de la Basse-Alsace;

Porte d'argent à un homme de carnation armé de pied en cap de sable, miraillé d'argent, son épée aussi de sable garnie d'or, sa cravate d'argent et son écharpe de pourpre, posée en barre, appuyant sa main dextre sur son côté et tenant de sa sénestre une poignée de flèches de sable ferrées et empennées d'or et d'argent, cet homme posé en pied sur une terrasse de sinople entre deux hautes colonnes de gueules posées sur des piédestaux d'argent et ornées de bases et chapitaux d'or, sommées chacune d'un chapeau de sable, la colonne dextre accolée d'un écriteau voltigeant d'argent, sur lequel est ce mot *Libertas* en caractères de sable, et la sénestre aussi accolée d'un semblable écriteau sur lequel est ce mot *Concordia,* le tout surmonté d'une nuée de pourpre, ouverte en chef par une lumière rayonnante d'or, de laquelle sort un aigle le vol étendu de sable, portant en son bec une couronne de laurier de sinople.

N° 99. François-Ernest Bockel de Bocklinsau, gentilhomme et conseiller au présidial de la noblesse de la Basse-Alsace;

Porte diapré de gueules à un bouc d'argent accorné d'or.

N° 100. Marie-Salomé Bœcklin de Bocklinsau, née de Flachsland, femme dudit François-Ernest Bocklin de Bocklinsau;

Porte diapré d'or à une bande de sable.

N° 101. Eve Jacobée de Litzelbourg, née Bockel de Bocklinsau;

Porte diapré de gueules à un bouc d'argent accorné d'or.

N° 102. Frédéric-Mangus de Lindauw;

Porte diapré d'or à une bande d'azur, chargée d'une fleur de lis d'or.

N° 103. François-Dominique, baron de Wanguen, seigneur de Géroltzech au Wooge;

Porte de gueules écartelé d'argent, billeté d'azur à quatre lions affrontés de l'un en l'autre, couronnés d'or.

Nº 104. François-Joseph, baron de Wanguen, seigneur de Géroltzech au Wooge ;

Porte de même.

Nº 105. Les communautés de Ringendorff, Zabersdorff, Vichersheim et Vielshausen ;

Portent d'azur à un St-Barthélemy mouvant à mi-corps de la pointe, tenant de sa main dextre un couteau, le tout d'or.

Nº 106. Les communautés d'Oberaltorff et Exquendorff ; (Ettendorf ?)

Portent d'azur à St-Martin coupant la moitié de son manteau pour la donner à un pauvre assis à sénestre, le saint adextré en pointe d'une église posée sur un monticule, le tout d'or.

Nº 107. Godefroy Wormser d'Ettendenheim, gentilhomme de la noblesse de la Basse-Alsace ;

Porte coupé diapré de sable et d'or, le premier chargé de deux croissants d'argent.

Nº 108. La communauté des tonneliers du comté d'Hanau ;

Porte d'azur à deux doubles crochets ou sergents d'argent passés en sautoir, et un maillet de tonnelier d'or brochant en pal sur le tout, accompagnés en chef de deux roses d'argent.

Nº 109. La communauté des tailleurs d'habits du comté d'Hanau ;

Porte d'azur à une paire de ciseaux d'argent, ouverts en sautoir et accompagnée de quatre roses d'or, celle du chef tigée et feuillée de même.

Nº 110. La communauté des maîtres charpentiers et maçons du comté de Hanau ;

Porte parti au 1er d'azur à un ramon servant à remuer la chaux posé en pal, soutenu d'un compas ouvert en chevron et un marteau passés en sautoir, et une truelle brochante sur le manche du ramon, le tout d'or, accompagné de quatre roses d'argent, une en chef, deux aux flancs et une vers la pointe à dextre, au 2e de gueules à une tarière de charpentier posée en pal et une équerre passée en sautoir avec une hache, le tout d'argent, accompagné de trois roses d'or, une en chef et deux en pointe, les deux de la pointe mouvantes d'une même tige.

N° 111. La communauté des maîtres cordonniers du comté de Hanau ;

Porte d'azur à une botte d'or accompagnée en chef d'un compas de cordonnier couché d'argent, aux flancs à dextre d'un tranchet, à sénestre d'un couteau à pied de même, tous deux emmanchés d'or, et en pointe d'un soulier à l'antique d'argent.

N° 112. La communauté des maîtres maréchaux et charrons du comté de Hanau ;

Porte d'azur à une roue en chef, et un fer de cheval en pointe, adextré d'un marteau et sénestré d'une doloire, et soutenu en pointe d'un clou en pal, le tout d'or.

N° 113. Marie-Charité de Berstat, veuve, née noble dame de Rathsamhaussen ;

Porte diapré d'argent à une fasce de gueules, et une bordure de gueules.

N° 114. La communauté des tisserands du comté d'Hanau ;

Porte d'azur à un évêque vêtu pontificalement, le tout d'or, et un écusson de gueules brochant en pointe sur le bas de la robe de l'évêque, et chargé de trois navettes d'argent, une couchée en chef, et les deux autres posées en chevron renversé.

N° 115. Jacques-Adam de Berstett, gentilhomme du corps de la noblesse de la Basse-Alsace, major au régiment de la milice de ladite province ;

Porte diapré d'argent à un lion, la queue fourchue, de sable, lampassé de gueules.

N° 116. Philippe-Jacques de Berstett, capitaine au régiment de milice de la Basse-Alsace ;

Porte de même.

N° 117. George-Wolff Roder de Diersperg ;

Porte diapré de gueules à un aigle d'argent, becqué et membré d'or, couché en fasce, la tête mouvante du flanc dextre.

N° 118. Philippe-Louis de Rottembourg ;

Porte diapré d'argent à une roue d'horloge de sable.

N° 119. Jean-Philippe Bapst ;

Porte diapré de sable à une figure de pape à mi-corps sans bras habillé de gueules, orné d'or, la tête de carnation couverte d'une tiare aussi d'or et une bordure de même.

N° 120. GODEFROY NAUNDORFF, notaire et greffier du bailliage de Stiten ; (Hatten ?)

Porte d'azur à un homme nu, mouvant à mi-corps de la pointe et décochant une flèche d'un arc bandé, le tout d'or.

N° 121. N. JOURDAIN, receveur des bailliages de Korterberg (Kochersberg ?) et Saverne ;

Porte d'azur à une tête et col de daim d'or, issant de la pointe d'une rivière ondée d'argent, et accompagné en chef à dextre d'une étoile d'or et à sénestre d'un soleil naissant de l'angle de même.

N° 122. ANNE-BARBE DE BOUCH, née Wormser d'Ettendenheim, veuve ;

Porte coupé diapré de sable et d'or, le premier chargé de deux croissants d'argent.

N° 123. PHILIPPE-LOUIS DE BOUCH, gentilhomme de la noblesse de la Basse-Alsace, enseigne au régiment d'Alsace ;

Porte diapré d'argent à un chicot de sable posé en fasce vers la pointe, lequel supporte trois branches de hêtre de sinople, chacune composée de trois feuilles et posées en pal et sautoir.

N° 124. LOUIS BOCKEL DE BOCKLINSAU, capitaine au régiment d'Ulm d'Alsace, gentilhomme de la province de la Basse-Alsace ;

Porte diapré de gueules à un bouc contourné d'argent, accorné d'or.

N° 125. ULRIC OBRECHT, conseiller du roi et préteur royal de la ville de Strasbourg ;

Porte d'argent à un rencontre de bœuf de sable, lampassé de gueules.

N° 126. La communauté d'Heindisheim ; (Hindisheim.)

Porte d'azur à un St-Pierre mouvant à mi-corps de la pointe de l'écu, et tenant de sa main sénestre une clef en barre, le tout d'or.

N° 127. ANNE-ELÉONORE DE ZORNIN DE PLOBSHEIM ;

Porte coupé diapré de gueules et d'or, le premier chargé d'une étoile à huit raies d'argent.

N° 128. La communauté de St Pierre ;

Porte d'azur à un dextrochère d'or mouvant du flanc et tenant une clef d'argent posée en pal.

N° 129. JEAN-HARTMANN EGGS, receveur d'Ittenweiller ;

Porte d'azur à un mouton d'argent, passant sur trois monticules d'or rangés en pointe.

No 130. Jean-Jacques Cromer ;
Porte d'argent à une quintefeuille de sinople.

No 131. Mathias Meyer, fiscal au bailliage de Benfeld ;
Porte d'azur à un bouquet de trois roses d'or, tigées et feuillées d'argent, lié d'or en pointe et accompagné en chef de deux M de même.

No 132. Le chapitre de St-Pierre le vieil de Strasbourg ;
Porte d'azur à un St-Michel de carnation, ailé d'or et d'argent et habillé à la romaine de sinople et de gueules, rehaussé d'or et d'argent, posé à dextre, combattant et foulant aux pieds un diable de carnation, ayant les cornes, les ailes et la queue de sinople, miraillé d'argent, et un St-Pierre aussi de carnation à sénestre, habillé d'une tunique d'or et d'un manteau d'argent doublé de pourpre, tenant de sa main dextre un livre de sable sur sa poitrine, et de sa sénestre tendue une clef d'or, le tout posé sur une terrasse de sinople au milieu de laquelle est un écusson de gueules bordé d'or et chargé de ces deux mots : *Osim Hona,* de même.

No 133. Amée Willesme de Wangen, veuve de N... Zuchtmantel ;
Porte diapré d'or, parti de sable, à une étoile à huit raies d'argent.

No 134. Marie-Barbe de Wangen, veuve de N... ;
Porte diapré d'argent à deux pommes de gueules tigées et feuillées de sinople, posées en fasce, écartelé de gueules à une étoile à huit raies d'argent soutenue d'une colline de trois coupeaux d'azur.

No 135. N... de Laistre, aide-major du fort de Kiel ;
Porte d'argent à un chevron d'azur, accompagné en chef de deux étoiles de sable et en pointe d'un cygne de même qui porte en son bec une plume et se repose sur un tourteau aussi de sable.

No 136. N... Jolly, major du fort du Rhin ;
Porte d'argent à cinq molettes de sable, posées trois en chef et deux en pointe, et surmontées d'une levrette passante de même.

No 137. François de Burchwaldt, commandant du second bataillon du régiment royal ;
Porte d'azur à une fasce d'or, chargée de trois lozanges de gueules et accompagné en chef d'une étoile aussi d'or et en pointe d'une lune en croissant d'argent.

No 138. Etienne Zepffel, bourgeois marchand de vin à Dambach ;

Porte d'azur à trois lettres capitales S, T, Z, rangées en fasce, abaissées et enfermées dans un cœur vidé, sommé d'un quatre de chiffre, le tout d'or.

Nº 139. JOSEPH COMBE, bourgeois et marchand à Dambach;

Porte d'azur à un chiffre d'or, composé d'un double J et d'un double C entrelacés.

Nº 140. MARIE-RICHARDE HERREMBERGUE, veuve;

Porte d'argent à un rosier de sinople sur une terrasse de même et fleuri de trois pièces de gueules, et un renard debout de même brochant sur le rosier et flairant celle du milieu.

Nº 141. ANTOINE BOUECHET, receveur de la ville de Dambach;

Porte d'argent à trois hêtres de sinople, posés sur une terrasse de même.

Nº 142. FRANÇOIS-JOSEPH JAIGRE, prévôt de la ville de Dambach;

Porte d'or à une bande d'azur chargée de neuf flammes d'argent posées trois, trois et trois, et accompagnée de deux huchets de sable.

Nº 143. FRANÇOIS PAYEN, écuyer conseiller du roi, commissaire ordinaire des guerres à Strasbourg;

Porte d'argent à trois têtes de Maures de sable bandées d'argent.

Nº 144. Le chapitre de Biblenheim;

Porte d'azur à une Vierge tenant son enfant Jésus sur son bras gauche et un sceptre de sa main dextre, le tout d'or.

Nº 145. La communauté du village d'Oterstal;

Porte d'azur à une Ste-Ursule mouvante à mi-corps de la pointe de l'écu, tenant de sa main dextre une flèche en bande, le tout d'or dans une niche à l'antique de même.

Nº 146. La communauté d'Eckeerfveiller; (Eckartswiller?)

Porte d'azur à un St-Barthélemy, apôtre, tenant de sa main dextre un couteau, le tout d'or.

Nº 147. La communauté du village d'Allon; (Aulien?)

Porte d'azur à un St-Georges à cheval, armé de pied en cap, et portant son guidon en barre, le tout d'or, sur une terrasse de même.

Nº 148. La communauté des maîtres tonneliers de la ville de Moutzig;

Porte d'azur à deux doubles crochets d'argent passés en sautoir, et un maillet de tonnelier d'or posé en pal et brochant sur le tout.

N° 149. Jean-Reinold de Nerensteim, gentilhomme d'Alsace ;
Porte diapré de sable à une roue d'or.

N° 150. La communauté du village de Haslach ;

Porte d'azur à un St-Florent, évêque, vêtu pontificalement, le tout d'or.

N° 151. La communauté du village de Schiomeist ; (?)

Porte d'azur à un St-Antoine vêtu d'une robe longue, tenant de sa main dextre un bâton terminé par le haut en forme de lambel, son cochon passant derrière lui, le tout d'or sur une terrasse de même.

N° 152. La communauté du village de Still ;

Porte d'azur à un St-Laurent vêtu pontificalement, tenant de sa main dextre levée un gril et ayant sa sénestre appuyée sur son estomac, le tout d'or.

N° 153. La communauté du village de Rus ;

Porte d'azur à un St-Etienne, martyr, vêtu en diacre, tenant en sa main dextre un livre sur lequel sont posés trois cailloux, et de sa sénestre une palme, le tout d'or dans une niche de même.

N° 154. La communauté de Geispertzen ; (Geispolsheim ?)
Porte d'or à une chèvre sautante de sable.

N° 155. Mathis Schade, fiscal du bailliage de Moutzig ;
Porte d'azur à un agneau d'argent passant en fasce, accompagné en chef à dextre de la lettre M., et à sénestre de la lettre S. d'or, et en pointe d'une croisette alésée de même.

N° 156. Jean Willesme de Kippenhem, préteur de la ville de Strasbourg ;
Porte diapré de gueules à trois poissons d'or posés en perle, mouvants des trois angles de l'écu, et appointés par la queue.

N° 157. Jean Cabillot, bailli de Moutzig ;
Porte d'azur à un poisson de mer d'argent, nommé cabillot, posé en fasce et un chef d'or chargé de trois étoiles d'azur.

N° 158. Le sceau servant à sceller les sentences et actes publics du bailliage de Moutzig ;
Porte de même.

N° 159. La communauté de Wolxheimb ;
Porte d'azur à un double crochet ou crampon d'or posé en pal.

N° 160. La communauté d'Ergersheimb ;

Porte d'azur à un St-Nicolas, évêque, vêtu pontificalement, le tout d'or.

N° 161. PHILIPPE-JACOB HUFFEL DE WINDECK ;

Porte diapré d'or à un demi-vol de sable, posé en fasce.

N° 162. La communauté de Sultz ; (sous forêts ? les bains ?)

Porte d'or à une croix d'azur cantonnée de quatre aiglons, leurs vols abaissés, de sable.

N° 163. La communauté d'Achsteim ; (Dachstein.)

Porte d'azur à un St-Martin, évêque, vêtu pontificalement, mouvant à mi-corps de la pointe de l'écu, le tout d'or.

N° 164. La communauté de Derlisheim ; (Dorlisheim.)

Porte de gueules à un fer à cheval d'argent.

N° 165. N... DE CANTAU, commandant du fort des Iles, chevalier de l'ordre de St-Louis ;

Porte de gueules à un lion d'or.

N° 166. N... DESCAICH, major du fort des Iles ;

Porte d'azur à deux colombes d'argent affrontées et en chef de gueules chargé de trois molettes d'or.

N° 167. JEAN-PIERRE PALLAS, bailli de Marmoutier ;

Porte d'azur à une épée d'or posée en fasce vers la pointe, laquelle supporte un casque de profil d'argent.

N° 168. La communauté d'Obersoulzbach ;

Porte d'argent à un *St-Martin* (sic !) nu à mi-corps, les mains liées derrière le dos, de carnation, et percé de quatre flèches d'azur en sautoir, le saint posé sur un bloc de même.

N° 169. Le corps du bailliage de Marmoustier ;

Porte d'or à un aigle de gueules becqué et membré d'azur, et chargé en cœur d'un écusson écartelé au 1er et 4e de gueules à un gonfanon d'argent, au 2e et 3e d'argent à une bande vinnée de sable, le grand écu bordé d'une onde nébulée d'argent et d'azur.

N° 170. La communauté de Bischenheimb ; (Bischheim ?)

Porte de sable à deux crosses d'or passées en sautoir.

N° 171. La communauté d'Altorff ;

Porte d'azur à un crochet d'or suspendu en pal à un annelet de même.

Nº 172. Le sceau servant à sceller les actes publics de Lawamşenau ; (La Wanzenau.)

Porte d'azur à une plume à écrire d'argent, posée en bande et accompagnée de deux fleurs-de-lis de même, l'une en chef et l'autre en pointe.

Nº 173. N..., abbesse d'Andlau ;

Porte écartelé au 1er et 4e d'or à une croix de gueules, au 2e et 3e de gueules à un monde d'argent coupé de sable à un lion d'or et sur le tout d'azur aux deux lettres capitales I et H d'or.

Nº 174. L'abbaye d'Andlau ;

Porte de même que l'art. 173 ci-dessus.

Nº 175. Le chapitre de l'abbaye d'Andlau ;

Porte d'azur à une Ste-Richarde de carnation, couronnée d'or et vêtue d'un manteau de même sur une robe de gueules, assise dans un trône d'or, tenant de sa main dextre un sceptre de même, et de sa sénestre un monde aussi d'or.

Nº 176. MARIE-HÉLÈNE GOLDIN DE LAMPERDINGEN, dame chanoinesse de l'abbaye d'Andlau ;

Porte coupé d'argent et de gueules à trois huchets de l'un en l'autre.

Nº 177. MARIE-CLEOPHE DE FLACHSLAND, dame chanoinesse de l'abbaye d'Andlau ;

Porte d'or à une bande de sable.

Nº 178. JEANNE-HÉLÈNE de CLÉRESSE, dame chanoinesse de l'abbaye d'Andlau ;

Porte d'argent à une montagne de trois coupeaux de gueules surmontée de trois trèfles de sinople rangés en chef.

Nº 179. FRANÇOISE DE WESSEMBERG, dame chanoinesse de l'abbaye d'Andlau ;

Porte d'argent à une fasce de sable accompagnée de trois tourteaux de gueules.

Nº 180. AMALIA DE NEERENSTEIN, dame chanoinesse de l'abbaye d'Andlau ;

Porte de sable à une roue d'or.

Nº 181. N... DE BURCKWALDT, lieutenant-colonel du régiment de cavalerie de Rozen ;

Porte d'azur à une fasce d'or chargée de lozanges de gueules et accompagnée en chef d'une étoile aussi d'or, et en pointe d'une lune en croissant d'argent.

Nº 182. MARIE-RICHARDE BLORERIN DE WARTENSE, dame chanoinesse de l'abbaye d'Andlau ;

Porte d'argent à un coq de gueules.

Nº 183. JEAN-JACQUES HAAN, secrétaire de l'abbaye d'Andlau ;

Porte de gueules à un coq d'argent crêté barbé d'or sur une terrasse de même.

Nº 184. JEAN-NICOLAS KEMPFER, seigneur de Plobheim ; (Plobsheim.)

Porte d'argent à un sauvage de carnation mouvant à mi-corps d'un monticule de trois coupeaux de sinople, tenant de sa main dextre sa massue de sable posée en barre sur son épaule et appuyant sa main sénestre sur son côté.

Nº 185. CHRESTIEN-EBERHARD DE BERCKHEIM, assesseur de la noblesse en basse-Alsace ;

Porte diapré d'or à une croix de gueules.

Nº 186. JEAN-FRÉDÉRIC DE BERCKHEIM ;

Porte d'or à une croix de gueules.

Nº 187. N... WIT DE LA VALLE, doyen de Sᵗ-Pierre le jeune de Strasbourg ;

Porte d'or à un arbre de sinople supporté par deux licornes de sable accornées de gueules.

Nº 188. Le sceau pour servir aux actes de PHILIPPE-JACQUES WERBEIK, notaire ;

Porte d'or à un lion de pourpre.

Nº 189. CLAUDE BILLEREY, secrétaire de M. le marquis d'Uxelles et syndic de la noblesse de la basse-Alsace ;

Porte d'or à une barre d'azur chargée de trois coquilles d'argent.

Nº 190. EVA FELITZITAS ZORNIN VON BOULACH, veuve de N... Reich ;

Porte de gueules à une étoile à huit raies d'argent, coupé d'or.

Nº 191. FRÉDÉRIC RODOLPHE DE BERCKHEIM ;

Porte d'or à une croix de gueules.

Nº 192 et 193. FRANÇOIS-ERNEST REICH DE PLAZ, gentilhomme, et MARIE-CHRISTINE DE FALKEMBERG, sa femme ;

Portent d'azur à un demi-corps de femme sans bras de carnation, chévelée de sable et liée d'argent, écartelé d'or à une cigogne contournée au naturel, becquée et membrée de gueules, accolé d'or à deux pals de sable, écartelé aussi d'or à trois aiglons contournés et volants en barre au naturel, deux en chef et un en pointe.

Nᵒ 194. N... Dumontel de la Colonge, écuyer conseiller du roi, commissaire ordinaire des guerres;
Porte d'argent à deux pals d'azur et un chef de gueules.

Nᵒ 195. N... Dumontet, capitaine au régiment de Brissey;
Porte de même.

Nᵒ 196. N... Dumontet, secrétaire de M. de la Grange, intendant d'Alsace;
Porte de même.

Nᵒ 197. Elisabeth-Henriette Vicedom d'Ecestedt, chanoinesse immédiate séculière de St-Etienne de Strasbourg, et pour le temps administratrice;
Porte d'or à deux pals de gueules à une fasce d'argent brochant sur le tout, parti d'azur à une bande d'or chargée d'un cheval courant de gueules, écartelé d'or à un aigle de sable.

Nᵒ 198. L'abbaye immédiate séculière de St-Etienne de Strasbourg;
Porte d'argent à une Sᵗᵉ religieuse de carnation, vêtue de sable, sa guimpe d'argent et son voile doublé de même, tenant de sa main dextre une tige de lis de sinople fleurie de trois pièces d'or avec un livre ouvert d'argent tracé de sable, et de sa sénestre une clef d'or, la Sainte adextrée d'un St enfant contourné de carnation, à genoux et les mains jointes, vêtu d'une robe d'argent semée de fleurs de diverses couleurs sous un manteau de gueules.

Nᵒ 199. Nicolas-Jacob Haffner, de Wanlenheim; (Walheim?)
Porte diapré de gueules à trois pals retraits d'argent.

Nᵒ 200. N... Lœben, gentilhomme;
Porte d'azur à une moresque à mi-corps d'or, la tête tortillée de gueules et d'argent, coupé et échiqueté de gueules et d'argent.

Nᵒ 201. Théodore de Vorstadt, capitaine des chasses du grand bailliage d'Haguenau;
Porte d'azur à un lion d'or, lampassé et armé de gueules, et un chef de même chargé de trois étoiles d'or.

Nᵒ 202. JEAN-FRÉDÉRIC-ANTOINE NIEDHEIMER DE WASSEN-BOURG ;

Porte de sable à un lion d'or, lampassé de gueules, lequel tient de sa patte droite trois marteaux d'argent emmanchés d'or.

Nᵒ 203. JEAN-WOLFGANG CONTZ, secrétaire du grand chapitre de l'évêché de Strasbourg et notaire royal ;

Porte de sinople à une fasce d'argent déjointe au milieu de l'écu, une moitié haussée vers le chef, l'autre abaissée vers la pointe, et accolées par le bout, accompagnée de deux croissants d'or, posés au 1ᵉʳ et 4ᵉ quartier.

Nᵒ 204. PIERRE CORNEMANN, marchand, bourgeois de Strasbourg ;

Porte diapré d'azur à un homme nu de carnation, ceint et couronné de feuilles de sinople, lequel tient de sa droite trois épis d'or et de sa gauche un cœur de gueules.

Nᵒ 205. N... BAMBERT, marchand à Strasbourg ;

Porte d'argent à un palmier de sinople planté sur un mont de six coupeaux de même, et accosté de deux étoiles à six raies de gueules.

Nᵒ 206. La communauté de Mittelbergheim ;

Porte d'argent à une montagne de trois coupeaux de sinople.

Nᵒ 207. La communauté du village de Goxwiller ;

Porte d'azur à une paire de lunettes d'argent, leurs chasses d'or.

Nᵒ 208. JOSEPH LANTER, prévôt de Mittelbergheim ;

Porte d'azur à deux lances d'or ferrées d'argent, et passées en sautoir.

Nᵒ 209. CHRISTIAN BAYER, receveur de la grande prévôté de la cathédrale de Strasbourg ;

Porte d'azur à un dogue naissant d'argent, accolé de gueules, bouclé d'or, et accompagné en chef de deux étoiles à six raies de même.

Nᵒ 210. JEAN-GEORGES STOUMPFF, receveur de Hohanbourg à Oberné ; (Obernai.)

Porte d'or à un chicot de sable posé en pal, chapé d'argent à deux roses de gueules.

Nᵒ 211. JONAS GRAFFT, receveur du grand-chapitre à Oberehnhen ; (Obernai.)

Porte de gueules à un griffon d'argent.

Nº 212. N... Eberrard ;

Porte d'or à une croix de gueules.

Nº 213. N... Bergheim, veuve de N... Eberrard ;

Porte tiercé en bande de gueules, d'argent et d'azur.

Nº 214. Maria-Susanna de Nerestein Willib ; (Wittib-veuve ?)

Porte diapré de sable à une roue d'or.

Nº 215. Georges-Paul Bertsch, receveur du couvent des religieuses de Ste-Marguerite de Strasbourg, et sergent royal au conseil souverain d'Alsace ;

Porte diapré de gueules à un arbre d'or, chapé diapré d'argent à deux fleurs-de-lis d'azur, et un chevron plié d'or, brochant sur le chapé.

Nº 216. Jean-Michel Engelbach, receveur de M. le prince palatin de Birkenfeld ;

Porte d'azur à un ange d'or ailé et vêtu de même, et tenant de chacune de ses mains étendues une tige de lis d'argent.

Nº 217. La communauté du village d'Astambourg ; (Stein-bourg.)

Porte d'azur à un St-Pierre posé à dextre et un St-Paul à sénestre, le tout d'or sur une terrasse de même.

Nº 218. Jean-Nicolas Lamarine, avocat en parlement, procureur du roi de la monnaie de Sa Majesté à Strasbourg, et bailli de la seigneurie de La Petite-Pierre ;

Porte de sinople à un vaisseau d'or flottant à toutes voiles.

Nº 219. Jean-François Ravam de Saint-Frémont, chevalier de l'ordre de St-Louis, maréchal des camps et armées du roi ;

Porte d'azur à un lion contourné d'or.

Nº 220. N... Brun des Wergues, ancien capitaine au régiment dauphin et aide-de-camp de M. le marquis d'Uxelles ;

Porte d'argent à un chevron de sable adextré en chef d'une étoile de gueules et accompagné en pointe d'un lion de même.

Nº 221. Georges-Chrestien Zeise, conseiller de M. le prince de Birkenfeld ;

Porte d'azur à un aigle s'essorant d'or au-dessus d'une terrasse de même.

N° 222. N... Mulberg, conseiller de M. le prince de Birkenfeld ;

Porte d'azur à une scie d'argent posée en fasce, et accompagnée en chef de deux étoiles d'or, et en pointe d'un monticule de trois coupeaux de même.

N° 223. Jean-Adam Broüin, gruyer de la seigneurie de La Petite-Pierre ;

Porte d'azur à une mouche d'or.

N° 224. Jean-Georges Fouchshouber, prévôt de La Petite-Pierre ;

Porte d'argent à un renard de gueules courant en bande et posant ses deux pattes de derrière sur une terrasse de sinople.

N° 225. Louis Ditzinguer, ministre de Vimbourg ; (Weinbourg.)

Porte de pourpre à un levrier d'argent courant en bande.

N° 226. Louis Herman, ministre de Winterbourg ; (Wintersberg ?)

Porte d'azur aux deux lettres capitales L et H d'or.

N° 227. Conrad Schlutter, ministre de La Petite-Pierre ;

Porte d'azur à deux clefs adossées d'or, passées en sautoir et accompagnées en chef d'une étoile à huit raies d'argent.

N° 228. La communauté des tailleurs de la seigneurie de La Petite-Pierre ;

Porte d'azur à une paire de ciseaux d'or ouverts en sautoir, et accompagnée de quatre roses de même, celle du chef tigée et feuillée d'argent.

N° 229. La communauté des maréchaux de la seigneurie de La Petite-Pierre ;

Porte d'azur à une masse de maréchal d'or posée en pal et un fer à cheval renversé d'argent brochant sur le milieu du manche.

N° 230. La communauté des charpentiers de la seigneurie de La Petite-Pierre ;

Porte d'azur à une équerre d'or posée en chevron et une tarière d'argent brochant sur le tout.

N° 231. La communauté des tisserands de la seigneurie de La Petite-Pierre ;

Porte d'azur à une navette d'or couchée en fasce.

N° 232. JACQUES STAAB, bailli du bailliage de Saverne ;

Porte d'argent à un bourdon d'azur posé en pal, et cotoyé de deux coquilles de gueules.

N° 233. FRANÇOIS-IGNACE SPECHT, receveur du grand doyenné de la cathédrale de Strasbourg ;

Porte d'argent à un oiseau à long bec au naturel de diverses couleurs, sur un monticule de trois coupeaux de sinople.

N° 234. La communauté de Wessemheim ; (Fessenheim ?)

Porte d'azur à un St-Martin à cheval coupant la moitié de son manteau pour donner à un pauvre, le tout d'or.

N° 235. La communauté de Scheltheim ; (Schiltigheim ?)

Porte d'azur à une Ste-Ottile, vierge, tenant de sa main dextre une palme, le tout d'or.

N° 236. La communauté du village de Liepsheim ;

Porte d'azur à un St-....., martyr, vêtu en diacre, tenant de sa main dextre une épée et de sa sénestre un cœur traversé d'une autre épée en bande, le tout d'or, l'aube du saint chargée en pointe d'un petit écusson de gueules surchargé d'un monde d'or.

N° 237. JEAN-BAPTISTE DE ROIFFÉ DE HANGEST ;

Porte d'argent à une croix de gueules chargée de cinq coquilles d'or.

N° 238. MICHEL DE ROIFFÉ DE HANGEST ;

Porte de même.

N° 239. GEORGES-FRANÇOIS JUNE, bourguemestre de la ville de Molsheim ;

Porte d'azur à un homme à demi-corps vêtu à la hongroise, tenant de sa main dextre une rose et appuyant sa sénestre sur son côté, le tout d'or, et mouvant d'une champagne d'argent chargée de deux doubles crochets d'azur, passés en sautoir.

N° 240. CHRISTOPHE HERTENBEING, bourguemestre de la ville de Molsheim ;

Porte d'azur à un double crochet d'argent posé en pal et accosté de deux étoiles d'or.

N° 241. JEAN-ADAM HIRCHENHAN, bourguemestre de la ville de Molsheim ;

Porte d'azur à un coq d'or sur une terrasse de même, accompagné des trois lettres capitales J A H d'argent rangées en chef.

N° 242. Jean-Jacques Wormbsser de Vendenheim, préteur de la ville de Strasbourg ;

Porte diapré coupé de sable et d'or, le premier chargé de deux croissants d'argent.

N° 243. Jean-Georges Schefer, greffier au bailliage de Goutenberg ; (Guttenberg.)

Porte diapré de gueules à un mouton passant d'argent sur une terrasse de sinople.

N° 244. Le chapitre de la collégiale de Strasbourg ;

Porte d'azur à un St-Arbogaste et un St-Martin, évêques, tous deux vêtus pontificalement et posés dans deux niches, le tout d'or.

N° 245. Jean-Ulrich Goll, cabaretier ;

Porte de gueules à un oiseau d'argent perché sur un rocher de trois pointes rangées de même.

N° 246. N... Doulinger, commis de M. de Sombreuil ;

Porte d'argent à un chevron de gueules, accompagné en pointe d'un lion de sable lampassé et armé de gueules.

N° 247. Le chapitre des chanoines de Saverne ;

Porte d'azur à un St-Barthélemy contourné, tenant de sa main dextre un couteau, le tout d'or sur une terrasse de même.

N° 248. Jean-Georges Lutan de Kageneck, préteur de la ville de Strasbourg ;

Porte diapré de gueules à une bande d'argent.

N° 249. N... de Hasselt ;

Porte parti, le 1er d'argent à trois écureuils de gueules assis sur une terrasse de sinople, coupé d'or à quatre bandes de sable, le 2e de gueules à cinq fuseaux d'argent rangés en fasce et surmontés de cinq besants d'or.

N° 250. Jean-Richard Goudendorff, notaire apostolique, receveur des prébendes du grand-chœur de la cathédrale de Strasbourg ;

Porte d'azur à une étoile à huit raies d'or et un chef de même chargé d'un lambel d'azur.

N° 251. Gérard Piek, receveur du grand-chœur de la cathédrale de Strasbourg ;

Porte d'argent à une fasce de gueules, accompagnée en chef de deux étoiles à six raies d'azur, et en pointe d'un monticule de trois coupeaux de sinople.

N° 252. Le grand-chapitre de la cathédrale de Strasbourg ;

Porte de gueules à une bande d'argent fleuronnée et contrefleuronnée d'or.

N° 253. JEAN-JACQUES SCHNEDER, receveur du domaine de la ville de Molsheim ;

Porte d'azur à un chiffre composé de deux J et de deux G entrelacés, le tout d'or.

N° 254. RODOLPHE-FRÉDÉRIC JAGER, conseiller de la ville de Wissembourg ;

Porte d'argent à un chasseur de carnation, vêtu de sinople et coiffé d'un chapeau de sable, lequel est sommé d'un cornet d'or.

N° 255. JEAN-MATTHIEU JAGER, curé et chanoine de Wissembourg ;

Porte de même.

N° 256. CHARLES-ANTOINE-JOSEPH baron de LAY ;

Porte d'or à un aigle de sable, couronné, langué et onglé de gueules, écartelé de sable à un lion à double queue d'or, couronné de même et lampassé de gueules, et sur le tout aussi de sable à un chevron d'argent accompagné de dix billettes d'or posés deux et un de chaque côté en chef, et quatre en pointe en forme de croix.

N° 257. FRANÇOIS BLOUET DE CAMILLY, docteur de la maison et société de Sorbonne, abbé commendataire de Notre-Dame du Valricher, grand-vicaire de Son A. E. Mgr le cardinal landgrave de Fustemberg, évêque et prince de Strasbourg, et official du diocèse ;

Porte d'azur à un lion d'or lampassé de gueules, et un chef de même chargé d'un cœur d'or accosté de deux croissants d'argent.

N° 258. La communauté de Witzaem ; (Wittisheim ?)

Porte d'azur à un fer à cheval renversé d'or et un double W d'argent posé en abime.

N° 259. La communauté de Hermbesheim ; (Herbsheim.)

Porte d'azur à une H capitale d'or.

N° 260. La communauté de Roffelden ; (Rossfelden.)

Porte d'azur à un coutre de charrue d'argent.

N° 261. La communauté de Friessenheim ;

Porte d'azur à une bêche d'argent emmanchée d'or et chargée de la lettre F de gueules.

Nᵒ 262. Le chapitre collégial de Haslach ;

Porte d'azur à un évêque vêtu pontificalement, le tout d'or sur une terrasse de même.

Nᵒ 263. JEAN-JACQUES SIGELLIUS, protonotaire apostolique, doyen de l'église collégiale de Hasenack ; (Haslach ?)

Porte d'argent à un homme de carnation vêtu à la hongroise de pourpre, tenant de sa main dextre trois cerises de gueules, les tiges en haut de sinople, et appuyant sa sénestre sur son côté, cet homme mouvant à mi-corps d'une couronne ducale d'azur, sous laquelle sont posées trois autres cerises de gueules tigées de sinople et mouvantes de la couronne.

Nᵒ 264. N..., DE THIÉBAUT HERMANN, greffier de la ville d'O-bernsheim ; (Obernai ?)

Porte diapré d'azur à un homme nu d'argent, couronné et ceint de feuilles de sinople, et qui tient de sa main droite élevée une flèche d'or, et pose sa gauche sur son côté.

Nᵒ 265. FRANÇOIS HERMAND, receveur de l'hôpital d'Obern-heim ; (Obernai.)

Porte diapré d'azur à un homme nu d'argent, couronné et ceint de feuilles de sinople, et qui tient de sa main droite élevée une flèche d'or, et pose sa gauche sur son côté.

Nᵒ 266. NICOLAS ROMPLER, bourguemestre d'Obernheim ; (Obernai.)

Porte d'argent à un chevron rompu de pourpre, accompagné en pointe d'un monticule de trois coupeaux de sinople.

Nᵒ 267. JEAN ROMPLER, bourguemestre d'Obernheim ; (Obernai.)

Porte de même que l'art. 266 ci-dessus.

Nᵒ 268. MARTIN KEYSER, bourguemestre d'Obernheim ; (Obernai.)

Porte d'azur à une croix pattée et alésée, le pied ouvert en chevron aussi allésé, le tout d'or.

Nᵒ 269. JEAN PIMBEL, bourgemestre d'Obernheim ; (Obernai.)

Porte d'azur aux deux lettres capitales H et B accolées et jointes ensemble, l'H soutenant un maillet de tonnelier, sur le manche duquel sont brochants deux sergents passés en sautoir, la même H adextrée d'une étoile et soutenue d'une autre étoile, le tout d'or.

Nº 270. L'évêché de Strasbourg;

Porte diapré de gueules à une bande d'argent dont la moitié inférieure est fleuronnée et contrefleuronnée d'or de six pièces.

Nº 271. La communauté de Dounzenheim;

Porte d'azur à un St-Martin à cheval coupant la moitié de son manteau pour donner à un pauvre, le tout d'or, accompagné en pointe d'un petit écusson chevronné d'or et de gueules.

Nº 272. La communauté de Reitwiller;

Porte d'azur à un St-Pierre assis dans un trône à l'antique et tenant une clef de sa main dextre, le tout d'or, la robe du saint chargée en pointe d'un petit écusson parti au 1er chevronné d'or et de gueules, au 2e d'argent à un lion de sable et une bordure de gueules.

Nº 243. N... DE LA BRETONNIÈRE, commandant à Obernheim; (Obernai.)

Porte d'azur à une fasce d'or accompagnée de trois aunelets de même.

Nº 274. N... LEROY, commissaire des guerres à Strasbourg;

Porte diapré d'argent à une bande de gueules écartelé d'azur à une bande d'argent, accompagnée en chef de trois glands d'or et en pointe de deux membres de griffon de même et de trois roses d'argent.

Nº 275. N... MAUGUE, médecin des hôpitaux du roi à Strasbourg;

Porte d'azur à un chevron abaissé d'argent, et trois étoiles d'or en chef soutenue d'une devise de même.

Nº 276. FRANÇOIS-ROMAIN KLINGLIN, conseiller du roi en ses conseils, président en la seconde chambre du conseil souverain d'Alsace;

Porte diapré d'argent à une fasce de gueules, accompagnée de trois fleurs-de-lis d'azur.

Nº 277. JEAN-BAPTISTE KLINGLIN, syndic pour le roi de la ville de Strasbourg;

Porte de même.

Nº 278. N... DIERRE, secrétaire de M. de Lagrange, intendant d'Alsace;

Porte de gueules à un pont de trois arches d'argent, posé en fasce sur une rivière ondée de sinople et sommé d'un lion passant d'or.

No 279. FRÉDÉRIC AMMEISTRE, régent de la ville de Strasbourg;

Porte d'or à deux échelles de sable posées en pals.

No 280. JEAN-DANIEL BROUCH, marchand à Strasbourg;

Porte d'azur à un cygne d'argent becqué et membré de sable, qui se repose sur une terrasse de sinople.

No 281. PHILIPPE-FRÉDÉRIC DE HASSELT, conseiller et médecin du roi, établi dans la ville de Strasbourg;

Porte parti le 1er d'argent à trois écureuils de gueules assis sur une terrasse de sinople, coupé d'or à quatre bandes de sable, le 2e de gueules à cinq fuseaux d'argent rangés en fasce et surmontés de cinq besants d'or.

No 282. La communauté des maîtres du grand métier de Berschweiller; (Bischwiller?)

Porte d'or à un écusson écartelé au 1er et 4e de sable à un lion d'or couronné de gueules, au 2e et 3e lozangé en bande d'argent et d'azur, et sur le tout d'argent à un lion de sable lampassé et armé de gueules, le grand écu accompagné de dix écussons d'azur posés en bordure.

No 283. La communauté des tailleurs de Berschweiller; (Bischwiller?)

Porte coupé au 1er de sable à un lion d'or couronné de gueules, parti de lozangé en bande d'argent et d'azur, et au 2e de gueules à une paire de ciseaux d'argent ouverte en sautoir et accompagnée de quatre roses d'argent.

No 284. La communauté des tisserands de Berschweiller; (Bischwiller?)

Porte coupé au 1er de sable à un lion d'or couronné de gueules parti de lozangé en bande d'argent et d'azur, et au 2e d'or à trois navettes de gueules couchées deux en chef et une en pointe et une étoile à six raies d'azur en abîme.

No 285. La communauté des passementiers de Berschweiller; (Bischwiller?)

Porte parti au 1er de sable à un lion contourné d'or couronné de gueules, coupé de lozangé en bande d'argent et d'azur, au 2e de gueules à un rouet d'argent, soutenu d'une navette couchée de même.

N° 286. La communauté des maîtres cordonniers de Berschweiller; (Bischwiller ?)

Porte coupé au 1er de sable à un lion d'or couronné de gueules parti de lozangé en bande d'argent et d'azur, au 2e de gueules à un soulier à l'antique d'argent.

N° 287. N... de Belle Croix d'Argenteau, gentilhomme liégeois, ci-devant commandeur de l'ordre de St-Lazare, à présent chevalier de St-Louis;

Porte d'argent à une fasce de gueules chargée de trois sautoirs écotés d'or, et accompagnée de trois roses de gueules boutonnées d'or et pointées de sinople.

N° 288. Françoise de Nevenstein;
Porte de sable à une roue d'or.

N° 289. Christian de Grenade, gentilhomme;
Porte tiercé en fasce, le 1er d'or à un aigle de sable, le 2e d'argent à trois roses de gueules, le 3e d'azur à une grenade d'or tigée et feuillée de même.

N° 290. Jean-Valentin de Keller, receveur de l'Eglise de Vert;
Porte de sinople à une roue d'argent.

N° 291. La communauté de Bleinchweiller; (Blienschwiller.)
Porte d'azur à une bande d'or.

N° 292. La communauté des maîtres cordonniers de Berschweiller; (Bischwiller ?)
Porte d'azur à un St-Louis vêtu de ses habits royaux, le tout d'or sur une terrasse de même.

N° 293. Jean-Jacques Schatz, licentié en droit;
Porte parti d'azur et d'or à une fleur-de-lis de l'un en l'autre.

N° 294. La communauté des bouchers de Berschweiller; (Bischwiller?)
Porte d'azur à un St-Barthélemy d'or, tenant de sa main dextre un couteau d'argent et posé sur une terrasse de même.

N° 295. N... Moser, receveur du grand chapitre de Strasbourg;
Porte d'azur à un homme à demi-corps vêtu à la hongroise, appuyant ses deux mains sur ses côtés, le tout d'or.

Nº 296. N... RUTHE, receveur du grand chapitre de la Cathédrale de Strasbourg ;

Porte écartelé en sautoir d'or et d'azur à une fleur-de-lis d'azur en chef, une rose de même en pointe, et deux autres roses d'or aux flancs.

Nº 297. N... KLEIN, prévôt, greffier et receveur du grand chapitre de Geisputzen ; (Geispolsheim ?)

Porte d'argent à une escarboucle à huit raies de gueules pommettée de même, accostée de deux palmes de sinople, leurs tiges passées en sautoir, et surmontée d'une couronne de laurier de même.

Nº 298. N... DE BAVIÈRE, COMTE DE LEUVENSTEIN, prévôt du chapitre de la collégiale de St-Pierre-le-jeune ;

Porte parti de deux traits et coupé de deux qui font neuf quartiers, au 1er du chef d'argent à un lion de gueules et quatre coupeaux de montagne de sinople rangés en pointe, au 2e d'azur à un aigle d'or, au 3e d'or à un aigle de sable ; au 1er de la fasce d'azur à une boucle ou fermail d'argent, au 3e d'azur à trois roses d'or posées deux et une, au 1er de la pointe de gueules à deux fasces d'argent, au 2e de sable plein, au 3e d'argent à un lion de gueules, et sur le tout lozangé en bande d'argent et d'azur.

Nº 299. N..., COMTE DE MANDERSCHEID-FALCKENSTEIN, trésorier de la Cathédrale de Strasbourg ;

Porte écartelé au 1er d'or à une fasce vinnée de sable, au 2e d'or fretté de gueules de dix pièces, au 3e d'azur à une roue d'argent, au 4e d'argent à une ancre renversée d'azur, et sur le tout de sable à un lion d'argent et une fasce en devise d'or brochant sur le tout de ce dernier écu.

Nº 300. N... DE LA SERRE, commissaire des fourrages à Landau ;

Porte d'azur à une feuille de scie d'or en fasce, accompagnée de trois serres ou pieds d'aigle de même.

Nº 301. N... DOMERGUE, chirurgien major de l'hôpital royal de Landau ;

Porte d'azur à un dogue d'argent sur une terrasse de sinople et un chef d'or chargé de trois étoiles d'azur.

Nº 302. ANNE-LOUISE DE DOMBROCH, née de Rathsanhausen ;

Porte diapré d'or à une fasce de sinople et une bordure de gueules.

Nº 303. N... COURTEMONTAGNE, marchand de bois à Landau ;

Porte d'argent à une montagne de sable enflammée de gueules.

Nº 304. N..., abbé d'Altorff;

Porte de gueules à un mouton passant d'argent coupé consu d'azur à une crosse d'or et une barre ou traverse alèzée d'argent passées en sautoir.

Nº 305. N... Viant Stampt, ministre de Gonderhoff; (Gundershoffen.)

Porte d'argent à un corps d'arbre de sable, écoté à dextre de deux pièces de même, et poussant à sénestre une branche feuillée de sinople sur une terrasse de même.

Nº 306. L'abbaye d'Altorff;

Porte d'azur à un St...... martyr, vêtu en diacre, tenant une étole de sa main dextre abaissée, et une palme de sa sénestre, le tout d'or sur une terrasse de même.

Nº 307. Grégoire Schoukart, receveur de l'abbaye d'Altorff;

Porte d'argent à une main de carnation mouvante en bande de l'angle sénestre de la pointe, et tenant deux palmes adossées de sinople posées en chevron renversé et accompagnée en chef d'une étoile de gueules.

Nº 308. N... Morel, chanoine de St-Pierre-le-jeune de Strasbourg;

Porte d'or à un chevron d'azur accompagné en chef de deux croix de gueules potencées, et en pointe d'une tête de Maure de sablée liée d'argent.

Nº 309. N... Goll, conseiller des quinze à Strasbourg;

Porte d'azur à un chardonneret au naturel sur un monticule de trois coupeaux d'argent.

Nº 310. La ville d'Obernheim; (Obernai.)

Porte parti diapré de gueules et de sable, à un aigle d'or brochant sur le tout.

Nº 311. Wolff Frédéric Bockel de Boecklinsau, gentilhomme de la basse Alsace, capitaine au régiment d'Alsace;

Porte diapré de gueules à un bouc rampant et contourné d'argent accorné au naturel.

Nº 312. Marie-Françoise Bocklin de Bocklinsau, née de Rathsenhaussen, veuve de N... Bockel;

Porte diapré d'or à une fasce de sinople et une bordure de gueules.

N° 313. Le Prieuré de Ste-Marguerite de Strasbourg ;

Porte d'azur à une Ste-Marguerite et une Ste-Agnès, couronnées, et la dernière tenant de sa main dextre une pique, le tout d'or.

N° 314. N... LEGRAND, capitaine-lieutenant de la compagnie franche des fusiliers de Mr Desbordes, gouverneur de Philisbourg ; (Phalsbourg ?)

Porte d'azur à un chevron d'or accompagné en pointe d'un lion de même.

N° 315. GEORGES-FRANÇOIS KEGLIN, greffier de Rhinau ;

Porte de sable à deux greliers ou cornets de postillon d'or adossés en pals.

N° 316. La communauté du village de Rhinau ;

Porte d'azur à une Vierge assise, tenant de sa main dextre un bouquet de roses, et son enfant Jésus à sénestre, le tout d'or, accosté de deux tourelles d'argent pavillonnées de même.

N° 317. MARIE REINKERIN, veuve de N... Zindel, receveur du bailliage de Kochersperg ;

Porte de sable à une ancre d'argent, la trabe d'or.

N° 318. La communauté des Jésuites de Molsheim ;

Porte d'azur à un nom de Jésus soutenu de trois clous appointés, et environné d'un ovale rayonnant, le tout d'or.

N° 319. Le corps des Prébendés de la Cathédrale de Strasbourg ;

Porte d'azur à une Notre-Dame couronnée supportant sur son bras dextre l'enfant Jésus, tenant un monde, et de sa main sénestre tenant un bâton à pommettes, ayant sous ses pieds un croissant, et étant environnée d'un ovale rayonnant, le tout d'or.

N° 320. DANIEL WIT, greffier du bailliage de Ickirck ; (Illkirch.)

Porte coupé au 1er d'azur à une lune renversée d'argent, au 2° d'or à un rocher de cinq coupeaux de gueules.

N° 321. JEAN-ANDRÉ HEINRICI, marchand de vin à Bischweiller ; (Bischwiller.)

Porte d'argent à un homme à demi-corps de carnation, vêtu à la hongroise de sinople, tenant de sa main dextre un bâton de commandant de gueules, et appuyant sa sénestre sur son côté.

N° 322. La communauté de Lupstein ;

Porte d'azur à un St-Quentin, martyr, tenant de sa main dextre abaissée une épée en bande, et de sa sénestre cinq clous appointés, sa tête entourée d'une gloire et percée de deux clous, et ses pieds aussi percés d'un cloud chacun, le tout d'or.

Nº 323. JEANNE-MARGUERITE, née SACHS, femme de Jean-Daniel Brouch, marchand à Strasbourg;

Porte diapré de sable à trois roses d'argent boutonnées et pointées d'or.

Nº 324. La communauté de Grasseville; (Gresswiller.)

Porte d'azur à un Sᵗ-Martin à cheval coupant la moitié de son manteau pour donner à un pauvre, le tout d'or sur une terrasse de même.

Nº 325. La communauté de Rozeville; (Rosenwiller.)

Porte parti, le premier d'azur à un bâton alèzé d'or écoté d'une pièce vers le haut à sénestre, et patté par le bas posé en pal, et le deuxième de gueules à une serpette d'argent emmanchée d'or.

Nº 326. La communauté des réformés de la ville de Strasbourg;

Porte d'azur à une chandelle d'argent allumée de gueules, posée sur un chandelier d'or, et tenue par une main de carnation mouvante du flanc d'une nuée d'argent.

Nº 327. N... KOCH, prévôt de Wassellonne et Merhlheim; (Marlenheim.)

Porte d'azur à un homme vêtu à là hongroise, tenant de sa main dextre une tulipe et appuyant sa sénestre sur son côté, le tout d'or.

Nº 328. ELISABETH-ELÉONORE DE RATHSANHAUSEN;

Porte d'or à une fasce de sinople et une bordure de gueules.

Nº 329. N... FRYQUARTHAL, régistrateur de la régence de l'évêché de Strasbourg;

Porte d'argent à un chevron de gueules, accompagné en chef de deux figures de sinople, et en pointe d'un figuier entre deux trèfles de même, mouvants d'un monticule de trois coupeaux de gueules.

Nº 330. La communauté du village d'Effras; (Eschau?)

Porte d'azur à un Sᵗ-Maurice d'or.

Nº 331. Le chapitre de l'Eglise collégiale de Sᵗ-Pierre-le-jeune de Strasbourg;

Porte d'azur à un Sᵗ-Pierre assis dans une chaise à l'antique, tenant de sa main dextre une clef et de sa sénestre un livre, le tout d'or.

Nᵒ 332. Le chapitre des religieuses pénitentes de la Madelaine de Strasbourg ;

Porte d'azur à une apparition de notre Sauveur à la Magdeleine, le tout d'or.

Nᵒ 333. JEAN-CHRISTOPHE SCHOELL, notaire et receveur de l'abbaye de Sᵗ-Etienne à Strasbourg ;

Porte d'azur à un rosier de trois branches d'or fleuri de trois roses d'argent sur une terrasse de même.

Nᵒ 334. La communauté de Savenersheim ; (Savensthal ?)

Porte d'azur à un Sᵗ...... ayant la tête environnée d'une gloire, vêtu d'une robe, tenant de sa main dextre un calice et appuyant sa sénestre sur son côté, le saint accosté à dextre d'un pain en forme de navette couché en fasce et à sénestre d'un tronçon de flèche en pal, le tout d'or.

Nᵒ 335. N..., abbesse de Kœnisbruck ;

Porte d'or à une fasce en devise haussée d'azur, accompagnée en pointe d'une colombe de même, posée sur un monticule de trois coupeaux de gueules et portant en son bec un rameau d'olivier de sinople, l'écu parti en chef par un trait de sable, le 1ᵉʳ chargée d'une bande ondée de gueules, et le 2ᵉ d'une couronne de même.

Nᵒ 336. JEAN-ALEXANDRE ROLWAGNE, marchand drapier à Landau ;

Porte d'argent à une bande de sable diaprée d'or.

Nᵒ 337. NICOLAS DEFFNICOUR, receveur des domaines et péages du roi à Strasbourg ;

Porte de gueules à un dextrochère d'or mouvant du flanc d'une nuée d'argent, lequel tient un coutelas aussi d'or.

Nᵒ 338. BARBE-AMÉLIE D'ANDLAU, veuve ;

Porte de sable à une fleur-de-lis d'or.

Nᵒ 339. N... KOENIG, bourgeois de Strasbourg ;

Porte d'azur à un sceptre d'or posé en pal, et une couronne de même en fasce.

Nᵒ 340. La communauté du village de Hipsheim ;

Porte d'argent à trois écussons posés deux et un ; le 1ᵉʳ d'azur chargé d'une bande d'or, le 2ᵉ de sable chargé d'un lion, la queue fourchue d'argent, et le 3ᵉ de gueules à un gant d'or posé en bande et accompagné de deux étoiles d'argent, l'une en chef et l'autre en pointe.

N° 341. JEAN-FRÉDÉRIC CAMPMANN, ministre luthérien du village de Hatten ;

Porte d'or à un compas ouvert en chevron d'azur accompagné de trois roses de gueules, deux en chef et une en pointe.

N° 342. La communauté de Mietersheim ;

Porte d'azur à un St-Michel terrassant un dragon, le tout d'or, son bouclier en forme d'écusson croisé de gueules.

N° 343. La communauté de Marsleim ; (Marlenheim ?)

Porte de sable à une fleur-de-lis à l'antique d'argent.

N° 344. La communauté de Vasselone ;

Porte d'azur à un St-Laurent, martyr, vêtu en diacre, tenant un gril de sa main dextre abaissée, et une palme de sa sénestre, le tout d'or.

N° 345. La communauté du village de Nortzheim ; (Nordheim.)

Porte d'azur à un St-Pierre à demi-corps, tenant de sa main dextre une clef, et de sa sénestre un livre, le tout d'or.

N° 346. JEAN-GUILLAUMF STOEDEL, marchand à Strasbourg ;

Porte d'argent à une tente ou pavillon d'azur.

N° 347. ELIE KURSNER, marchand épicier à Strasbourg ;

Porte d'argent à deux lions affrontés d'azur.

N° 348. GEORGE ABRAHAM MEYER, receveur dans la communauté de Gouttenberg ;

Porte d'argent à un laurier de sinople, mouvant d'un monticule de trois coupeaux de gueules.

N° 349. N..., BARONNE DE WANGEN, veuve ;

Porte de gueules écartelé d'argent billeté d'azur, à quatre lions affrontés de l'un en l'autre couronnés d'or.

N° 350. SÉBASTIEN BROSSARD, prébendé, député et maître de chapelle de l'Eglise cathédrale de Strasbourg ;

Porte d'azur à une bande d'argent.

N° 351. JEAN LAMBIN, entrepreneur des fortifications de Strasbourg et Philisbourg ;

Porte d'azur à un chevron d'or, accompagné de trois épis de même.

N° 352. N... DE CONNA, commandant à Neustat ;

Porte écartelé au 1er et 4e d'azur à une tour d'or, au 2e et 3e d'argent à trois flammes de gueules posées deux et une.

Nᵒ 353. N... De Mouchy, lieutenant d'artillerie de la haute et de la basse Alsace et de Brisgau ;

Porte de gueules à trois maillets d'or et une bordure d'argent chargée de huit molettes de sable.

Nᵒ 354. Jean-Henry Schmeder, ministre du village de Betsdorff ; (Batzendorf?)

Porte d'argent à un cœur de carnation enflammé de gueules, cotoyé de deux palmes de sinople, les tiges passées en sautoir.

Nᵒ 355. N... Weyttmann, maître de poste à Molsheim ;

Porte d'azur à un cœur vidé enfermant un I et un W, et sommé d'un quatre de chiffre, dont le montant et la traverse sont doublement croisés, le tout d'or.

Nᵒ 356. Hélène-Christine Holzapfel de Herxheim, née baronne de Schenau ;

Porte diapré coupé d'argent et d'azur, le 1er chargé de deux pommes de gueules, les tiges de sinople en bas, feuillées de même.

Nᵒ 357. Léopold-Chrétien Klein ;

Porte de sable à un dragon ou amphistère d'or lampassé et armé de gueules.

Nᵒ 358. Michel de Villedo de Clichy, prêtre licentié en théologie et en droit, protonotaire de l'Eglise romaine et du Sᵗ-Siége, subministre prébendé de la Cathédrale de Strasbourg, chevalier commandeur de l'ordre du Sᵗ-Esprit de Montpellier ;

Porte de gueules à deux pals bretecés d'or, et une bordure d'azur, écartelé d'azur à un chevron d'or surmonté d'un soleil de même, et accompagné en chef de deux étoiles d'argent, et en pointe d'un lion d'or.

Nᵒ 359. Henry Souverain Pré, marchand au Fort-Louis du Rhin ;

Porte écartelé au 1er et 4e d'azur à trois lozanges d'or posées deux et une, et une étoile de même en chef, au 2e et 3e de gueules à trois pals retraits d'argent mouvants du chef.

Nᵒ 360. N... Le Moine de Trugny, commissaire ordinaire de l'artillerie à la résidence de la citadelle de Strasbourg ;

Porte d'argent à un chevron de gueules, accompagné de trois mouchetures d'hermine.

Nº 361. N... Coulon, commandant pour le roi du reduit de la porte blanche de Strasbourg ;

Porte d'azur à un chiffre d'or, composé de deux B et de deux F entrelacés.

Nº 362. N... Faure, maître de la poste de Saverne ;

Porte de gueules à une fasce d'argent, chargé de trois molettes de sable et accompagnée de trois huchets d'or.

Nº 363. N... Calmet, écuyer du roi, prévôt général et provincial de la maréchaussée d'Alsace ;

Porte d'azur à une bande d'or chargée d'une rose de gueules, accostée de deux étoiles de même et accompagnée de deux trèfles d'argent.

Nº 364. N... Baron, greffier de la maréchaussée d'Alsace ;

Porte d'azur à une couronne de baron d'or.

Nº 365. N... Campanus, bailli d'Aunviller ;

Porte d'azur à une tête et col de chameau coupé d'or.

Nº 366. La ville d Aunviller ;

Porte d'or à un aigle de sable chargé sur l'estomac d'un cœur d'or.

Nº 367. N... Vernig, bourguemestre d'Aunviller ;

Porte d'azur à un chiffre d'or composé de deux L et de deux S entrelacés.

Nº 368. N... Goffin, échevin de la ville d'Aunviller ;

Porte d'azur à un couteau tranchant d'argent emmanché d'or couché en chef, et la lettre capitale G de même en pointe.

Nº 369. N... Sieben, échevin de la ville d'Aunviller ;

Porte d'azur à un chiffre de marchand composé d'un H sommé d'un quatre de chiffre au montant duquel est entrelacé un S, et sa traverse croisée d'un bâton posé en pal, le tout d'or, accompagné de quatre étoiles d'argent posées une en chef au côté dextre du quatre, et trois en pointe, deux aux côtés de la lettre H, et une dessous.

Nº 370. N... Pasquay, échevin de la ville d'Aunviller ;

Porte de sinople à un trident ou gouvernail de vaisseau d'or et accosté d'un I et d'un P de même.

Nº 371. N... Descousins, échevin de la ville d'Aunviller ;

Porte d'azur à un miroir ardent d'argent, monté d'or et posé sur une terrasse de même, et deux bâtons alézés aussi d'or, passés en sautoir et brochants sur le miroir.

Nº 372. N... REUNTZ, recéveur de la ville d'Aunviller ;

Porte de gueules à un chiffre de marchand, composé d'un H et d'un R joints ensemble, la lettre H sommée d'un quatre en chiffre, dont le montant et la traverse sont croisés chacun d'un bâton raccourci, le tout d'argent.

Nº 373. N... CANDIDUS, greffier de la ville d'Aunviller ;

Porte d'or à cinq barelles d'azur et un lion de gueules brochant sur le tout.

Nº 374. N... HARTUNG, ministre de la ville d'Aunviller ;

Porte d'azur à sept étoiles d'or posées trois, trois et une, et surmontées en chef des deux lettres H et F de même.

Nº 375. La communauté des boulangers de la ville d'Aunviller ;

Porte d'azur à un bradler d'argent soutenu de deux lions affrontés d'or, et accompagné en chef d'un A et d'un double W de même, et en pointe d'un billot ou tête de mailloche aussi d'or.

Nº 376. La communauté des tanneurs de la ville d'Aunviller ;

Porte d'azur à deux lions affrontés d'or posés sur une montagne d'argent, et tenant chacun entre les pattes de devant un couteau paroir de même en pal.

Nº 377. N... PETING, juge, garde de la monnaie à Strasbourg ;

Porte d'azur à un pied humain de carnation, posé sur une terrasse de sinople et accompagné de trois pièces de monnaie d'or mal ordonnées une en chef et deux en fasce.

Nº 378. N... BRIQUET, directeur de la fourniture des lits des troupes et hôpitaux d'Alsace ;

Porte d'argent à un chevron d'azur, accompagné de trois briques de gueules, deux en chef et une en pointe.

Nº 379. ANTOINE WANSANG DUPLESSY, receveur des fourrages pour le roi à Philisbourg ; (Phalsbourg.)

Porte d'azur à une main dextre d'or.

Nº 380. JEAN-BALTHASAR FOLTZ, prévôt de Rott ;

Porte d'azur à deux flèches d'or posées en sautoir.

Nº 381. JEAN-FRÉDÉRIC CARS, marchand à Strasbourg ;

Porte d'azur à un lion naissant d'or, lampassé de gueules, qui a une double queue et tient de sa patte droite trois épis de blé aussi d'or, et qui est posé dans une huche ou coffre carré de même.

No 382. JEAN DIETRICK, banquier et du Conseil des vingt et un de Strasbourg ;

Porte d'azur à un soleil d'or.

No 383. MARIE-BARBE KNIEBS, sa femme ;

Porte de sable à une cornière d'argent, accompagnée de trois étoiles de même.

No 384. N... DUFOUR, capitaine des portes de la ville de Strasbourg ;

Porte d'azur à deux fasces ondées abaissées d'argent, surmontées d'un lion d'or.

No 385. N... DE BERGHEIM, veuve de Julien Eberrard ;

Porte d'or à une croix de gueules, accolé tiercé en fasce de gueules, d'argent et d'azur.

No 386. ANDRÉ BRACKENHOFFER ;

Porte d'argent à un chien rampant de gueules accolé d'or et tenant dans sa gueule un grelier d'azur qu'il soutient de sa patte dextre de devant, et un monticule de trois coupeaux de sinople mouvants de la pointe.

No 387. JEAN SALSMANN, licentié en droit, directeur des magasins à sel de la ville de Strasbourg ;

Porte d'azur à un pampre de vigne d'or, fruité de deux pièces de même et posé en bande.

No 388. JEAN BECHTOLD, bourgeois de Strasbourg ;

Porte d'azur à une flèche d'argent posée en pal, la pointe en bas, à laquelle est accolée une couleuvre d'or la tête en bas, le tout accosté de deux fers de piques d'argent.

No 389. JACQUES WENCKER, consul et du conseil de MM. les treize ;

Porte coupé diapré d'or et de gueules à une arbalètre au naturel, posée en pal sur le tout.

No 390. JACQUES WENCKER, licentié ès-lois ;

Porte coupé d'azur et d'or à une arbalètre de l'un en l'autre posée en pal.

No 391. JEAN-GASPARD MULBERGER, marchand épicier à Strasbourg ;

Porte d'azur à un chiffre de marchand, composé d'un H et d'un M joints ensemble et sommés d'un quatre dont le montant est entrelacé d'un C et la traverse croisée d'un bâton raccourci d'or.

Nº 392. Salomé Richsofferin, veuve de N..., consul ;

Porte de sable coupé d'or à trois fers de mulet de l'un en l'autre et cloués aussi de l'un en l'autre, deux en chef et un en pointe.

Nº 393. Jean Schittier, docteur en droit et avocat général de la ville de Strasbourg ;

Porte diapré d'argent à une barre ondée d'azur, accompagnée de deux roses de gueules, boutonnées d'or.

Nº 394. Jean Schmid, greffier de la chambre de Manance à Strasbourg ;

Porte d'or à un homme de carnation vêtu à la hongroise de sinople, tenant de sa main dextre un manteau d'armes de gueules posé en pal, et appuyant sa sénestre sur son côté.

Nº 395. Gustave-Philippe Faber, licentié en droit ;

Porte de gueules à une écharpe nouée d'argent couronnée d'or et accompagnée en fasce de deux demi-fleurs-de-lis de même, mouvantes des flancs, et en pointe d'une autre fleur-de-lis aussi d'or.

Nº 396. Anne-Salomé Widtin ;

Porte de sable à une lune couchée d'argent, coupé aussi d'argent à un monticule de cinq coupeaux de sinople posés deux et trois.

Nº 397. Philippe Kniebs, registrateur dans la chancellerie de Strasbourg ;

Porte d'argent à une cornière de pourpre, accompagnée de trois étoiles à six raies d'azur posées deux en chef et une en pointe.

Nº 398. Jean-Thiébault Henricy, ministre de l'Eglise St-Thomas ;

Porte d'argent à un homme à demi-corps de profil, de carnation, vêtu à la hongroise d'azur et tenant de sa main dextre un bâton de commandant de sable posé en pal.

Nº 399. Job-Nicolas Hartschind, docteur et professeur ;

Porte d'azur à un livre ouvert d'argent, accompagné de six besants de même rangés trois en chef et trois en pointe, et chargés chacun d'une étoile de sable.

Nº 400. Paul-Rogier Sibour, conseiller à la régence perpétuelle de MM. les quinze de la ville de Strasbourg ;

Porte d'argent à un olivier de sinople fruité de même et supporté à sénestre par un lion de gueules.

STRASBOURG.

REGISTRE TROISIÈME.

N° 1ᵉʳ. FRÉDÉRIC WOLFF ;

Porte d'azur à une bêche d'argent posée en pal, et un renard courant d'or et brochant en fasce sur le tout.

N° 2. JEAN-GEORGES WETCHEL, greffier de la Phénintourn de Strasbourg ;

Porte d'azur à un crampon d'or.

N° 3. N... DIÉBOLD, greffier de la Phénintourn de Strasbourg ;

Porte de sable à une couronne d'épines d'or.

N° 4. JEAN-MARTIN BRIEFF, notaire à Strasbourg, pour servir aux actes de notariat ;

Porte d'azur à un cygne d'argent nageant dans des ondes de même.

N° 5. JEAN-CHARLES LÉOPART, receveur de la ville de Strasbourg ;

Porte d'argent à un léopard rampant de gueules, et un monticule de trois coupeaux de sinople, mouvant de la pointe.

N° 6. JEAN-THIÉBAUT REYS, assesseur de MM. les quinze du Magistrat de la ville de Strasbourg ;

Porte d'azur à un homme de carnation armé d'argent, sur un cheval galopant d'or sellé de gueules, le cavalier tenant un javelot d'or ferré d'argent en barre, la pointe en bas, le tout sur une terrasse de sinople.

Nº 7. JEAN-RODOLPH SALSMANN, licentié en droit ;
Porte d'azur à un crochet d'or, coupé d'or à une grappe de raisin d'azur.

Nº 8. JEAN-PHILIPPE GUNZER, bourgeois de Strasbourg ;
Porte de sable à un agneau pascal d'or passant sur une colline à trois coupeaux de même.

Nº 9. PHILIPPE JEISOFF, marchand ;
Porte de sable à un triangle cloché et renversé d'or dont la pointe est posée sur une colline à trois coupeaux de même.

Nº 10. JEAN-DANIEL STEDEL, marchand ;
Porte parti d'or et de sable à une chaumière d'argent ajourée de sable, la porte d'or barrée de gueules et le toit en pavillon couvert de chaume au naturel.

Nº 11. FRÉDÉRIC SCHRAG, docteur et professeur en droit ;
Porte de sable à trois étoiles d'or en chef, posées deux et une, et en pointe une lune en croissant couchée de même.

Mº 12. JEAN-PHILIPPE BECHLAIR, trésorier de la ville de Strasbourg ;
Porte d'azur à une bande d'argent chargée d'un chien courant de gueules et accompagnée de deux fleurs-de-lis d'argent, une en chef et l'autre en pointe.

Nº 13. CHRISTOPHE-MELCHIOR SACHS, docteur en droit et conseiller du Magistrat de la ville de Strasbourg ;
Porte de sable à trois roses d'argent, boutonnées d'or et pointées de gueules.

Nº 14. JEAN-PHILIPPE BERNARD, marchand à Strasbourg ;
Porte d'azur à un quatre de chiffre à double traverse, le pied terminé en forme de P, supporté sur le milieu d'un H joint à un B, le tout d'or et une bordure de même.

Nº 15. JEAN-JACQUES RICHSHOFFER, conseiller des quinze du Magistrat de Strasbourg ;
Porte coupé de sable et d'or à trois fers de cheval de l'un en l'autre.

Nº 16. ABRAHAM MIVILLE, marchand ;
Porte de pourpre à trois sautoirs d'argent rangés en pointe, celui du milieu sommé d'une croix de Lorraine de même.

No 17. Israël Dietrelin, régent de la classe septième à Strasbourg;

Porte d'azur à un chevron d'or accompagné de trois besants de même, deux en chef et un en pointe, ce dernier soutenu d'un monticule de trois coupeaux d'argent.

No 18. Michel Bosche, conseiller au grand-conseil du Magistrat de Strasbourg;

Porte d'argent à un rosier de sinople fleuri de cinq roses de gueules, surmonté des lettres M et B de sable, rangées en chef.

No 19. Jonas Stoer, marchand, conseiller du grand-sénat;
Porte d'argent à une tête et col de taureau de sable.

No 20. Jean-Philippe Marrest, avocat et procureur au petit-sénat de Strasbourg;

Porte d'azur à trois glands d'argent, leurs tiges appointées et mouvantes d'un monticule de trois coupeaux d'or.

No 21. Samuel Nagel, tonnelier à Strasbourg;

Porte d'azur aux deux lettres capitales S et N rangées en pointe, le 1er jambage de l'N sommé d'un quatre de chiffre sur le montant duquel sont posés deux sergents passés en sautoir, et brochants, le tout d'or.

No 22. Christophe Spilmann, sénateur au grand-sénat de Strasbourg;

Porte coupé au 1er de gueules à deux dés d'argent marqués chacun d'un nombre 4 de sable, au 2e d'or à un trèfle de sinople.

No 23. André Lemp, sénateur du grand-sénat à Strasbourg;
Porte d'azur à un lion d'argent tenant de ses deux pattes de devant un sautoir d'or.

No 24. Jean-Frédéric Sachs, receveur pour l'hôpital des orphelins de Strasbourg;

Porte de sable à trois roses d'argent, boutonnées d'or et pointées de gueules, posées deux et une.

No 25. Frédéric Arlin, apothicaire à Strasbourg;
Porte de gueules à une licorne saillante d'argent.

No 26. Jean-Charles Schrac, cordier à Strasbourg;
Porte de sable à trois étoiles d'or en chef posées deux et une, et en pointe une lune en croissant couchée de même.

N° 27. JEAN WINTER, greffier de la fabrique de Notre-Dame à Strasbourg ;

Porte de gueules à un rencontre de bœuf d'argent, accompagné de trois étoiles d'or, une en chef et deux en pointe.

N° 28. JEAN-JACQUES BECHT, licentié en droit ;

Porte de gueules à un cygne d'argent becqué et membré de sable.

N° 29. GEORGES MENYES, marchand à Strasbourg ;

Porte d'azur à un chiffre d'or composé des doubles lettres G et M entrelacées.

N° 30. JEAN-FRÉDERIC MEDLER, licentié ès-lois à Strasbourg ;

Porte d'or à un pélican d'azur avec sa piété de même ensanglanté de gueules.

N° 31. N... RICHSHOFFER, marchand à Strasbourg ;

Porte de gueules à trois fers à cheval d'argent posés deux et un.

N° 32. GEORGES CAMEL ;

Porte d'azur à un chameau passant d'or, sur le dos duquel est assis un homme d'argent.

N° 33. N..., veuve de N. GUNTZER, syndic ;

Porte de gueules à une vache passante d'argent portant une coignée de même emmanchée d'or, posée en barre.

N° 34. PIERRE GUILINS, curé ;

Porte coupé au 1er d'argent à trois roses de gueules deux et une, au 2e d'azur à un lion passant d'or.

N° 35. JEAN-HENRY LANG, le vieux, notaire à Strasbourg ;

Porte d'or à trois chardons de gueules tigés et feuillés de sinople, mouvant d'un écot alèzé de même, posé en fasce.

N° 36. JEAN-HENXY LANG, le jeune, écrivain, bourgeois de la ville de Strasbourg ;

Porte de même que l'art. 35 ci-dessus.

N° 37. La communauté des pelletiers de la ville de Strasbourg ;

Porte ondé enté en fasces d'argent et de sable de six pièces.

N° 38. JEAR REYNOLD LANG, notaire et bourgeois de la ville de Strasbourg ;

Porte d'or à un ours debout de sable.

N° 39. JOACHIM N..., professeur ;

Porte d'azur à un chiffre d'or composé des doubles lettres J et K entrelacées.

No 40. JEAN BOECLER, docteur et professeur à Strasbourg ;

Porte de sable à une bande d'or chargée d'une chèvre sautante au naturel, dont les pieds de derrière sont posés sur une colline de trois coupeaux de sinople, et accompagnée de deux fleurs-de-lis d'or.

No 41. JULES REYCHELT, professeur de mathématiques ;

Porte d'azur à un héron d'or, tenant en son bec un poisson d'argent.

No 42. MELCHIOR SEBISIUS, docteur en médecine et professeur ;

Porte d'azur à un dextrochère d'argent tenant une épée de même en barre.

No 43. JEAN-JOACHIM ZENTGRAFF, docteur et professeur ;

Porte de gueules à un dextrochère d'argent mouvant du flanc sénestre et tenant empoignée une flèche d'or en pal.

No 44. La fabrique de Notre-Dame de Strasbourg ;

Porte de gueules à un portail d'église à l'antique, accosté de deux tours pavillonnées et croisées, le tout d'argent.

No 45. JEAN LANG-HAMS, receveur de la fabrique de Notre-Dame de Strasbourg ;

Porte d'or à un chevron d'azur, surmonté d'un croissant de même et accompagné de trois arbres arrachés de sinople, deux en chef et un en pointe.

No 46. JEAN-JACQUES HERBERLING, receveur de la Chartreuse de Strasbourg ;

Porte d'azur à un oranger d'or dans une caisse d'argent.

No 47. JEAN-CHRISTOPHE REICHARDT, marchand à Strasbourg ;

Porte de sable à un sautoir d'or, accompagné aux flancs et en pointe de trois étoiles de même.

No 48. JEAN-DANIEL BRANDT, le père ;

Porte d'argent à une roue de moulin de sable et une colline à trois coupeaux de gueules, en pointe.

No 49. JEAN-DANIEL BRANDT, le fils ;

Porte de même.

No 50. DANIEL PFEFFINGER, ministre de la parole de Dieu ;

Porte d'azur à une figure de femme nue à mi-corps et sans bras d'or.

No 51. JEAN-PHILIPPE BARTENSTEIN, maitre es-arts ;

Porte d'argent à un homme à demi-corps de carnation, le bas

terminé en feuillage de sinople, tenant de sa main dextre un crochet de sable et de sa sénestre une hache de gueules.

N° 52. JEAN-DAVID ERHARD, receveur de St-Guillaume ;

Porte d'azur à un lion d'or, tenant de ses pattes un bâton péri en pal de même.

N° 53. DANIEL ROHR, notaire et bourgeois de Strasbourg ;

Porte d'azur à huit épis de blé d'or, tigés et feuillés de même, rangés sur une terrasse de sable.

N° 54. PHILIPPE HOUGS KUNAST, avocat et procureur au grand-sénat de Strasbourg ;

Porte d'azur à un chicot alaisé et écoté de trois pièces d'or, posé en bande.

N° 55. JEAN SILBÉRARD, notaire à Strasbourg ;

Porte de gueules à une roue d'argent.

N° 56. JEAN GOLL, avocat, docteur en droit à Strasbourg ;

Porte de gueules à une colombe d'argent posée sur une étoile d'or.

N° 57. FRÉDÉRIC SPIELMANN, du conseil des quinze ;

Porte d'azur à deux dés d'argent, coupé d'or à un trèfle de sinople.

N° 58. JEAN-HENRY FELTQ, docteur et professeur en droit à Strasbourg ;

Porte coupé au 1er d'or à un sauvage à demi-corps de carnation, tenant une massue de sable en pal, au 2e d'azur à un crochet d'argent péri en bande, accosté de deux étoiles d'or, une dessus et l'autre dessous.

N° 59. JEAN-VALENTIN SCHEID, docteur et professeur en médecine ;

Porte d'azur à une tierce pointe ou triangle d'argent, accompagnée de trois roses d'or.

N° 60. JEAN GUMBRACHT, ancien assesseur du grand sceau à Strasbourg ;

Porte de gueules à un dextrochère d'argent mouvant du flanc sénestre et tenant une hallebarde rompüe d'or, la pointe en bas.

N° 61. JEAN-JACQUES HULMANN, marchand à Strasbourg ;

Porte coupé au 1er de gueules à deux dés d'argent marqués chacun du nombre 4 de sable, au 2e d'or à un trèfle de sinople.

N° 62. MARC MAPPUS, médecin à Strasbourg;

Porte coupé d'azur et de gueules à un bouclier à l'antique d'or clouté d'argent posé en pal et brochant sur le tout.

N° 63. JEAN-PHILIPPE HUIS, ancien conseiller à Strasbourg;

Porte d'or à un cerf courant de sable.

N° 64. JEAN-GASPARD KHAUNE, professeur de la morale à Strasbourg;

Porte d'azur à deux épées d'argent passées en sautoir, les pointes en bas, les gardes et les poignées d'or et une flèche en pal de même ferrée d'argent, la pointe en haut et brochant sur le tout.

N° 65. IZAAC FAUST, docteur et professeur en théologie à Strasbourg;

Porte de sinople à un dextrochère armé d'or mouvant du flanc sénestre d'une nuée d'argent et tenant une épée de même.

N° 66. JEAN-BERNARD WAGNER, docteur et professeur en théologie à Strasbourg;

Porte de gueules à deux étoiles d'or en chef, et une moitié de roue de même en pointe.

N° 67. EBÉRARD LAPELIER, docteur en médecine à Strasbourg;

Porte d'azur à trois flèches d'or ferrées d'argent, posées en pal et en sautoir, et accompagnées de deux étoiles d'or posées une à chaque flanc.

N° 68. La communauté des cordonniers de la ville de Strasbourg;

Porte d'argent à une bande de gueules, accompagnée en chef d'une botte de sable, et en pointe d'un soulier de même.

N° 69. PHILIPPE-GASPARD LEITERSPERGER, bourgeois à Strasbourg;

Porte d'or à trois fleurs de pensées au naturel, posées deux et une.

N° 70. JACQUES-CHRISTOPHE PANTITON, notaire juré à Strasbourg;

Porte d'or à un lion de sable.

N° 71. FRANÇOIS REINTALER, ancien assesseur du grand-sénat de Strasbourg;

Porte d'azur à un soulier à l'antique, la pointe recourbée et surmonté des lettres F et R, le tout d'or.

N° 72. GASPARD SAXER, assesseur du grand-sénat de Strasbourg ;

Porte d'azur à une Notre-Dame de carnation, vêtue d'or et d'azur,
tenant sur son bras sénestre l'enfant Jésus de carnation, vêtu de
pourpre, l'un et l'autre couronnés d'argent, la Vierge ayant sa tête
entourée d'un cercle de rayons d'or et un croissant d'argent sous ses
pieds, supporté par trois ou quatre têtes de Chérubins, le tout entouré d'une gloire rayonnante d'or.

N° 73. La communauté de Wangen ;

Porte d'azur à un St...... de carnation, vêtu d'une robe et d'un
camail, sa tête entourée de rayons, et tenant à sa main dextre une
palme, le tout d'or.

N° 74. La communauté des bateliers de la ville de Strasbourg ;

Porte d'azur à une ancre d'or posée en pal et renversée, la trabe
en bas.

N° 75. JEAN-CHRYSOSTOME KELLERMANN, prévôt des marchands, et conseiller de MM. les quinze à Strasbourg ;

Porte coupé au 1er de gueules à un croissant renversé d'argent,
au 2e d'argent à un mont de trois coupeaux de sinople, surmonté de
trois étoiles de gueules rangées.

N° 76. CHRISTOPHE-PAUL PLATS, marchand-drapier à Strasbourg ;

Porte d'azur à un cheval Pégase d'argent contourné, ailé d'or.

N° 77. JEAN-JACQUES MOSSEDER, receveur du chapitre de
St-Thomas ;

Porte d'azur à un homme à demi-corps de carnation, vêtu d'argent, tenant de sa main dextre un bâton raccourci d'or et sa sénestre,
appuyée sur son côté.

N° 78. ELIE-BERNARD KREUCHEL, curé à Dettweiler et Dosen-
heim ;

Porte d'azur à un chevron vinné d'argent, accompagné de deux
roses d'or, l'une en chef et l'autre en pointe.

N° 79. JEAN-PIERRE MANNDORFF, receveur du grand-hôpital
de la ville de Strasbourg ;

Porte d'or à un jeune enfant de carnation, vêtu d'une robe de
gueules boutonnée d'or, son collet et ses manches d'argent, sa tête

couverte d'un bonnet pointu et houppé de gueules, doublé et rebrassé d'argent, tenant à sa main dextre étendue une plume à écrire d'argent, et sa sénestre appuyée sur son côté et mouvant à mi-corps d'un monticule de trois coupeaux de sinople.

N° 80. JEAN SCHMED, receveur de la fondation de St-Marc à Strasbourg ;

Porte d'azur à un homme à demi-corps d'or, tenant de sa main dextre un manteau de même.

N° 81. JEAN-PAUL TROMER, notaire à Strasbourg ;

Porte d'or à un ours debout de gueules.

O° 82. JEAN-PHILIPPE KAFT, receveur des grains de la ville de Strasbourg ;

Porte d'azur à un lion naissant, la queue fourchue, d'or et lampassé de gueules, qui tient de ses deux pattes de devant une tige de trois épis de blé aussi d'or, et qui est posé dans une huche ou armoire quarrée de même.

N° 83. MICHEL FRORISSEN, marchand-pelletier à Strasbourg ;

Porte d'azur à un homme de demi-corps d'or, tenant de sa main dextre une masse d'armes de même et sa sénestre appuyée sur son côté.

N° 84. IZAAC BITTI, marchand à Strasbourg ;

Porte de gueules à un lion d'argent.

N° 85. THIÉBAULT AML, marchand de vin à Strasbourg ;

Porte d'or à trois trèfles de sinople posés un en chef et deux en fasce, et un cœur de gueules en pointe.

N° 86. JEAN-PAUL GAMBS, receveur des deniers publics à Strasbourg ;

Porte d'or à un chamois rampant de sable sur une colline de trois coupeaux de sinople.

N° 87. ERNEST-FRÉDÉRIC MOLLINGER, directeur de la monnaie à Strasbourg ;

Porte d'or à un lézard de gueules.

N° 88. FRANÇOIS-RUDOLPHE MOLLINGER, directeur des batiments de la ville de Strasbourg ;

Porte de même.

N° 89. PHILIPPF-JOSEPH MOLLINGER ;

Porte de même.

N° 90. Jean Ziegler, marchand de blé à Strasbourg ;

Porte d'or à trois roses de gueules sur une même tige de sinople, mouvante d'un monticule de trois coupeaux de même.

N° 91. Le Chapitre de St-Thomas ;

Porte d'azur à un St-Thomas de carnation, vêtu d'or et de sinople à genoux, contourné et touchant au côté d'un Christ de carnation, couvert d'argent, ayant sa main dextre levée et de sa sénestre tenant une croix haussée d'or, de laquelle pend une banderolle d'argent.

N° 92. L'Université de Strasbourg ;

Porte d'azur à un Christ de carnation, ses reins ceints d'une écharpe d'argent, ayant attaché à son col un manteau qui lui pend par derrière d'or, ayant sa main dextre élevée et de sa sénestre tenant une longue croix de laquelle pend une banderolle d'argent chargée d'une croix de gueules.

N° 93. Jean-Jacob Trieffer, conseiller à Strasbourg ;

Porte d'azur à une flute d'or, posée en bande, accostée de deux étoiles de même, une en chef et l'autre en pointe.

N° 94. La communauté d'Oberenhotterotte ;

Porte d'argent à une Ste-Claire de carnation vêtue de sable, mouvante à mi-corps de la pointe de l'écu, et tenant de sa main dextre un ciboire d'or et de sa sénestre une crosse de même.

N° 95. Ambroise Birckel ;

Porte de sable à un aigle à deux têtes d'or, surmonté d'un A et de deux B capitaux de même, sénestrés chacun d'une étoile aussi d'or.

N° 96. Jacob Tepser, cabaretier à Strasbourg ;

Porte d'azur à un homme contourné de carnation, vêtu d'or, tenant de sa main dextre étendue un poisson d'argent et de sa sénestre une poële à frire d'or qu'il porte sur son épaule.

N° 97. Daniel Schweigheusser, cabaretier à Strasbourg ;

Porte d'azur à un rencontre de bœuf d'or, surmonté des trois lettres D, S et I, la lettre S posée un peu plus haut que les autres, de même.

N° 98. Jean-Adam Œsinger, notaire et bourgeois de Strasbourg ;

Porte d'azur à deux fasces haussées d'or, accompagnées en pointe d'une tête de lion arrachée de même, lampassée de gueules.

Nº 99. JEAN-FRÉDÉRIC ŒSINGER, licentié en droit, et bourgeois de Strasbourg;
Porte de même que l'art. 98 ci-dessus.

Nº 100. ETIENNE-CORNEILLE SALSMANN, notaire et bourgeois de Strasbourg;
Porte d'argent à une fasce de gueules, accompagnée en chef d'un crochet dont le pied est avec une traverse de sable, et en pointe d'une grappe de raisin de même, tigée et feuillée de sinople.

Nº 101. FRÉDÉRIC WIÉGER, licentié en droit à Strasbourg;
Porte d'azur à un homme de carnation vêtu d'or, tenant de sa main dextre une balance de même.

Nº 102. JEAN-JACQUES BITCH, marchand à Strasbourg;
Porte de gueules à un bouc sautant d'argent, accorné d'or.

Nº 103. ELIE GOTTESHEIM, marchand à Strasbourg;
Porte d'or à une bande de gueules chargée de trois étoiles d'argent.

Nº 104. JEAN-MICHEL FAUST, docteur en médecine à Strasbourg;
Porte de gueules à un dextrochère armé d'or, mouvant du flanc sénestre et tenant une épée d'argent périe en barre.

Nº 105. ANDRÉ SCHMIDT, notaire à Strasbourg;
Porte d'azur à une enclume, sur laquelle est posé un fer de cheval accosté à dextre d'une paire de tenailles et à sénestre d'un marteau, le tout d'or.

Nº 106. JEAN-LOUIS KOB, marchand-drapier à Strasbourg;
Porte d'azur à un lion d'or posé sur un mont de trois coupeaux de même, et tenant de ses deux pattes de devant une croisette haussée d'argent.

Nº 107. JOSIAS STEDEL, ammeistre à Strasbourg;
Porte d'azur à une tente de guerre d'or.

Nº 108. JOSIAS STEDEL, (sic) ammeistre à Strasbourg;
Porte d'azur à une tente de guerre d'or.

Nº 109. JEAN-ANDRÉ MERGILET, receveur du couvent de St-Médard;
Porte d'or à une fasce d'azur chargée de deux colombes affrontées d'argent.

Nº 110. Jean Goll, cabaretier à Strasbourg;

Porte de sinople à la lettre I en chef et les lettres F et B en pointe, chacune de ces lettres sénestrée d'un point, le tout d'or.

Nº 111. Jean-Frédéric Rebhan;

Porte d'azur à une autruche d'or, sur un monticule de trois coupeaux de même, chapé d'argent à deux étoiles de gueules.

Nº 112. Jean-Paul Schubler, docteur en droit à Strasbourg;

Porte d'azur à une cigogne d'argent, tenant en son bec un serpent d'or.

Nº 113. Samuel Herlpock, bourgeois de Strasbourg;

Porte d'or à trois fers de cheval d'azur, posés deux et un.

Nº 114. (Manque.)

Nº 115. Jean-Michel Rebhan, ancien sénateur à Strasbourg;

Porte d'azur à une autruche d'or sur un monticule de trois coupeaux de même, chapé d'argent à deux étoiles de gueules.

Nº 116. N... Stecher, échevin à Strasbourg;

Porte d'or à un cœur d'azur et trois roses de gueules tigées et feuillées de sinople, mouvantes de la bouche du cœur.

Nº 117. Jean-Balthazar Crauth, marchand à Strasbourg;

Porte de sable à un chou pommé et arraché d'or.

Nº 118. Jean-Louis Schérer, notaire et bourgeois de Strasbourg;

Porte de gueules à un chevron d'argent, accompagné en chef de deux étoiles à six raies d'or, et en pointe d'une tête de lion arrachée de même.

Nº 119. Henry Nicolai, médecin à Strasbourg;

Porte d'azur à une croix potencée et alèzée d'argent, surmontée d'une étoile à six raies d'or, et cantonnée de quatre autres étoiles aussi à six raies de même.

Nº 120. La communauté des maréchaux de Strasbourg;

Porte d'argent à une bande de gueules chargée d'un dragon d'or entre un marteau et des tenailles d'argent.

Nº 121. Jean Kitsch, notaire et bourgeois de Strasbourg;

Porte d'azur à un agneau pascal d'argent, la longue croix d'or, la banderolle de gueules chargée d'une croix d'argent.

Nº 122. N..., veuve de Jean-Louis Zeisolff;

Porte de sable à un triangle cleché et renversé d'or, supporté par une colline de trois coupeaux de même.

Nᵒ 123. CHRISTOPHE EBÉRARD BEER, notaire à Strasbourg;
Porte d'or à un ours debout de sable.

Nᵒ 124. La communauté des maçons de la ville de Strasbourg;
Porte d'argent à une bande de gueules chargée de trois marteaux de maçon d'argent emmanchés d'or.

Nᵒ 125. JACQUES STANDACHER, architecte de la ville de Strasbourg;
Porte d'argent à un lion de gueules, tenant une rose de même, tigée et feuillée de sinople, le lion soutenu d'une corbeille de même.

Nᵒ 126. N... ULRICH, batelier à Strasbourg;
Porte d'azur à une ancre d'or en pal renversée ou la trabe en bas.

Nᵒ 127. GEORGES-ANDRÉ DOLHOPFF, marchand-libraire à Strasbourg;
Porte d'or à un homme de carnation habillé de sable, sa main dextre appuyée sur son côté et sa sénestre élevée tenant un crochet d'argent.

Nᵒ 128. JEAN-HENRY CUNAST, écrivain de Lulnbgeld; (Umgeld?)
Porte d'azur à un bâton alèsé écoté d'or, posé en bande.

Nᵒ 129. JEAN-ADAM SPOOR, épicier à Strasbourg;
Porte d'azur à un cor de chasse d'or, accompagné de trois chiens courants d'argent, deux affrontés en chef en forme de chevron, et un en pointe.

Nᵒ 130. TOBIE STÉDEL, le vieux, marchand à Strasbourg;
Porte d'azur à une tente d'armée d'or, la porte ouverte, chargée d'une étoile d'argent.

Nᵒ 131. BALTAZAR HAU, licentié en droit à Strasbourg;
Porte d'azur à un dextrochère d'or mouvant du flanc sénestre, tenant une massue d'argent.

Nʳ 132. JEAN-GEORGES BEYRBACH, secrétaire de S. A. de Birkenfeld, et receveur de la Collégiale de Sᵗ-Pierre-le-vieux;
Porte d'azur à une sirène de carnation, ses deux queues de poisson d'argent tenues par ses deux mains.

Nᵒ 133. CHRISTOPHE-JACQUES MOCQUEL, du conseil des treize à Strasbourg;
Porte d'azur à un taureau naissant et furieux, et couronné d'or, lampassé de gueules, qui est accosté en chef de deux étoiles à six raies aussi d'or, coupé de même à trois pals de sable.

N° 134. FRÉDÉRIC-RICHARD MOCQUEL, sénateur à Strasbourg;
Porte de même.

N° 135. La tribu des bouchers de la ville de Strasbourg;
Porte de gueules à une fasce d'argent, accompagnée en chef d'un aigle contourné d'or, becqué et membré d'azur, et en pointe d'un lion contourné d'or, lampassé et armé d'azur.

N° 136. JEAN-MOEGLING, notaire et bourgeois de Strasbourg;
Porte de sable à une tête de mort d'argent supportée par deux os de même passés en sautoir, accompagnée de trois trèfles d'or, deux en chef et un en pointe.

N° 137. JEAN-PIERRE KOLL, notaire à Strasbourg;
Porte de gueules à un dextrochère armé d'argent mouvant du flanc sénestre et tenant une massue d'or en barre.

N° 138. JEAN SALSMANN, médecin à Strasbourg;
Porte d'azur à un crochet d'or, coupé d'or à un raisin d'azur.

N° 139. JEAN-CONRAD SAXE, apothicaire à Strasbourg;
Porte parti au 1er barré d'or et d'azur de six pièces, au 2e de gueules à une autruche d'or tenant en son bec une clef d'argent périe en bande.

N° 140. JEAN HEUPEL, ministre;
Porte d'azur à trois têtes de léopards d'or posées deux et une.

N° 141. GEORGES-FRÉDÉRIC HEUPEL;
Porte d'azur à trois têtes de léopards d'or posées deux et une.

N° 142. JEAN-CHARLES FAULT, licencié èz-lois et avocat à Strasbourg;
Porte d'azur à une fortune de carnation, le pied dextre posé sur un globe d'or et tenant de sa main dextre un voile ou draperie voltigeante d'argent.

N° 143. DANIEL FIDEL, maître-boucher à Strasbourg;
Porte d'argent à un rencontre de bœuf de gueules.

N° 144. JEAN-GEORGES ARLOCOPUS, bourgeois de Strasbourg;
Porte d'azur à une croix ancrée d'or, un écusson de gueules brochant sur le tout, chargé d'un agneau pascal d'argent.

N° 145. JEAN-CHRISTOPHE ARLOCOPUS, professeur à Strasbourg;
Porte de même que l'art. 144 ci-dessus.

N° 146. JEAN-REGNAUD DOULSSEKER, libraire à Strasbourg;
Porte de sable à un aigle d'or.

Nº 147. JEAN-NICOLAS SCHNEIDER, épicier à Strasbourg ;
Porte d'azur à trois roses d'or posées deux et une.

Nº 148. BARBE ...., veuve de ELIAS BRACKENHOFFER, conseiller des treize à Strasbourg ;
Porte d'argent à un levrier rampant de gueules, accolé et bouclé d'or.

Nº 149. JEAN KICKH, marchand de fer à Strasbourg ;
Porte écartelé d'or et d'azur à quatre lions de l'un en l'autre.

Nº 150. MARIE-URSULE FÉCHERIN, veuve de N..., orfèvre à Strasbourg ;
Porte d'azur à deux fasces d'argent alèzées, et deux pals aussi alèzés d'or brochants sur les fasces, accompagnée de quatre étoiles d'or posées une en chef, une en pointe, et une à chaque flanc, et une fleur-de-lis d'argent posée en cœur.

Nº 151. JEAN-FRÉDÉRIC SPOOR, libraire à Strasbourg ;
Porte d'azur à un cor de chasse d'or, accompagné de trois chiens d'argent, deux en chef rampants et affrontés, et un en pointe courant.

Nº 152. JEAN-JACQUES SPIELMANN, apothicaire à Strasbourg ;
Porte coupé au 1er de gueules à deux dés d'argent marqués chacun du nombre 4 de sable, au 2e d'or à un trèfle de sinople.

Nº 153. JEAN-GEORGES RAUCH, organiste à Strasbourg ;
Porte d'or à un chiffre d'azur composé des lettres J, G et R entrelacées.

Nº 154. JEAN-GEORGES FECHTER, conseiller de la ville de Strasbourg ;
Porte d'or à un dragon volant ou amphistère de sinople, coupé de gueules à deux épées d'argent passées en sautoir.

Nº 155. BALTAZAR-FRÉDÉRIC SALSMANN, docteur en théologie ;
Porte d'azur à un crochet d'or, coupé d'or à une grappe de raisin d'azur.

Nº 156. ULRIC MARBAC, docteur et professeur Land .... et du droit canon à Strasbourg ;
Porte d'azur à un homme tenant de sa main dextre une trompette, et appuyant sa sénestre sur son côté, le tout d'or.

Nº 157. JEAN-GÉRARD DE STOKKEN ;
Porte d'azur à deux soucis d'or, les tiges passées en sautoir.

Nº 158. JEAN-PHILIPPE BRAUN, du conseil des treize à Strasbourg ;

Porte diapré d'azur à un gand dextre d'or, posé en bande et accompagné de deux étoiles à six raies de même.

Nº 159. JEAN BRAUN, docteur en médecine à Strasbourg ;

Porte de même.

Nº 160. AGNÈS BRESSLERIN, veuve d'Ernest Bressler, apothicaire à Strasbourg ;

Porte de sable à un pressoir d'or entre les vis duquel sortent deux roses de gueules tigées et feuillées de sinople.

Nº 161. JEAN DÉCIMATOR, marchand à Strasbourg ;

Porte d'or à un cheval galopant de sable.

Nº 162. JEAN-GASPARD EISENSCHMID, docteur en médecine à Strasbourg ;

Porte d'or à une équerre de sable, parti de même à une équerre d'argent contournée.

Nº 163. DANIEL KAUFMANN, orfèvre à Strasbourg ;

Porte d'azur à un casque d'or posé de profil.

Nº 164. ANDRÉ KAUFMANN, commis dans l'Umbgelt ;

Porte d'azur à un casque d'or posé de profil.

Nº 165. JEAN-MICHEL FRID, marchand ;

Porte de gueules à un aigle s'essorant d'argent, posé sur une colline à trois coupeaux de même, et qui regarde un soleil mouvant de l'angle du chef aussi d'argent.

Nº 166. JEAN-ULRIC FRID, secrétaire de MM. les quinze de la ville de Strasbourg ;

Porte de même.

Nº 167. JEAN-PHILIPPE HÉLEQ, batelier à Strasbourg ;

Porte de sinople à une ancre d'or en pal et renversée ou la trabe en bas.

Nº 168. JEAN-JACQUES ESPICH, docteur médecin et bourgeois de Strasbourg ;

Porte coupé diapré de gueules et d'argent à un tronc d'arbre coupé et ailé au naturel, et feuillé de trois feuilles de sinople, deux en chef et une en pointe qui est posé en barre et broche sur le coupé.

N° 169. JEAN-BAPTISTE MATHEROT DE DESNES, chanoine de Neuveiller en Alsace ;

Porte de gueules à un coq d'or, crété, becqué et barbé de même, ayant un pied levé et l'autre posé sur un besant d'argent.

N° 170. La faculté de Philosophie en l'Université de Strasbourg ;

Porte d'azur à une Minerve, la tête contournée, tenant de sa main dextre une lance et de sa sénestre un bouclier chargé d'une tête de Méduse, la Minerve adextrée en pointe d'un livre et sénestrée d'un hibou contourné, le tout d'or sur une terrasse de même.

N° 171. La faculté de médecine en l'Université de Strasbourg ;

Porte d'azur à une femme nue et contourné de carnation, ayant ses bras étendus et posant son pied sénestre sur le moyeu d'une roue couchée, le tout d'or, accostée de deux colonnes de même, chacune accolée d'un rouleau d'argent écrit de sable, et deux branches de laurier d'or mouvantes des colonnes, dont les bouts passés en sautoir, supportent un petit écusson d'argent chargé d'une bande de gueules.

N° 172. La faculté du Droit en l'Université de Strasbourg ;

Porte d'azur à la figure de la justice d'or, tenant de sa main dextre une épée d'argent, et de sa sénestre une balance de même, et accostée en pointe de deux livres fermés avec des agrafes d'or.

N° 173. JEAN-CONRAD HUTH, marchand à Strasbourg ;

Porte d'azur à deux bandes d'or, et un chef d'argent chargé de trois trèfles de sinople, les tiges appointées et mouvantes du bas du chef.

N° 174. La faculté de Théologie en l'Université de Strasbourg ;

Porte de gueules à un Christ ressuscité de carnation, couvert sur ses reins d'une écharpe d'argent, ayant un manteau de même voltigeant derrière ses épaules, et descendant jusqu'en bas, le Christ levant sa main dextre et tenant de sa sénestre une longue croix d'or à laquelle est attachée une banderolle d'argent croisée de gueules, écrasant aussi sous ses pieds la tête d'un serpent d'or sénestré d'une tête de mort d'argent.

N° 175. JEAN CHASSE, marchand à Strasbourg ;

Porte d'or à une fleur-de-lis d'azur.

N° 176. PAUL HETWIC, orfèvre à Strasbourg ;

Porte d'azur à une fleur-de-lis d'argent, accompagnée en chef de deux étoiles d'or et en pointe d'un croissant d'argent.

N° 177. Jean-Gaspard Emerich, marchand de vin à Strasbourg;

Porte de gueules à trois étoiles d'argent, posées deux et une.

N° 178. Jean-Jacques Schawinan, marchand-épicier à Strasbourg;

Porte d'argent à un chevron de gueules, accompagné en chef de deux fallots ou flambeaux de sable allumés de gueules, posés aussi en chevron, et en pointe de trois annelets d'azur accolés, un et deux.

N° 179. Gérard Walter, marchand à Strasbourg;

Porte d'azur à un double W d'or surmonté d'un G d'argent supportant une roue sans jantes d'or.

N° 180. Jean-Daniel Seupel, orfèvre à Strasbourg;

Porte coupé au 1er d'azur à un bélier naissant d'argent, au 2e d'or à un pal de gueules chargé de trois chevrons d'argent.

N° 181. Jean-Jacques Maul, bourgeois et tourneur en argent à Strasbourg;

Porte d'argent à un homme de carnation, vêtu d'une robe de gueules, tenant de sa main dextre une rose de gueules tigée et feuillée de sinople et appuyant sa sénestre sur son côté.

N° 182. Jean-Michel Maul, tourneur en argent et bourgeois de Strasbourg;

Porte de même que l'art. 181 ci-dessus.

N° 183. Jean-Philippe Schmid de Heppen;

Porte d'or à une moitié d'aigle à deux têtes de sable langé et couronné d'or, écartelé de gueules à un lion, la queue double et passée en sautoir d'or de même, et sur le tour d'azur à un bec de corbin d'argent emmanché d'or et posé sur une colline à trois coupeaux de même.

N° 184. Jean-Frédéric Schats, notaire et bourgeois de Strasbourg;

Porte d'argent à une fleur-de-lis de gueules.

N° 185. Jean-Georges Scheuherr, notaire et bourgeois de Strasbourg;

Porte d'azur à une flèche d'or.

N° 186. Daniel Diétrick, licencié en droit;

Porte de gueules à une hache d'armes d'or et un sabre d'argent passés en sautoir, et accompagnés de trois trèfles d'or mal ordonnés en pointe.

N° 187. Jean-Louis Kuchel, tonnelier ;
Porte écartelé au 1er et 4e d'or à une roue de sable, au 2e et 3e de sable à une croix d'or.

N° 188. Feu Jean-Adam Kuchel, orfèvre ;
Porte de même que l'art. 187 ci-dessus.

N° 189. Jean-Michel Kuchel, maître-passementier ;
Porte de même que l'art. 187 ci-dessus.

N° 190. Claude de Joyeuse de Champigneulle, écuyer, sieur de Sivry, lieutenant au régiment de cavalerie du colonel-général ;
Porte d'azur à trois hydres sur trois piliers, le tout d'argent.

N° 191. Jean-Frédéric Roulaud, marchand à Strasbourg ;
Porte d'azur à une fasce d'argent chargée de trois tourteaux de gueules, et accompagnée de trois gerbes d'or, deux en chef et une en pointe.

N° 192. Jean-Bernard, orfèvre à Strasbourg ;
Porte coupé d'azur sur or, l'azur chargé d'une figure humaine à mi-corps d'argent, tenant de sa main dextre un trèfle d'or et de sa sénestre une grappe de raisin d'argent.

N° 193. La communauté des cabaretiers de Strasbourg ;
Porte diapré d'argent à une bande de gueules.

N° 194. Jean-Charles Fézel, épicier à Strasbourg ;
Porte d'or à une fouine de sable passant sur un bâton de même posé en bande.

N° 195. Jean-Georges Wolff, boucher à Strasbourg ;
Porte de gueules à un couperet d'argent en chef chargé d'une rose de gueules et soutenu d'un peson d'or accosté de deux roses de même.

N° 196. Philippe-Henry Theus, notaire et bourgeois de Strasbourg ;
Porte d'azur à deux cornes d'abondance d'or passées en sautoir et liées de gueules.

N° 197. François-Joseph Schérer, assesseur du grand-sénat de Strasbourg ;
Porte parti au 1er d'argent à une croix haussée de gueules, au 2e d'or à un rosier de sinople fleuri de cinq roses de gueules.

Nº 198. Adolphe Wiéger, marchand à Strasbourg;

Porte d'azur à la figure d'un enfant d'or, tenant de sa main dextre une balance suspendue de même et appuyant sa sénestre sur son côté.

Nº 199. Daniel Kips, maître-tondeur de draps à Strasbourg;

Porte d'or à une fasce de sable, accompagnée de trois étoiles à six raies de même, deux en chef et une en pointe.

Nº 200. Frédéric Reiber, bonnetier à Strasbourg;

Porte coupé cousu de sinople et d'azur à un épervier s'essorant d'or, tenant sous ses serres une perdrix de même et brochant sur le tout.

Nº 201. La communauté des marchands de Strasbourg;

Porte de gueules à une fleur-de-lis d'argent.

Nº 202. Philippe-Albert Wesener, assesseur des quinze à Strasbourg;

Porte d'azur à un ange à demi-corps de carnation, ailé d'or, tenant de sa main dextre une rose de même, sur une montagne de trois coupeaux d'argent mouvants de la pointe de l'écu.

Nº 203. Jean-Daniel Gams, mercier à Strasbourg;

Porte de gueules à une chèvre saillante d'argent, sur un monticule de trois coupeaux.

Nº 204. Abraham Habrecht, horloger à Strasbourg;

Porte d'azur au signe de la balance posé en bande d'argent et une flèche d'or posée en barre et brochant sur ce signe.

Nº 205. Philippe Kiebler, potier d'étain à Strasbourg;

Porte de gueules à une fleur-de-lis d'argent soutenue d'un croissant de même.

Nº 206. Michel Faust, potier d'étain;

Porte de sable à un dextrochère armé d'or mouvant d'une nuée de gueules, posée au flanc sénestre, qui tient une épée d'argent à garde et poignée d'or posée en barre et accompagnée de trois étoiles à six raies de même.

Nº 207. Jean-Léonard Froezcisn, curé à Drousnickeschein (?)

Porte de gueules à un buste d'un homme vêtu à la romaine d'argent, tenant de sa main dextre un bâton de commandant d'or.

Nº 208. Tobie Kips, marchand-bourgeois de Strasbourg;

Porte d'or à une tulipe de sinople tigée et feuillée de même.

Nº 209. JEAN-GEOFROY STOESSER, bourgeois de Strasbourg ;

Porte d'azur à un homme à demi–corps de carnation, vêtu d'or à la hongroise, tenant de sa main dextre un bâton de commandement de même et appuyant sa sénestre sur son côté.

Nº 210. JEAN-ANDRÉ KEIFFLIN, maître en philosophie, diacre de l'Eglise de Sᵗ-Guillaume, chanoine de l'abbaye de Sᵗ-Etienne, bourgeois de Strasbourg ;

Porte d'argent à une tige de trois trèfles de sinople plantée sur une colline à trois coupeaux d'azur.

Nº 211. JEAN-GEORGES SEILLER, ministre de l'Eglise de Sᵗ-Pierre-le-jeune ;

Porté d'azur à deux têtes de lions arrachées et affrontées d'or et un monticule de trois coupeaux d'argent mouvants de la pointe.

Nº 212. MATHIAS JIULET, bourgeois de Strasbourg ;

Porte d'azur à un lion adextré d'une croix en chef et de deux roses, une en flanc et l'autre en pointe, et sénestré en pointe d'une autre rose, le tout d'or.

Nº 213. La communauté des charpentiers de la ville de Strasbourg ;

Porte écartelé au 1ᵉʳ et 4ᵉ d'argent à une roue de gueules, au 2ᵉ et 3ᵉ d'argent à une cotice de gueules, accompagnée de deux dôloires de même, l'une en chef et l'autre en pointe posées en bande.

Nº 214. GEORGES FERY DEMBERG, orfèvre à Strasbourg ;

Porte d'azur à une couronne ducale d'or posée sur un monticule de trois coupeaux d'argent et sommée de deux palmes adossées de même.

Nº 215. FRÉDÉRIC-WOLFFGANG EVÉRARD, candidat ès-droits ;

Porte de sinople à un harnais d'argent surmonté d'un casque de même.

Nº 216. JOACHIM HOBENSTRIKER, cabaretier à Strasbourg ;

Porte d'azur à un chiffre d'or composé de doubles J et de doubles H entrelacé.

Nº 217. JEAN-JACQUES HENNRY, marchand et bourgeois de Strasbourg ;

Porte d'argent à un demi–vol de sinople.

N° 218. Jean-Charles Ringler, bourgeois et brasseur de la ville de Strasbourg;

Porte d'azur à un coq s'essorant d'or, coupé d'or à un annelet d'azur.

N° 219. Jean-Erard Wiltz, bourgeois et bonnetier à Strasbourg;

Porte d'or à un enfant nu de carnation sénestré en pointe d'une rose de gueules.

N° 220. Daniel Rurb, cordonnier à Strasbourg;

Porte d'argent à trois roses de gueules tigées et feuillées de sinople, mouvantes d'un cœur de gueules.

N° 221. Jean Réterer, brasseur à Strasbourg;

Porte d'azur à deux fourches de brasseur d'or passées en sautoir, et une pelle de même brochante en pal sur le tout.

N° 222. Georges Pick, brasseur à Strasbourg;

Porte de même que l'art. 221 ci-dessus.

N° 223. Jean-Jacques Ringler, bourgeois et tonnelier à Strasbourg;

Porte d'azur à un coq s'essorant d'or, coupé d'or à un annelet d'azur.

N° 224. Jean-Louis Imlin, orfèvre à Strasbourg;

Porte d'azur à une bande d'argent chargée de trois croix de gueules.

N° 225. Jean-Daniel Witz, marchand à Strasbourg;

Porte d'or à deux pals de gueules.

N° 226. Jean Treher, marchand à Strasbourg;

Porte de sinople à une boîte couverte d'or, soutenue de cinq besants de même, posés deux et trois.

N° 227. Jean-Philippe Schubler, notaire et bourgeois de la ville de Strasbourg;

Porte d'argent à une cigogne de gueules tenant en son bec un serpent d'azur.

N° 228. Jean Schubler, notaire et bourgeois de Strasbourg;

Porte d'argent à une cigogne de gueules tenant en son bec un serpent d'azur.

N° 229. Jean Huber, ministre à Strasbourg;

Porte d'azur à la figure d'une fille tenant de sa main dextre une tête d'homme, le tout d'or;

N° 230. Paul Flach, bourgeois de Strasbourg;

Porte d'azur à un chevron d'or, accompagné en chef de deux têtes de lion arrachées de même, et en pointe d'un soleil aussi d'or.

N° 231. Georges-Frédéric Setticq, marchand à Strasbourg;

Porte de gueules à un demi-vol d'argent.

N° 232. Nicolas-Antoine Flach, médecin à Strasbourg;

Porte d'azur à un chevron d'or, accompagné en chef de deux têtes de lion arrachées de même, et en pointe d'un soleil aussi d'or.

N° 233. Jean-Sébastien Gambis, assesseur au conseil de MM. les quinze de Strasbourg;

Porte de gueules à une chèvre sautante d'argent, sur un monticule de trois coupeaux de même.

N° 234. Philippe-Jacques Vinther, docteur en médecine à Strasbourg;

Porte d'azur à un monstre marin, ayant la tête et la moitié du corps d'un léopard, et deux queues de poisson retroussées, qu'il tient avec ses deux pattes, et surmonté en chef d'une étoile à six raies, le tout d'or.

N° 235. Luc-Sébastien Ritter, pasteur de St-Nicolas, ministre de la tribu à l'ancre;

Porte d'argent à un lion de gueules couronné d'or.

N° 236. Jean-Guillaume Richard, bourgeois de Strasbourg;

Porte de gueules à un sautoir alèsé d'argent joint par une traverse de même en chef, accompagné de trois étoiles d'or, deux aux flancs et une en pointe.

N° 237. Jean Ursinus, greffier de Statgelt;

Porte d'or à un ours debout de sable.

N° 238. Michel Réek, l'ainé, bourgeois de Strasbourg;

Porte d'azur à un chiffre d'or, composé des lettres de son nom jointes en forme de chiffre de marchand.

N° 239. Jean Schrag, secrétaire du collége de MM. les quinze de Strasbourg;

Porte diapré d'azur à trois étoiles à six raies d'or, soutenues d'une lune en croissant couchée de même en pointe.

N° 240. Jean Schenckbecher, ci-devant assesseur au conseil de MM. les treize de la ville de Strasbourg;

Porte diapré de gueules à un gobelet d'argent bordé d'or et posé sur une colline de trois coupeaux de même.

Nº 241. JEAN-CHRISTOPHE STREFFEL, notaire et bourgeois de Strasbourg ;

Porte coupé au 1ᵉʳ d'or à un lion naissant de sable, au 2ᵉ d'azur à un triangle vidé d'or.

Nº 242. JEAN-GEORGES NEÜBAVER, marchand-drapier à Strasbourg ;

Porte d'or à un Cupidon de carnation ailé de gueules, tenant un arc de même.

Nº 243. JEAN GRASER, hôte de la Hache à Strasbourg ;

Porte d'azur à un dauphin d'or.

Nº 244. JACQUES OBERLIN, orfèvre à Strasbourg ;

Porte d'azur à un chevron d'or, accompagné de trois étoiles à six raies de même, deux en chef et une en pointe.

Nº 245. FRÉDÉRIC SCELL, orfèvre à Strasbourg ;

Porte écartelé de sinople et de sable à quatre perles d'argent posées une à chaque quartier.

Nº 246. JEAN-GEORGES DENCHER, marchand-bourgeois de Strasbourg ;

Porte d'azur à un chevron d'or, accompagné en chef de deux étoiles à six raies d'argent et en pointe d'une cornière d'or, sommée d'une croix renversée d'argent.

Nº 247. JEAN-FRANÇOIS CAST, bourgeois de Strasbourg ;

Porte d'azur à un lion naissant, la queue fourchue d'or, lampassé de gueules, tenant de ses deux pattes de devant une tige de trois épis de blé aussi d'or, le lion posé dans une huche ou armoire carrée de même.

Nº 248. PHILIPPE-JACQUES ERHARD, bourgeois de Strasbourg ;

Porte d'or à un arbre de sinople surmonté d'une étoile de gueules.

Nº 249. JEAN-LÉONARD KOUFF, marchand à Strasbourg ;

Porte d'or à un lion d'azur lampassé et armé de gueules.

Nº 250. REMY FREYERMUCTHE, receveur du chapitre St-Pierre-le-jeune à Strasbourg ;

Porte de sinople à un lion d'or, tenant de ses deux pattes de devant une hache d'argent emmanchée d'or.

Nº 251. FRÉDÉRIC TOUND, marchand à Strasbourg ;

Porte coupé au 1ᵉʳ de gueules à une étoile à six raies d'argent, au 2ᵉ d'or à trois pals d'azur.

Nº 252. JEAN-LOUIS BRUSSAULT, conseiller du roi en son proᶜ, en la maîtrise des eaux et forêts de la Basse-Alsace, établie à Haguenau ;

Porte de gueules à une fasce d'argent, accompagnée en chef d'un croissant d'or, et en pointe de deux roses de même.

Nº 253. JEAN-DANIEL DIEFFENBECHER, marchand à Strasbourg ;

Porte de sable à un lion d'or.

Nº 254. JEAN-JOACHIM FOÜAS, conseiller des treize à Strasbourg ;

Porte d'azur à deux colonnes d'or, posées sur une terrasse de même, sommées chacune d'un besant d'argent et accompagnées de deux autres besants de même posés en cœur l'un sur l'autre.

Nº 255. JEAN-PIERRE EDELL, fondeur à Strasbourg ;

Porte d'azur à une cloche d'argent bataillée d'or.

Nº 256. L'hôpital des orphelins à Strasbourg ;

Porte d'azur aux deux lettres V et V entrelacées d'or, accompagnées en pointe d'une étoile à six raies de même.

Nº 257. GEORGES-JACQUES SAXE, marchand à Strasbourg ;

Porte parti au 1ᵉʳ d'azur à deux barres d'argent, au 2ᵉ d'or à un serpent de sinople tortillé en pal.

Nº 258. Le grand hôpital de la ville de Strasbourg ;

Porte d'argent à un Sᵗ-Erhard de carnation, vêtu pontificalement d'une chappe de gueules, ornée d'or, doublée de sinople, et d'une tunique d'azur brodée et bordée d'or, sur une aube d'argent, sa mitre de gueules bordée d'or, le Sᵗ posé sur une terrasse de sinople, tenant de sa main dextre sa crosse d'or futée d'argent, et de sa sénestre sur sa poitrine un livre de sable orné de filets et tranches d'or.

Nº 259. La fondation de la Chartreuse ;

Porte de gueules à la lettre K d'argent sénestrée d'un pont de même.

Nº 260. La fondation de Sᵗ-Nicolas ;

Porte d'azur à une croix haussée d'or, le montant terminé en crosse de même, accostée des lettres S et C d'argent.

Nº 261. La fondation de Sᵗ-Marc à Strasbourg ;

Porte de sinople à un grand A capital accosté de deux roses et accompagné en pointe d'une fleur de lis, le tout d'or.

Nᵒ 262. JEAN-FRÉDÉRIC LISEMANN, apothicaire à Strasbourg ;

Porte taillé d'argent et de gueules à deux roses l'une en chef et l'autre en pointe, de l'un en l'autre.

Nᵒˢ 263. JEAN-JACQUES BLEICHER, marchand-pelletier à Strasbourg ;

Porte d'azur à une fortune d'argent tenant de ses deux mains son voile d'or qui voltige sur sa tête, et posée sur un globe entouré de rayons de même.

Nᵒ 264. GASPARD SCHEVAY-HEIZER, hôte du sauvage à Strasbourg ;

Porte d'azur à un sauvage d'or appuyé sur sa massue de même.

Nᵒ 265. ABRAHAM FRINDELSHEIM, conseiller des quinze du magistrat de Strasbourg ;

Porte d'azur à une chaise à l'antique d'or, accompagnée de deux étoiles de même.

Nᵒ 266. JEAN-MARTIN BILONY, peintre ;

Porte diapré de sable à une coquille d'argent, coupé diapré d'argent à deux bourdons de sable, posés en sautoir, qui sont surmontés d'une macle de même.

Nᵒ 267. JEAN-GEORGES ROZENSWEIG ;

Porte d'argent à un rosier fleuri de trois roses de gueules, tigé et feuillé de sinople mouvant d'un monticule de trois coupeaux de même.

Nᵒ 268. MATERN MELQUER, marchand à Strasbourg ;

Porte d'or à un arbre de sinople cotoyé au pied de deux étoiles de gueules.

Nᵒ 269. JEAN-GEORGES HURECHSMANN, cabaretier à Strasbourg ;

Porte d'azur à une figure humaine de carnation à demi-corps, les bras étendus tenant de chaque main un bois de cerf d'or et accompagnée en chef des trois lettres capitales, G, H, E de même.

Nᵒ 270. JEAN-BALTASAR BICHOF, marchand à Strasbourg ;

Porte d'azur à une crosse d'or posée en bande et accompagnée en chef de deux étoiles de même.

Nᵒ 271. JACOB KESSLHER, chirurgien à Strasbourg ;

Porte parti au 1ᵉʳ d'azur à deux fleurs-de-lis d'argent en pal, au 2ᵉ d'or à une branche de rosier de sinople.

No 272. JEAN-FRÉDÉRIC WIOTZ, marchand ;

Porte d'azur à deux pals d'or.

No 273. GEORGES REITTER, tondeur de draps à Strasbourg ;

Porte diapré de gueules à deux houes d'argent emmanchées d'or et passées en sautoir, sur une colline de trois coupeaux de sinople.

No 274. PHILIPPE-HENRY JACHS, marchand de vin, bourgeois à Strasbourg ;

Porte diapré de sable à trois roses d'argent boutonnées d'or et pointées de sinople.

No 275. CHRISTIEN MOHR, maître-tailleur d'habits, bourgeois de Strasbourg ;

Porte d'or à la figure d'un enfant nu de carnation, tenant en sa main dextre une flèche en pal de sable ferrée d'argent.

No 276. La communauté des maîtres-tailleurs d'habits de Strasbourg ;

Porte de gueules à des ciseaux d'argent ouverts en sautoir, surmontés d'une étoile à six raies d'or.

No 277. PHILIPPE-JACOB REHIN, licencié en droit à Strasbourg ;

Porte d'or à une vache passante de gueules.

No 278. JEAN BREU, notaire et bourgeois à Strasbourg ;

Porte d'argent à un lion de gueules.

No 279. TOBIE STÉDEL, le jeune, marchand à Strasbourg ;

Porte d'azur à une tente de guerre d'or.

No 280. JEAN-ADAM RONKEL, orfèvre à Strasbourg ;

Porte de gueules à deux crochets d'argent, posés en croix.

No 281. FRÉDÉRIC CAROLE, chanoine de St-Pierre-le-Vieux ;

Porte d'azur à une tige de lis fleurie de deux pièces d'argent et mouvante d'un vase d'or.

No 282. JEAN-CHRISTOPHE SCHWARTZ, écrivain à Strasbourg ;

Porte d'argent à une rose de gueules, pointée de sinople.

No 283. PHILIPPE-FRÉDÉRIC DE GOTTESHÊIM, marchand à Strasbourg ;

Porte d'or à une bande d'azur chargée de trois étoiles d'or.

No 284. N... TRUSTET, capitaine au régiment d'infanterie d'Alsace ;

Porte d'or à un cœur de gueules transpercé d'une épée et d'une flèche d'argent garnies et empennées de sable posées en sautoir, et un chef de gueules.

N° 285. CHRISTIEN DANTEL, notaire et bourgeois de Strasbourg ;

Porte d'azur à une Foi de carnation en chef, mouvante des deux flancs d'une nuée d'argent, soutenant un cœur d'or enflammé de gueules, et en pointe une table d'argent sur laquelle est posée une colombe de même tenant en son bec un rameau d'or, accostée de deux fleurs-de-lis d'argent et soutenue d'un œil humain au naturel.

N° 286. JEAN-NICOLAS GAMBS, consigne du péage du Rhin, et bourgeois de Strasbourg ;

Porte de gueules à un bouc sautant d'argent accorné d'or.

N° 287. JEAN-FRÉDÉRIC DE GOTTESHEIM, de Strasbourg ;

Porte d'argent à une bande de gueules chargée de trois étoiles d'or.

N° 288. La communauté des pêcheurs de la ville de Strasbourg ;

Porte de gueules à un barbeau d'argent.

N° 289. HANS-DANIEL HACTZEL, jardinier à Strasbourg ;

Porte d'argent à un pommier de sinople, fruité de gueules sur une terrasse de sable.

N° 290. HANS-DANIEL GORY, jardinier à Strasbourg ;

Porte d'argent à trois roses de gueules tigées et feuillées de sinople, rangées sur une terrasse de même.

N° 291. JEAN-JOACHIM DE KAST, médecin à Strasbourg ;

Porte d'azur à un lion naissant, la queue fourchue, d'or et lampassé de gueules, qui tient de ses deux pattes de devant une tige de trois épis de blé aussi d'or, et qui est posé dans une huche ou armoire carrée de même.

N° 292. DANIEL-ERNEST BRAUN, orfèvre à Strasbourg ;

Porte diapré d'azur à un gant dextre d'or posé en bande et accompagné de deux étoiles à six raies de même, une en chef et l'autre en pointe.

N° 293. EMMANUEL FICHER, l'ainé, bourgeois de Strasbourg ;

Porte d'argent à un chapeau de sable, soutenu d'un mont de trois coupeaux de sinople.

N° 294. SÉBASTIEN FICHER, cabaretier à Strasbourg ;

Porte d'azur à deux poissons d'argent passés en sautoir, accostés de deux griffons affrontés d'or, et accompagnée en pointe d'une rose de même.

Nº 295. Jean-Thiébault Olterr, orfèvre à Strasbourg;

Porte de gueules à une demi-fleur-de-lis d'argent sénestrée d'une croisette de même au pied fiché dans le flanc de la fleur-de-lis.

Nº 296. Jean Guntzer, bourgeois de Strasbourg;

Porte d'azur à un agneau pascal passant d'argent, tenant sa longue croix d'or, la banderolle d'argent.

Nº 297. Jean Buchel, marchand à Strasbourg;

Porte d'argent à un quatre de chiffre de marchand de sable, accosté en pointe des lettres I et B de même.

Nº 298. N... Wintelingburger, marchand à Strasbourg;

Porte d'azur à une roue de moulin à eau d'argent, surmontée des lettres W et B d'or.

Nº 299. Jean-Christophe Richshoffer;

Porte coupé de sable et d'or à trois fers de cheval de l'un en l'autre.

Nº 300. Ciriaque Romel, bourgeois et boucher à Strasbourg;

Porte de gueules à un rencontre de bœuf d'or, accosté de deux étoiles et surmonté des deux lettres C et R, le tout d'or.

Nº 301. Jean-Léonard Kempfer, marchand à Strasbourg;

Porte d'argent à un sauvage de carnation à demi-corps, tenant sa massue d'or sur l'épaule.

Nº 302. Jean-Jacques Gruenwald, notaire et bourgeois de Strasbourg;

Porte d'or à trois arbres de sinople rangés sur une terrasse de même.

Nº 303. Jean-Adam Goll, conseiller au sénat de Strasbourg;

Porte d'azur à un épervier d'argent sur un monticule de trois coupeaux de même.

Nº 304. Jean-Michel Haan, marchand à Strasbourg;

Porte d'or à un coq de sable sur une montagne de sinople.

Nº 305. Jean-Frédéric Kausmann, bourgeois de Strasbourg;

Porte de gueules à un casque d'argent, posé de profil.

Nº 306. La maison de Sᵗ-Antoine de Strasbourg;

Porte d'argent à un Sᵗ-Antoine à demi-corps posé de profil de carnation, vêtu de sable chargé sur l'épaule d'un T d'azur, sa clochette d'or dans sa main sénestre, appuyée sur un bâton de même.

No 307. Jean-Gualteous Scherendimann, greffier aux marchands et fourrier de la ville de Strasbourg;

Porte d'azur à deux croissants adossés d'argent, accompagnés de trois étoiles d'or, une en chef et deux aux flancs, et un monticule de trois coupeaux de même mouvant de la pointe.

No 308. François Reiheiheim, greffier de la chambre tutélaire de Strasbourg;

Porte de sable à un fer de cheval renversé d'or, supporté par une colline de trois coupeaux de sinople.

No 309. Jean Mappus, marchand à Strasbourg;

Porte coupé d'or et d'azur, à une palme mouvante de la pointe de l'un en l'autre, et accompagnée en pointe de deux étoiles d'or.

No 310. Georges-Frédéric Mappus, épicier à Strasbourg;
Porte de même que l'art. 309 ci-dessus.

No 311. Pierre Chuel, marchand-chapelier à Strasbourg;

Porte d'or à un chapeau d'azur, son cordon d'or, accompagné en chef de deux étoiles d'azur et en pointe d'un monticule de trois coupeaux de sinople.

No 312. Frédéric-Guillaume Schmouck, marchand-libraire, bourgeois de Strasbourg;

Porte d'azur à une bande d'or chargée de trois roquets de sable, et accompagnée de deux crampons d'argent posés aussi en bande, un en chef et l'autre en pointe.

No 313. Jean-Henry Obrecht, marchand-brasseur, bourgeois de Strasbourg;

Porte d'argent à une tête de bœuf de sable lampassée de gueules.

No 314. La communauté des tisserands de la ville de Strasbourg;

Porte d'argent à une bande de gueules, accompagnée en chef d'une étoile à huit raies de même.

No 315. François-Jacques Scheibel, bourgeois de Strasbourg;

Porte coupé au 1er de sable à un lion naissant d'or, tenant une épée d'argent, au 2e d'azur semé d'étoiles d'or.

No 316. Christophe Henning, cabaretier et bourgeois de Strasbourg;

Porte d'azur à un coq d'or sur un monticule de trois coupeaux d'argent.

No 317. HANS WALFF KATZEMBERGER, cabaretier à Strasbourg;
Porte écartelé de gueules et d'argent à quatre roses de l'une en l'autre.

No 318. La communauté des maîtres-cordiers de la ville de Strasbourg;

Porte d'argent à une barre de gueules, surmonté d'un buste de Maure au naturel, la tête liée de champ; et le corps vêtu de même et paré d'or.

No 319. N... WILDERMOUTH, agent des affaires du Duché de Deux-Ponts;

Porte d'or à un sauvage au naturel couronné et couvert de sinople, tenant de sa main droite élevée une lune en croissant couchée aussi d'or, et de sa gauche pareillement élevée une clef de sable.

No 320. WOLFFGANG-FRÉDÉRIC REIMEY, un du vingt du Magistrat de Strasbourg;

Porte d'azur à deux annelets d'or l'un sur l'autre enlacés.

No 321. DOMINIQUE REING, ministre à Strasbourg;

Porte d'azur à un soleil d'or enfermé dans une bague d'argent, chaton du côté du chef.

No 322. LUCAS WEINEMER, ammeister de la ville de Strasbourg;

Porte d'argent à deux ceps de vigne au naturel entrelacés en double sautoir autour d'un échalas de même posé sur une colline de trois coupeaux de sinople feuillés de même et fruités de gueules.

No 323. MARGUERITE RINGLER, veuve de Jean-Thomas Cau, banquier, et du conseil des treize à Strasbourg;

Porte d'or à un aigle s'essorant de sable, coupé de sable à un anneau d'or.

No 324. MICHEL STORK, imprimeur à Strasbourg;
Porte d'azur à une autruche d'or.

No 325. GEORGE SPECKHARDT, épicier à Strasbourg;

Porte d'argent à un quatre de chiffre de marchand, le pied fiché dans un cœur de gueules, ce cœur chargé des deux lettres G et S d'or.

No 326. N... DE BOURBON, aide-major de la ville de Strasbourg;

Porte d'or à trois lézards de sinople, deux et un, et un chef d'azur chargé d'un oiseau d'argent.

Nº 327. JEAN-ENOCH BRAUN, orfèvre à Strasbourg;

Porte de sable à un griffon d'or, parti d'azur à une fasce d'argent, accompagnée de deux étoiles d'or, une en chef et l'autre en pointe.

Nº 328. ELIZABETH CRAUTIN, veuve de N... Craut, conseiller de l'unité à Strasbourg;

Porte de gueules à une tente de guerre d'argent.

Nº 329. DANIEL BRAUN, orfèvre à Strasbourg;

Porte de sable à un griffon d'or, parti d'azur à une fasce d'argent accompagnée de deux étoiles d'or, une en chef et l'autre en pointe.

Nº 330. Les jésuites du collége de Strasbourg;

Portent d'azur à un nom de Jésus soutenu de trois clous de la passion appointés, et entouré d'un ovale rayonnant, le tout d'or.

Nº 331. LAURENS TAILLANDIER, trésorier des vivres à Landau;

Porte d'azur à un chevron d'or, accompagné de trois trèfles de même.

Nº 332. La communauté des orfèvres de la ville de Strasbourg;

Porte d'azur à un chevron d'or, accompagné en pointe de trois billettes mal ordonnées de même.

Nº 333. MARTIN SILBÉRARD, ministre de Wangen;

Porte d'azur à une roue d'or.

Nº 334. JEAN-JACOB BRAUN, orfèvre à Strasbourg;

Porte de sable à un griffon d'or, parti d'azur à une fasce d'argent, accompapnée de deux étoiles d'or, une en chef et une en pointe.

Nº 335. JEAN-MICHEL HYPMAYER, orfèvre à Strasbourg;

Porte d'or à une figure d'un petit enfant de carnation, tout nu, tenant de sa main dextre un arc de gueules et de sa sénestre une flèche de même ferrée et empennée d'argent.

Nº 336. JEAN PINDER, marchand-bourgeois de Strasbourg;

Porte d'azur à un cœur d'or, surmonté d'une étoile à six raies de même.

Nº 337. JEAN-JOACHIM BOTZHEIM, orfèvre et bourgeois de Strasbourg;

Porte d'azur à une croix d'or.

Nº 338. JEAN-JACQUES FLANTS, bourgeois de Strasbourg;

Porte d'azur à un cerf contourné d'or, courant sur un terrain de même.

N° 339. JEAN-MARTIN RECQUENBACH, maître du petit cerf à Strasbourg;

Porte d'azur à une rivière d'argent posée en fasce abaissée, de laquelle sont mouvants trois joncs d'or rangés en pals.

N° 340. ADOLPHE HAUSS, mesureur de grains à Strasbourg;

Porte de gueules à une pelle-bêche d'argent, posée en pal, cotoyé de deux raves ou raiforts au naturel.

N° 341. PHILIPPE-JACQUES SCHMIDT, orfévre à Strasbourg;

Porte d'azur à un dextrochère d'argent, mouvant du flanc sénestre et tenant un marteau d'or.

N° 342. FRANÇOIS REIHEIHEM, ammeistre de la ville de Strasbourg;

Porte de sable à un fer de cheval renversé d'or, qui est supporté sur une colline de trois coupeaux de sinople.

N° 343. Le chapitre de St-Léonard au chêne vert, proche Obernheim;

Porte d'azur à un St-Léonard de carnation, vêtu d'une soutane de pourpre, d'un rochet d'argent, et d'une chappe d'or, tenant de sa main dextre une crosse de même, et de sa sénestre un livre d'argent et une chaîne d'or pendante à son bras sénestre.

N° 344. Le Prieuré des Jacobins d'Haguenau;

Porte d'argent mantelé arrondi de sable, l'argent chargé d'un chien de sable passant à sénestre, la tête contournée à dextre, tenant en sa gueule un flambeau aussi de sable allumé de gueules, avec lequel il semble enflammer un monde d'azur cintré et croisé d'or, et surmonté d'une étoile de gueules, un bourdon d'or et un lis au naturel passés en sautoir, brochants sur le mantelé.

N° 345. WOLFF-EMÉRIC BOECKÉL DE BOCKLINSAW, lieutenant-colonel du régiment de milice d'Alsace;

Porte de gueules à un bouc sautant d'argent, accorné d'or.

N° 346. JEAN-JACOB SCHMIDT, greffier du bailliage de Lemberg;

Porte d'azur à un chiffre d'or, composé des lettres J et S doubles et entrelacées.

N° 347. JEAN-MICHEL FRUNDT, conseiller du magistrat de Strasbourg;

Porte d'azur à trois navettes d'or, posées deux en chevron, et une couchée en pointe.

Nº 348. La maison conventuelle des Prémontrés d'Haguenau ;

Porte d'azur à un St vêtu pontificalement, ayant sa tête couverte d'une mitre, tenant de sa main dextre un livre et de sa sénestre une crosse, le tout d'or.

Nº 349. GIESS BRECHTVERINS, teinturier à Strasbourg ;

Porte d'or à un cœur de gueules, duquel sont mouvantes trois roses de même tigées et feuillées de sinople.

Nº 350. ELIE NEUBAR, teinturier à Strasbourg ;

Porte d'azur à un mouton d'argent passant sur une terrasse d'or.

Nº 351. La communauté des boulangers d'Obernheim ;

Porte de gueules à un lion d'argent, accosté de deux roues d'or.

Nº 352. La communauté des tailleurs d'Obernheim ;

Porte d'azur à une barre d'or, accompagnée de deux étoiles à six raies de même, l'une en chef et l'autre en pointe.

Nº 353. N... LIPMANN WEIL, juif ;

Porte d'azur à deux enfants jumeaux d'argent posés à côté l'un de l'autre.

Nº 354. La communauté des tanneurs de la ville d'Obernheim ;

Porte de gueules à une fasce alézée d'or, accompagnée en chef de deux couteaux de tanneur d'argent emmanchés d'or, passés en sautoir, et en pointe d'une botte contournée d'argent.

Nº 355. La communauté des maîtres tonneliers de la ville d'Obernheim ;

Porte écartelé d'or et d'azur à quatre étoiles de l'un en l'autre.

Nº 356. La communauté des bouchers de la ville d'Obernheim ;

Porte d'argent à un rencontre de bœuf de gueules.

Nº 357. ALEXANDRE ROTTEMBOURG, juif ;

Porte d'azur à une figure de fille de carnation vêtue d'or, tenant de sa main dextre une tige de lis et de sa sénestre une couronne de laurier de même.

Nº 358. JACQUES-CHRISTOPHE MADDER ; greffier du bailliage de Wasselone et Marleim ;

Porte d'azur à un lion d'or, la queue fourchue et passée en sautoir, tenant de ses deux pattes de devant une faux d'argent emmanchée d'or.

No 359. N... LA ROQUE, aide-major au fort Louis ;
Porte d'azur à un rocher d'argent.

No 360. JEAN GALL, marchand à Strasbourg ;
Porte d'azur à un coq d'or, crété, becqué et barbé de gueules, sur un monticule de trois coupeaux d'argent.

No 361. N... GRESBAR, marchand à Strasbourg ;
Porte de sable à une main apaumée de carnation, mouvante d'un monticule de trois coupeaux palé d'or et de sinople.

No 362. La communauté des tanneurs de la ville de Strasbourg ;
Porte parti d'or et de gueules.

No 363. Le collège des ministres luthériens à Strasbourg ;
Porte d'azur à un crucifix planté sur un tertre, accosté à dextre du sacrifice d'Abraham, et à sénestre du serpent d'airain, le tout d'or sur une terrasse de même.

No 364. ELIE WINCKER, notaire de Strasbourg ;
Porte d'azur à trois lis au naturel, mouvante d'une motte de trois coupeaux de même.

No 365. JEAN-NORBERT BRAUN, Schoffenschreiber et proc. de la ville d'Haguenau ;
Porte d'or à une colombe au naturel tenant une branche d'olivier de sinople.

No 366. La communauté des maîtres jardiniers de la ville de Strasbourg ;
Porte d'argent à une bande de gueules, accompagnée de deux roses de même tigées et feuillées de sinople, l'une en chef et l'autre en pointe selon le sens de la bande.

No 367. JEAN-MARTIN ILLER, cabaretier à Strasbourg ;
Porte d'argent à un Phénix de gueules sur un bucher de même.

No 368. JEAN-FRÉDÉRIC MARBACH, notaire et bourgeois de Strasbourg ;
Porte de gueules à un homme armé d'argent posé de front, tenant de sa main dextre élevée une boule d'or, et appuyant sa sénestre sur son flanc.

No 369. JEAN-MICHEL FISCHER, cordonnier et bourgeois de Strasbourg ;
Porte d'azur à un poisson d'argent sur une mer de même, et surmonté d'une étoile d'or.

Nᵒˢ 370. JEAN-RÉNÈ MEDER, casernier de la ville de Strasbourg ;

Porte d'argent à une grue contournée de sable, becquée et membrée de gueules, avec sa vigilance d'azur, sur un mont de trois coupeaux de sinople.

Nᵒ 371. JEAN-FRÉDÉRIC BULLIERN, échevin du Magistrat de Strasbourg ;

Porte d'argent à une cotice abaissée de gueules, accompagnée de trois étoiles à six raies de même, deux en chef et une en pointe, le tout surmonté de trois grenades de guerre de sable, enflammées de gueules, rangées sous un lambel de quatre pendants ceintrés de même.

Nᵒ 372. La communauté des goûteurs de vin de la ville de Strasbourg ;

Porte d'argent à une bande de gueules.

Nᵒ 373. GEORGES GUNTHARD, prêtre à Dorsembach ; (Dürrenbach ?)

Porte d'argent à une roue de gueules.

Nᵒ 374. GUILLAUME SCHEMMANN, boucher à Strasbourg ;

Porte d'azur à un couperet contourné d'argent, emmanché d'or, et chargé d'un rencontre de bœuf de gueules.

Nᵒ 375. JEAN-DANIEL SCHERER, receveur de la maison nommée Blatterhousse ;

Porte d'azur à un ange d'argent, tenant une longue croix d'or posée en bande.

Nᵒ 376. La communauté du village de Lamperstheim ;

Porte écartelé en sautoir d'or et de pourpre.

Nᵒ 377. JEAN-JACQUES SCHNEUBER, notaire et bourgeois de Strasbourg ;

Porte d'or à un cheval de sable effrayé, ailé et ferré d'azur.

Nᵒ 378. JEAN-DAVID BUTTNER, ministre à Wasselonne ;

Porte d'azur à un agneau pascal passant d'argent.

Nᵒ 379. WOLFFGANG-RENARD D'AVENHEIM, notaire à Strasbourg ;

Porte d'azur à une Foi de carnation mouvante d'une nuée d'argent des deux flancs de l'écu, et tenant une corne d'abondance d'or.

N° 380. Louis-Fransquin de Bosne, écuyer, seigneur de la Marlière, Lisbonne et Balay, capitaine au régiment irlandais de Dublin ;

Porte d'or à un chef dentelé d'azur, chargé de trois étoiles du premier.

N° 381. La communauté des tonneliers de la ville de Strasbourg ;

Porte d'argent à un tonneau de sable cerclé d'or, posé en fasce, et une flèche de même plantée dans le bondon du tonneau, la pointe en haut.

N° 382. N... Perin, juge-garde de la monnoie de Strasbourg ;

Porte de gueules à un dextrochère d'or, mouvant d'une nuée d'argent au flanc sénestre lequel tient un sabre d'or.

N° 383. N... de Burs, controleur-général des domaines d'Alsace ;

Porte de gueules à une fasce d'or, chargée de trois canettes de sable, et accompagnée en chef de deux étoiles d'argent, et en pointe d'un trèfle d'or.

N° 384. La communauté des boulangers de la ville de Strasbourg ;

Porte d'argent à un lion de gueules couronné d'or, tenant de sa patte droite un instrument ou anneau de même, servant à marquer le pain, et de sa gauche un pain en forme de fuseau aussi d'or.

N° 385. Jean-Jacques Gueiguery, avocat-général de la ville de Strasbourg ;

Porte d'argent à un chevron haussé de gueules, accompagné en chef de deux roses de même, et en pointe d'une croix haussée aussi de gueules, accolée d'un serpent de sinople, et plantée sur un mont de trois coupeaux de sinople.

N° 386. Jean-Charles Hammerel, docteur en médecine à Strasbourg ;

Porte d'azur à un chevron d'or, accompagnée en pointe d'une croix pattée de même.

N° 387. André Grenhein, apothicaire et sénateur à Strasbourg ;

Porte parti au 1er d'or à un crampon ayant double crochet par haut et par bas de sable, au 2e d'azur à deux couronnes d'or, posées l'une sur l'autre.

Nº 388. PIERRE DE VETAT, écuyer, sieur du Breuil, lieutenant de l'artillerie de France et la commandant en Alsace, chevalier de l'ordre militaire de Saint-Louis;

Porte d'azur à trois fasces d'or chacune surmontée d'une merlette de sable.

Nº 389. SALOMON FISCHER, receveur de la seigneurie d'Andelau;

Porte diapré d'azur à trois poissons posés l'un sur l'autre au naturel, le premier et le dernier contournés.

Nº 390. N... DE SIFFREDY, gouverneur de la citadelle de Strasbourg;

Porte d'azur à trois annelets d'or, surmontés d'une étoile de même.

Nº 391. N... PUILHOI, aide-major de ladite citadelle;

Porte d'azur à trois annelets entrelacés d'or, et un chef de gueules chargé de trois étoiles aussi d'or.

Nº 392. ENNEMOND CLERMONT, ci-devant professeur royal des mathématiques des cadets gentilshommes de Strasbourg;

Porte de gueules à un rocher d'argent sur une onde éclairée par un soleil d'or mouvant de l'angle sénestre du chef.

Nº 393. JEAN-SIMON HERTZOECH, cabaretier à Strasbourg;

Porte d'or à un cœur de gueules.

Nº 394. JEAN NONNEMANN, boulanger à Strasbourg;

Porte d'or à deux croissants d'azur, coupé de même à une couronne d'or.

Nº 395. JÉRÉMIE-ADAM LITTESPERGER, conseiller au magistrat de Strasbourg;

Porte de sinople à une tour d'or posée sur un monticule de trois coupeaux d'azur et sommée d'une tête de More de même.

Nº 396. ETIENNE PÉRICAUD, maître des eaux et forêts de la Basse-Alsace;

Porte d'or à un arbre de sinople sur une terrasse de même, sommé d'une perdrix de gueules, et le trône sénestré d'un lion de même.

Nº 397. JACQUES DUBOSC DE BOUAL, notaire-royal, greffier des eaux et forêts d'Alsace en la maîtrise d'Haguenau;

Porte d'azur à un chevron d'argent, accompagné en chef de deux étoiles d'or et en pointe d'une flamme de même.

Nº 398. N... Maréchal, directeur des lits de la garnison de Philisbourg ;

Porte d'azur à un chiffre d'or, composé des principales lettres de son nom entrelacées, surmonté d'une couronne de fleurs de même.

Nº 399. La communauté des charpentiers du bourg de Wasselonne ;

Porte d'azur à une coignée et une mailloche passées en sautoir à dextre, et une équerre avec une hache aussi passées en sautoir à sénestre, le tout d'or, accompagné en chef des trois lettres H. I. G. rangées d'argent, et en pointe d'une rose accostée de deux H de même.

Nº 400. La communauté des cordonniers de Wasselonne ;

Porte de gueules à un griffon contourné d'or, sénestré en chef d'un soulier à l'antique aussi contourné d'argent, et en pointe d'un couteau à pied de même pareillement contourné.

STRASBOURG.

REGISTRE QUATRIÈME.

N° 1er. François Jamar, chanoine de l'Eglise collégiale de Saint-Pierre-le-Jeune ;

Porte d'or à une hure de sanglier de sable défendue d'argent et lampassée de gueules.

N° 2. La communauté des tailleurs d'habits à Wasselonne ;

Porte d'azur à une paire de ciseaux ouverts d'argent, surmontés d'une étoile à six raies d'or.

N° 3. La communauté des tonneliers de Wasseloune ;

Porte parti au 1er d'argent à un maillet garni d'un long manche de sable et deux sergents de gueules passés en sautoir et brochants sur le manche, le tout accompagné en chef de deux étoiles d'azur, et en pointe de quatre roses de gueules, au 2e d'or à un maillet aussi garni de son long manche de sable en pal supporté d'un compas à vis renversé de gueules, sur un tonneau de sable cerclé d'or, le tout accompagné de cinq roses de gueules, deux vers le chef et trois vers la pointe.

N° 4. N... Gacier, trésorier des vivres d'Allemagne ;

Porte d'azur à un arbre d'or, un lévrier de gueules courant devant le pied de l'arbre, accompagné en chef de deux étoiles d'or, celle de sénestre soutenue d'un croissant d'argent.

N° 5. N... Ango, capitaine au régiment de la reine en garnison au fort de Kiel de Strasbourg ;

Porte d'azur à trois annelets d'or,

Nº 6. MICHEL-OSWALD SCHEFFMACHER, avocat-général de la ville de Strasbourg ;

Porte d'azur à un chevron d'argent, accompagné en chef de deux étoiles d'or et d'un vaisseau de même en pointe.

Nº 7. La ville de Strasbourg ;

Porte d'azur à une Notre-Dame, tenant de sa main dextre un sceptre et sur son bras sénestre l'enfant Jésus, sous un pavillon et dans un trône, le tout d'or, et sous les pieds de la Vierge un écusson d'argent chargé d'une bande de gueules.

Nº 8. JEAN-JACQUES STILLER, boulanger et bourgeois de Strasbourg ;

Porte de gueules à un pain en navette posé en fasce d'or, surmonté d'un bradler de même, et accompagné en pointe d'un oiseau d'argent sur un mont de trois coupeaux d'or.

Nº 9. JEAN-JACQUES BILGER, cabaretier à l'Ours ;
Porte de gueules à une double fleur-de-lis d'argent.

Nº 10. JEAN WOLFFPRÉS, cabaretier à Strasbourg ;

Porte de sinople à un lion d'or, tenant un verre d'argent rempli à demi de vin de gueules.

Nº 11. JEAN PRIL, cabaretier à Strasbourg ;

Porte d'or à un homme à demi-corps de carnation, vêtu de gueules ayant un chapeau de sable sur sa tête, ses deux bras étendus tenant de chaque main une corne de cerf de sable.

Nº 12. JEAN BOURSTE, bourgeois de Strasbourg ;
Porte d'argent à un lion de gueules.

Nº 13. ABRAHAM WITMER, cabaretier, bourgeois de Strasbourg ;

Porte de gueules à un cœur d'or sommé de deux colombes affrontées d'argent.

Nº 14. N... LEFORT VILLEMANDEUR, gouverneur du fort de Kiel ;

Porte d'azur à un chevron d'or, accompagné de trois besants de même, deux en chef, et un en pointe.

Nº 15. BENJAMIN BNOY, tanneur de Wasselonne ;

Porte de sable à trois couteaux ou paroirs de tanneur d'argent, emmanchés d'or, posés en pal et en sautoir.

Nº 16. La communauté des maîtres-tanneurs de Wasselonne ;

Porte d'azur à trois couteaux ou paroirs de tanneurs d'argent, emmanchés d'or, posés en pal et en sautoir, accostés de deux fleurs-de-lis de même, accompagnée en chef de deux écussons, l'un d'or à une bande de sable et l'autre d'argent à un gril de sable, le manche en haut.

Nº 17. ISAAC-HENRY STÉBLOC ;

Porte d'azur à une ancre en pal, un bâton raccourci en bande, brochant sur la stangue accostée des lettres H et S, le tout d'or.

Nº 18. JEAN-DANIEL SCHÉRER, receveur de la maison nommée Platerhousse ; (Voy. 375, pag. 118 ; l'armoirie diffère.)

Porte d'azur à un chiffre composé des lettres B, H, S, jointes ensemble d'or.

Nº 19. JEAN BILLART ;

Porte de gueules à six billettes d'argent, posées trois, deux et une.

Nº 20. N... DE SAINT-MARTIN DE FOURCADE, capitaine des portes du Fort-Louis du Rhin ;

Porte de gueules à une épée et une croix d'or passées en sautoir.

Nº 21. JEAN-JACQUES FRID, consul de la ville de Strasbourg ;

Porte d'azur à un aigle s'essorant sur un monticule de trois coupeaux et regardant un soleil, le tout d'or.

Nº 22. N... ROUGEMONT, bailli de Rocquerberg ; (?)

Porte d'azur à une bande d'or chargée de trois trèfles de sinople.

Nº 23. La seigneurie de la petite Pierre ;

Porte coupé au 1er de sable à un lion d'or, parti de fuselé en bande d'argent et d'azur, au 2e de gueules à un monceau de pierres d'argent.

Nº 24. N... FRANCK, notaire et bourgeois de Strasbourg ;

Porte d'argent à un cheval galopant de sable.

Nº 25. ANDRÉ HEY, ministre de la religion prétendue réformée de Strasbourg ;

Porte de gueules à un cheval ailé d'argent.

Nº 26. N... PISCATOR, ministre à Wilgardswisin ; (?)

Porte d'argent à un trident d'azur posé en barre, et un monstre marin ayant la tête et le sein d'une femme de carnation, et le reste du corps de sinople, brochant en pal sur le tout.

N° 27. N... STAUSS, ministre à Lamerswiller; (Leiterswiller?)

Porte d'azur à un arbre surmonté d'un soleil et accosté de quatre étoiles, deux de chaque côté, l'une sur l'autre, le tout d'or.

N° 28. JEAN BESCHOFF, ministre à Serbeldingen; (?)

Porte d'azur à une crosse d'or.

N° 29. JEAN-PHILIPPE LICHTEMBERGER, marchand-bourgeois de Strasbourg;

Porte d'argent à un monticule de trois coupeaux de sinople, mouvant de la pointe et sommé d'un bois de cerf de gueules.

N° 30. BERNARD HERMANN, ministre à Houspach; (Hunspach.)

Porte d'azur à un agneau passant et contourné d'argent, la tête tournée à dextre.

N° 31. N... CANDIDUS, ministre à Bergzabern;

Porte de gueules à un lion d'argent.

N° 32. N... VARMECK, ministre à Horback; (Hubrach?)

Porte d'argent à deux lettres V et V entrelacées d'azur.

N° 33. N... MOLIDY, ministre à Franwiller; (Franckwiller?)

Porte parti au 1er d'argent à un monde d'azur cintré et croisé d'or, au 2e d'or à des pinces de sable ouvertes et posées en pal.

N° 34. N... VOGTMANN, ministre à Balbelrodt; (Barbelroth.)

Porte d'argent à un cœur de gueules chargé de trois étoiles d'or, deux et une, et sommé de trois roses de gueules tigées et feuillées de sinople, mouvantes de la bouche du cœur.

N° 35. N... STOCK, receveur d'Oeliste; (?)

Porte de sinople à un tronc d'arbre arraché et écoté d'or.

N° 36. N... NISLÉ, ministre à Roth;

Porte d'azur à deux croissants d'argent, l'un sur l'autre, celui de dessous renversé, accompagnée de quatre étoiles d'or, une en chef, deux aux flancs et une en pointe.

N° 37. GEORGES-SAMUEL MOSSETER, cabaretier à Strasbourg;

Porte d'azur à trois épis de blé d'or mouvants d'un mont de trois coupeaux de même.

N° 38. JEAN-PHILIPPE HECQUER, licencié en droit à Strasbourg;

Porte tranché d'argent et de gueules, à deux bâtons à crochets posés en bande de l'un en l'autre.

Nᵒ 39. Jean-Georges Hecquer, ammeistre de la ville de Strasbourg;

Nᵒ 40. N... Barbier, directeur-général des vivres en Basse-Alsace;

Porte d'azur à un chevron accompagné en chef de deux roses et en pointe d'une tête et col de cerf coupé et contourné, le tout d'or.

Nᵒ 41. Jacques le Duc, contrôleur des domaines à Landau;

Porte d'azur à une fasce d'or, accompagnée en pointe d'une abeille de même.

Nᵒ 42. Elizée Schéel, commis des domaines à Landau;

Porte d'or à un monde d'azur cintré d'or et croisé de gueules.

Nᵒ 43. N... Silberrardt, curé de Lampersheim;

Porte de gueules à une roue d'argent.

Nᵒ 44. N... Juon;

Porte d'azur à un trèfle échiqueté d'or et de sable, et un chef échiqueté de même.

Nᵒ 45. Bernard Dufort, écuyer, chanoine de Sᵗ-Pierre-le-vieil de Strasbourg;

Porte de gueules à un chevron d'or, accompagné en pointe d'une lune en croissant couchée d'argent.

Nᵒ 46. N... de la Broise-Martin, conseiller et contregarde de la monnaie à Strasbourg;

Porte d'or à une rivière en bande ornée d'azur, accompagnée de deux trèfles mi-partie de gueules et de sinople, un en chef et l'autre en pointe.

Nᵒ 47. N... Perrin;

Porte d'azur à un chevron accompagné en chef de deux quinte-feuilles, et en pointe d'un pélican avec sa piété dans son aire, le tout d'or.

Nᵒ 48. N... Baudran, fermier des postes en Alsace;

Porte d'argent à un chevron de gueules accompagné de trois quintefeuilles de même.

Nᵒ 49. N... Megnin, gentilhomme de Lorraine, lieutenant au régiment de cavalerie colonel-général;

Porte d'argent à une fasce de gueules accompagnée de trois têtes de loup de même.

N° 50. N... Lefévre, entrepreneur des fortifications du Fort-Louis du Rhin ;

Porte d'azur, à trois pigeons d'argent, posés deux et un.

N° 51. N... Viérau, chanoine ;

Porte de gueules à un bras dextre d'or, sortant d'une nuée d'argent, mouvante du bas du flanc sénestre, et tenant un cimeterre aussi d'or.

N° 52. N... de Saint-Georges, lieutenant du roi du Fort-Louis du Rhin, commandeur à Haguembach ;

Porte d'azur, à trois besants d'or, deux et un.

N° 53. Charles-Antoine Lebesgue, prêtre, chanoine de l'Église collégiale de St-Michel et St-Pierre-le-vieil de Strasbourg ;

Porte d'azur à une ombre de soleil d'argent.

N° 54. N... Garnier, avocat en Parlement ;

Porte d'azur, à une gerbe d'or et un chef cousu de gueules, chargé de trois molettes d'or.

N° 55. Le collége des Jésuites d'Haguenau ;

Porte d'azur à un nom de Jésus d'or, enfermé dans un cercle ovale rayonnant, de même.

N° 56. N... du Tronchet, médecin à l'hôpital royal de Landau ;

Porte écartelé au 1er et 4e de gueules à un lévrier issant d'argent, au deuxième et troisième d'azur, à trois bandes d'or.

N° 57. Jean-Jacques de Beyr, le jeune, marchand à Strasbourg ;

Porte d'argent à trois bandes de gueules.

N° 58. Jean-Michel Niste, curé d'Inkerfeld ; (Kertzfelden ?)

Porte d'argent à un calice de gueules, accosté de deux étoiles à six raies de même.

N° 59. Ignace Penner, prévôt d'Angelsheim ; (Ingolsheim ?)

Porte d'or à un cœur de gueules percé de deux flèches de même, ferrées et empennées d'argent, passées en sautoir, les pointes en haut, le cœur produisant trois roses de gueules, tigées et feuillées de sinople, accompagnées de quatre étoiles de gueules, deux en chef et deux en pointe, et accosté de deux lettres I et P de sable.

N° 60. Jean-Paul Jacoby, curé de Verthousse proche Beinfeldt ;

Porte d'azur à deux bourdons d'or passés en sautoir, accompagnés de trois coquilles de même, posées une en chef et deux aux flancs.

N° 61. La commanderie de Steffenfeldt, ordre du St-Esprit;

Porte parti au premier d'azur à une croix de l'ordre du St-Esprit de Montpellier d'argent, au second de sinople à trois palmes d'or, deux et une.

N° 62. CHARLES-FRANÇOIS DE BEAUFILS, chancelier, seigneur de Romainville, maréchal des camps et armées du roi, commandeur de ses ordres de St-Louis, et inspecteur général de la cavalerie;

Porte d'azur à une bande d'or, accostée de trois mollettes d'argent, deux dessus et une dessous.

N° 63. JEAN-PHILIPPE KOCH, receveur général de M. le comte de Hanau;

Porte coupé au premier d'argent à une quintefeuille de gueules, et au second bandé d'or et de sable.

N° 64. JEAN-HENRY DE BUS, secrétaire de M. le comte de Hanau;

Porte d'azur à un cygne d'argent, sur un gazon de sinople.

N° 65. ROBERT FALLET, directeur des revenus de l'évêché de Strasbourg;

Porte d'azur à trois étoiles d'or, deux et une.

N° 66. PHILIPPE DES BORDES, maréchal des camps et armées;

Porte écartelé au 1er et 4e d'or à deux vaches de gueules accolées et clarinées d'azur, passantes l'une sur l'autre, au 2e d'azur à deux lièvres accroupis ou ramassés d'or, l'un sur l'autre, au 3e d'azur à deux mortiers d'argent, l'un sur l'autre, mi-parti de gueules à deux otelles ou amandes pelées d'argent, posées l'une sur l'autre, l'une en barre et l'autre en bande, et sur le tout des quatre grands quartiers d'azur à un lion d'argent.

N° 67. FRANÇOIS WEISS, hôte de l'arbre d'or et Md boulanger au Fort-Louis du Rhin;

Porte d'azur à un arbre d'or.

N° 68. ANDRÉ WELTOH, curé d'Obenhem; (Ohnenheim?)

Porte d'azur à un agneau passant d'argent surmonté d'une croisette pattée d'or.

N° 69. GRÉGOIRE-JACQUES CENSIER à Bergzabern;

Porte d'azur à trois croissants d'or, deux et un.

N° 70. Baltazard Hayer, cabaretier à Bergzabern ;
Porte d'argent à trois croissants de gueules, deux et un.

N° 71. N... Coulom, doyen du chapitre de l'Eglise collégiale de Saverne ;
Porte d'azur à une colombe d'argent.

N° 72. N... de Bolheim, d'r ;
Porte d'azur à un serpent tortillé en rond, d'or, la queue en dedans.

N° 73. Cristianus Merg, receveur de la terre de Dettweiller ;
Porte d'azur à une Notre-Dame à demi-corps couronnée, d'or, tenant en sa main sénestre un sceptre de même, supportée d'un lis d'argent tigé et feuillé d'or, soutenu d'un croissant d'argent.

N° 74. André Burckhardt, receveur de la terre de Rodern ;
Porte de gueules à une licorne d'argent naissante de la pointe de l'écu.

N° 75. Gaspard Otto, receveur à Roppenheim ;
Porte de gueules à une bande d'argent, chargée d'une fouine d'azur.

N° 76. La communauté du village de Falckembourg ; (?)
Porte d'azur à une pique d'argent emmanchée d'or, posée en bande.

N° 77. N... Hocquart, contrôleur des domaines du roi à Strasbourg ;
Porte de gueules à trois roses d'argent, deux et une.

N° 78. La communauté du village de Vegdental ; (?)
Porte d'azur à un arbre d'or dans un vase rond de même.

N° 79. N... des Laurieres, receveur du domaine du roi à Saverne ;
Porte d'argent à deux arbres arrachés de sinople, posés en pal, l'un sur l'autre, chacun soutenu d'un cornet de gueules.

N° 80. Bernard Faucon, prévôt d'Hocquefeld ; (Hochfelden?)
Porte de gueules à un faucon d'argent, perché sur un chicot d'or, péri en fasce et surmonté de trois étoiles de même rangées en chef.

N° 81. Jean-Nicolas Decker, receveur de l'hôpital aux bourgeois d'Haguenau ;
Porte d'or à un sauvage de carnation, couvert de feuilles de sinople et tenant une massue de gueules.

No 82. Frédéric Reicklin, curé de Guertsch ; (Gerstheim ?)

Porte d'argent à un puits de gueules, accosté de deux serpents affrontés de sinople regardant dans le puits.

No 83. Jean-Martern Metzquer, registrateur de la Chambre des comptes de l'évêché de Strasbourg ;

Porte d'azur à une figure humaine tenant sur son poing un faucon, le tout d'or.

No 84. La communauté des maîtres bateliers de la ville du Fort-Louis du Rhin ;

Porte d'argent à une rame de gueules et un croc de même passés en sautoir et une ancre de sable brochant sur le tout.

No 85. Joseph Imfeld , bourgeois de Saverne ;

Porte d'azur à une bande d'or.

No 86. La communauté des laboureurs d'Erstein ;

Porte de sinople à un soc de charrue d'argent, la pointe en haut et deux coutres de sable passés en sautoir, brochant sur le tout.

No 87. La communauté des cordonniers de la ville d'Anviller;

Porte de gueules à un couteau à pied d'argent emmanché d'or, et un chef d'argent chargé d'un soulier de sable.

No 88. La communauté des drapiers de la ville d'Anviller ;

Porte d'azur à une aune d'argent marquée de sable, posée en pal.

No 89. Thiébault Adam, prévôt de Kelsphin ; (?)

Porte d'argent à une rose de gueules tigée de sinople, accostée de deux étoiles à six raies de gueules, le tout surmonté des deux lettres D et A de sable, et soutenu de deux palmes de sinople, les tiges passées en sautoir.

No 90. Jean-Henry Haizer , marchand au Fort-Louis du Rhin ;

Porte d'azur à un château composé de trois tours ouvertes pavillonnées d'or, girouettées d'argent, sur une terrasse de sable.

No 91. Georges-Jacques Rapp, ministre luthérien à Nider-Rederen ;

Porte d'azur à un chiffre d'or composé des trois lettres G, J et R entrelacées.

No 92. La communauté du village de Blesteiheim ; (Blæsheim ?)

Porte d'azur à une église d'argent, sur une terrasse de trois monticules d'or.

N⁰ 93. NICOLAS CAPPU, receveur au grenier à sel de Mont-morency-Beaufort ;

Porte de gueules à un dextrochère d'or, mouvant d'une nuée du flanc sénestre d'argent, et tenant un cimeterre d'or.

N⁰ 94. La communauté des bouchers de la ville du Fort-Louis du Rhin ;

Porte d'argent à un bœuf de gueules, surmonté en chef d'un couperet d'azur.

N⁰ 95. JEAN ALBRECHT, meunier à Sont ; (Sand.)

Porte d'azur à une roue de moulin à eau d'argent, surmontée des trois lettres H, A et B d'or, rangées en chef.

N⁰ 96. La communauté des habitants du village d'Ingwiller ;

Porte bandé d'or et d'azur de six pièces.

N⁰ 97. La communauté des habitants du village de Forstheim ;

Porte de sinople à un chevron d'argent, accompagné de trois tours de même.

N⁰ 98. JEAN FOYNZ, prévôt de Mommeneim ;

Porte de sable à un soc de charrue d'argent posé en pal, la pointe en haut.

N⁰ 99. JEAN-GEORGE MERCKEL, prévôt de Sourbourg ;

Porte d'azur à un chiffre d'or composé des lettres J, G et M entrelacées.

N⁰ 100. JEAN-CHARLES BARBIER, prévôt de Morcheviller ;

Porte d'argent à un cœur de gueules sommé d'une croix de même au pied fiché.

N⁰ 101. JEAN KIM, prévôt de Lixhousse ; (Lixhausen.)

Porte d'azur à une étoile d'or.

N⁰ 102. MARTIN BEURBACK, prévôt de Bossedorff ;

Porte d'argent à une roue de charrue de sable.

N⁰ 103. CHRIST MANION, prévôt d'Ottendorff ; (Hüttendorff ?)

Porte d'azur à un sablier d'argent garni de son sable de gueules.

N⁰ 104. NICOLAS WEISSE, prévôt de Witterscheim ;

Porte d'argent à une lune en décours de gueules.

N⁰ 105. ANDRÉ STREISSE, prévôt d'Espach ;

Porte d'azur à un cornet de chasse d'or.

N⁰ 106. ADAM PHILIPPES, prévôt de Gonstet ;

Porte d'argent à un œillet fleuri de gueules, tigé et feuillé de sinople.

N° 107. ADAM WERNERT, prévôt de Durremback ;
Porte d'azur à une fleur de muguet d'argent.

N° 108. JEAN-GEORGES KENT, prévôt du village de Winters-house ;
Porte d'azur à un moineau d'or.

N° 109. JEAN VIX, prévôt du village de Bazendorff ;
Porte d'argent à un crampon de sable.

N° 110. JEAN GARNIER, prévot du village de Hiettendorff ;
Porte d'argent, à un crampon de gueules et un trait de sable péri en fasce, terminé par deux annelets de même et brochant sur le crampon.

N° 111. NOEL VATELET, prévôt d'Uberach, bailliage d'Hague-nau ;
Porte d'argent à une navette de gueules posée en fasce.

N° 112. JEAN-HENRY GRESS, prévôt d'Olung, bailliage d'Ha-guenau ; (Ohlungen.)
Porte d'azur à des ciseaux d'or, ouverts en sautoir.

N° 113. La cure de Hiettendorff ;
Porte d'azur à un St-Vincent d'or vêtu en diacre, et tenant en sa main dextre une palme de même.

N° 114. La cure de Bazendorff ;
Porte d'azur à un St-Arbogaste, vêtu en évêque, crossé et mitré, d'or.

N° 115. N..., curé de Niederschæffelzel ; (Niderschæffols-heim.)
Porte d'azur à un St-Michel d'or.

N° 116. La cure de Griegsheim ; (Kriegsheim.)
Porte de gueules à un St-Ulrich, vêtu en évêque crossé et mitré d'argent.

N° 117. La cure de Berstheim ;
Porte d'azur à un St-Martin d'or sur un cheval d'argent.

N° 118. La cure de Bernheim ; (Bernolsheim ?)
Porte d'azur à un St-Pancrays, martyr, d'or, tenant une palme de même en sa main dextre.

N° 119. La cure de Valheim ;
Porte d'azur à une Ste-Vierge d'argent soutenue d'un croissant de même.

Nᵒ 120. La cure de Rottelheim ; (Rottelsheim.)

Porte de sinople à un Sᵗ–Martin à cheval, le tout d'or.

Nᵒ 121. La cure de Mommenheim ;

Porte de gueules à un Sᵗ–Maurice armé de toutes pièces sur un cheval d'argent, tenant un drapeau d'or chargé d'une croix de gueules.

Nᵒ 122. La cure de Moutzenhousse ;

Porte de gueules à une croix d'argent, chargé d'un calice d'or, brochant sur le tout.

Nᵒ 123. JEAN-JACQUES SCHOFFERTER, prévôt du village de Soufflem ; (Soufflenheim.)

Porte d'argent à un vase de gueules garni de diverses fleurs au naturel.

Nᵒ 124. JEAN-FRÉDÉRIC KÉFER, receveur de M. le comte de Hanau à Bouxwiller ;

. . . .

Nᵒ 125. JACQUES FALCK, greffier de la noblesse de la Basse-Alsace ;

Porte d'argent à une ancre de sable sommée d'un faucon de même.

Nᵒ 126. JEAN-THIBAULT SCHMIDT, prévôt du village de Keint-weiller ; (Kindwiller.)

Porte d'argent à un pot d'azur, garni de diverses fleurs au naturel.

Nᵒ 127. ERARD-FRÉDÉRIC GOTTWALDT, ministre luthérien de l'Eglise de Veistoff en Basse-Alsace ;

Porte d'argent à une tige de rosier de sinople terrassée de même, fleurie de trois roses de gueules surmontées des trois lettres E, F et G de sable rangées en chef.

Nᵒ 128. GEORGES-LOUIS LEISLER, ministre de l'Eglise luthé-rienne de Palprom en basse-Alsace ; (Balbronn.)

Porte d'argent à trois étoiles à six raies de gueules, posées deux et une.

Nᵒ 129. TOBIE MUSLER, ministre à Tenem ; (Trænheim?)

Porte d'or à une roue de gueules, accompagnée de trois croisettes de même.

N° 130. Jean-François d'Ichtrazheim , gentilhomme ;

Porte d'argent à un chevron de gueules, accompagné de trois aigles de sable.

N° 131. Jean-Matern d'Ichtrazheim , gentilhomme ;

Porte de même.

N° 132. Jean-Michel Merckel , ministre de Berstett et Obrisheim ; (Herbitzheim ?)

Porte d'or à trois merlettes de sable, deux et une.

N° 133. Jean-Conrad Kessel , docteur en médecine et bourgeois de la ville de Landau ;

Porte d'azur à une pluie d'or tombant d'une nuée d'argent sur une terrasse herbée d'or.

N° 134. N... Ulmann , ministre à Illkirch ;

Porte d'or à un arbre de sinople.

N° 135. N... Pephoffer , prêtre et curé de l'Eglise d'Illswickersheim ; (Wickersheim ?)

Porte d'azur à trois croix recroisetteés , d'or, deux et une.

N° 136. Jean Dietéric Storck , ministre à Dorrlisheim ;

Porte d'or à deux léopards d'azur l'un sur l'autre.

N° 137. N... Prêtre , curé de l'Eglise de Dorlisheim ;

Porte d'azur à un calice d'argent surmonté d'une croisette d'or.

N° 138. Jean Salzmann , ministre à Ittenheim ;

Porte d'or à trois saumons d'azur rangés en pals.

N° 139. N... Feltz , ministre à Schiltigheim ;

Porte d'or à un lion d'azur et une cotice de gueules brochant sur le tout.

N° 140. Jean-Martin Silberhard , ministre à Wangen ;

Porte d'argent à trois aigles de gueules , deux et un.

N° 141. N... Schmid , ministre à Eckbolsheim ;

Porte d'azur à deux fasces d'or.

N° 142. Le bailliage royal de la ville d'Haguenau ;

Porte d'argent à une croix d'azur chargée de fleurs-de-lis sans nombre d'or, et cantonnée de quatre aigles de sable.

N° 143. Le sceau dont la famille noble d'Andlau se sert pour sceller les contrats ;

Porte d'argent à une croix de gueules.

Nº 144. La communauté des habitants du village d'Illkirch ;

Porte d'argent à un soc de charrue de sable, posé en pal, la pointe en haut.

Nº 145. La communauté des habitants du village d'Illwickers-heim ; (Wickersheim ?)

Porte d'azur à trois fers de pique d'or, deux et un.

Nº 146. La communauté des habitants du village de Wirden-heim ; (Witternheim ?)

Porte de gueules à une tour d'or, sénestrée d'un avant-mur de même, le tout maçonné de sable.

Nº 147. La communauté des habitants du village d'Ittcheim ; (Ittenheim ?)

Porte d'azur à trois lions d'argent, deux et un.

Nº 148. La communauté des habitants du village de Schiltig-heim ;

Porte d'argent à trois merlettes de sable, deux et une.

Nº 149. La communauté des habitants du village de Nider-housbergen ;

Porte d'azur à un arbre d'or, accompagné de trois merlettes d'ar-gent, une en chef et deux aux flancs.

Nº 150. La communauté des habitants du village d'Eckbols-heim ;

Porte d'or à une croix de Lorraine de gueules, accompagnée de trois monts de sinople, deux en chef et un en pointe.

Nº 151. La communauté des habitants du village d'Hohfran-quenheim ;

Porte d'argent à un St-Benoît de carnation posé en pal, vêtu de l'habit de son ordre de sable, tenant sur sa main dextre une mitre d'or et en sa main sénestre une crosse de même, un grand écusson d'or brochant sur le bas de la figure du saint, et cet écusson chargé de trois chevrons de gueules.

Nº 152. La communauté des habitants du village de Breu-schwickersheim ;

Porte de gueules à une fasce d'argent et un chef d'or.

Nº 153. La communauté des habitants du village de Wilfes-heim ; (Wolfisheim ?)

Porte d'azur à un St-Martin à cheval, coupant avec son épée son manteau pour en faire l'aumône à un pauvre, le tout d'or.

N° 154. La communauté des habitants du village de Rumelo-weiller ; (Romanswiller ?)

Porte d'or à une branche de chêne de sinople, garnie d'un gland de même.

N° 155. La communauté des habitants du village de Dappig-heim ; (Dieppigheim ?)

Porte d'azur à la figure d'un évêque vêtu pontificalement, crossé et mitré, le tout d'or.

N° 156. La communauté des habitants du village de Nider-Ehenheim ; (Niedernai ?)

Porte d'argent à la lettre N capitale de sable.

N° 157. Le sceau dont la famille noble d'Andlau se sert dans des affaires qui regardent toute la famille ;

Porte d'argent à une croix de gueules.

N° 158. La communauté des habitants du village de Nidro-terott ;

Porte d'argent à un arbre de sinople, sommé de trois oiseaux de sable.

N° 159. La communauté des habitants du village d'Icheners-heim ; (?)

Porte d'azur à deux fasces ondées d'argent.

N° 160. LAURENT KIENTZ, ministre du village de Honme-bidem ; (Hangenbieten ?)

Porte d'azur à deux lévriers rampants et affrontés d'argent, accolés de gueules.

N° 161. JEAN STRASSE, ministre à Wolffisheim ;
Porte d'argent à un aigle à deux têtes de gueules.

N° 162. NICOLAS KNŒPFLER, bourguemestre de la ville de Saverne ;

Porte d'azur à une vergette en pal rétréci d'argent, le bas duquel est fourché en chevron de même, sommée d'une étoile d'or et accos-tée de deux autres étoiles de même, ces deux-ci surmontées cha-cune d'un besant aussi d'or.

N° 163. JEAN-JACQUES WOLBRET, l'un des bourguemestres de la ville de Landau ;

Porte d'argent à un bouc saillant de sable.

Nº 164. CLAUDE CAMEL, marchand-tapissier ;

Porte d'argent à un chameau de sable et un chef d'azur chargé de trois étoiles d'or.

Nº 165. JACQUES LEROUX, directeur des lits des troupes et hôpitaux, au Fort-Louis du Rhin ;

Porte d'or à un lion de gueules.

Nº 166. IGNACE-SÉBASTIEN CHEMAN, receveur de la ville de Moutzig ;

Porte d'or à un cœur de gueules accosté de deux trèfles de sable et accompagné en chef de deux étoiles de gueules.

Nº 167. SÉBASTIEN SCHEURE, l'un des bourguemestres de la ville de Moutzig ;

Porte d'argent à un arbre arraché de sinople, accosté des lettres B et S de sable.

Nº 168. ROTEL DE RICHENAU, bourgeois de la ville de Bergtzabern ;

Porte d'azur à un navire équipé d'or, voguant sur une mer d'argent.

Nº 169. FRANÇOIS CHANTEREAU, sieur de Bellefonds, conseiller du roi, et son prévôt royal au Fort-Louis du Rhin ;

Porte d'azur à un chevron d'or, accompagné de trois étoiles de même.

Nº 170. La communauté ou tribu au miroir de la ville de Strasbourg ;

Porte d'argent à un lion de sable, tenant de sa patte dextre un étendard d'or chargé d'un aigle de sable, et appuyant sa patte sénestre sur un grand écusson de gueules chargé d'un miroir d'argent dont la bordure en cartouche est d'or.

Nº 171. N... COULMANN, receveur de M. le baron de Fleickeinsteim ;

Porte d'azur à une figure humaine tenant en sa main dextre deux rameaux, l'un de palmier et l'autre d'olivier, le tout d'or.

Nº 172. JEAN MEYER, bourguemestre de la ville de Moutzig ;

Porte d'argent à un cœur de gueules produisant trois roses de même tigées et feuillées de sinople, accosté des deux lettres H et M de sable.

Nº 173. N... WILLERME, receveur du bailliage de Dachstein ;

Porte d'azur à deux bâtons écotés d'or, posés en sautoir.

N° 174. La communauté des marchands de la ville d'Haguenau en Alsace;

Porte d'azur à une balance d'or.

N° 175. La communauté des boulangers de la ville d'Haguenau en Alsace;

Porte parti au 1er d'argent à une navette en chef posée en pal de gueules, soutenue d'une échaudée à jour de même, et au 2e d'azur à une roue de moulin d'argent et une rose de gueules brochante en chef sur le parti.

N° 176. La communauté des cordonniers de la ville de Bergtzabern;

Porte coupé au 1er d'azur à un lion d'or, sénestré de quatre lozanges accolés deux à deux de même, et au 2e d'argent à un soulier de sable, la pointe retroussée.

N° 177. La communauté des boulangers de la ville de Bergtzabern;

Porte d'argent à une demi-roue de sable, surmontée d'une échaudée à jour de gueules.

N° 178. La communauté des maréchaux ferrants de Bergtzabern;

Porte d'or à une butte de sable posée en pal, accostée de deux fers de cheval de gueules.

N° 179. N..., abbesse de l'abbaye de St-Jean prés Saverne en Alsace;

Porte d'or à deux lions affrontés de sable.

N° 180. La communauté des tisserands de la ville de Bergtzabern;

Porte d'argent à une navette de sable posée en fasce.

N° 181. La communauté des charpentiers de la ville de Bergtzabern;

Porte de gueules à une coignée d'argent et une bisaigue de même, passées en sautoir.

N° 182. La communauté des bouchers de la ville de Bergtzabern;

Porte de gueules à un fusil de boucher d'argent, posé en pal.

N° 183. N... CHATOIR, marchand bourgeois de Bergtzabern;
Porte d'argent à un aigle de sable.

N° 184. Le corps des officiers du bailliage de Balbelrotte ; (Barbelroth.)

Porte d'or à un aigle à deux têtes de sable, et un chef d'azur chargé de trois fleurs-de-lis d'or.

N° 185. SÉBASTIEN COLIN, prévôt du village de Schirmeck ;

Porte d'or à deux flèches de sable ferrées et empennées d'argent passées en sautoir, et un arbre arraché de sinople, brochant sur le tout, accosté des deux lettres B et C de sable.

N° 186. La communauté de la Lanterne ;

Porte de sinople à un ours debout d'or, tenant de ses deux pattes une lanterne de même.

N° 187. VICTOR SONMY, procureur-fiscal au Fort-Louis du Rhin ;

Porte d'argent à trois roues de gueules, deux et une.

N° 188. JOSEPH JOANNY, procureur-fiscal au Fort-Louis du Rhin ;

Porte d'argent à un cerf passant de gueules, adextré d'un arbre de sinople.

N° 189. FRANÇOIS BARRIS, échevin au Fort-Louis du Rhin ;

Porte d'argent à une bande d'azur chargée de trois étoiles d'or.

N° 190. FRANÇOIS JOUBERT, échevin de la ville du Fort-Louis du Rhin ;

Porte d'argent à un lion de gueules.

N° 191. N... BOISRECLOUD, échevin au Fort-Louis du Rhin ;

Porte d'azur à trois sauterelles d'or, posées deux et une.

N° 192. N... DE LA BARTHE, capitaine des portes et aide-major de la ville de Philisbourg ; (Phalsbourg.)

Porte d'argent à un aigle à deux têtes de sable, écartelé d'azur à un château de trois tours pavillonnées d'or.

N° 193. N... RALINGHEN, greffier du bailliage de l'abbaye de Neubourg en Basse-Alsace ;

Porte d'argent à une rivière d'azur en barre, accompagnée en chef d'une étoile de gueules et en pointe d'une rose de même.

N° 194. N... PRÊTRE, curé du village d'Angindorff ; (?)

Porte d'argent à un calice de gueules.

N° 195. N... PRÊTRE, curé du village d'Uheweiller ; (Uhl-willer ?)

Porte de sinople à une croix d'or.

N° 196. N... Calon, receveur général des domaines d'Alsace ;

Porte d'azur à un chevron d'argent, deux cailles affrontées d'or, posées sur les deux branches du chevron surmonté de trois étoiles de même, rangées en chef et accompagnées en pointe d'une rose d'argent.

N° 197. N... des Pourteaux, commissaire et garde d'artillerie du réduit de la porte de Pierre de Strasbourg ;

Porte de gueules à trois tours ouvertes d'argent, maçonnées de sable, posées deux et une.

N° 198. N... Yvonnet, prévôt de l'Eglise collégiale d'Alback et chanoine de St-Pierre-le-jeune de Strasbourg ;

Porte d'azur à une colombe d'argent sur un rocher de plusieurs coupeaux d'or, accompagnée en chef d'une étoile de même à dextre et d'un croissant d'argent à sénestre, et accostée de deux étoiles aussi d'or, posées une à chaque flanc.

N° 199. N... Divonte, chanoine à Strasbourg ;

Porte d'argent à un pin de sinople et un chef d'azur, chargé d'un croissant d'or, accosté de deux étoiles de même.

N° 200. Balthazar de la Borie, écuyer, sieur de Sigeac, major de la citadelle de Strasbourg ;

Porte d'argent à trois fasces de sinople, accompagnées de trois étoiles d'azur, deux en chef et une en pointe.

N° 201. N... de Graben, capitaine d'une compagnie de fusiliers à Guermershen ;

Porte parti au 1er d'azur à deux lacs d'amour d'or posés en pal l'un sur l'autre, et au 2e d'argent à une barre de sable.

N° 202. N... de Ryaville, chanoine prébendé de la Cathédrale de Strasbourg ;

Porte écartelé en sautoir d'argent et de gueules, à quatre roses de l'un en l'autre.

N° 203. Valentin Tugelius, curé de la paroisse de Ithenem ;

Porte d'argent à un calice de gueules surmonté d'une croisette de même.

N° 204. N... Adam, commis des fourrages de Brizac ;

Porte d'azur à deux épées d'argent passées en sautoir, les pointes en bas, accompagnées de trois étoiles d'or, une en chef et deux aux flancs et d'un cœur de même en pointe.

N° 205. Christien de Wassenback, prêtre, curé de Benfelden ;

Porte d'argent à une fasce de gueules, accompagnée de trois trèfles de sinople.

N° 206. François-Joseph Harremberg, greffier du bailliage de Markelsheim ;

Porte d'argent à un arbre de sinople sur un mont de trois coupeaux de même.

N° 207. N... de la Rue, commissaire des vivres à Strasbourg ;

Porte de gueules à une fasce en devise, haussée d'or, surmontée de deux croissants d'argent et accompagnée en pointe d'un cheval marin de même.

N° 208. Louis de Caisne, chanoine prébendé de la Cathédrale de Strasbourg ;

Porte d'argent à un olivier de sinople et un sanglier de sable passant devant le pied de l'arbre.

N° 209. Edme Merlin, doyen du chapitre de St-Pierre-le-vieil de Strasbourg ;

Porte d'or à un globe terrestre d'azur suspendu dans un cercle horizontal, supporté par quatre piliers de gueules.

N° 210. Hermand Halverne, vice-chancelier de l'Evêché de Strasbourg et syndic du grand-chapitre ;

Porte d'azur à une licorne d'argent.

N° 211. Jean Kast, greffier du petit-sénat de la ville de Strasbourg ;

Porte d'azur à un lion d'or, tenant trois épis de blé de même et mouvants du milieu d'un réservoir à poisson d'argent.

N° 212. Jean-Michel Laurent, greffier de la chambre de police de la ville de Strasbourg ;

Porte d'azur à un lion d'or.

N° 213. Jean-Pierre de Hochhauser, gentilhomme de M. le comte d'Hanau ;

Porte d'or à trois chevrons de gueules.

N° 214. N... Hans Peter Liedmann, prévôt de Werre ; (Werth ?)

Porte d'azur à un chevron d'or, accompagné de trois besants d'argent.

N° 215. Robert Bonvarlet, conseiller du roi, receveur au bureau des fermes de Landau ;

Porte coupé d'or et d'argent par un filet vinné de gueules, l'or en chef chargé d'une fasce ployée en demi-cercle d'azur, surchargé de trois étoiles d'or, et l'argent chargé d'une rose de gueules, tigée et feuillée de sinople.

N° 216. François Collin, prévôt de Gonderschoffin ; (Gundershoffen.)

Porte d'azur à un chevron d'or, accompagné de trois monts de même, deux en chef et un en pointe.

N° 217. Conrad Heimbourger, prévôt de Lamsperthun ; (Lampertsheim.)

Porte de gueules à une croix d'argent, le pied fourché en chevron, dont chacune des extrémités est croisée de même.

N° 218. Anne-Catherine Reiss, femme de N... Rottfouchs, bailli des terres du chapitre de Strasbourg ;

Porte de sinople à un homme de carnation armé d'une cuirasse d'or, tenant en sa main dextre un dard de même et monté sur un cheval d'argent.

N° 219. Jean-Thiébault Herman ;

Porte d'azur à une chèvre saillante d'argent sur un terrain de sinople.

N° 220. La seigneurie du bourg d'Esstim ; (Erstein ?)

Porte d'azur à une Notre-Dame assise dans une niche, accostée d'un St-Pierre avec sa clef, et d'un St-André avec sa croix, le tout d'or, et dessous la niche un écusson d'or chargé d'une bande fleuronnée et contrefleuronnée de sinople, et accosté de deux dauphins d'or.

N° 221. Pierre Stulin, receveur du bailliage de Schermeel ; (Schirmeck ?)

Porte d'argent à une chaise de gueules, accostée des deux lettres P et L de sable.

N° 222. La communauté des maîtres tisserands du bailliage de Benfeldt ;

Porte d'argent à trois navettes de gueules, posées en triangle, enfermant une étoile à six raies de même, le tout accompagné d'un mont de trois coupeaux de sinople.

Nᵒ 223. La communauté de Guerstorff; (Gœrsdorf.)

Porte d'argent à un cavalier de gueules sur un cheval de sable, accosté de deux roses de gueules tigées et feuillées de sinople, et une terrasse de même, chargée de trois étoiles d'or, posées deux et une.

Nᵒ 224. JEAN-MICHEL BOURG, conseiller au magistrat de Molsheim;

Porte d'azur à trois tours d'argent maçonnées de sable, deux et une.

Nᵒ 225. LILIOUX KŒNIG, marchand-tanneur à Molsheim;

Porte de gueules à un chevron d'or, accompagné de trois croissants de même.

Nᵒ 226. LOUISE-FRÉDÉRIC TRONCKSESSEIN DE REINFELT, femme de LOUIS-HENRY BOCKEL DE BOCKLINSAW, lieutenant colonel du giment de la milice de Basse-Alsace;

Porte fasceé d'azur et d'or de six pièces.

Nᵒ 227. N... DU MOULIN, capitaine d'infanterie au régiment de Villemort;

Porte d'azur à un chevron d'or, accompagné de trois croissants d'argent, et un chef d'or, chargé de deux molettes de sable.

Nᵒ 228. GASPARD RUCHLLMAN, prévôt du village de Stotzheim;

Porte de sable à trois fasces d'argent.

Nᵒ 229. FRÉDÉRIC-NICOLAS ORTH, greffier du village de Richeviller;

Porte d'azur à trois grenades d'or tigées et feuillées de même, ouvertes et grenées de gueules, posées deux et une.

Nᵒ 230. JEAN-PERIRE KLICK, ministre luthérien à Büheviller; (Bischwiller.)

Porte d'azur à un chiffre d'or, composé des lettres J, P et K entrelacées.

Nᵒ 231. La communauté des habitants du village de Schweickhausen;

Porte de sinople à une tour d'or, maçonnée de sable.

Nᵒ 232. La communauté des tonneliers de la ville d'Haguenau;

Porte d'argent à un baril de sable, surmonté d'un maillet posé en pal, d'un compas ouvert et d'autres instruments dont les tonneliers se servent, passés en sautoir, le tout de gueules.

N° 233. JEAN WOLTZ, du magistrat de la ville d'Haguenau;

Porte de sable à un trident d'argent et un autre instrument, où il y a une pomme au bout de même, passés en sautoir, et un maillet à long manche d'or posé en pal brochant sur le tout.

N° 234. La seigneurie de Bischen; (Bischeim?)

Porte écartelé de sinople et de sable à quatre perles d'argent, posées une à chaque quartier.

N° 235. La seigneurie du village de Danguelsheim; (Dangolsheim.)

Porte d'argent à un cep de vigne de sinople, fruité de sable, accolé à un échalas d'or, sur une terrasse de sable.

N° 236. La seigneurie de Soufleur; (Soufflenheim?)

Porte de sable à trois roses d'or, deux et une.

N° 237. La seigneurie de Gunstet;

Porte d'azur à un château d'or.

N° 238. La seigneurie d'Eremback; (Erlenbach?)

Porte de gueules à un lion d'or, surmonté de trois fleurs-de-lis de même, rangées en chef.

N° 239. JEANNE-MARINE ISABELLE, baronne DE WANGENNES DE LEUBLEFING;

Porte fascé d'argent et de gueules de quatre pièces.

N° 240. La seigneurie de Sourbourg;

Porte d'azur à une tour d'argent, surmontée de trois fleurs-de-lis de même, rangées en chef.

N° 241. LOUIS DUPONT, doyen du chapitre collégial de Namiller; (Neuwiller?)

Porte d'azur à une fasce d'or, surmontée d'une croisette pattée d'argent.

N° 242. La seigneurie d'Olingheim; (Ohlungen?)

Porte de sinople à un château d'or donjonné de trois tourelles de même.

N° 243. N..., prévôt du village de Buxhausen; (?)

Porte d'or à un arbre de sinople et un chef d'azur, chargé d'un besant d'or, accosté de deux étoiles de même.

N° 244. La seigneurie de Boffendorff; (Bossendorf?)

Porte de gueules à un chevron d'argent, accompagné de trois rencontres de bœuf d'or, deux en chef et une en pointe.

N° 245. ANNE-ESTER DE VICKERSHEIM, femme de N... DE VI-
KERTHEIM, prêteur de la ville de Strasbourg;
Porte d'argent à une fasce de sinople et une bordure de gueules.

N° 246. ANNE-FRANÇOISE-SALOMÉ BAPSTEIN DE BOLSENHEIM,
femme de JEAN-PHILIPPE-BAPTISTE DE BOLSENHEIM;
Porte d'argent à une fasce de sinople et une bordure de gueules.

N° 247. N... PICHOTEL, trésorier de l'extraordinaire des guerres
au Fort-Louis du Rhin;
Porte d'azur à un chevron d'or, accompagné en pointe d'un mouton d'argent, soutenu d'un croissant de même.

N° 248. AGATHA DOROTHEA DE DETTLINGEN, femme de N...
DETTLINGEN, gentilhomme de la Basse-Alsace;
Porte de sable à deux croissants d'argent, coupé d'or.

N° 249. JEAN-GEORGES LAMINUIT, prêtre, curé de Guespizen;
(Geispitzen?)
Porte d'azur à un agneau couché d'argent supportant sur son dos
un calice d'or.

N° 250. CLAUDE-ÉTIENNE TOUVENOT, prêtre, curé de Stotzheim;
Porte d'azur à un calice d'or surmonté de la figure de la Ste hostie
d'argent, accompagné de trois étoiles, une en chef et deux aux
flancs.

N° 251. La seigneurie de Comte-ban; (Terres du grand-
chapitre de Strasbourg.)
Porte d'azur à une croix d'argent cantonnée de quatre besants de
même.

N° 252. La seigneurie d'Ebersheim;
Porte de gueules à trois fasces ondées d'argent.

N° 253. PIERRE CHARTON, prévôt de Rus;
Porte d'azur à un chiffre d'or, composé des lettres P et C doubles
et entrelacées.

N° 254. JACQUES ANTONY, prévôt de Still;
Porte d'argent à une fasce alèzée de sable, les deux lettres I et A
de même, posées une à chaque bout de la fasce, accompagnée de
quatre fleurs-de-lis d'azur, deux en chef et deux en pointe.

N° 255. NICOLAS NEHR, curé de Schaw; (Eschau?)
Porte de gueules à un calice d'or, cotoyé de deux palmes de
même.

No 256. Mathis Arnault, marchand bourgeois d'Haguenau ;
Porte de sable à un lion d'or.

No 257. Sophie-Elizareth-Marguerite Wormbser de Vendenheim, née baronne de Schmidbourg ;
Porte de sable à un fermail en figure de lozange d'argent, enrichi
de neuf pierres précieuses, savoir, cinq rubis de gueules et quatre
turquoise d'azur.

No 258. Mathias Meyer, prévôt de Hinsen ; (Hilsen ?)
Porte d'argent à un fer de lance posé en pal, accosté des deux
lettres M et M', et accompagné en chef de deux trèfles, et en pointe
d'une étoile, le tout de sable.

No 259. Jean Abel, prévôt d'Ernolsheim ;
Porte d'azur à une rose d'or pointée de sinople posée en chef,
trois pommes aussi d'or en pointe mal-ordonnées, quatre étoiles
d'argent, deux en chef et deux en pointe, et les deux lettres H et A
posées, une à chaque flanc d'or.

No 260. Thiébault Forts, prévôt de Pergbierten ; (Bergbieten.)
Porte d'or à trois arbres de sinople, celui du milieu plus élevé
que les deux autres, accompagnés en chef des deux lettres D et F
de sable.

No 261. Jean Rieffle, prévôt de Bischin ; (Bischeim ?)
Porte d'argent à un raisin d'azur surmonté d'une serpette de sable
accostée des deux lettres H et R de même.

No 262. Laurent Imbs, prévôt de Dahlin ; (Dahlenheim ?)
Porte d'azur à un crampon d'argent accosté des deux lettres H et
I de même, accompagné en chef d'une étoile d'or et en pointe d'un
cœur enflammé de même.

No 263. Jean-François Audran, prévôt de Wolxin ; (Wolxheim ?)
Porte d'azur à trois écussons d'argent, deux en chef et un en
pointe, et les deux lettres A et V d'or, entrelacées et posées en
cœur.

No 264. Jean-Georges Dutrick, prévôt de Soulle ; (Soultz ?)
Porte d'azur à un chiffre d'or composé des trois lettres J, G et D
entrelacées.

No 265. Clément Titétius, ministre à Jebsheim ;
Porte d'argent à une croix haussée fleuronnée de gueules, au pied

fiché dans un cœur de même, la croix chargée en pointe d'une étoile d'or et accostée des deux lettres C et T de sable.

N° 266. SIBILLE-CHRISTINE DE PLICKBOURG, femme de HENRY ZORN DE PLOBSHEIM, gentilhomme;

Porte de sinople à deux écussons d'or en chef, et une étoile à six raies de même en pointe, chaque écusson chargé d'un autre écusson de gueules.

N° 267. La communauté des religieuses de l'abbaye de St-Jean des Choux;

Porte de gueules à un St-Jean-Baptiste, avec son agneau, le tout d'argent.

N° 268. JOSEPH GOUG, receveur de l'abbaye de St-Jean des Choux près Saverne;

Porte d'argent à deux fleurs-de-lis en chef et une roue en pointe, le tout de sable.

N° 269. MARIE-URSULE DE KIPPENHEIM, femme de PHILIPPE-JACQUES KIPPENHEIM, conseiller au grand-sénat de Strasbourg;

Porte tranché de gueules et d'azur par une bande d'argent, chargée en chef d'une croix de gueules.

N° 270. JEAN ZINSNER, ministre luthérien à Kauffenem;

Porte d'or à un pélican avec sa piété dans son aire, d'azur, ensanglanté de gueules.

N° 271. JOHANN-BALTAZARD BECKER, ministre de Soultz;

. . . .

N° 272. LÉOPOLD-LOUIS HOCHHAUSSER, capitaine de milice de la Basse-Alsace;

Porte de sable à trois chevrons d'or.

N° 273. MARIE-SALOMÉ HOCHHAUSSER;

Porte de gueules à trois pals retraits d'argent, mouvants du chef.

N° 274. MATTHIEU THINIEUS, ministre à Roppenheim;

Porte de gueules à un chiffre d'or, composé des lettres M et T doublées et entrelacées, accompagné de deux colombes affrontées d'argent en chef, et de trois fleurs-de-lis de même, posées deux aux flancs et une en pointe.

N° 275. MARIE-MAGDELAINE DEVIN, femme de FRANÇOIS PAYEN,

écuyer, conseiller du roi, commissaire ordinaire des guerres à Strasbourg ;

Porte d'argent à trois grappes de raisin de sable tigées et feuillées de sinople, deux et une, et un chef d'azur, chargé d'un soleil d'or.

No 276. La communauté des maîtres maçons et charpentiers du bailliage de Benfeldt ;

Porte d'azur à une truelle d'argent posée en pal, couronnée d'or, parti de gueules, à une équerre d'or et une coignée d'argent, passées en sautoir, et un marteau de maçon de même, emmanché d'or, posé en pal, brochant sur le tout.

No 277. La communauté des maîtres tailleurs et cordonniers du bailliage de Benfeldt ;

Porte d'azur à des ciseaux d'or ouverts en sautoir, accompagnés en chef d'une rose d'argent tigée et feuillée de même, parti d'argent à une botte de cavalier de sable posée en pal, adextré d'un couteau à pied de gueules et sénestré d'un soulier de même.

No 278. MARTIN ANDLAWER, curé de Lipseim ;

Porte parti d'argent et de gueules à deux étoiles en fasce de l'un en l'autre.

No 279. La communauté des bourgeois du lieu de Rosheim ;

Porte d'or à une rose de gueules, accompagnée de trois fleurs-de-lis d'azur, une en chef et deux aux flancs.

No 280. La communauté des maîtres tonneliers de la ville de Rosheim ;

Porte de gueules à deux happes d'argent passées en sautoir, un maillet d'or posé en pal brochant sur le tout, surmonté d'une couronne de laurier de même, quatre étoiles d'argent posées une à chaque canton, et accompagné des deux lettres K et Z d'or, posées une à chaque flanc, et de la lettre R posée en pointe de même.

No 281. La seigneurie de Rosheim ;

Porte d'argent à un aigle à deux têtes de sable, posé en chef et une rose de gueules en pointe.

No 282. FRANÇOIS-BERNARD HERDIN, chanoine du chapitre de St-Pierre-le-vieil de Strasbourg ;

Porte coupé au 1er d'or à deux crampons de sable passés en sautoir, et au 2e d'azur à six besants d'or, trois, deux et un.

Nᵒ 283. Le bailliage de Kockersberg :

Porte d'azur à une bande d'or fleuronnée de six pièces de même, trois dessus et trois dessous.

Nᵒ 284. GRÉGOIRE VŒGLIN, prêtre, curé de Rhinau ;

Porte d'argent à un arbre de sinople sommé d'un oiseau de sable.

Nᵒ 285. LAURENT FABRE, prêtre, curé de Tiebolsheim ;

Porte d'argent à une figure de carnation vêtue de gueules, tenant en sa main dextre un marteau de sable et en sa sénestre des tenailles de même pour forger le fer dans des flammes de gueules.

Nᵒ 286. JEAN WEISSE, prévôt de Tiebilsheim ; (Diebolsheim.)

Porte de gueules à un lion d'or.

Nᵒ 287. JOHANN GASPAR WINDET VON BOFFTSHEIM, ministre de Bofftsheim, de la noblesse de la Basse-Alsace ;

Porte d'azur à une bande d'argent, chargée de trois roses de gueules.

Nᵒ 288. MARIE-HÉLÈNE ZORN DE BOULACH, femme de FRANÇOIS-JACQUES D'ANDLAW, conseiller du roi, doyen au présidial de la noblesse de la Basse-Alsace ;

Porte de gueules à une étoile à huit raies d'argent, coupé d'or.

Nᵒ 289. MARIE-HÉLÈNE D'ANDLAU, femme de SIRCIS D'IMMENDINGEN, conseiller au présidial de la noblesse de la Basse-Alsace ;

Porte d'or à une croix de gueules.

Nᵒ 290. FRANÇOISE-DOROTHÉE DE RATZENHAUSEN, femme de MÉDIXTRIK DE RATZENHAUSEN, gentilhomme ;

Porte d'or à un écusson d'argent bordé d'une bordure nébulée d'azur, et un sautoir de gueules brochant sur le tout.

Nᵒ 291. JEAN-CHRISTOPHE PILLEMAN, roi du chœur au chapitre de l'Eglise cathédrale de Strasbourg ;

Porte de sable à une colonne d'argent marbrée de gueules, sa base et son chapiteau d'or, surmontée d'une couronne de même, et soutenue de deux licornes affrontées d'argent, les têtes adossées, le tout sur un mont de trois coupeaux de sinople.

Nᵒ 292. ROMAIN DE LA FOREST, chanoine prébendé et député de la Cathédrale de Strasbourg ;

Porte d'argent à trois cyprès de sinople rangés sur une terrasse de même et fruités d'or.

N° 293. Antoine de Belzépine, commandant au fort du réduit de la porte d'Haguenau de la ville de Strasbourg ;

Porte d'azur à une croix d'or chargée de cinq coquilles de sable.

N° 294. Jean-Charles Boisgautier, chanoine du chapitre de St-Pierre-le-vieil de Strasbourg ;

Porte d'azur à trois fasces d'or, accompagnées de trois couronnes de même, deux en chef et une en pointe.

Nr 295. Samuel Bratsfich, ministre à Sesenheim ;

Porte d'azur à trois poissons d'argent posés en fasce l'un sur l'autre.

N° 296. Thibault Sigel, bourgeois de la ville de Benfeldt en Alsace ;

Porte de gueules à un couperet de boucher d'argent, surmonté d'un rencontre de bœuf d'or.

N° 297. Jean Sigel, maître de la poste de la ville de Benfeldt en Alsace ;

Porte d'azur à un cor de chasse d'or.

N° 298. Jean-Guillaume Auberrin, chanoine de St-Léonard ;
Porte d'or à un lion de gueules.

N° 299. François Albes, baron de Lerchtufeldt, chanoine du chapitre de St-Pierre-le-jeune de Strasbourg ;

Porte d'or à un ours debout de gueules.

N° 300. Nicolas Chanteau, entrepreneur des fortifications à Strasbourg ;

Porte de gueules à trois pals d'argent, et un chef abaissé d'or^e sous un autre chef d'azur, chargé d'une rose d'argent, accostée de deux étoiles d'or.

N° 301. La communauté des habitants du village de Nidenrederin ; (Niederrœderen.)

Porte d'argent à un soc de charrue de sable posé en pal, la pointe en bas.

N° 302. La communauté des habitants de Roppenheim ;

Porte d'argent à un arbre de sinople posé à dextre sur une terrasse de même, et sénestré en chef d'un fer de cheval de sable.

N° 303. La communauté des habitants du lieu de Rechweg et Guisenem ; (Reschwoog et Giesenheim.)

Porte d'argent à un cercle de sable enfermant une étoile à huit raies d'or.

No 304. La communauté des habitants de Fortsfeldein et Kauffenem ; (Forstfeld et Kauffenheim.)

Porte d'argent à un annelet de sable enfilé par un bâton de même posé en pal, le pied fourché terminé en deux feuilles d'arbre.

No 305. JEAN-ADAM PFITZINGUER, prévôt du village de Koutzenhausen ; (Kurtzenhausen.)

Porte d'argent à un marteau de sable emmanché de gueules posé en pal, accosté des deux lettres A et P aussi de sable.

No 306. La communauté des habitants de Sesenem et Dalhonden ; (Dalhunden et Sessenheim.)

Porte d'argent à un fer de cheval de sable en chef et un croissant renversé de gueules, posé en pointe.

No 307. La communauté des habitants du village d'Aunenheim ; (Auenheim ?)

Porte d'argent à la lettre capitale M de sable, sommée d'une croix pattée et croisée en fasce et en pointe de même.

No 308. La communauté du lieu de Sultz de la baronnie de Fleckenstein ;

Porte de sinople à trois fasces d'argent.

No 309. La communauté du lieu de Klimbach et Winguem ; (Wingen ?)

Porte d'argent à un cœur de gueules, percé de deux flèches de sable empennées d'azur, passées en sautoir.

No 310. La communauté des habitants du village de Runtzenheim ;

Porte d'azur à un sablier d'or surmonté d'un croissant renversé de même.

No 311. JEAN SCHMIDS, prévôt de Guisenem ; (Giesenheim.)
Porte d'argent à un arbre de sinople sur une terrasse de même.

No 312. JEAN-VALENTIN VILHARD, prévôt de Niderrederen ;
Porte d'argent aux deux lettres L et H renversées et adossées de gueules, surmontées des deux lettres V et V de même, rangées en chef.

No 313. JEAN-JACQUES MATZ, prévôt de Klimbach et Winguem ; (Wingen.)

Porte d'argent à une navette de gueules posée en fasce,

N° 314. N... DE TRUCK, chanoine du chapitre de St-Pierre-le-vieil de Strasbourg ;

Porte d'argent à un chevron de gueules, accompagné de trois roues de même.

N° 315. JEAN-GUILLAUME ANTONI, chanoine du chapitre de St-Pierre-le-vieil de Strasbourg ;

Porte d'or à un chevron de gueules, accompagné en chef de deux coquilles de sable, et en pointe d'un sanglier de même.

N° 316. IGNACE PARENT, curé du village de Walff ;

Porte d'argent à trois sangliers de sable, deux et un.

N° 317. N... EREHEMBRUCQ, chanoine du chapitre de St-Pierre-le-jeune de Strasbourg ;

Porte d'argent à un arbre de sinople, sur une terrasse de même.

N° 318. La communauté des habitants du village de Zuzendorff ;

Porte d'azur à un St-Barthélemy d'argent, tenant en sa main dextre un couteau de même, emmanché d'or, et sur son bras sénestre la peau d'un homme écorché de gueules.

N° 319. N... BAUDOUIN, directeur de la monnaie de Strasbourg ;

Porte de gueules à une croix pattée d'or.

N° 320. N... GRAU, notaire royal ;

Porte d'argent à trois arbres arrachés de sinople, deux et un.

N° 321. ANDRÉ FLEURY, commissaire provincial d'artillerie au département de Strasbourg ;

Porte d'argent à un chevron de gueules, accompagné de trois roses de même.

N° 322. JEAN-MARC AUBERTIN, chanoine prébendé en l'Eglise cathédrale de Strasbourg ;

Porte parti au 1er d'argent, à un raisin au naturel, et au 2e d'or à un lion de gueules, à la champagne d'argent chargée d'une rose couchée en fasce de gueules, tigée et feuillée de sinople.

N° 323. JEAN BELLAVOINE, ingénieur du roi à Strasbourg ;

Porte de gueules à trois épis de blé d'or, en bouquet, et un chef d'argent chargé de trois merlettes de sable.

N° 324. N... DE PRINET, chanoine prébendé de la Cathédrale de Strasbourg ;

Porte écartelé d'argent et de sinople à un aigle à deux têtes aussi écartelé de l'un en l'autre, lampassé et armé de gueules.

Nº 325. FRANÇOIS FROMONT, prêtre, chanoine prébendé du grand-chœur de la Cathédrale de Strasbourg ;

Porte d'azur à une cassolette d'argent, fumante d'azur, surmontée d'un soleil d'or.

Nº 326. GUILLAUME COUMEN, chanoine prébendé en l'Eglise cathédrale de Strasbourg ;

Porte d'azur à un griffon d'or.

Nº 327. ANNE-CLAIRE GEYLING D'ALFHEIM, femme de PHILIPPE-CHRISTOPHE DE GEYLING D'ALFHEIM, gentilhomme ;

Porte de sable à deux croissants d'argent, coupé d'or.

Nº 328. JEANNE-ELIZABETH DE BERGKHEIM, femme de PHILIPPE DE BERGKHEIM, gentilhomme ;

Porte de même.

Nº 329. SOLENNE LE PÈRE, chanoine prébendé en l'Eglise cathédrale de Strasbourg ;

Porte d'azur à un chevron, accompagné en chef de deux roses et en pointe d'une cloche, le tout d'argent.

Nº 330. ADAM ROTH, chanoine prébendé en l'Eglise cathédrale de Strasbourg ;

Porte d'azur à une roue d'or, sur un rocher d'argent.

Nº 331. N... LUCOT, chanoine prébendé en l'Eglise cathédrale de Strasbourg ;

Porte de gueules à trois étoiles d'argent, deux et une.

Nº 332. JEAN-CONRAD SIMON, maître-perruquier à Strasbourg ;

Porte d'azur à un homme de carnation, vêtu d'or, tenant en sa main dextre une tête de perruquier d'argent.

Nº 333. FRANÇOIS DE SALES ROBERT, chanoine prébendé en l'Eglise cathédrale de Strasbourg ;

Porte d'azur à un lion d'or, lampassé et armé de gueules.

Nº 334. LOUIS PONJALLE, dit BEAUREGARD, entrepreneur aux fortifications de Strasbourg ;

Porte de sinople à un chevron d'or, accompagné de trois épis de blé tigés et feuillés de même, deux en chef et un en pointe.

N° 335. N... Conrard Stolz, chanoine prébendé du grand-chœur de l'Eglise cathédrale de Strasbourg ;

Porte d'azur à un chiffre d'or, composé des lettres C et S doubles et entrelacées.

N° 336. François Chassevent de la Billardière, commissaire garde d'artillerie en la citadelle de Strasbourg ;

Porte d'azur à un tronc d'arbre écoté d'argent, planté à dextre, sur un terrain de sinople, sénestré d'un cygne d'argent, nageant dans des ondes de même, et un soleil d'or en chef.

N° 337. Jean-Jacques Veigelin, receveur du bailliage de Bruigt ; (Brumath ?)

Porte d'azur à un globe céleste d'argent, composé de cinq roues ou cercles, l'un dans l'autre.

N° 338. La communauté des habitants du village de Minfeldt ;

Porte d'argent à un aigle à deux têtes de sable, et un bâton d'or posé en bande, brochant sur le tout.

N° 339. La communauté des habitants du village de Lavandel ; (la Wancelle ?)

Porte d'argent à trois fasces ondées d'azur.

N° 340. La communauté des habitants du village d'Oberotirotte ; (Ober-Ottrott ?)

Porte d'argent à un lion de gueules, et un chef d'or.

N° 341. N... Morissen, chanoine prébendé de l'Eglise cathédrale de Strasbourg ;

Porte d'azur semé de gouttes d'eau d'argent, à un lion d'or brochant sur le tout, et une bordure engrelée de même.

N° 342. La communauté des habitants du village de Dorembach ; (Dürrenbach ?)

Porte d'azur à trois poissons d'argent en fasce l'un sur l'autre.

N° 343. François-Aloyse de Hasest, chanoine du chapitre de St-Pierre-le-vieil de Strasbourg ;

Porte parti au 1er coupé d'argent et d'or par une fasce de sinople, l'argent chargé de trois écrevisses de gueules assises et rangées sur la fasce, et l'or chargé de quatre bandes de sable, au 2e de gueules, à cinq fusées d'argent posées en fasce, chacune pommetée d'or en chef.

Nº 344. André Revel, directeur des carosses de Strasbourg à Besançon ;

Porte d'azur à un chevron d'argent, accompagné de trois étoiles d'or.

Nº 345. Jean-Henry Christ, ministre à Vendenheim ;

Porte écartelé en sautoir de gueules et d'argent, le gueule chargé en chef d'une couronne d'épines d'or, et en pointe d'un croissant d'argent, l'argent chargé de deux roses de gueules posées une à chaque flanc.

Nº 346. La communauté des pêcheurs du bailliage de Benfeldt ;

Porte d'azur à une rame d'or posée en pal, et deux poissons d'argent passés en sautoir, les têtes en bas, brochants sur le tout.

Nº 347. Anselme Hubert, prêtre, curé de Danguelheim ; (Dangolsheim ?)

Porte d'azur à une colombe d'argent.

Nº 348. N... Pichot, chanoine prébendé de l'Eglise cathédrale de Strasbourg ;

Porte de sinople à une fasce d'hermine, denchée par le bas en rayons, et un chef cousu d'azur, chargé de deux cœurs unis et enflammés d'or, supportés d'un vol d'argent.

Nº 349. N... Berlin, curé du village de Hochgefft ; (Hohengœft ?)

Porte de gueules à un calice d'or sur un mont de trois coupeaux de même.

Nº 350. Louise-Françoise, née de Rathsamhausen et Ehentélyher, (Ehenweier?) femme de Georges-Louis de Landsberg, ancien lieutenant-colonel et conseiller au présidial de la noblesse de Basse-Alsace ;

Porte d'argent à une fasce de sinople et une bordure de gueules.

Nº 351. Susanna-Sophia Bœklin de Bœklinsaw, née de Rathsambhausen d'Ehweyer ;

Porte d'argent à une fasce de sinople et une bordure de gueules.

Nº 352. Marie-Elizabeth Beckle de Beclinsaw, née de Beaulieu ;

Porte d'argent à un chevron, accompagné en chef de deux étoiles, et en pointe d'un tourteau, le tout de gueules.

No 353. La communauté des maîtres boulangers et meuniers de Rosheim;

Porte d'argent à deux annelets entrelacés de gueules posés au côté dextre du chef, une roue de moulin posée au côté sénestre du même chef, et une rose de gueules posée en pointe.

No 354. Sabine, née de Burckewald, femme de Charles du Pré de Dortal, gentilhomme d'Alsace;

Porte d'azur à une fasce d'argent frettée de gueules, accompagnée en chef d'une étoile à six raies d'or et en pointe d'une lune en décours de même.

No 355. La seigneurie de Pfoulguiesheim; (Pfulgriesheim.)

Porte parti au 1er d'azur, à une fasce d'argent fréttée de gueules accompagnée en chef d'une étoile à six raies d'or et en pointe d'une lune en décours de même, et au 2e d'argent à deux fasces de gueules,

No 356. Pierre Grateloup, maître-chirurgien à Strasbourg;

Porte d'azur à un chevron d'or, accompagné en chef de deux têtes de loup, coupées et affrontées d'argent, et en pointe d'un baril sur son cul d'or, et un chef cousu de gueules, chargé d'un croissant d'argent, cotoyé de deux étoiles d'or.

No 357. Jean-François Recius, secrétaire de l'évêché et officialité de Strasbourg;

Porte d'azur à un porc-épic d'or assis sur un mont de sinople et accompagné d'une étoile d'or posée au 1er canton.

No 358. Marie-Magdeleine-Ursule, née d'Enschringe, femme de Philippe Fleury de Rotembourg;

Porte barelé d'or et de gueules de dix pièces, à un lion de sable, lampassé de gueules, brochant sur le tout.

No 359. Marie-Antoinette baronne d'Eltz, femme de François-Dominique, baron de Wangen;

Porte coupé au 1er de gueules à un lion naissant contourné d'or, et au 2e d'argent.

No 360. Sophia Haffner de Wasslenheim, née d'Andlau, femme de Jacques Daffner de Wasslenheim, gentilhomme;

Porte d'or à une croix de gueules.

No 361. La seigneurie d'Engwiller; (Ingwiller.)

Porte d'azur à une figure d'évêque, vêtu pontificalement, crossé et mitré d'or.

N° 362. Jean-Jacques Belvaux, chanoine prébendé de l'Eglise cathédrale de Strasbourg ;

Porte d'argent à trois carreaux de gueules rangés en fasce, chacun surmonté d'une merlette de sable.

N° 363. Marie-Anne baronne de Wangen, née d'Elverfeld, femme de François-Joseph, baron de Wangen ;

Porte d'or à cinq fasces de sable.

N° 364. Jean-Jacques Strolle, maître de poste au bourg de Brumpt ; (Brumath ?)

Porte d'or à un cornet de postillon de gueules, soutenu d'une flèche couchée de même, ferrée d'argent.

N° 365. Jacques Prisset, prêtre, chanoine et curé de l'Eglise collégiale de St-Pierre-le-vieil à Strasbourg ;

Porte d'argent à trois épis de pourpre, mouvants de la pointe de l'écu, accompagnés de trois étoiles d'azur, posées une en chef et deux aux flancs.

N° 366. André Prisset, entrepreneur des fortifications de Strasbourg pour Sa Majesté ;

Porte de même.

N° 367. Jean-Georges Winter, prêtre, curé du village de Hipsheim ;

Porte de sable à une croix haussée, fleuronnée d'or, accostée de deux coquilles de même.

N° 368. Anne-Dorothée von Hornburg, femme de François-Louis de Boulach, gentilhomme d'Alsace ;

Porte d'or à deux trompes de gueules, mouvantes en pal d'un mont de trois coupeaux de sinople.

N° 369. La communauté des habitants du village de Bruschdorff ; (Bruche ?)

Porte d'azur à un St-Pierre avec sa clef d'or, sur une terrasse de sinople, adextré d'un écusson d'or chargé d'un lion de sable et sénestré d'un cygne naissant d'argent contourné.

N° 370. La communauté des habitants du lieu d'Uhwiller et Nidideraltorff, (Niederaltorff) dépendante de l'abbaye de Neubourg en Alsace ;

Porte de sable à un griffon d'or.

N° 371. Marie Amelye, baronne d'Elsenheim, femme de

FRANÇOIS DE BURKEVALDT, commandant le second bataillon du régiment royal Danois ;

Porte d'argent à trois rencontres de daim de gueules, deux en chef et une en pointe, et une rose de même posée en abime.

Nº 372. La communauté des habitants du lieu d'Avendorff et Domnenheim, (Dauendorf et Donnenheim ?) dépendants de l'abbaye de Neubourg en Alsace ;

Porte de sable à un lion d'or soutenu d'un chevron renversé de même.

Nº 373. La communauté des habitants du village de Burckevald ;

Porte d'azur à une fasce d'or, chargée de trois lozanges de gueules et accompagnée en chef d'une étoile aussi d'or, et en pointe d'une lune en son croissant d'argent.

Nº 374. SABINE-MARGUÉRITE RICHARDE, BARONNE DE WANGEN, femme de JEAN-FRANÇOIS-ANTOINE DE FLACHELAND ;

Porte écartelé de gueules et d'argent, à quatres lions, les queues fourchues, affrontés de l'un en l'autre; couronnés d'or, les deux quartiers d'argent semés de billettes d'azur.

Nº 375. HUBERT BINDER, curé et doyen de la collégiale de Saverne ;

Porte d'or à trois trèfles de sinople, deux et un.

Nº 376. MARIE-URSULE DE BULACH, femme de JACQUES-FRÉDÉRIC BŒCK, de Blesheim et Guerscht; (Gerstheim ?)

Porte de gueules à une étoile à huit raies d'argent, coupé d'or.

Nº 377. MARIE-BARBE DE BOULACH, née D'ANDLAU, femme de FRANÇOIS-MATERNE DE BOULACH, gentilhomme de la Basse-Alsace ;

Porte d'or à une croix de gueules.

Nº 378. JEANNE-CHARLOTTE DE HUFFEL DE WETZLEN DE MARSILLIE, femme de PHILIPPE-JACOB HUFFEL DE WENDER, gentilhomme ;

Porte d'argent à une bande de gueules.

Nº 379. JEAN RENARDIN, prêtre, curé de Hintzen ; (Hilsen ?)

Porte d'azur à un agneau d'argent passant en chef, et deux petits renards d'or affrontés en pointe.

Nº 380. ESTER-SOPHIE DE KIPPENHEIM, née DE WOLTZ D'AL-

Ternau., femme de Georges-Eberhard de Kippenheim , capitaine au régiment de milice de la Basse-Alsace ;

Porte tranché de gueules et d'azur par une bande d'argent, chargée en chef d'une croix de gueules.

Nº 381. Marie-Catherine d'Andlau, née de Zering, femme de Jean-Conrard d'Andlau., gentilhomme d'Alsace ;

Porte de gueules à un léopard lionné ou rampant d'argent.

Nº 382. Daniel Bodemer, ministre luthérien à Westhoffen ;

Porte d'azur à un chiffre composé des lettres D, B et M d'or entrelacées, surmonté d'une couronne de même et accosté de deux palmes aussi d'or les tiges passées en sautoir.

Nº 383. François du Fresnay , directeur des postes d'Alsace ;

Porte d'or à un arbre de sinople, accosté de deux cors de chasse de gueules.

Nº 384. Marie-Victoire de Weitersheim , née de Mackau , femme de N... Weitersheim , lieutenant-colonel ;

Porte de gueules à une couronne d'or , écartelé d'or à un cheval se cabrant de gueules.

Nº 385. Jean-Jacob Moscherosch , ministre à Barr ;

Porte d'azur à une étoile à huit raies d'or, accompagnée de quatre roses de même , deux en chef et deux en pointe.

Nº 386. Jean-Frédéric Geiger , ministre de l'Eglise luthérienne de Mittelbergheim ;

Porte d'azur à un livre ouvert d'argent , chargé de caractères hébraïques de sable.

Nº 387. Claire-Judith, née de Rathsamhausen et Eheneregher, femme de Jean-Jacques de Landsberg , gentilhomme du corps de la noblesse de la Basse-Alsace ;

Porte d'argent à une fasce de sinople et une bordure de gueules.

Nº 388. La seigneurie des villages de Niderehenheim, Meïestratzheim et Zellweiter ; (Niedernai, Meistrazheim, Zellwiller ?)

Porte coupé au 1er d'azur à une montagne de six coupeaux d'or , et au 2e d'argent.

Nº 389. Heinric-Distric Gailing d'Altheim , gentilhomme de basse Alsace , capitaine au régiment d'Alsace ;

Porte d'azur à une corne de cerf d'argent.

Nº 390. La seigneurie de Buessweiller ;

Porte d'azur à un St-Sixte vêtu pontificalement, tenant en sa main déxtre une croix patriarchale et en sa sénestre une tasse, le tout d'or.

N° 391. ANDRÉ SCHARD, prévôt de la ville de Barr;

Porte d'or à un rencontre de bœuf de gueules, accompagné de trois étoiles de même, une en chef et deux en pointe.

N° 392. PHILIPPE STROHL, ministre de St-Thomas de Strasbourg;

Porte d'azur à une flèche d'argent, posée en pal, la pointe en haut.

N° 393. JEAN-JACQUES DAMBACK, ministre de l'Eglise de St-Pierre-le-vieil de Strasbourg;

Porte d'argent à deux léopards de sable, couronnés de même l'un sur l'autre.

N° 394. JEAN-JACQUES SAUR, marchand-bourgeois de Strasbourg;

Porte d'argent à une colombe s'essorant d'azur, tenant en son bec un rameau d'or.

N° 395. LOUIS LAUGUE, marchand-bourgeois de la ville de Strasbourg;

Porte d'argent à un palmier arraché de sinople.

N° 396. JEAN-LOUIS ENGELHARD, ministre de l'Eglise St-Thomas, et bourgeois de Strasbourg;

Porte d'or à un ange de carnation vêtu de gueules et d'argent.

N° 397. ANDRÉ-GEORGES HELZBERGUER, marchand-bourgeois de Strasbourg;

Porte de gueules fretté d'argent, à un chef d'or, chargé de trois molettes de sable.

N° 398. N... BOUCHER, inspecteur des hôpitaux d'Alsace;

Porte d'azur à une fasce d'or, accompagnée de trois soleils de même.

N° 399. JEAN-GEORGES NAGUEL, marchand-libraire et bourgeois de la ville de Strasbourg;

Porte d'argent à une bande d'azur, chargé de trois croissants d'argent.

N° 400. ALBERT LEYDECKER, marchand à Strasbourg;

Porte d'or à un chevron d'azur, accompagné de trois roses de gueules, deux en chef et une en cœur, et un mont de trois coupeaux de sinople mouvant de la pointe.

STRASBOURG.

SUIVANT L'ORDRE DU REGISTRE 5ᵉ.

N° 1ᵉʳ. JEAN-MATHIEU SCHMID MEYER, marchand-bourgeois de Strasbourg ;
Porte d'argent à un pommier de sinople, fruité d'or, et un sanglier de sinople, passant au pied de l'arbre.

N° 2. JEAN SIGISMOND BREIDER, ministre de Landau ;
Porte d'azur à trois glands d'or, deux et un.

N° 3. NICOLAS FENEL, sénateur de la ville de Strasbourg ;
Porte de sinople à deux bandes d'or.

N° 4. ANDRÉ CONDU, maître à danser à Strasbourg ;
Porte d'azur à un chevron d'or, accompagné de trois étoiles de même.

N° 5. MARTIN ILLER, ministre de l'Eglise neuve ;
Porte d'argent à deux croissants adossés d'azur.

N° 6. JEAN-JACOB HEUSS, ministre de l'Eglise neuve et prédicateur ;
Porte d'azur, à une ancre renversée d'argent, soutenue d'un croissant aussi d'argent, accosté de deux étoiles d'or.

N° 7. JEAN-GEORGES KITSCH, ministre, diacre de l'Eglise de St-Guillaume ;
Porte d'azur à un agneau pascal d'argent.

N° 8. ISAAC OUSEL, marchand-bourgeois de la ville de Strasbourg ;
Porte de sable à un épervier s'essorant d'argent grilleté d'or.

11

Nº 9. JEAN-JACQUES RAUCH, libraire à Strasbourg ;
Porte de gueules à un lion d'or.

Nº 10. JEAN-JACQUES BŒLER, ministre à Strasbourg ;
Porte d'argent à un chiffre composé des lettres J et B doubles et entrelacées de sable.

Nº 11. CHRISTOPHE GUNTZER DE PLOBSHEIM ;
Porte d'or à un bœuf passant de sable, le pied dextre levé, tenant une hache de même, laquelle passant par derrière, le bout paraît au-dessus de son épaule, sur une terrasse ou mont de trois coupeaux de sinople.

Nº 12. BALTAZARD WELPER, marchand-libraire et bourgeois de Strasbourg ;
Porte d'azur à un chevron d'or, accompagné de trois étoiles de même.

Nº 13. JEAN-LOUIS SCHEVACKER, marchand-brasseur à Strasbourg ;
Porte d'argent à un ours de sable rampant contre un pommier de sinople fruité de gueules.

Nº 14. SAMUEL NAGUEL, marchand-brasseur à Strasbourg ;
Porte d'argent à un crochet de gueules et une happe de tonnelier de même passée en sautoir, un quatre de chiffre de marchand de sable, brochant sur le tout, soutenu des deux lettres S et N de même.

Nº 15. CONRAD-GASPARD MEQUEBAULT, marchand-tanneur à Strasbourg ;
Porte d'argent à trois croissants de sable, deux et un.

Nº 16. LÉOPOLD MININCK, marchand-bourgeois de Strasbourg ;
Porte d'argent à un écureil assis de gueules, mangeant une pomme de même.

Nº 17. FERDINAND STERN, greffier de Mittelbergbitten ; (Mittelbergheim ?)
Porte d'argent à une tête de maure de sable.

Nº 18. FRÉDÉRIC-CASIMIR DE RATHSAMHAUSEN D'EHENWEYER, coseigneur de Wickbolsheim et autres lieux ; (Wibolsheim.)
Porte d'argent à une fasce de sinople et une bordure de gueules.

Nº 19. ANNE-MARIE DE RATHSAMHAUSEN D'EHENTWEYER, née BARONESSE DE WANGUEN ;
Porte comme ci-devant, l'art. 374 du reg. 4ᵉ.

Nº 20. Marie-Anne-Fredericque de Mullenheim, née de Boch de Blæsheim ;

Porte de gueules à un bouc rampant d'argent, accorné d'or.

Nº 21. Claude Chambon, sergent-royal au conseil souverain d'Alsace ;

Porte de gueules à un griffon d'argent.

Nº 22. Wolff Lockman, marchand-bourgeois de Strasbourg ;

Porte d'argent à un sauvage de carnation tenant en sa main dextre un arbre arraché de sinople.

Nº 23. Samuel Coppius, chanoine du chapitre de Sᵗ-Pierre-le-vieil de Strasbourg ;

Porte d'azur à un chifre d'or composé des lettres S et C multipilées et entrelacées surmontées d'une couronne de laurier de même.

Nº 24. Antoine Volgets, notaire royal à Haguenau ;

Porte d'azur à un chevron d'argent, accompagné en chef de deux étoiles d'or, et en pointe d'un faucon de même sur un croissant d'argent.

Nº 25. Jean-Jérosme Faur, secrétaire de M. le comte de Hanau-Lichtenberg ;

Porte de gueules, chapé arrondi d'argent, à trois grenades tigées et feuillées, deux en chef et une en pointe de l'un en l'autre, celles du chef tigées et feuillées de sinople et celle de la pointe ouverte de gueules.

Nº 26. Susanne-Ursule Pawel de Rommingen, née de Mallenheim, de la noblesse de la Basse-Alsace ;

Porte de gueules à une rose d'argent boutonnée d'or, et une bordure de même.

Nº 27. La communauté des habitants du village de Duttlen ; (Düttlenheim ?)

Porte trois écussons en cartouche joints ensemble, posés un et deux ; le 1ᵉʳ d'azur à un cygne d'argent écartelé d'argent avec une figure femelle de carnation à demi-corps sans bras, vêtue de gueules ; le 2ᵉ d'or à une croix de gueules, et le 3ᵉ d'azur à une montagne de six coupeaux d'or, coupé d'argent.

Nº 28. La seigneurie de Breuschwickersheim ;

Porte parti au 1ᵉʳ de sable à une étoile à six raies d'argent, au 2ᵉ d'or parti d'azur à une corne de cerf d'argent.

N° 29. JEAN-MARTIN DAUTEL, licencié en droit, bourgeois de Strasbourg;

Porte d'or à une table d'autel de gueules chargée d'un cœur d'or et accompagnée de trois fleurs de lis d'azur, deux en chef et une en pointe.

N° 30. La seigneurie du village de Blacheveiller; (Bliensch-willer ?)

Porte d'or à une bande de sable chargée de trois étoiles d'or.

N° 31. JEAN-JACQUES HENRICY, médecin à Strasbourg;
Porte d'azur à un lion d'argent.

N° 32. JEAN JOST, archiprêtre et curé de Lobstheim; (?)
Porte d'azur à une balance d'argent.

N° 33. ETIENNE AMBERGUER, marchand à Strasbourg;

Porte d'argent à un ours debout de sable, tenant de ses pattes un verre plein de vin de gueules.

N° 34. SÉBASTIEN SENWIG, greffier du bailliage de Marmoustier et d'Ochsenstein;

Porte de sinople à une croix à double traverse d'or.

N° 35. ANNE-MARIE BECLAREN, femme de N... OBRECH, con-seiller du roy, préteur royal de Strasbourg;

Porte de gueules à un aigle d'or becqué d'azur.

N° 36. JEAN-HENRY MOSISE, maître-chirurgien à Strasbourg;

Porte d'argent à deux fleurs de lis de gueules, au pied nourri, l'une versée et toutes deux jointes en cœur.

N° 37. JEAN VŒLLER, marchand-linger et bourgeois de Stras-bourg;

Porte d'argent à un quatre de chiffre de marchand de sable, sup-porté par la double lettre W de même.

N° 38. CHRÉTIEN ENGUELHARD, marchand-épicier à Stras-bourg;

Porte d'azur à deux anges d'or tenant une balance suspendue en équilibre de même.

N° 39. ERASME ERASMUS, maître-chirurgien à Strasbourg;
Porte de gueules à trois têtes de léopard d'or, deux et une.

N° 40. EMMANUEL FICHER, le jeune, marchand à Strasbourg;
Porte d'argent à un chapeau de gueules, et une terrasse de trois monticules de sinople.

Nº 41. LAMBERT WILKIN, marchand à Strasbourg ;
Porte d'azur à trois colombes d'argent, deux et une.

Nº 42. JEAN SEUPEL, maître-chirurgien à Strasbourg ;
Porte de sable, à un sautoir d'or.

Nº 43. JEAN-CHRISTOPHE GAMBS, marchand et bourgeois de Strasbourg ;
Porte d'azur à deux pals d'argent.

Nº 44. BRITANY SOMENSA, marchand-bourgeois de Strasbourg ;
Porte d'argent à une fasce de gueules chargée de trois étoiles d'or.

Nº 45. ANTOINE BRÉTAUD, marchand-bourgeois de Strasbourg ;
Porte d'azur à deux épées d'argent passées en sautoir.

Nº 46. JEAN-FRÉDÉRIC MÉGUERLIN, maître-chirurgien à Strasbourg ;
Porte de sable à un cygne d'argent.

Nº 47. JEAN-BALTAZARD WAGNER, maître-chirurgien à Strasbourg ;
Porte d'azur à deux vaches d'or passantes l'une sur l'autre.

Nº 48. JEAN-NICOLAS SCHWENDE, prévôt royal de Blancheweiller ; (Blancherupt ?)
Porte coupé d'azur sur gueules, à un serpent d'argent, tortillé en pal, brochant sur le tout.

Nº 49. GEORGE LOUD, maître-chirurgien à Strasbourg ;
Porte de gueules, à une fasce d'or, accompagnée de trois annelets d'argent.

Nº 50. JEAN-ANDRÉ KEIFFLEM, licencié en droit à Strasbourg ;
Porte d'argent à trois trèfles de sinople, tigés et feuillés de même, mouvants d'une montagne de trois coupeaux d'azur.

Nº 51. JEAN HELMUS, marchand-bourgeois de la ville de Strasbourg ;
Porte d'or à un arbre de sinople, accosté de deux croissants de gueules.

Nº 52. GEORGES RIS, marchand-mercier ;
Porte d'or à un sauvage de carnation, tenant en sa main dextre un arbre de sinople.

Nº 53. Jean Mosseder, marchand ;

Porte d'argent à un buste de sauvage de gueules, tenant en sa main dextre une massue d'or.

Nº 54. Joseph Balz, marchand-chapelier, bourgeois de Strasbourg ;

Porte d'argent aux trois lettres J, B et R de gueules entrelacées.

Nº 55. Jean-Philippe Helick, marchand-chapelier ;

Porte d'argent à un chapeau de gueules, duquel pendent deux cordons houppés et noués de même.

Nº 56. N... Ris, procureur de Strasbourg ;

Porte d'argent à un sauvage de carnation tenant en sa main dextre un arbre de sinople.

Nº 57. Emmanuel Brand, maître-chirurgien à Strasbourg ;

Porte d'argent à un cœur enflammé de gueules.

Nº 58. Le bailliage de Daxtheim ;

Porte d'azur à une bande d'argent fleuronnée de six pièces d'or, trois dessus et trois dessous.

Nº 59. Jean Réduit, notaire royal à Strasbourg ;

Porte d'or à une branche de chêne de sinople englandée de trois glands de même.

Nº 60. Jean-Charles Verjus, marchand-brasseur à Strasbourg ;

Porte d'argent à un cep de vigne de sinople, fruité d'or, accolé à un échalas de sable.

Nº 61. Jean-Charles Kelerman, marchand, bourgeois de Strasbourg ;

Porte d'or à une bande de sable.

Nº 62. N... Christianny, marchand-bourgeois de Strasbourg ;

Porte d'azur à une fasce d'or, accompagnée de trois croissants d'argent.

Nº 63. Georges Pischel, marchand-bourgeois de Strasbourg ;

Porte d'or à deux dauphins adossés d'azur.

Nº 64. Jean-Paul Koll, marchand-bourgeois de Strasbourg ;

Porte d'argent à un croissant de gueules, accompagné de trois étoiles de même, deux en chef et une en pointe.

Nº 65. Jean-Daniel Bourgner, marchand-bourgeois de Strasbourg ;

Porte d'azur à deux tours d'or, sur une terrasse de sinople.

N° 66. ABRAHAM HEIN, marchand de vin à Strasbourg ;
Porte d'azur à deux barils d'or, cerclés de sable.

N° 67. N... MARBAC, procureur à Strasbourg ;
Porte d'argent à un bateau de sable sur une mer de sinople.

N° 68. N... SCHELMACKER, marchand-brasseur à Strasbourg ;
Porte d'azur à trois pommes d'or tigées et feuillées de même.

N° 69. CHRISTOPHE HERMANN, marchand-bourgeois de Strasbourg ;
Porte d'azur à un quatre de chiffres de marchand d'or, accompagné en pointe des deux lettres C et H de même.

N° 70. LAMBERT WIDENLECHER, procureur-fiscal à Strasbourg ;
Porte d'or à un cœur de gueules enflammé de même.

N° 71. ULRICH MARHAINIKEIN, maître-barbier à Strasbourg ;
Porte d'argent à deux vipères tortillées en pal et adossées d'azur, languées de gueules.

N° 72. ANTOINE QUINSSARD, marchand-bourgeois de Strasbourg ;
Porte d'azur à un chevron d'or surmonté d'un croissant d'argent, accompagné de trois étoiles d'or, deux en chef et une en pointe.

N° 73. JEAN-JOACHIM COB, marchand-bourgeois à Strasbourg ;
Porte d'or à un dragon de sinople lampassé de gueules.

N° 74. JEAN-BALTHAZARD SATTLER, marchand-bourgeois de Strasbourg ;
Porte de gueules à un croissant d'argent, surmonté de trois étoiles d'or rangées en chef.

N° 75. JÉRÉMIE LING, marchand à Strasbourg ;
Porte d'azur à deux poissons d'or passés en sautoir, écartelé d'argent à une ancre de sable posée en barre.

N° 76. PHILIPPE-JACQUES PUCTEL, marchand de fer à Strasbourg ;
Porte d'argent à un quatre de chiffre de marchand de sable, le pied fourché en chevron appuyé sur les lettres T et P de même.

N° 77. N... BÆR, marchand-bourgeois de Strasbourg ;
Porte d'azur à un chevron d'or, accompagné de trois croissants de même.

N° 78. JEAN HERMANDCHUERD, marchand-bourgeois de Strasbourg ;

Porte d'argent à un chiffre de gueules, composé des lettres J et H de sable et de la lettre S de même brochant sur les deux autres.

Nº 79. N... GOMBS, écrivain de la ville de Strasbourg ;
Porte de gueules à un lion d'argent.

Nº 80. CHRISTOPHE MULLER, marchand-droguiste à Strasbourg ;
Porte d'argent à un sautoir de gueules, accompagné de quatre roues de même.

Nº 81. JEAN HERR, chirurgien à Strasbourg ;
Porte d'azur à un chiffre composé des lettres J et H d'or, entrelacées, surmontées d'une couronne de même, et accostées de deux palmes aussi d'or, les tiges passées en sautoir.

Nº 82. JEAN-GEORGES GRAU, marchand-épicier à Strasbourg ;
Porte d'or à trois fasces de sinople.

Nº 83. NICOLAS LITS, marchand-bourgeois de Strasbourg ;
Porte d'azur à une fasce d'or, accompagnée de trois croisettes de même.

Nº 84. GASPARD-CHRISTIAN BUSCH, chirurgien à Strasbourg ;
Porte d'argent à une fasce de gueules accompagnée en chef de trois trèfles de sinople tigés et mouvants d'un terrain de même, et en pointe de trois autres trèfles de même aussi tigés et mouvants d'un terrain pareil au premier.

Nº 85. DIONISIAS CHEPH, marchand-épicier à Strasbourg ;
Porte d'argent aux deux lettres D et C de sable entrelacées.

Nº 86. GASPARD MOUSTINGUER, maître-chirurgien à Strasbourg ;
Porte d'or à un arbre de sinople, sur une terrasse de même.

Nº 87. RODOLPHE STEIG, maître-chirurgien à Strasbourg ;
Porte d'argent à trois fers de cheval renversés de gueules posés deux et un.

Nº 88. JEAN ANGELIN, marchand-bourgeois de Strasbourg ;
Porte d'azur à une bande d'or accompagnée de deux étoiles à huit raies de même.

Nº 89. JEAN-FRÉDÉRIC LOBSTEIN, marchand-passementier à Strasbourg ;
Porte d'argent à un quatre de chiffre de marchand de sable, accosté en pointe des lettres I. L de même.

Nº 90. HERMANN-HENRY COMPENINS, maître-chirurgien à Strasbourg ;

Porte d'azur à un massacre de cerf, surmonté d'une rose, le tout d'or.

Nº 91. GEORGES-WILLEHEIM SOLD, marchand-bourgeois de Strasbourg;
Porte d'or à deux bandes de gueules chargée chacune de trois besants d'argent.

Nº 92. JEAN-EBERHARD EUT, marchand-bourgeois de Strasbourg;
Porte d'azur à trois sautoirs d'or, deux et un.

Nº 93. JEAN-PHILIPPE BRANDHOFF, brasseur;
Porte d'azur à deux tours d'argent, jointes par un portail de même, et desquelles s'élèvent des flammes au naturel, et à une champagne de gueules chargée d'une étoile à huit raies d'or.

Nº 94. N... HENINGER, marchand-bourgeois de Strasbourg;
Porte d'azur à un cygne d'argent.

Nº 95. JEAN-HENRY REINHOLT, marchand à Strasbourg;
Porte de sable à trois os de mort d'argent posée en sautoir et en fasce, sommés de trois épis de blé d'or et les tiges appointées.

Nº 96. JEAN HADDEN, marchand-brasseur, bourgeois de Strasbourg;
Porte d'argent à deux bâtons de sable passés en sautoir et un maillet de gueules posé en pal brochant sur le tout.

Nº 97. DANIEL BÉLER, marchand-bourgeois de Strasbourg;
Porte de gueules à neuf étoiles d'argent, posées trois, trois et trois.

Nº 98. JACOB GUÉRIN, marchand à Strasbourg;
Porte d'azur à une croix haussée et passée, le pied ouvert en chevron d'or, accompagnée de neuf anneaux ou bagues entrelacés de même trois à trois, chaque bague garnie d'un diamant d'argent.

Nº 99. CHRISTIEN CALLUS, maître-chirurgien à Strasbourg;
Porte de gueules aux deux lettres C et C d'argent adossées et entrelacées.

Nº 100. ABRAHAM BUCHEL, marchand-épicier à Strasbourg;
Porte d'argent à la lettre A surmontée de la lettre B de sable.

Nº 101. JEAN-MICHEL DE WEND, chanoine et prébendé en l'Eglise cathédrale de Strasbourg;
Porte d'azur à un chevron d'argent, accompagné de trois têtes de léopards arrachées d'or.

N° 102. Jean-Daniel Kopp, maître-chirurgien à Strasbourg ;
Porte d'or à un griffon de gueules, tenant en son bec un fer de cheval de sable.

N° 103. Jean-André Hasner, conseiller au magistrat de la ville de Strasbourg ;
Porte lozangé d'argent et d'azur.

N° 104. Jean-Conrard Boch, marchand-bourgeois de Strasbourg ;
Porte d'argent à trois croissants de gueules, et une étoile de même posée en abîme.

N° 105. Jean-Adam Miller, marchand à Strasbourg ;
Porte de gueules à une moitié de roue de moulin d'argent, surmontée d'une colombe de même, posée entre deux étoiles d'or.

N° 106. Jean Lobstein, marchand-boucher à Strasbourg ;
Porte d'or à trois rencontres de bœuf de gueules, deux et un.

N° 107. Jean-Henrv Kouff, marchand-bourgeois de Strasbourg ;
Porte d'argent à la lettre H de sable supportant un quatre de chiffre de marchand de même.

N° 108. Bernard Menou, marchand-bourgeois de Strasbourg ;
Porte d'azur à trois trèfles d'or, deux et une.

N° 109. Jean-Georges Mousseder, marchand-bourgeois de Strasbourg ;
Porte d'argent à une fasce de gueules chargée de trois roses d'or.

N° 110. Jean Buymeyer, marchand-boucher à Strasbourg ;
Porte d'azur à une croix potencée d'or.

N° 111. Jacques Wagmann, marchand-boucher à Strasbourg ;
Porte d'argent à trois grappes de raisin de gueules.

N° 112. Jean-Adolphe Macquer, marchand-boucher à Strasbourg ;
Porte d'or à un rencontre de bœuf de sable, accompagné de trois étoiles de même.

N° 113. Jacques Bivy, marchand-bourgeois de Strasbourg ;
Porte d'argent à deux fasces de gueules.

N° 114. André Grune, apothicaire à Strasbourg ;
Porte d'azur à une ancre d'or, posée à dextre et deux couronnes de même, posées à sénestre l'une sur l'autre.

N° 115. JEAN-JACQUES LICHTEISSEN, marchand-épicier à Strasbourg ;

Porte de sable à un sautoir d'argent, accompagnée de quatre palmes d'or.

N° 116. JEAN-MICHEL GRIMEISSEN, marchand-bourgeois de Strasbourg ;

Porte d'azur à deux fasces ondées d'argent, accompagnées en cœur d'une étoile d'or.

N° 117. JEAN GRUNE , apothicaire à Strasbourg ;

Porte comme ci-devant, art. 114.

N° 118. N... LOMBARD , avocat à Strasbourg ;

Porte de gueules à une croix ancrée d'argent.

N° 119. JEAN-FRANÇOIS DE LA CHEVALLE , marchand à Strasbourg ;

Porte d'azur à un lévrier d'argent naissant, accolé et bouclé d'or, mouvant d'un mont de trois coupeaux de sinople.

N° 120. JEAN-RAYNARD MADER, greffier du criminel de la ville de Strasbourg ;

Porte de sinople à un lion d'or tenant de ses deux pattes une faux d'argent emmanchée d'or.

N° 121. DOMINIQUE DURASSE, commis de l'extraordinaire des guerres à Strasbourg ;

Porte écartelé au 1er et 4e d'argent à une tête de More de sable tortillée d'argent, au 2e d'or à un arbre de sinople, au 3e d'azur à un lion d'or.

N° 122. N... MALBOIS, commis de l'extraordinaire des guerres à Strasbourg ;

Porte d'azur à une bande d'or chargée de trois roses de gueules.

N° 123. ANTOINE DE LA FRÉGÉRE DE COURSEONNE, capitaine des portes de la ville de Strasbourg ;

Porte d'azur à un chevron d'or, accompagné en chef de deux étoiles de même et en pointe d'un croissant d'argent.

N° 124. MARIE-ANNE baronne DE REINACH, née D'ANDLAU ;

Porte d'or à une croix de gueules.

N° 125. JEAN-GEORGE MINDER , tanneur à Strasbourg ;

Porte d'argent à une fasce de gueules, surmontée d'une merlette de même.

Nº 126. JEAN-ADAM LECLERC, commis sur les fortifications de la ville de Strasbourg ;

Porte de sinople à un chevron d'argent surmonté d'un soleil d'or, deux molettes d'argent posées aux flancs et une église de même en pointe.

Nº 127. ANSELME ROSSET, marchand-bourgeois de Strasbourg ;

Porte d'or à trois poissons de gueules, rangés en pal.

Nº 128. HENRY DE LA ROQUE, Stettmeister de la ville d'Haguenau ;

Porte coupé au 1er de gueules à trois bandes d'argent, au 2e aussi de gueules à un chevron d'argent, accompagné en chef de deux étoiles d'or et en pointe d'un cyprès de même.

Nº 129. NICOLAS CRAUSSE, prévôt des villages d'Achseim et Ergerseim ;

Porte d'argent à un cœur de gueules surmonté d'une étoile de même, soutenu de deux palmes de sinople, les tiges passées en sautoir et accostées des deux lettres N et C de sable.

Nº 130. MARTIN RÉEB, ministre à Strasbourg ;

Porte d'or à un cep de vigne de sinople fruité de trois raisins de pourpre, et accolé à un échalas de sable sur une terrasse de même.

Nº 131. JEAN-ADAM MICHEL, procureur fiscal à Haguenau ;

Porte d'argent à un lion de gueules, tenant dans ses deux pattes une navette de tisserand de même.

Nº 132. FRANÇOIS GRIMM, maître de poste à Haguenau ;

Porte d'azur à trois cors de chasse d'or, deux et un.

Nº 133. La communauté des maréchaux de la ville d'Haguenau ;

Porte de gueules à un serpent tortillé en pal d'or, adextré d'une tenaille d'argent et sénestré d'un maillet de même emmanché d'or, et un chef d'argent chargé d'une rose de gueules.

Nº 134. DANIEL BERNARD, étapier à Haguenau ;

Porte d'or à un lion d'argent et une bande de gueules, brochant sur le tout.

Nº 135. NICOLAS PHEFFER, bourguemestre de la ville d'Haguenau en Alsace ;

Porte d'azur à une trompette, un haut-bois et un flageolet d'or, posés en pal et en sautoir.

Nº 136. Marie Lanier, femme de N... Tarade, ingénieur en chef et directeur des fortifications de la province d'Alsace;

Porte d'azur à un chevron d'argent, accompagné de trois étoiles de même.

Nº 137. Daniel Barth, bourguemestre de la ville d'Haguenau en Alsace;

Porte d'argent à une Vierge de carnation, vêtue de gueules et d'azur et couronnée d'or par deux anges aussi de carnation, vêtus de pourpre et de sinople.

Nº 138. La communauté des tailleurs d'habits de la ville d'Haguenau en Alsace;

Porte d'azur à une paire de ciseaux d'or, ouverts en sautoir, accompagnée en chef d'une rose d'argent.

Nº 139. La communauté des bouchers de la ville d'Haguenau en Alsace;

Porte de gueules à un bœuf furieux d'or, surmonté d'une rose d'argent et soutenu d'un couperet de même.

Nº 140. La communauté des maîtres tonneliers de la ville d'Haguenau;

Porte d'or à un cep de vigne de sinople fruité de sable, parti de sable à un lion monstrueux ayant la tête d'un taureau, d'or, accorné d'argent, vomissant des flammes de gueules et ayant les pieds de derrière accornés d'argent comme ceux d'un taureau.

Nº 141. La communauté des tanneurs de la ville d'Haguenau;

Porte d'azur à un aigle à deux têtes d'or chargé en cœur de deux couteaux de tanneur de gueules, emmanchés d'argent passés en sautoir.

Nº 142. La communauté et confrérie des charpentiers de la ville d'Haguenau;

Porte écartelé au 1er d'argent à une espèce de rabot à deux mains dont se servent les charpentiers, de gueules, au 2e d'azur à une équerre d'argent et une hache de même passées en sautoir, au 3e de gueules à un valet et une cheville d'or passés en sautoir, au 4e d'argent à une bisaigne de gueules et un ciseau à bois de même passés en sautoir, et sur le tout des quatre quartiers un plomb de sable.

Nº 143. Jean-Jacques Diétrich, assesseur du magistrat de la ville d'Haguenau en Alsace;

Porte d'argent aux trois clous de la passion appointés de sable, accostés des deux lettres I et D de même.

Nº 144. La communauté des cordonniers de la ville d'Haguenau ;

Porte d'argent à un patin ou soulier à l'antique de gueules, percé d'une flèche d'or périe en bande.

Nº 145. Thibault Steimfre, cabaretier, hôte de la Couronne au village de Kitteltheim ; (Küttolsheim ?)

Porte d'argent à un arbre de coignassier de sinople fruité d'or.

Nº 146. Claude de la Croix, maître d'exercice à Strasbourg ;

Porte d'azur à une croix d'or, cantonnée de quatre roues de même.

Nº 147. La communauté des maîtres chirurgiens de la ville d'Haguenau ;

Porte de gueules à une lancette d'argent accostée de deux ciseaux affrontés d'or.

Nº 148. L'Eglise paroissiale du village de Sourbourg ;

Porte d'azur à un St Jean-Baptiste d'or avec son agneau d'argent.

Nº 149. L'Eglise paroissiale du village d'Esbach ;

Porte d'azur à un St-Martin d'or, sur un cheval d'argent, coupant avec son épée la moitié de son manteau de gueules, pour le donner à un pauvre de carnation, vêtu d'argent.

Nº 150. L'Eglise paroissiale du village de Soufflenne ; (Soufflenheim.)

Porte de gueules à un St-Michel d'or.

Nº 151. L'Eglise paroissiale du village d'Ettendorff ;

Porte d'azur à un St-Nabore, martyr, d'or, tenant en sa main dextre une palme de même.

Nº 152. La communauté des maîtres chapeliers de la ville d'Haguenau ;

Porte d'or à un chapeau de gueules, duquel pendent deux cordons houppés de même, passés deux fois en sautoir.

Nº 153. Jacob Holick, bourguemestre en la ville de Rhinau ;
Porte d'azur à deux poissons carpes d'or rangés en pals.

Nº 154. La communauté des pêcheurs de la ville de Rhinau ;
Porte d'argent à trois saumons d'azur rangés en fasce l'un sur l'autre.

No 155. JEAN-GUILLAUME BREVEZ, prêtre, curé de la ville de Damback;

Porte de gueules à une flèche et un trident d'or, passés en sautoir, et une couronne de laurier de sinople, brochante sur le tout.

No 156. La communauté des laboureurs de la ville de Rhinau;

Porte de sinople à un charriot d'or tiré par deux chevaux d'argent.

No 157. La communauté des maîtres artisans de la ville de Rhinau;

Porte d'argent à une botte de cuir de sable, surmontée d'un pain de gueules; adextré d'un marteau de sable et sénestré d'une paire de ciseaux d'azur ouverts en sautoir.

No 158. Cet article ne sert ici que pour mémoire, attendu que c'est un double emploi à l'art. 316 du 2e registre de Strasbourg de l'état du 23 juillet 1700;

No 159. La communauté des habitants du village de Betschdorf; (?)

Porte d'or à un lion naissant de gueules, coupé d'azur à une étoile de six raies d'or.

No 160. GEORGE MUS, gentilhomme;

Porte d'azur à un bélier naissant d'or, coupé d'argent à trois souris de sable, deux et une.

No 161. L'Eglise paroissiale du village de Luxhoussen; (Lixhausen?)

Porte d'argent, à une croix patriarchale de gueules.

No 162. La communauté des maçons, charrons et potiers de terre de la ville d'Haguenau;

Porte d'or à trois marteaux de sable joints appointés en cœur et disposés en triangle, accompagnés en chef de deux roues de gueules et en pointe d'une marmite de sable.

No 163. JEAN-ADAM BEZER, marchand-bourgeois de Strasbourg;

Porte d'azur à trois pigeons d'or, deux et un.

No 164. JACQUES-GEORGE REDELLEMEYER, ministre à Preischdorff; (Preuschdorf.)

Porte d'or à un ange de gueules tenant en sa main dextre un livre ouvert d'argent et en sa sénestre une palme de sinople sur un terrain de même, duquel sont mouvantes deux roses, l'une à dextre et l'autre à sénestre de gueules tigées et feuillées de sinople.

N° 165. La seigneurie d'Orchevillers ;

Porte d'azur à un chevron d'argent, accompagné de trois gerbes d'or.

N° 166. PIERRE DE BELIUS, prêtre, curé d'Achsteim et Egersheim ; (Dachstein-Ergersheim.)

Porte de gueules à un agneau pascal d'argent, sur une terrasse de sinople.

N° 167. JEAN-JACQUES METZHEIN, assesseur au magistrat de la ville d'Haguenau ;

Porte d'argent à deux lances de gueules passées en sautoir et un maillet à long manche de sable posé en pal, brochant sur le tout.

N° 168. JEAN SONTAG, assesseur du magistrat de la ville d'Haguenau ;

Porte d'or à trois fasces d'azur.

N° 169. JEAN STAMBRUN, assesseur au magistrat de la ville d'Haguenau ;

Porte d'argent à une anse de sable.

N° 170. JACQUES QUINSY, marchand-bourgeois de Molsheim ;

Porte d'argent à un quatre de chiffre de marchand de gueules, le pied fiché dans un cœur vidé de même, enfermant les deux lettres I et Q de sable.

N° 171. PHILIPPE CHAMMA, marchand-bourgeois de la ville d'Obernheim ; (Obernai.)

Porte d'argent à un cœur de gueules chargé d'une aune en baguette d'or posée en fasce brochante sur le tout surmontée des lettres P et C, et soutenu d'une étoile à six raies de même, et un quatre de chiffre de marchand aussi d'or, le pied fiché dans le cœur.

N° 172. THIBAULT ERTHEL, prévôt du village d'Illwickersheim ;

Porte palé d'or et de sable de six pièces.

N° 173. SÉBASTIEN LIÉNARD, prévôt du village d'Eckelbosheim ; (Eckbolsheim.)

Porte d'argent à un aigle à deux têtes de gueules.

N° 174. Philippe Simon, prévôt du village de Wangen ;
Porte d'azur à un oiseau d'or sur un mont de six coupeaux de même.

N° 175. N... Raspe, ministre de l'Eglise de Niderhausbergen ;
Porte d'or à un léopard de gueules.

N° 176. N..., ministre de l'Eglise de Werdenheim ; (Vendenheim ?)
Porte d'argent, à un loup ravissant de sable, lampassé de gueules.

N° 177. Michel Gertzer, marchand-cabaretier à Gaunstade ; (Gunstett ?)
Porte d'or à deux fasces de gueules.

N° 178. Nicolas Capaum, marchand-apothicaire à Haguenau ;
Porte d'azur à un mercure tenant en sa main dextre un caducée et en sa sénestre une boîte couverte, le tout d'or.

N° 179. Jean-Jacques Wagner, ministre de Walhenheim ; (Walheim ?)
Porte d'or à une roue de sable.

N° 180. La communauté des habitants du village de Gaudersheim ; (Gundershoffen ?)
Porte d'argent à un aigle à deux têtes de gueules.

N° 181. François Frossette, marchand-bourgeois de la ville d'Haguenau ;
Porte d'argent aux deux F F de sable.

N° 182. Henry Wirdy, prêtre, curé de Kougenheim et autres lieux dépendants du bailliage de Kockersberg ;
Porte d'argent à trois roses de gueules, deux et une.

N° 183. Jean-George Gerber, assesseur au magistrat de la ville d'Haguenau ;
Porte d'azur à un lion d'or, tenant une rose de même.

N° 184. Nicolas Anstet, cabaretier à l'ensigne de la charrue à Haguenau ;
Porte d'azur à un crampon d'or, posé en pal accolé de la lettre S d'argent et adextré d'une étoile d'or.

N° 185. Christophe Mosée, cabaretier, hôte de l'aigle en la ville d'Haguenau ;
Porte d'argent à un aigle à deux têtes de gueules.

Nº 186. Jean Klim, prévôt de Holtzen ; (Holzheim ?)

Porte d'argent à une croix dont le montant est à double crampon de sable, accostée des deux lettres H et K de même.

Nº 187. Materne Helmaigre, prêtre, curé de Wingersheim en Alsace ;

Porte d'argent à une croix patriarchale de gueules, accostée de deux palmes de sinople, les tiges passées en sautoir, et surmontée des trois lettres F, M et H de sable, rangées en chef.

Nº 188. La communauté des habitants du village ne Mittelhoussen ;

Porte d'or à une fasce de gueules, accompagnée de trois tours de même.

Nº 189. Jean-Henry Vetersfeldt, ministre de l'Eglise de Mittelhoussen ;

Porte d'azur à une licorne passante d'argent.

Nº 190. La communauté des habitants du village de Gries ;

Porte d'or à trois grues de sable, avec chacune sa vigilance de gueules.

Nº 191. Jean-Sigismon Hempel, ministre de l'Eglise de Gries ;

Porte d'or à un arbre de sinople le fut au naturel, accolé d'un serpent d'argent.

Nº 192. Adam Sellius, ministre à Bouxvillier en Alsace ;

Porte diapré d'or à un sauvage de carnation couvert et couronné de feuilles de sinople, tenant en sa main dextre un cornet de sable.

Nº 193. Philippe Lang, curé d'Epffick, bailliage de Benfeld ;

Porte d'argent à une lance de sable posée en pal, accostée des deux lettres G et L de même.

Nº 194. N... de Forffner, femme d'Antoine Erhard de Bock de Blaisheim ;

Porte écartelé au 1er et 4e d'or à un homme de carnation à deux corps, contourné, vêtu de sable, sa tête couverte d'un chapeau de même garni d'un cordon d'argent, sa main dextre appuyée sur son côté, et de sa sénestre tenant une hache d'argent, emmanchée de gueules, avec laquelle il semble vouloir frapper contre le fut d'un arbre de sinople posé en pal, et au 2e et 3e quartier barré de quatre pièces d'or, de sable, de gueules et d'argent.

Nº 195. Frédéric-Casimir Liettersberguer, bourgeois du village de Mittelhoussen ;

Porté de sable à deux hommes à demi-corps sans bras, le visage de carnation, vêtus d'or.

Nº 196. ABRAHAM WAGNER, ministre de Niderbronne en basse-Alsace;

Porte d'argent à une roue sur laquelle est un homme tenant en sa main dextre une plume et en sa sénestre un marteau, le tout de gueules.

Nº 197. MARTIN ULRICH, prêtre, curé de Dahlen en Alsace; (Dahlenheim.)

Porte d'argent à une croix de sable chargée d'une tête et col de cerf coupée, d'or.

Nº 198. JEAN SCHAMETTER, ministre de Offeviller;

Porte de gueules à un calice d'or surmonté d'une croix pattée de même.

Nº 199. HENRY LOUFFRE, ministre de Schillendorff; (Schillersdorff.)

Porte d'azur à un cygne s'essorant d'argent soutenu des deux lettres H et L d'or.

Nº 200. JEAN-JACOB CHASLE, ministre de l'Eglise de Obermotern; (Obermoderen.)

Porte d'azur à un léopard d'or, couronné de même.

Nº 201. SAMUEL HOPPENSAC, ministre de Phaffenhoffen;

Porte d'argent à un arbre de sinople.

Nº 202. ANDRÉ-CORARD HAYNOLDT, ministre à Mittelsheim; (Mietesheim?)

Porte d'azur à un pélican avec sa piété dans son aire d'or, ensanglanté de gueules.

Nº 203. JEAN-JACOB BÉTZEL, ministre d'Enguiller, bailliage de Phaffenhoffen;

Porte d'or à un agneau pascal de gueules.

Nº 204. La communauté des habitants du village de Sand;

Porte d'azur à un aigle d'or.

Nº 205. MARTIN BALDMER, ministre de Hirth; (Hœrth.)

Porte d'argent à une sirène d'azur.

Nº 206. ADAM REICH, ministre de Gundertheim, bailliage de Brumpt; (Geudertheim—Brumath.)

Porte d'argent à un arbre de sinople.

N° 207. JOSEPH BALGOMÉ, marchand-bourgeois de la ville d'Haguenau ;

Porte d'argent à un quatre de chiffre de marchand de sable, le pied fiché dans un cœur vidé de même enfermant en chef les deux lettres I et B aussi de sable, et en pointe une rose de gueules, et deux étoiles de même posées une à chaque flanc de l'écu.

N° 208. JOACHIM HOSTMANN, marchand-bourgeois de la ville d'Haguenau ;

Porte d'argent à la lettre H de sable en cœur, et en chef un quatre de chiffre de gueules dont le pied brochant sur la lettre H va s'appuyer sur la lettre M, aussi de sable posée en pointe.

N° 209. GASPARD FARCQUÉ, marchand-bourgeois de la ville d'Haguenau ;

Porte d'argent à un quatre de chiffre de marchand de sable, le pied fiché dans un cœur vidé de même, enfermant les deux lettres G et F de même, le tout accompagné en chef de deux étoiles de gueules.

N° 210. SIMON KREMER, hôte de la Couronne ;

Porte d'argent à un sautoir alèzé de gueules, accosté de deux roses de même.

N° 211. N... LANGE, curé de Sultz, bailliage d'Extheim ; (Soultz-les-bains — Dachstein.)

Porte d'azur à un chiffre d'or, composé des lettres L et A doubles et entrelacées.

N° 212. N... CHRANCH, curé de l'Eglise de Molsheim ;

Porte d'argent à un paon couronné passant au naturel.

N° 213. N... FABRY, curé de Narschaussem, bailliage de Venfeldeim ; (Nordhaussen ? — Benfeld ?)

Porte d'argent à un marteau de sable sur une enclume de même.

N° 214. PIERRE MOSSER ; fermier à Biblen ; (Biblenheim ?)

Porte de gueules à une fasce d'argent, accompagnée de trois roues d'or.

N° 215. ADOLPHE OBERLING, médecin à Molsheim ;

Porte d'azur à six billettes d'or, trois, deux et une.

N° 216. SAMUEL GRAFFE, curé de Kocquenheim, bailliage de Venfeld ; (Kogenheim ; — Benfeld ?)

Porte de gueules à un calice d'or sommé d'une Ste hostie d'argent et accosté des deux lettres S et G d'or.

N° 217. Jean Serp, ministre à Rettviller ; (Reitwiller ?)

Porte d'argent à un pommier au naturel accosté des deux figures d'Adam et d'Eve de carnation, l'arbre accolé d'un serpent d'or, tenant en sa gueule une pomme de gueules.

N° 218. Daniel Haac, ministre à Ingviller ;

Porte de gueules à trois croissants d'argent, deux et un.

N° 219. Pierre Léonard, curé de Holtzheim ;

Porte d'azur à une fasce d'argent chargée de trois croisettes de gueules.

N° 220. Jean-Christophe Seliger, receveur de l'hôpital de Bouxwiller ;

Porte d'azur à une barre d'or, accompagnée de deux étoiles de même.

N° 221. Eucharius Schell, receveur de l'hôpital de Bouxviller ;

Porte d'azur à deux étoiles d'or en chef, et un croissant d'argent en pointe.

N° 222. George-Frédéric Brief, ministre à Bouxviller ;

Porte d'azur aux trois lettres G, F et B d'or, jointes ensemble.

N° 223. Jean-Paul Luc, ministre de Brunshein ; (Prinzheim ?)

Porte d'or à une rose de gueules.

N° 224. Jean-George Nellever, ministre de l'Eglise de Neuviller ;

Porte de gueules à une bande d'argent chargée de trois merlettes de sable.

N° 225. Jean Bornaguis, ministre de Schumdelshem ; (Schwindratzheim ?)

Porte d'argent à un cœur enflammé de gueules, percé d'une flèche de sable en bande, la pointe en haut, et surmonté de trois roses de gueules mal ordonnées.

N° 226. Marie-Ursule de Jeauston, femme de N..., baron de Krebs ;

Porte d'azur à une croix fleurdelisée d'argent.

N° 227. Jean Haslawer, ministre du village de Ernolsheim ;

Porte d'or à un lièvre courant de gueules.

N° 228. Jean-Barthélemy Schumer, ministre d'Aldorff et Eguindorff en Alsace, du bailliage de Phaffenhofen

Porte d'azur à un soleil d'or.

Nᵒ 229. La communauté des habitants du village de Koutzen-hausen ; (Kurtzenhausen.)

Porte d'azur à un triangle d'or.

Nᵒ 230. THIÉBAULT ARLIN, hôte de la Couronne à Hert, bailliage de Brumpt ; (Hœrth — Brumath.)

Porte d'argent à une demi-roue de sable, défaillante par le haut, surmontée des deux lettres D et A de même, rangées en chef.

Nᵒ 231. JEAN-GEORGE LEGAT, curé de l'Eglise de Rommers-heim ; (Rumersheim.)

Porte de gueules à un lion d'argent tenant de sa patte dextre une croix pattée au pied fiché, d'or.

Nᵒ 232. MARIE-FRANÇOISE D'ANDELAU, femme de N... DE KA-GUENEST, préteur royal ;

Porte d'or à une croix de gueules.

Nᵒ 233. JEAN ULRICH, ministre à Brumpt ; (Brumath.)

Porte de sinople à un chevron d'or, accompagné de trois têtes de licornes coupées, d'argent.

Nᵒ 234. JEAN ULRICH, ministre à Krautweiller ;

Porte d'argent à un bouquet de plusieurs fleurs au naturel, mouvant d'une terrasse de trois monticules de sinople.

Nᵒ 235. MARIE-ELIZABETH DELLAUSEN, femme de N..., BARON DE HEINDEL, gentilhomme de la Basse-Alsace ;

Porte écartelé au 1ᵉʳ et 4ᵉ d'or à une grue de sable, becquée et membrée de gueules, au 2ᵉ et 3ᵉ aussi d'or à neuf tourteaux de sable, posés trois, trois, deux et un, et sur le tout aussi écartelé au 1ᵉʳ et 4ᵉ d'or à un homme à demi-corps sans bras, vêtu de gueules, la tête de carnation, couronné d'or, et au 2ᵉ et 3ᵉ d'azur à un rameau d'arbre de cinq feuilles d'or, posé en pal.

Nᵒ 236. JEAN-PIERRE BOFFMANN, receveur de M. le comte de Hanau-Lichtemberg ;

Porte d'azur à une bande d'or.

Nᵒ 237. JEAN-JACQUES EHRLEN, ministre de Heyligenstein ;

Porte d'argent à un arbre de sinople, terrassé de même.

Nᵒ 238. JEAN-JACQUES REDSLOB, ministre de Gertweiller ;

Porte d'argent à un daim rampant de gueules sur une terrasse de trois monticules de sinople.

Nº 239. Paul Bories, ministre à Gouxwiller ;

Porte d'or à une bande de gueules, accompagnée de deux molettes de sable.

Nº 240. Jean Arbogast, greffier de la ville d'Andleau ;

Porte d'argent à la figure d'un évêque de carnation, vêtu pontificalement d'une aube d'argent, d'une tunique d'azur, ceint d'une ceinture d'or, et couvert d'une chappe de gueules, sa tête couverte d'une mitre d'or, tenant sur sa main dextre une église de gueules, et de sa sénestre tenant une crosse d'or dont le bâton est de sable.

Nº 241. La communauté des habitants du village de Vendenheim ;

Porte d'azur à trois bandes d'or, coupé d'argent à un croissant de gueules.

Nº 242. Jean-André Furnstem, ministre de Dounzenheim ;

Porte d'argent à trois fasces d'azur.

Nº 243. La communauté des habitants du village de Weitersveiller ;

Porte parti au 1er d'argent à une bande de gueules coupé de gueules à trois fasces d'argent, au 2e d'azur à un St-Michel d'or.

Nº 244. Philippe Royer, ministre de Scharalhbergen ; (Scharrachbergheim.)

Porte d'argent à une rose de gueules.

Nº 245. La seigneurie de Boffezheim ;

Porte tranché de gueules sur azur par une bande d'argent chargée en chef d'une croix de gueules.

Nº 246. Jean-Thibault Lizerman, maître-chirurgien à Hochfreden ; (Hochfelden ?)

Porte de gueules à deux lancettes d'argent, emmanchées d'or, clouées d'argent, passées en sautoir, surmontées des trois lettres I, T et L d'or rangées en chef.

Nº 247. Le comté de Hanau ;

Porte parti de deux traits coupés d'un, ce qui fait six quartiers, le 1er de gueules, à trois chevrons d'or, le 2e fascé d'or et de gueules de six pièces, le 3e d'or à un lion de sable, le 4e d'argent à une fasce de gueules et une bordure de même, le 5e d'azur à un lion d'or, le 6e de gueules à deux fasces d'argent, et sur le tout en cœur de gueules coupé d'or.

Nº 248. JEAN-GEORGE ROSA, docteur-médecin à Bouxviller ;

Porte d'argent à un jeune homme de carnation vêtu d'une veste de pourpre, ceint d'une ceinture de gueules, tenant en sa main dextre une rose de même, tigée et feuillée de sinople, sa tête couverte d'un bonnet de pourpre doublé de gueules, et lui posant ses pieds sur une terrasse de sinople.

Nº 249. N... BRAUDT, ministre de l'Eglise d'Engenheim ; (Ingenheim.)

Porte de gueules à un chevron d'or, accompagné de trois croissants d'argent.

Nº 250. MAZEN GEORGES, prévôt du village de Weyersheim ;

Porte d'or à trois pals d'azur.

Nº 251. ANDRÉ SCHEMYDER, marchand-cabaretier à Weyersheim ;

Porte d'azur à trois cygnes d'argent, deux et un.

Nº 252. JEAN GILIGMANN, prévôt du village de Weyersheim ;

Porte d'azur à trois chevrons d'or.

Nº 253. DANIEL BOURLAMBACH, marchand-cabaretier à Haguenau ;

Porte d'argent à une croix pattée de gueules.

Nº 254. JEAN KIEUCK, prévôt de Weyersheim ;

Porte palé d'or et de gueules de six pièces.

Nº 255. La seigneurie de Bischeim ;

Porte écartelé de sinople et de sable à quatre perles d'argent, posées une à chaque quartier.

Nº 256. JEAN-GEORGE UBELMAN, hôte de l'arbre vert à Haguenau ;

Porte d'argent à un arbre de sinople.

Nº 257. JEAN RANSON, prêtre, curé de l'Eglise de St-Georges de la ville de Haguenau ;

Porte d'azur à deux plumes à écrire d'argent, passées en sautoir, accompagnées en chef d'un calice d'or et en pointe d'un vol d'argent.

Nº 258. GEORGE-NORBERT VALTHEIR, curé de Gembseimb (Gambsheim) et Bettenhoffen ;

Porte d'azur à un portail d'argent maçonné de sable, sommé d'un homme armé d'or, tenant en sa main sénestre une pique de même.

Nº 259. JEAN SCHEFFER ; prévôt de Lavant-Hénault ; (La Wanzenau ?)

Porte d'azur à un agneau passant d'argent surmonté des deux lettres I et S d'or.

Nº 260. MELCHIOR BAUR, cabaretier à Bavanthénault en Alsace ; (La Wanzenau ?)

Porte d'argent à un arbre de sinople.

Nº 261. THOMAS THIÉBAULT, prévôt de Sauffelvers ; (Souffelweyersheim.)

Porte d'argent à deux crampons de sable, passés en sautoir, accostés des deux lettres T et T aussi de sable.

Nº 262. THIBAULT BANS, prévôt de Reichtet ;

Porte d'azur à un besant d'argent, chargé d'une croix de sable, et supporté d'un pal retrait d'or.

Nº 263. MATHIS SPRAURE, prévôt de Gambsheim et de Bettenheim ; (Bettenhoffen ?)

Porte de gueules à une truelle d'argent, accompagnée de trois étoiles d'or, posées une en chef et deux en pointe.

Nº 264. MICHEL BASS, cabaretier à Kilstet ;

Porte d'argent à une horloge ou sablier de gueules, accosté des deux lettres M et L de même.

Nº 265. La communauté des habitants de Kuenhem ; (Kienheim.)

Porte d'azur à trois moutons passant d'argent, deux et un.

Nº 266. JEAN FISCHER, prévôt du village de Kuenheim ; (Kienheim.)

Porte d'or à un trident de gueules posé en pal, le manche en haut.

Nº 267. DANIEL DAMBACH, ministre de Kuenhem ; (Kienheim.)

Porte d'argent à un arbre de sinople sur un ruisseau d'azur.

Nº 268. CHRISTIAN ROTH, marchand-cabaretier à Kuenhem ; (Kienheim.)

Porte d'argent à trois roues de gueules, deux et une.

Nº 269. JACOB MANTZ, marchand-cabaretier à Wiersheim ; (Weyersheim ?)

Porte d'argent à trois croix pattées de gueules, deux et une.

Nº 270. JEAN-ETIENNE SCHLEY, marchand-bourgeois de la ville de Landau ;

Porte d'argent à un quatre de chiffre de marchand de gueules, le pied fiché dans un cœur vidé de même, le cœur enfermant un chevron de sable, accompagné en chef des deux lettres I et S ; et en pointe d'une autre lettre S de même.

N° 271. ETIENNE BERTSCH, ministre à Rumelsweiller ; (Romanswiller ?)

Porte d'azur à une ancre de sable posée en barre, accostée de deux étoiles de gueules.

N° 272. FRANÇOIS GONDOUIN, secrétaire de M. de la Fond, conseiller d'état, intendant de la province d'Alsace ;

Porte d'argent à une fasce de gueules, chargée de trois étoiles d'or et accompagnée de deux léopards de sinople, l'un en chef et l'autre en pointe, celui-ci contourné.

N° 273. La seigneurie de Mittelhaubergen et Mondolsheim ;

Porte d'azur à une licorne naissante d'argent, coupé d'or.

N° 274. LAURENT ELSASSER, marchand-cabaretier à Killstet ;

Porte d'argent à un chiffre de sable, composé des lettres L et E doubles et entrelacées.

N° 275. CHRISTOPHE-ALBERT ENGUELHARD, ci-devant receveur à Ingviller ;

Porte de sinople à un cygne d'argent.

N° 276. La seigneurie du lieu d'Irmstett ;

Porte de gueules à un bouc rampant d'argent.

N° 277. La seigneurie de Scheffelsheim et Dachenheim ; (Schæffersheim-Dahlenheim ?)

Porte deux écus accolés, le 1er écartelé au 1er et 4e d'argent parti de gueules à deux trompes d'éléphant de l'un en l'autre, au 2e et 3e d'argent à un lion de sable, celui de la pointe contourné, et sur le tout d'or à un aigle de sable ; le 2e écu écartelé d'or et d'azur, à quatre lions de l'un en l'autre.

N° 278. N... BOUCHERAT, entrepreneur de la Charpente des fortifications du Fort-Louis du Rhin ;

Porte d'azur à un chevron d'argent, accompagné en chef de deux colombes, et en pointe d'une étoile de même.

N° 279. La communauté des bourgeois de la ville de Berche ; (Bœrsch.)

Porte d'azur à deux poissons nommés perches, adossés, d'argent.

N° 280. LÉOPOLD WILLEME, chanoine du chapitre de Neuviller ;

Porte d'azur à deux bâtons écotés d'or, passés en sautoir, accompagnés en chef d'un croissant d'argent et en pointe d'une étoile à six raies d'or.

N° 281. JEAN-BAPTISTE NOËL, chanoine du chapitre de Neuviller ;

Porte parti d'azur et d'argent, le 1er chargé d'un lion d'or, le 2e chargé de trois étoiles de gueules posées une et deux, et un écusson de gueules brochant en chef sur le parti et chargé d'une bande d'argent.

N° 282. FRANÇOIS DU SAUTOY, chanoine de Haslach en Alsace;

Porte d'argent à trois tours de sinople, deux en chef et une en pointe, et trois croisettes de Malte d'azur, une en chef et deux en pointe, une barre de gueules brochante sur la seconde tour, et un chef de sable chargé d'un besant d'or.

N° 283. JEAN GUELLER, marchand-apothicaire à Bouxviller ;
Porte d'or à une boîte couverte de gueules.

N° 284. La communauté des habitants de Huttenheim et de Werte ; (Hüttenheim — Wœrth.)
Porte d'azur à un massacre de cerf d'or, surmonté d'une étoile de même.

N° 285. JEAN KIEFFER, prévôt du village de Huttenheim et de Wert ;

Porte d'argent à un bourdon de sable accosté des deux lettres H et K de même, et de quatre petites étoiles de gueules, deux en chef et deux en pointe.

N° 286. La seigneurie de Huttenheim et Werte ;
Porte d'azur à trois merlettes d'or, deux et une.

N° 287. JEAN-GASPARD LAMFRITTE, greffier d'Hochfelden ;
Porte de gueules à un agneau pascal d'argent, sa longue croix et la banderolle d'argent, chargée d'une croix de gueules.

N° 288. JEAN-GEORGES REIGISSER, curé d'Hochfelden ;
Porte d'azur à un chevron d'argent, accompagné en chef de deux étoiles d'or, et en pointe d'un calice de même.

N° 289. FRANÇOIS WOUDRELOCHT, curé de Bossendorff;
Porte d'or à trois croix de gueules, deux et une.

N° 290. AUGUSTIN CASTELBERG, curé de Gunstet du bailliage de Haguenau ;
Porte d'or à une tête et col de paon arrachée au naturel.

N° 291. JEAN-NICOLAS SPAG, maître-chirurgien à Bouxviller ;
Porte de gueules à trois épées d'argent, rangées en pals.

N° 292. NICOLAS BAUR, marchand-cabaretier à Bouxviller ;
Porte d'azur à une montagne d'or dans une mer d'argent.

N° 293. ANDRÉ STOLLE, marchand-bourgeois de Bouxviller ;
Porte de gueules à trois étoiles d'argent, deux et une.

N° 294. GEOFFROY WEYGANG, marchand-cabaretier à Bouxviller ;
Porte d'argent à un sautoir de gueules.

N° 295. JEAN-DIETRICH HOSMAN, marchand-cabaretier à Bouxviller ;
Porte d'or à une fasce ondée de gueules.

N° 296. GUILLAUME SCHMOUCK, marchand-bourgeois de Bouxviller ;
Porte d'or à une bande d'azur, chargée de trois fers de flèches d'argent et accompagnée de deux crampons de sable posés en bande.

N° 297. N... GROUSMARD, conseiller de la ville de Bouxviller ;
Porte mi-parti au 1er d'azur, à une demi-fleur-de-lis d'or, mouvante de la partition, et au 2e d'or à trois roses de gueules, tigées de sinople, aussi mouvantes de la partition, l'une sur l'autre.

N° 298. N... HENMAUD, procureur à Bouxviller ;
Porte d'azur à un arbre d'or, accosté de deux étoiles de même.

N° 299. JEAN SCHUNRING, maître de la poste de Gembsemb ; (Gambsheim ?)
Porte d'azur à un marteau d'or en chef, et un cornet de même en pointe.

N° 300. La communauté des marchands-merciers de Bouxviller ;
Porte d'azur à une balance d'or, accompagnée en pointe d'un marc de même.

N° 301. La communauté des habitants du village d'Obermotern ;
Porte d'argent à quatre maillets de sable, posés deux et deux.

Nº 302. La communauté des habitants du village de Mundols-heim ;

Porte d'argent à un sautoir alèzé de gueules, accompagné en pointe de la lettre M de sable.

Nº 303. La communauté des habitants du village de Mittel-hausbergen ;

Porte d'argent à un monde d'azur cintré et croisé d'or, sommé de la lettre V de sable.

Nº 304. Hans Thieesht, prévôt de Meindoltheim ; (Mundolsheim ?)

Porte d'argent à une navette de tisserand de sable posée en pal, accompagnée en chef d'une tour de gueules à dextre, d'une croix de Malte d'azur à sénestre, et en pointe de deux étoiles de gueules.

Nʳ 305. Daniel Ernest, ministre à Mondelsheim ; (Mundolsheim.)

Porte d'argent à deux chevrons de gueules.

Nº 306. Joseph Zembre, curé de Blancheviller, Northal et Zelle ; (Blancherupt — Nothalten — Zell ?)

Porte d'or à une croix de gueules cantonnée de quatre cœurs de même.

Nº 307. Jean-Jacques Leffler, secrétaire des finances de M. le comte de Hanau-Lichtemberg ;

Porte coupé au 1ᵉʳ d'argent à un lion naissant de sable tenant de sa patte dextre une ancre de même en fasce passant derrière le col du lion, et au 2ᵉ de sinople à une quintefeuille d'or.

Nº 308. Joseph Karg, ministre de l'Eglise de Kerviller ; (Kirrwiller.)

Porte tranché de sable et d'or à deux flèches posées en bande de l'un en l'autre.

Nº 309. La communauté des habitants du village de Stitzheim ;

Porte d'azur à un Sᵗ-Pierre avec sa clef, et un Sᵗ-Paul avec son épée, le tout d'or.

Nº 310. N... Corre, maître de poste au Fort-Louis du Rhin ;

Porte de sable à un cerf courant d'or, sur une terrasse de sinople.

Nº 311. Michel Rentz, ministre de Blaisheim, noble ; (Blæsheim.)

Porte de gueules à une fleur-de-lis d'or.

Nº 312. ANDRÉ REILS, curé d'Andlau ;

Porte d'argent à une bande de gueules chargée de trois larmes d'argent.

Nº 313. La communauté des habitants du village de Bolsenheim ;

Porte d'azur à six quintefeuilles d'or, trois, deux et une.

Nº 314. JACQUES KORVEMAN, prévôt du village de Bolsenheim ;

Porte d'argent à un cor de chasse de gueules, accompagné de trois molettes de sable, deux en chef et une en pointe.

Nº 315. N... MOREAU, curé d'Osthoffen ;

Porte d'or à un chiffre de sable composé des deux lettres M et M de sable entrelacées, accompagné en chef d'un calice de gueules supportant la figure de la Ste hostie d'argent.

Nº 316. HENRY BERNARD, prévôt de Bruckmguersheim ; (Breuschwickersheim ?)

Porte de sable à un soc de charrue d'argent, posé en pal, la pointe en haut, accosté de deux étoiles d'or.

Nº 317. THIBAULT GAST, prévôt d'Osthausen, de la noblesse de la Basse-Alsace ;

Porte d'azur à un trèfle d'or, accompagné de trois molettes de même, une en chef et deux en pointe.

Nº 318. La communauté des habitants du village de Gerstheim ;

Porte d'argent à deux cœurs de gueules, enflammés d'une flamme de même.

Nº 319. La communauté des habitants du village de Osthaussen ;

Porte d'azur à deux fasces d'argent chargées chacune de trois tourteaux de sable.

Nº 320. JOST-IGNACE CUSTOR, prêtre, curé en la ville d'Andelau en Alsace ;

Porte d'argent aux trois lettres I, I et C de gueules posées en fasce.

Nº 321. La seigneurie du village de Scharrachbergheim ;

Porte d'azur à une fleur-de-lis d'or.

N° 322. La communauté du village de Scharrachbergheim ;
Porte d'argent à un roc d'échiquier de gueules sur une terrasse de trois monticules de sinople.

N° 323. MARIE-CONCORDE DE TRUCKSES DE RHINFELD, femme de LOUIS DE BURCKMAL, lieutenant-colonel du régiment de cavalerie de Rozen ;
Porte d'azur à trois fasces d'argent.

N° 324. La communauté des habitants du village de Pfoulgrieshim ;
Porte d'or à un griffon de gueules.

N° 325. MICHEL GEORGES, prévôt du village de Pfoulgrieshim ;
Porte de sable à trois pals d'argent.

N° 326. N... LOISON, prévôt de Bouxviller ;
Porte d'azur à trois oies d'argent, becquées et membrées de gueules deux et une.

N° 327. PIERRE-NICOLAS MURG, chanoine de Niderhaslack ;
Porte d'or à un lion passant de gueules, coupé d'azur à deux étoiles d'argent.

N° 328. N... MALÆRMÉ, chanoine du chapitre de Niderhaslack ;
Porte de gueules à un lion morné d'argent.

N° 329. MATHIAS MICHELIS, curé de l'Eglise de Weihershem ; (Weyersheim.)
Porte d'azur à un St-Michel armé d'un foudre, terrassant un diable, le tout d'or, et un chef d'argent chargé d'un calice de gueules, accosté des deux lettres M et M de sable.

N° 330. N..., femme de N... VORSTADE, capitaine des chasses d'Haguenau ;
Porte de gueules à six roses d'or, trois, deux et une.

N° 331. HENRY ZEGEL, prévôt du village de Lipsem ; (Lipsheim.)
Porte d'azur à une pique d'or, ferrée d'argent, périe en bande.

N° 332. La communauté des habitants du village de Lochviller ;
Porte d'or à un aigle à deux têtes de sable.

Nº 333. La communauté des habitants du village de Rittembourg ; (Rutenboùrg.)

Porte de sinople à trois fasces ondées d'or.

Nº 334. La communauté des habitants du village d'Allenveiller;

Porte d'argent à trois tours de gueules, deux et une.

Nº 335. JEAN PAULINS, prévôt d'Haslack ;

Porte d'azur à un chevron d'or, accompagné en chef de deux étoiles de même, et en pointe d'une rose d'argent.

Nº 386. La seigneurie de Welfersheim ; (Wolfisheim ?)

Porte de gueules écartelé d'argent, billeté d'azur à quatre lions affrontés de l'un en l'autre couronnés d'or.

Nº 337. JEAN BIERT, curé de l'Eglise de Kintviller ;

Porte d'argent à un chiffre de gueules, composé des lettres J et B doubles entrelacées.

Nº 338. JEAN BAUR, prévôt du village de Blæsheim ;

Porte fascé d'or et de gueules de six pièces.

Nº 339. La communauté des habitants du village de Ichtratzheim ;

Porte d'azur à trois aigles d'argent, becqués et membrés d'or, deux et un.

Nº 340. ALPHONSE DES PORTES, chirurgien-major au Fort-Louis du Rhin ;

Porte lozangé d'or et d'azur à un croissant de gueules, posé sur le tout en abîme.

Nº 341. Le sceau de la justice du Fort-Louis du Rhin ;

Porte d'azur à une tour d'argent accostée de deux fleurs-de-lis d'or.

Nº 342. La seigneurie d'Eschau, Wibolzheim, Mietersholz, Rathsamhausen, Ehenweyer, Bootzheim et Kounheim ;

Porte d'argent à une fasce de gueules et une bordure de même.

Nº 343. La ville de Rishauffen ; (Richshoffen.)

Porte d'azur à une tour d'or et un chef d'argent, chargé de trois fleurs-de-lis de gueules.

Nº 344. FRANÇOIS-JOSEPH SIGELIUS, curé de Reichshoffen ;

Porte d'argent à un livre fermé de gueules, chargé en cœur d'une étoile d'argent, posé en pal sur une terrasse de trois monticules de sinople, et accompagné en chef de trois roses de gueules rangées.

Nᵒ 345. N... MEYER, marchand à Sundweiller; (Stundwiller?)
Porte d'argent à une hure de sanglier arrachée de sable.

Nᵒ 346. La communauté des habitants du village d'Oberbronne ;
Porte d'azur à un lion d'or et une bande de gueules brochante sur le tout, chargée de trois coquilles d'argent.

Nᵒ 347. N... LORY, marchand à Sundweiller; (Stundwiller ?)
Porte d'azur à un dauphin d'argent, couronné d'or.

Nᵒ 348. (Manque.)

Nᵒ 349. La communauté des habitants des villages d'Ertzasweiller; (Erkartswiller ?) Zittersheim et Sparsback ;
Porte de gueules à un croissant d'argent, accompagné de trois étoiles d'or, deux en chef et une en pointe.

Nᵒ 350. La communauté des habitants du village de Weimbourg ;
Porte de gueules à trois bandes d'or.

Nᵒ 351. La communauté des habitants du village de Rothbach ;
Porte d'or à une quintefeuille de gueules.

Nᵒ 352. La communauté des habitants du village de Iunweiller; (Ingwiller ?)
Porte de sable à un chef d'or chargé de trois coquilles de gueules.

Nᵒ 353. JEAN-GEORGES EGGER, ministre de l'Eglise d'Urviller;
Porte d'argent à un aigle de gueules.

Nᵒ 354. La communauté des habitants du village d'Urviller ;
Porte d'azur à trois fasces d'or.

Nᵒ 355. JEAN PAULY, ministre à Rothbach ;
Porte d'azur à une fasce d'argent chargée de trois roses de gueules.

Nᵒ 356. JEAN HAMINIM, ministre de l'Eglise de Gumprechtshoffen ;
Porte d'argent à six mouchetures d'hermine de sable, trois, deux et une.

Nᵒ 357. La communauté des habitants du village de Gumprechtshoffen ;
Porte d'azur à un lion d'or.

Nᵒ 358. La communauté des habitants du village de Mertzwiller ;

Porte de gueules à un chevron d'or, accompagné de trois coquilles de même.

No 359. Wolffgang Dorn, ministre de l'Eglise d'Eckwersheim ;

Porte de sable à trois fasces d'or.

No 360. La communauté des habitants du village d'Eckwersheim ;

Porte de gueules à deux croix d'argent en chef et une fleur-de-lis de même en pointe.

No 361. La communauté des habitants du lieu de Diebolsheim, dépendant du bailliage de la noblesse de la Basse-Alsace ;

Porte d'or à une croix de gueules, le pied fourché en chevron, accompagnée de cinq roses de même, deux en chef, deux aux flancs et une en pointe.

No 362. Antoine Remond, marchand au Fort-Louis du Rhin ;

Porte d'or à une croix de gueules, cantonnée de quatre coquilles de même.

No 363. Thomas la Garde, marchand au Fort-Louis du Rhin ;

Porte d'azur à une tour d'or, sur un mont de sinople.

No 364. Michel Boucher, bourgeois au Fort-Louis du Rhin ;

Porte de gueules à trois rencontres de bœuf d'or, deux et un.

No 365. Gervais Dufour, marchand au Fort-Louis du Rhin ;

Porte de gueules à un chevron d'or, accompagné en chef de deux soleils de même.

No 366. Dominique Crasser, marchand au Fort-Louis du Rhin ;

Porte d'or à trois oiseaux de sable, volants en bande.

No 367. Pierre Fraret, marchand au Fort-Louis du Rhin ;

Porte d'azur à deux fasces d'or.

No 368. Michel Finolle, marchand au Fort-Louis du Rhin ;

Porte d'argent à un renard passant de gueules.

No 369. Jean François, marchand au Fort-Louis du Rhin ;

Porte d'azur à trois lis d'argent, tigés et feuillés d'or, deux et un.

No 370. Etienne Glade, hôte de l'Ours au Fort-Louis du Rhin ;

Porte d'argent à un ours de sable de bout.

N° 371. JACQUES FLEURY, hôte de la Croix blanche au Fort-Louis du Rhin ;

Porte d'argent à une tige de rosier de sinople fleurie de trois roses de gueules.

N° 372. CLAUDE RIVIÈRE, marchand-apothicaire au Fort-Louis du Rhin ;

Porte d'or à une fasce ondée d'azur.

N° 373. MICHEL LA BAUME, hôte des Trois-rois au Fort-Louis du Rhin ;

Porte d'or à une fasce vinnée d'azur, accompagnée de trois couronnes à l'antique, de gueules.

N° 374. MICHEL WERVER, hôte de l'Ange au Fort-Louis du Rhin ;

Porte d'azur à un ange de carnation chevelé d'or, vêtu d'argent et ailé de même.

N° 375. PIERRE BENOIST, hôte du Mouton au Fort-Louis du Rhin ;

Porte de sinople à un mouton d'argent.

N° 376. PIERRE SURET, hôte de la Croix de Malte au Fort-Louis du Rhin ;

Porte d'argent à trois grappes de raisin de sinople, deux et une.

N° 377. ANDRÉ BRITANNI, marchand au Fort-Louis du Rhin ;
Porte d'azur à un aigle à deux têtes d'or.

N° 378. JACQUES NIQUART, maître-chirurgien au Fort-Louis du Rhin ;

Porte d'argent à une fasce de gueules, accompagnée de trois molettes de sable.

N° 379. La seigneurie de Mulhaussen ;
Porte diapré d'argent à une roue d'horloge de sable.

N° 380. La seigneurie de Bolsenheim ;

Porte diapré de sable à une figure de Pape à demi-corps, sans bras, habillé de gueules, orné d'or, la tête de carnation couronnée d'une tiare d'or, et une bordure d'or.

N° 381. La communauté des habitants du lieu de Osthaussen ;
Porte d'or à un *Tau* d'azur.

N° 382. N..., femme de N... PAQUELON, major du Fort-Louis du Rhin ;

Porte d'or à trois merlettes de sable, deux et une.

N° 383. Jean-Léonard de Sanlecque de Bersthem, gentil-homme ;

Porte d'or à trois fasces haussées de gueules, accompagnées en pointe d'un chevron abaissé de même.

N° 384. Jean-Barthélemy Vendenlocher, chanoine de l'Eglise collégiale de Haslach ;

Porte d'or à un arbre de sinople, sur une terrasse de trois monticules de même.

N° 385. Jean Binder, prévôt du village de Schévas ; (?)
Porte de sable à deux pals d'or.

N° 386. Jean-Barthélemy Widenlocher, chanoine du chapitre de Haslack ; *
Porte d'azur à trois bandes d'argent.

N° 387. La communauté des habitants d'Eschau et Wibolshem ;
Porte d'azur à une gerbe d'or.

N° 388. La seigneurie de Kolbsheim, Windenheim et Soundhousen ;
Porte de sable à deux croissants d'argent, coupé d'or.

N° 389. Jean-Adam Schott, curé de l'Eglise de Smidhaussen ;
Porte d'argent à un homme de carnation vêtu de gueules, tenant en sa main dextre une branche d'arbre de sinople.

N° 390. La communauté des habitants du village de Sundhaussen ;
Porte d'or à un cerf passant de gueules.

N° 391. La communauté des habitants de Fokersheim ; (Fegersheim ?)
Porte d'or à un *Phi* de sable.

N° 392. La communauté des habitants de Mitterholtz, (Muttersholtz) Ratzsenhaussen et Schwir ; (?)
Porte d'or à un lion de sable.

N° 393. Jean Sigual, prévôt de Metterholtz, Ratzsenhaussen et Schwir ; (?)
Porte d'azur à trois glands d'or, deux et un.

---

* Le registre des armoiries peintes porte chanoine et prébendé en l'église cathédrale de Strasbourg.

N° 394. La communauté des habitants de Berstet ;
Porte d'argent à un ours de bout de sable, tenant en sa patte **dextre** une fleur-de-lis d'azur.

N° 395. LAURENT FIX, prévôt de Donzenheim ;
Porte d'argent à la lettre H de sable.

N° 396. La seigneurie de Berstett ;
Porte d'argent à un lion de sable.

N° 397. La communauté des habitants de Holphilsheim ; (Wolfisheim ?)
Porte d'argent à un lion de sable, soutenant de sa patte dextre une fleur-de-lis d'azur, et de sa sénestre une étoile de gueules.

N° 398. JEAN-NICOLAS VONDRELICH, curé de Wintersheim ; (Wiltersheim ?)
Porte d'azur à cinq fleurs-de-lis d'argent posées trois et deux, et une étoile d'or en pointe.

N° 399. La communauté des habitants du village de Benheim ; (Beinheim ?)
Porte d'argent à un soc de charrue de sable, posé en pal la pointe en haut.

N° 400. ANDRÉ HERMAN, archiprêtre du chapitre de Bas-Haguenau ;
Porte d'azur à deux cornes de cerf d'or, en pal, jointes par le bas.

STRASBOURG.

Nᵒ 1ᵉʳ. GEORGES GRAD, prévôt de Berstet ;
Porte d'argent à un marteau de gueules soutenu d'un fer à cheval renversé de sable.

Nᵒ 2. La communauté des habitants du village de Plobsheim ;
Porte d'argent à une fasce de gueules, accompagnée de trois trèfles de sinople.

Nᵒ 3. JEAN FELGRAFF, curé de Sohemorsheim ; (Sermersheim?)
Porte d'azur à un calice d'or accosté des deux lettres I et F de même, et surmonté de la figure de la Stᵉ hostie d'argent.

Nᵒ 4. MARC MARZOLPHE, commis-greffier de la ville et dépendances de Bonviller ; (Bouxviller ?)
Porte d'or à un chiffre d'azur composé des deux lettres M et M entrelacées.

Nᵒ 5. JEAN MEEL, procureur à la régence de Bouxviller ;
Porte d'azur à trois mouches à miel d'or, deux et une.

Nᵒ 6. MARIE-ESTHER D'ICHTRAHZEIM, née DE LANDSPERC, femme de FRANÇOIS-LOUIS D'ICHTRAHZEIM, seigneur de Hochfeld ;
Porte d'argent à une montagne de six coupeaux de sinople, coupé de même.

Nᵒ 7. N... JOCH, ministre de l'Eglise de Kolbsheim ;
Porte de gueules à trois rocs d'échiquier d'argent, deux et un.

N° 8. NICOLAS LUCE, ministre à Mutersholz ;

Porte d'azur à un pont de bois d'or sommé d'un limaçon contourné d'argent, portant sa coquille d'or, et sous le pont une rivière d'argent coulante en barre.

N° 9. La seigneurie de Fegersheim, Mutersholz, Bosenbiesen, Kroussen, Quazenheim et Niderotterott ;

Porte d'argent à une fasce de gueules et une bordure de même.

N° 10. La communauté des habitants du village de Gredembourg ; (Grendelbruch ?)

Porte d'azur à trois tours d'argent, sur une terrasse d'or.

N° 11. DIEBOLDT VEGNE, prévôt du village de Fessenheim ;

Porte d'argent à un lion de gueules.

N° 12. La communauté des habitants de Schaffhausen ;

Porte de gueules à deux clefs, l'une d'or, et l'autre d'argent, passées en sautoir.

N° 13. La communauté des habitants du village de Lutzelhaussen ;

Porte d'azur à deux soleils d'or en chef et un croissant d'argent en pointe.

N° 14. N... DE LA MOTTE, curé de Monsviller ;

Porte d'azur à un nom de Jésus d'or soutenu d'un chiffre de même composé des lettres E, V, D, L et M entrelacées.

N° 15. OTHON OLEP, curé de Wiltheim ; (Willgottheim ?)

Porte d'argent à une bande de gueules chargée de trois croix pattées d'or.

N° 16. MATHIEU HERMES, procureur et notaire à Strasbourg ;

Porte d'argent à un Mercure de gueules, avec son caducée en sa main sénestre de même.

N° 17. JEAN-MARCEL ZING, ministre de l'Eglise de Lingolzheim ;

Porte d'or à un chevron de gueules, accompagné de trois tourteaux de même.

N° 18. MARTIN FRITCH, prévôt de Lingolsheim ;

Porte d'azur à un bâton d'épines d'or posé en pal, accosté des deux lettres N et F d'argent, et accompagné de quatre petits besants de même, deux en chef et deux en pointe.

No 19. La communauté des habitants du village de Lingolsheim ;

Porte d'argent à une croix pattée alézée de gueules.

No 20. THIBAULT GOZ, prévôt du village de Viltheim ; (Willgottheim ?)

Porte d'argent à un cœur de gueules surmonté d'un chicot de sinople posé en pal, accosté des deux lettres D et G de sable, chacune soutenue d'une étoile de gueules, le cœur aussi accosté de quatre petites étoiles de même, deux aux flancs et deux en pointe.

No 21. JEAN WELING, prévôt de Phésen (Fessenheim ?) du bailliage de Kocquersberg ;

Porte d'argent à une grappe de raisin de sable, tigée et feuillée de sinople.

No 22. JEAN-MELCHIOR KLEIN, prévôt de Gougenheim ;

Porte d'argent à un cœur de gueules chargé en chef des trois lettres H, M et K d'or, rangées en fasce, soutenues des deux lettres V et V jointes et entrelacées de même.

No 23. THIBAULT ZUIRIN, prévôt du village de Dingsheim ;

Porte d'argent à un crampon de gueules posé en pal sur une traverse posée en fasce alézée de même, et accosté des deux lettres D et Q de sable.

No 24. GEORGE BUSCH, maître de poste à Sundhaussen ;

Porte d'argent aux lettres G et B de sable posées en chef, séparées par une étoile de gueules, un fer de cheval de sable posé en pointe accosté de deux autres étoiles de gueules et enfermant un clou de la Passion aussi de sable, posé en pal.

No 25. SÉBASTIEN FREISSE, prévôt du village d'Ensesheim ; (Entzheim ?)

Porte d'or à un crampon de sable posé en pal surmonté en chef d'une étoile de gueules, aux deux lettres B et F aussi de sable posées une à chaque flanc.

No 26. SÉBASTIEN SCHWARTZ WALSENG, ministre d'Ensesheim ; (Entzheim ?)

Porte d'or à un homme de carnation vêtu de sable, tenant en sa main dextre une flèche en pal de même, ferrée d'argent.

No 27. La communauté des habitants du village d'Ensesheim ; (Entzheim ?)

Porte d'argent à une fasce de gueules et une bordure de même.

N° 28. GEORGES MEYER, marchand-cabaretier à Hipsheim ;
Porte d'azur à un arbre d'or.

N° 29. MATHIS HAUSMAINEL, marchand-cabaretier à Fegersheim ;
Porte d'argent à trois mains apaumées de gueules, deux et une.

N° 30. L'officialité de l'Evêché de Strasbourg ;
Porte de gueules à une tierce d'argent posée en bande, fleuronnée de six pièces d'or, trois dessus et trois dessous.

N° 31. La communauté des charpentiers de Marsleim ; (Marlenheim ?)
Porte d'azur à une coignée et un valet passés en sautoir et posés en chef, et un vilbrequin et un bâton garni de chevilles aussi passés en sautoir et posés en pointe, le tout d'or.

N° 32. La ville d'Andlau ;
Porte de gueules à une croix d'or.

N° 33. JEAN LEFFÉVRE, fermier des revenues de la ville de Wassembourg ; (Wissembourg ?)
Porte d'or à trois bandes d'azur.

N° 34. ANASTASE GENTY, étapier à Wassembourg ; (Wissembourg ?)
Porte d'argent à un serpent d'azur langué de gueules, tortillé en pal.

N° 35. JOSEPH-ANDRÉ FERNICK, curé du village de Mummersthim ; (Mommenheim ?)
Porte d'azur à un lion d'or, et un chef d'argent, chargé de trois coquilles de sable.

N° 36. La seigneurie de Osthaussen ;
Porte de sable à une étoile à huit raies d'or, coupé d'or.

N° 37. La communauté des habitants du village d'Ittersweiller ;
Porte d'azur à un St-Remy, archevêque de Rheims, vêtu pontificalement, le tout d'or.

N° 38. La seigneurie de Vinzenheim et Osthoffen ;
Porte d'azur à une étoile à huit raies d'argent, coupé d'or.

N° 39. VALENTIN SEEMBECHER, prévôt du village de Niderhenhim ; (Niedernai.)
Porte d'or à un homme de carnation vêtu de gueules, tenant en

sa main dextre une pinte d'argent pleine de vin de gueules, qu'il verse dans un gobelet d'argent qu'il tient en sa main sénestre.

N° 40. La seigneurie d'Ichtratzheim ;

Porte écartelé au 1er et 4e d'or à un demi-aigle de sable mouvant de la partition, au 2e d'azur à une bande d'argent accostée de deux étoiles à six raies de même, et au 3e d'azur à trois épis d'or tigés de même sur un mont de sinople.

N° 41. JACQUES CHEMIN, prévôt du village de Vasselonne ;

Porte d'azur à un dévidoir posé en pal, deux navettes passées en sautoir brochantes sur le tout, accosté de six étoiles posées deux en chef, deux aux flancs et deux en pointe, le tout d'or, surmonté en chef des deux lettres I et C de même.

N° 42. La communauté des habitants du village de Sessenheim ;

Porte de sinople à trois cygnes d'argent, becqués et membrés de sable.

N° 43. La communauté des tonneliers de Marslin ; (Marlenheim ?)

Porte d'argent à deux happes de sable passées en sautoir et un maillet de gueules à long manche posé en pal, brochant sur le tout.

N° 44. CHRISTIAN WEDIG, curé de l'Eglise de Fegersheim ;
Porte d'azur à un arbre d'or.

N° 45. JACOB ULRICH, prévôt de Schemersheim ; (Sermersheim ?)

Porte d'azur à un St-Etienne d'or.

N° 46. La communauté des habitants du village de Quatzenheim ;

Porte de sable à un léopard d'argent couronné d'or.

N° 47. LOUIS LUXEMBOURG, chanoine de Haslack ;

Porte de gueules à deux fasces d'argent, accompagnées en chef d'une étoile de même, et en pointe de trois coquilles rangées aussi d'argent.

N° 48. N... NICOLIN, chanoine du chapitre de Haslack ;

Porte d'or à une tulipe de gueules sur un mont de trois coupeaux de sinople.

N° 49. BARTHÉLEMY SIÉGLER, chanoine du chapitre de Haslack ;

Porte d'azur à une gerbe d'or.

N° 50. NICOLAS DE GAST, chanoine du chapitre de Haslack ;
Porte d'azur à cinq besants d'or posés en sautoir.

N° 51. La communauté des habitants du village de Kolbsheim ;
Porte d'or à trois lions de sable, deux et un.

N° 52. FRÉDÉRIC SCHERER, ministre de Quatzenheim ;
Porte de gueules à un chevron d'or, accompagné en chef de deux croissants d'argent et en pointe d'une étoile d'or.

N° 53. JEAN RECHT, prévôt de Schaffhausen ;
Porte d'azur à une fasce d'or, accompagnée en chef de deux étoiles de même et en pointe d'un croissant d'argent.

N° 54. La seigneurie de Schaffhausen et Mackenhen ; (Mackenheim ?)
Porte de gueules à une croix d'argent.

N° 55. NICOLAS JACQUOTT, curé de Lutzelhausen ;
Porte d'argent à un croissant de sable, accompagné de trois roses de gueules, deux en chef et une en pointe.

N° 56. GEORGE-ELIE-CHRISTOPHE SEITZ, curé de Kutelsheim ;
Porte d'azur à un lion d'argent, tenant un marteau de même.

N° 57. La seigneurie de Fessenheim ;
Porte fascé d'or et d'azur de six pièces.

N° 58. La communauté des habitants du village de Krautergersheim ;
Porte de sable à un sautoir d'or.

N° 59. THIÉBAULT GEPP, prévôt de Krautergersheim ;
Porte d'argent à une croix de gueules.

N° 60. La seigneurie de Entzheim, Oberhaussbergen et Hurthigheim ;
Porte de sable à une étoile à huit raies, coupé d'or.

N° 61. La communauté des habitants du village de Mulhoussen ;
Porte d'or à trois sangliers de sable, deux et un.

N° 62. La seigneurie de Stinshem ; (Stützheim ?)
Porte d'or à un aigle à deux têtes de sable, coupé de gueules à une fasce vinnée d'or.

N° 63. La communauté des habitants du village de Walff ;
Porte d'azur à trois cannettes d'or, deux et une.

N° 64. La seigneurie de Rumersweiller ; (Reimerswiller.)
Porte d'azur à un chevron d'argent, accompagné de trois molettes de même.

N° 65. Dietrich Gromaire, marchand au Fort-Louis du Rhin ;
Porte d'argent à trois lozanges de gueules, deux et un.

N° 66. La communauté des habitants du village de Oberhausberghem ;
Porte d'azur à trois coquilles d'or, deux et une.

N° 67. La communauté des habitants du village de Hertighem ;
(Hürtigheim ?)
Porte de gueules à une bande dentelée d'or, accostée de deux étoiles à huit raies chacune, de même.

N° 68. La communauté des habitants d'Ingsheim; (Dingsheim ?)
Porte d'azur à deux lions affrontés d'or.

N° 69. La communauté des habitants du village de Griesheim ;
Porte de gueules à trois massacres de cerf d'or, deux et un.

N° 70. La communauté des habitants du village de Kleufranquene ; (Kleinfrankenheim ?)
Porte d'or à une roue de gueules.

N° 71. Adam Fromme, curé de Fersenheim ; (Friesenheim ?)
Porte d'azur à une croix d'or, chargée en cœur d'un cœur de gueules.

N° 72. La communauté des habitants du village de Phezen ;
(Fessenheim ?)
Porte d'argent à une tenaille de sable posée en pal.

N° 73. La communauté des habitants du village de Reichsfelden ;
Porte d'or à une figure humaine de carnation vêtue d'une longue robe de gueules, sa tête couverte d'une mitre de même, tenant en sa main dextre un livre couvert de sable et en sa sénestre une grappe de raisin aussi de sable tigée et feuillée de sinople.

N° 74. La communauté des habitants du village de Bernhardswiller ;
Porte d'azur à une figure humaine vêtue d'une longue robe, tenant en sa main dextre un bâton potencé par le haut, duquel pendent deux clochettes et sous le bâton un mouton couronné, le tout d'or sur une terrasse de sinople.

N° 75. La communauté des habitants du village de Wiltheim ;
(Willgottheim ?)
Porte d'argent à un arbre arraché de sinople.

Nº 76. La communauté des habitants du village d'Immenhein ; (Innenheim ?)

Porte de sable à un chevron d'or, accompagné en chef de deux lions affrontés d'argent, et en pointe d'une coquille d'or.

Nº 77. NICOLAS RUEN, prévôt du village d'Immenheim ; (Innenheim ?)

Porte d'azur à trois roues d'argent, deux et une.

Nº 78. LAURENS HAM, prévôt du village d'Idersviller ; (Itterswiller ?)

Porte d'azur à un raisin d'or tigé et feuillé de même.

Nº 79. La communauté des habitants du village de Crastat ;

Porte d'azur à un coq d'or crété et membré de gueules, le pied dextre levé.

Nº 80. LAURENT KIRSCH, prévôt du village de Crastat ;

Porte d'argent à un coq de gueules, accompagné de trois branches d'arbre de sinople, deux en chef et une en pointe.

Nº 81. La communauté des habitants du village d'Idersviller ; (Itterswiller ?)

Porte d'or à trois quintefeuilles d'azur, deux et un.

Nº 82. La seigneurie de Blæsheim ;

Porte de gueules à un bouc contourné et rampant d'argent.

Nº 83. N... DORSNER, receveur du chapitre de St-Pierre-le-vieil de Strasbourg ;

Porte d'or à une fasce d'azur chargée de trois étoiles d'argent.

Nº 84. MATHIAS SCHAUL, cabaretier à Guerpezin ; (?)

Porte d'argent à une croix fleuronnée de sable, accompagnée en pointe des deux lettres M et S de même.

Nº 85. IGNACE-PANCRACE ROMHARD, curé de Wilmshem ; (Wolxheim ?)

Porte d'argent à une bande d'azur chargée de deux étoiles d'or posées aux deux bouts de la bande, accompagnée de deux roues de gueules, une en chef et l'autre en pointe.

Nº 86. La communauté des habitants du village de Poffzhem ; (Boofzheim ?)

Porte d'azur à un St-Etienne vêtu en diacre d'or, tenant sur sa main dextre un livre fermé d'argent sur lequel il y a trois cailloux d'or, ayant en sa main sénestre une palme de même, et à ses pieds un écusson coupé au 1er d'or à un lion de sable, au 2e de sable à deux étoiles d'or.

N° 87. Jean Weisse, prévôt du village de Poffzhem ; (Boofzheim ?)

Porte d'azur à un cavalier d'or sur un cheval d'argent.

N° 88. La communauté des habitants du village de Zellenweiller ; (Zellwiller ?)

Porte d'argent à un chevron d'azur, accompagné de trois rencontres de cerf de sable.

N° 89. Pierre Bastien, prévôt du village de Neugartheim ;

Porte d'or à trois flèches de sable ferrées et empennées d'argent, posées en pal et en sautoir.

N° 90. La communauté des habitants du village de Neugartheim ;

Porte d'azur à une bande d'or, accompagnée de six coquilles de même posées en orle.

N° 91. La communauté des habitants du village de Schenck ; (Scheid ?)

Porte d'argent à quatre pals de gueules.

N° 92. Jean-Guillaume Albertal, ministre d'Oberhausbergen ;

Porte d'azur à deux colombes affrontées d'argent, posées sur un chicot d'or, péri en fasce.

N° 93. Pierre Kromer, ministre de l'Eglise de Schenck ; (Scheid ?)

Porte d'argent à six merlettes de gueules, trois, deux et une.

N° 94. La seigneurie de Schenck ; (Scheid ?)

Porte d'argent à deux anses de sable jointes l'une sur l'autre, celle du dessous renversée.

N° 95. Antoine Hermann, prévôt du village de Wiffersheim ; (Wittersheim ?)

Porte d'argent à un sauvage de carnation couvert et couronné de feuilles de sinople, tenant en sa main dextre une branche d'arbre de même.

N° 96. La communauté des habitants du village de Wiffersheim ; (Wittersheim ?)

Porte d'azur à la figure de St-Martin d'or, tenant en sa main dextre une palme de même.

N° 97. La communauté des marchands-drapiers de Bouxviller ;
Porte d'azur à une aune d'argent, marquée de sable posée en pal.

N° 98. NICOLAS LORY, prêtre, curé de Weisthoussen ; (West-hausen ?)
Porte d'azur à un dauphin d'argent couronné d'or.

N° 99. NICOLAS KIRCHEFFER, curé de l'Eglise de Bergbitten ;
Porte d'azur à une église avec son clocher d'or accosté de deux trèfles de même, et soutenue d'une moitié de roue de moulin d'argent.

N° 100. ETIENNE RYSS, bourgeois et chirurgien à Rosheim en Alsace ;
Porte d'argent à un géant de sable, accompagné en pointe d'une lancette de chirurgien de gueules.

N° 101. N... REICHLING, curé de S¹-Pierre d'Obernhem ; (Obernai.)

N° 102. JEAN-CHARLES, COMTE DE LINANGE-WESTERBOURG ;
Porte écartelé au 1er et 4e d'azur à trois aigles d'argent deux et un, au 2e de gueules semé de croix recroisettées au pied fiché d'or, à deux bars adossés de même, au 3e de gueules à une croix d'or, cantonnée de vingt croisettes de même, cinq à chaque canton posées en sautoir et sur le tout d'azur à une croix d'argent.

N° 103. Le comté de Linange ;
Porte d'azur à trois aiglons d'argent, deux et un.

N° 104. Le comte de Linange ;
Porte comme à l'art. 102 ci-dessus.

N° 105. PIERRE MEYER, prévôt du village de Vendenheim ;
Porte d'argent à un échaudé à four de gueules enfermant les deux lettres P et M de sable et surmonté d'une couronne à l'antique aussi de gueules.

N° 106. JEAN-VEIT WIGAND, receveur de l'Eglise d'Oberbronne ;
Porte d'azur à un cygne d'argent nageant dans une rivière de même, accompagné d'une étoile d'or posée au deuxième quartier.

N° 107. JEAN CHRISTMAN, prévôt d'Offenheim ;
Porte d'argent à une croix de gueules cantonnée de quatre croisettes de même.

No 108. La communauté des habitants du village de Huenhem ; (Hœnheim ?)

Porte d'or à trois corbeaux de sable, deux et un.

No 109. La communauté des habitants du village d'Offenheim ;

Porte d'argent à un sautoir de gueules.

No 110. JEAN FAST, prévôt de Drenheim ;

Porte d'argent à un cep de vigne de sinople fruité de sable, accolé d'un échalas de même sur une terrasse de trois monticules de sinople.

No 111. JACOB HEIZINGRE, prévôt du village de Schefelzheim ; (Schæffersheim ?)

Porte d'or à une clef de sable posée en pal, accostée en chef de deux étoiles de gueules et en pointe des deux lettres I et E de même.

No 112. JOSEPH VOGT, prévôt et greffier du village d'Oberbronne ;

Porte d'or à un griffon de sable.

No 113. JEAN COTZMAN, cabaretier à Bouxviller ;

Porte d'or à une fasce ondée de gueules.

No 114. JEAN-PAUL REITER, cabaretier à Bouxviller ;

Porte de gueules à un cygne d'argent.

No 115. JEAN-FRÉDÉRIC MALBAME, cabaretier à Bouxviller ;

Porte d'argent à une bande ondée de gueules.

No 116. ANDRÉ LOUTZ, marchand à Bouxviller ;

Porte d'or à un houx arraché de sinople grené de gueules.

No 117. GASPARD BEYER, écuyer, chanoine du chapitre de St-Léonard ;

Porte d'argent à un lion de gueules et une cotice d'or brochant sur le tout.

No 118. SERVAIS GILLERD, chanoine et doyen de St-Léonard ;

Porte coupé au 1er d'azur à un sautoir d'or accosté de deux étoiles de même et au 2e d'argent à un cœur enflammé de gueules et un chef de même.

No 119. DOMINIQUE FISCHER, chanoine du chapitre de St-Léonard ;

Porte d'azur à un trident d'argent posé en bande.

Nº 120. MICHEL KELLENE, chanoine du chapitre de Sᵗ-Léonard ;

Porte bandé d'or et d'azur de six pièces.

Nº 121. TOBIE TODT, chirurgien à Guespizen; (Geispolsheim ?)

Porte de gueules à une lancette d'or emmanchée d'or et clouée d'argent.

Nº 122. LAURENT HALVACK, prévôt du village de Luttenhen ; (Leutenheim ?)

Porte d'argent à une croix de sable cantonnée de quatre lions de même.

Nº 123. La communauté des habitants du village de Luttenhen ; (Leutenheim ?)

Porte de gueules à trois léopards d'or, l'un sur l'autre.

Nº 124. JACQUES SCHNEDER, cabaretier à Saverne ;

Porte d'azur à un cerf d'or passant sur une terrasse de sinople, accosté de deux étoiles aussi d'or.

Nº 125. JEAN-JACQUES WEBER, cabaretier à l'Aigle noir à Saverne ;

Porte d'argent à un aigle de sable.

Nº 126. JACQUES KROMER, marchand-bourgeois de Saverne ;

Porte d'argent à six merlettes de gueules, trois, deux et une.

Nº 127. JEAN COPPEL, marchand-bourgeois de la ville de Saverne ;

Porte d'azur à une ancre d'or.

Nº 128. JEAN-NICOLAS MULLER, bourgeois de la ville de Saverne ;

Porte de gueules à une roue d'argent.

Nº 129. JEAN HURSTICH, maitre-chirurgien à Saverne ;

Porte d'argent à un arbre de sinople sur une terrasse de même, à un cerf de sable, courant devant le pied de l'arbre.

Nº 130. JEAN TRESCH, prévôt du village de Wilnisheim; (Wilwisheim ?)

Porte d'argent à deux lions affrontés de gueules, tenant une lance de sable en pal.

Nº 131. JEAN-GEORGE FISCHER, tanneur à Rosheim ;

Porte d'azur à un lion d'or, tenant entre ses pattes un couteau de tanneur d'argent, emmanché d'or.

14

Nᵒ 132. Jean-Paul Ertzman, marchand-mercier à Mols-heim ;

Porte échiqueté d'argent et de sable.

Nᵒ 133. N... Degetman, chanoine de l'Eglise collégiale de Saverne ;

Porte d'azur à un homme armé d'or, tenant en sa main dextre une épée d'argent.

Nᵒ 134. La communauté des habitants de Zinhen, Ranguen et Mittelbourg ; (Zeinheim — Rangen — Mittelkurtz ?)

Porte de sinople à trois pals d'or.

Nᵒ 135. Léonard Antonny, prévôt de Zinhen, Ranguen et Mittelbourg. (Zeinheim, Rangen, Mittelkurtz ?)

Porte d'or à un chevron de gueules, accompagné en chef de deux coquilles de sable et en pointe d'un sanglier passant de même.

Nᵒ 136. François Chaumont, marchand-bourgeois de Molz-heim ;

Porte d'argent à une montagne de sinople surmontée d'un soleil de gueules.

Nᵒ 137. Claude Faber, marchand-bourgeois de Molzheim ;
Porte d'azur à trois fers de cheval d'or, deux et un.

Nᵒ 138. La communauté des habitants du village de Wersthoussen ; (Westhausen ?)

Porte de gueules à une fleur-de-lis d'argent.

Nᵒ 139. La communauté des habitants du village de Meistratz-heim ;

Porte d'azur à un chevron d'or, accompagné de trois trèfles de même.

Nᵒ 140. Adam Riefelden, prévôt du village de Meistratzheim ;
Porte fascé d'or et de gueules de six pièces.

Nᵒ 141. La communauté des habitants du village de Hochgest; (Hohengœft ?)

Porte d'argent aux deux lettres H et G de sable surmontées d'une anse de même.

Nᵒ 142. Sébastien du Han, chanoine du chapitre de Neu-viller ;

Porte d'argent à une fasce d'azur chargée de trois lozanges d'or.

N° 143. MICHEL DESCHAMPS, maître-apothicaire à Obernheim ; (Obernai.)

Porte d'or à trois trèfles de sinople, deux et un.

N° 144. LAUTER SCHULTZ, chanoine du chapitre de Neuviller ; Porte de gueules à une fasce d'or.

N° 145. La communauté des habitants du village de Troutters-heim ; (Truchtersheim ?)

Porte d'argent à un chevron de gueules, accompagné en pointe d'un soc de charrue de sable posé en pal la pointe en haut.

N° 146. DOMINIQUE-MICHEL KOUTE, prévôt du village de Dier-minghem ; (Diemeringen ?)

Porte d'azur à une épée d'argent posée en bande.

N° 147. La communauté des habitants du village de Gougen-heim ;

Porte d'or à une fasce de gueules chargée d'une fleur-de-lis d'argent.

N° 148. LAURENT QUINQUE, prévôt du village de Kuenhem ; (Kunheim ?)

Porte d'or à un lion de sable, lampassé et armé de gueules.

N° 149. NICOLAS OSMONT, prévôt du village de Kleinfranquene ; (Kleinfrankenheim.)

Porte de gueules à un vol d'argent.

N° 150. La communauté des habitants du village de Ménels-heim ; (Melsheim ?)

Porte de gueules à une croix pattée d'argent chargée de cinq trèfles de sable.

N° 151. JEAN CONIN, prévôt du village de Ménelshem ; (Melsheim ?)

Porte vairé d'or et de sable.

N° 152. JEAN-CONRAD SEPHR, curé du village de Ménilsheim ; (Melsheim ?)

Porte d'azur à un calice d'or.

N° 153. La communauté des habitants du village de Rohr ;

Porte d'azur à un pal d'argent, chargé de trois fleurs-de-lis de gueules.

N° 154. CHRISMAN WOLFF, prévôt du village de Rohr ;

Porte d'azur à un loup ravissant d'or.

N° 155. Jean-Henry Reman, curé du village de Zeifelsheim; (Sæssolsheim?)

Porte d'argent à trois croix ancrées de gueules, deux et une.

N° 156. Jean Ulrich, prévôt du village de Zeifelsheim; (Sæssolsheim?)

Porte d'or à un aigle de sable.

N° 157. La communauté des habitants du village de Zeifelsheim; (Sæssolsheim?)

Porte d'or à deux léopards de gueules, l'un sur l'autre.

N° 158. La communauté des menuisiers de Vasselonne;

Porte d'azur à trois écussons d'argent appointés en cœur, posés en pointe, séparés par trois fleurs-de-lis d'or aussi appointées en cœur, les tiges en dedans; le 1er écusson chargé d'un rabot surmonté d'un compas ouvert en chevron entrelacé avec une équerre, le tout de gueules; le 2e chargé de deux clefs adossées de sable passées en sautoir et un marteau de gueules posé en pal brochant sur le tout; et le 3e chargé d'un crampon de sable et d'une cheville de même passés en sautoir et une patte de gueules posée en pal brochante sur le tout.

N° 159. La communauté des charrons de Wasselonne;

Porte d'or à une croix de gueules, cantonnée de quatre roues de même.

N° 160. La communauté des potiers de terre de Wasselonne;

Porte d'argent à trois marmites de gueules.

N° 161. Christian Baur, maître-apothicaire à Wasselonne;

Porte d'argent à une fasce de gueules, accompagnée de trois boîtes couvertes de même.

N° 162. La communauté des tisserands de Wasselonne;

Porte d'argent à une navette de gueules posée en pal.

N° 163. La communauté des boulangers de Wasselonne;

Porte d'argent à deux pelles de four de sable passées en sautoir, accostées de quatre pains de gueules.

N° 164. La communauté des chirurgiens de Wasselonne;

Porte d'azur à un St Cosme d'or, tenant en sa main dextre un rasoir ouvert d'argent emmanché d'or.

N° 165. Thibault Seyler, prévôt du village de Northem; (Nordheim?)

Porte d'argent à une bande de gueules.

No 166. Laurent Scheffer, prévôt du village de Northem ; (Nordheim ?)

Porte de sable à trois pals d'or.

No 167. Nicolas Charier, ministre du ban de la Roche ;

Porte d'argent à trois fasces de gueules.

No 168. La communauté des habitants du village de Flexebourg ;

Porte d'or à une croix ancrée d'azur.

No 169. La communauté des habitants du village de Zenacher ; (Zehnacker.)

Porte d'azur à un loup passant d'or.

No 170. Jean Nanmacher, prévôt du village de Zenacher ; (Zehnacker.)

Porte palé contrepalé d'or et d'azur.

No 171. Jean-Nicolas Knortz, greffier-notaire à Borsche et dépendances et procureur-fiscal du bailliage de Lawanzenau ;

Porte d'argent à un chevron de gueules, accompagné en chef de deux étoiles de même et en pointe d'un chêne arraché de sinople, et un chef d'argent chargé d'une couronne de gueules.

No 172. La seigneurie de Klembach et Wangein ; (Klimbach — Wangen ?)

Porte d'or à trois croix fleuronnées de gueules, deux et une.

No 173. Jean-Mathieu Lambreck, marchand de vin à Strasbourg ;

Porte de gueules à une fasce ondée d'argent.

No 174. La communauté des habitants du village de Schwenheim ;

Porte d'azur à trois haches d'armes d'or, deux et une.

No 175. Jean Dieboldschel, jardinier à Strasbourg ;

Porte d'argent à une branche de pommier de sinople, fruitée d'une pomme de gueules chargée d'une croisette d'or.

No 176. Jean Meyer, jardinier à Strasbourg ;

Porte d'or à un trèfle de sinople.

No 177. N... Diebold Reinter, jardinier à Strasbourg ;

Porte de sable à un oignon d'argent arraché d'or.

No 178. Joseph Kunti, curé de Meistratzheim ;

Porte de gueules à un calice d'or, duquel sont mouvants trois trèfles de sinople tigés de même sur une même tige, accompagné de quatre étoiles aussi d'or, deux en chef et deux en pointe, et accosté en fasce des deux lettres I et K de même.

N° 179. MARTIN KERER, curé de Nideren; (Niederröderen?)
Porte de gueules à une étoile à huit raies d'or, surmontée d'une corne de bœuf de même couchée en demi-cercle et accompagnée en pointe d'un mont de trois coupeaux aussi d'or.

N° 180. LUC D'HACQUEVILLE, bourgeois de la ville de Strasbourg;
Porte d'argent à un chevron de sable, chargé de cinq aiglettes d'or et accompagné de trois têtes de paon arrachées d'azur, deux en chef et une en pointe.

N° 181. GEORGES LE BÉGUE, maître-chirurgien à Strasbourg;
Porte d'azur à une balance d'or, le bassin à dextre élevé, chargé d'une église de gueules, et l'autre bassin chargé d'une tête d'aigle arrachée de sable, tenant en son bec un renard d'argent en pal.

N° 182. MARTIN-JACQUES AYD, marchand-bourgeois de Strasbourg;
Porte d'argent à trois iozanges de gueules deux et un, et un chef de gueules chargé d'un léopard d'argent.

N° 183. JEAN-HENRY SCHETTMAN, marchand-épicier et bourgeois de la ville de Strasbourg;
Porte d'azur à un sautoir d'argent chargé de cinq trèfles de sable.

N° 184. JEAN-PHILIPPE WIOLDRE, maître-chirurgien à Strasbourg;
Porte d'or à deux chevrons de sable.

N° 185. DANIEL HAMMERER, orfévre à Strasbourg;
Porte d'or à un chevron de gueules, accompagné en cœur d'une croix haussée de même.

N° 186. SAMUEL GOLBACH, marchand-boucher à Strasbourg;
Porte de gueules à un bœuf passant d'or.

N° 187. EDMOND HERB, curé de Marmoustier;
Porte d'azur à une licorne saillante d'argent.

N° 188. JACQUES GRIMENALT, marchand-orfévre à Strasbourg;
Porte d'azur à une croix d'argent chargée de cinq lozanges de gueules.

N° 189. AUGUSTE KRIEG, maître-chirurgien à Strasbourg;
Porte de gueules à un massacre de cerf d'or.

Nº 190. JEAN-FRÉDÉRIC FERBER, marchand-épicier à Strasbourg;

Porte d'argent à un chevron de gueules, accompagné de trois maillets de sable.

Nº 191. JEAN-PHILIPPE KOUFF, marchand-épicier à Strasbourg;

Porte d'argent à un cheval galopant de sable.

Nº 192. JEAN-MARTIN DE MOLSHEIM, marchand de verre à Strasbourg;

Porte d'azur à un croissant d'or surmonté de trois étoiles de même rangées en chef.

Nº 193. JEAN-JACQUES STEMPEL, marchand-cabaretier à Strasbourg;

Porte d'argent à une fasce vinnée de gueules.

Nº 194. JEAN-PIERRE STRELEN, marchand-orfèvre à Strasbourg;

Porte de gueules à une licorne saillante d'argent.

Nº 195. JEAN-MICHEL MOSSEDER, marchand-brasseur à Strasbourg;

Porte d'argent à un trident de gueules et une happe de même passées en sautoir et un quatre de chiffre de marchand de sable brochant sur le tout.

Nº 196. JEAN KOPP, chirurgien à Erthim; (Erstein?)

Porte d'argent à un chiffre de sable, composé des lettres J et L doubles et entrelacées.

Nº 197. GODEFROY GREGORIUS, conseiller du magistrat de la ville de Landau;

Porte d'azur à un chevron d'or, accompagné de deux étoiles de même en chef, et en pointe d'un lis au naturel.

Nº 198. JEAN-PIERRE GASPARY, diacre luthérien à Bicheviller;

Porte d'azur à trois molettes d'or, deux et une.

Nº 199. JACOB BEUCHE, échevin de la ville de Bischeviller;

Porte d'azur à un phénix d'or s'essorant sur son bucher de même enflammé de gueules, et regardant un soleil aussi d'or posé au premier canton.

N° 200. MICHEL MARESCHAL, échevin de la ville de Bicheviller ;

Porte d'azur à trois maillets d'or, deux et un.

N° 201. PIERRE JEZEL, échevin de la ville de Bischeviller ;

Porte d'or à une fasce d'azur, accompagnée de trois demi-vols de même.

N° 202. CHRISTMAN RIS, marchand-cabaretier à Mommenheim ;

Porte d'argent à une gerbe de gueules, accompagnée de trois grappes de raisin de sable, deux en chef et une en pointe.

N° 203. JOSIE DIEFFUNBECK, orfèvre à Strasbourg ;

Porte d'argent à un ours debout de sable, tenant de ses deux pattes de devant un gobelet d'or, ses pieds de derrière appuyés sur un mont de trois coupeaux de sable.

N° 204. HENRY JAGRE, hôte de l'Etoile à Weissembourg ;

Porte d'azur à une étoile à seize raies d'argent.

N° 205. BALTAZARD HERNEM, échevin de la ville de Weissembourg ;

Porte de gueules à trois fasces d'argent.

N° 206. JEAN-PHILIPPE MULBERGER, échevin de la ville de Weissembourg ;

Porte d'azur à un chevron d'or, accompagné de trois croissants de même.

N° 207. BENOIST GRESLE, échevin de la ville de Weissembourg ;

Porte d'azur à une fasce d'argent, accompagnée de trois étoiles de même.

N° 208. WILLESME MULLER, marchand-bourgeois de Weissembourg ;

Porte d'or à une roue de gueules.

N° 209. GILLES MULLER, marchand-bourgeois de Wissembourg ;

Porte de même.

N° 210. PHILIPPE FELTZ, marchand-tanneur à Weissembourg ;

Porte d'argent à un sanglier de sable.

N° 211. JEAN-MELCHIOR ERNN, marchand-apothicaire à Weissembourg ;

Porte d'azur à un chevron d'or, accompagné de trois besants de même.

N° 212. JEAN-GASPARD TRESTELIN, marchand-bourgeois de Weissembourg ;

Porte de gueules à trois chevrons d'argent.

N° 213. JEAN-BALTAZARD HEIDELER, marchand-bourgeois de Weissembourg ;

Porte d'argent à trois massacres de cerf de sable.

N° 214. GEORGES KUNTZ, marchand-épicier à Weissembourg ;

Porte d'or à une fasce de gueules chargée de trois étoiles d'argent.

N° 215. JEAN-JACQUES CHÉER, marchand-bourgeois de Weissembourg ;

Porte d'azur à un sautoir d'or.

N° 216. DANIEL HERBELIN, maître-chirurgien à Weissembourg ;

Porte de sinople à trois plantes de fougère d'or, deux et une.

N° 217. JULES-MICHEL CHEUTZ, conseiller du magistrat à Waissembourg ;

Porte de gueules à deux étoiles d'argent en chef et un croissant de même en pointe.

N° 218. FRANÇOIS MUFFART, marchand-bourgeois de Waissembourg ;

Porte d'or à un lion de sable.

N° 219. JEAN KUELLE, conseiller du magistrat de Waissembourg ;

Porte d'azur à une tour d'argent, maçonnée de sable.

N° 220. BENJAMIN HECKEL, marchand-bourgeois de Waissembourg ;

Porte d'argent à un arbre de sinople et un chien d'or passant sur le pied de l'arbre.

N° 221. DANIEL GROSSE, marchand-orfèvre à Waissembourg ;

Porte d'or à trois cors de chasse d'azur, deux et un.

N° 222. JEAN-JACQUES MEYER, maître-tonnelier à Waissembourg ;

Porte d'argent à un lion de gueules, et deux fasces d'or brochantes sur le tout.

N° 223. CHARLES BALKENER, marchand-orfèvre à Waissembourg ;

Porte d'or à un chevron de gueules chargé de trois étoiles d'argent.

N° 224. PAUL HÉLINGE, marchand-orfèvre à Waissembourg ;

Porte de gueules à un croissant d'argent, accompagné de trois roses d'or, deux en chef et une en pointe.

N° 225. GEORGES GOLLE, marchand à Strasbourg ;

Porte d'argent à un oiseau d'or et givre appelé en allemand Gollhamer.

N° 226. JEAN-GEORGES MEYER, maître-tonnelier à Strasbourg ;

Porte d'azur à un arbre d'or.

N° 227. ABRAHAM CRENCHEL, marchand-boucher à Strasbourg ;

Porte d'argent à un perron de deux degrés de sable chargé d'une rose d'argent et surmonté d'une autre rose de gueules.

N° 228. La seigneurie du Ban de la Roche ;

Porte de gueules à trois rocs d'échiquier d'argent, deux et un.

N° 229. MARGUERITE MAS, femme de N... DE GAILLÉ ;

Porte d'or à un chevron de gueules, accompagné de trois quintefeuilles de même.

N° 230. JEAN-NICOLAS WILLEMART, marchand-bourgeois de Strasbourg ;

Porte de sinople à un chevron d'or, accompagné de trois tours de même.

N° 231. JOSIAS BESCHT, marchand-orfèvre à Strasbourg ;

Porte d'azur à une croix d'or, cantonnée de quatre boîtes couvertes de même.

N° 232. DANIEL KOUPSCHMID, marchand-boucher à Strasbourg ;

Porte d'argent à trois rencontres de bœuf de gueules, deux et un.

N° 233. JEAN-PAUL VANNET, maître-chirurgien à Erstheim ; (Erstein ?)

Porte d'azur à trois coquilles d'or, deux et une.

N° 234. JEAN KIEFFER, procureur-fiscal à Erstheim ; (Erstein ?)

Porte d'or à un lion de gueules, accompagné de huit billettes d'azur posées en orle.

N° 235. Jean-Michel Hans, cabaretier à Erstheim; (Erstein?)
Porte d'argent à une fasce de gueules, accompagnée de trois mouches de sable.

N° 236. La seigneurie de Krautergesheim, Immilsheim et Ipsheim; (Krautergersheim — Imbsheim — Hipsheim?)
Porte de gueules à trois épées d'argent, rangées en pal les pointes en bas.

N° 237. Frédéric Carbon, marchand-orfèvre à Strasbourg;
Porte d'argent à un chevron de sable, accompagné de trois flammes de gueules.

N° 238. N... Chaslan, marchand-confiseur à Strasbourg;
Porte d'azur à trois oranges d'or tigées et feuillées de même, et posées deux et une.

N° 239. Charles Liévord, perruquier à Strasbourg;
Porte d'argent à une sirène de carnation chévelée d'or, sa queue de poisson d'azur, tenant en sa main dextre un peigne d'or et en sa sénestre un miroir d'azur.

N° 240. Christmann Rederer, marchand-tanneur à Strasbourg;
Porte d'azur à un lion d'or, tenant de ses deux pattes un couteau de tanneur d'argent emmanché d'or.

N° 241. Jean-Nicolas Wilhemne, maître-tonnelier à Strasbourg;
Porte d'argent à trois cercles de gueules deux et un, et un maillet de sable posé en cœur.

N° 242. La communauté des habitants du village d'Ipsheim; (Hipsheim?)
Porte d'azur à une bande d'or, accompagné de deux tours de même, l'une en chef et l'autre en pointe.

N° 243. Nicolas Mareschal, prévôt du village d'Ipsheim; (Hipsheim?)
Porte d'or à trois maillets de sable, deux et un.

N° 244. Jacques Vanin, traiteur à Strasbourg;
Porte d'azur à un chevron d'argent, accompagné de trois coquilles d'or.

N° 245. Charles La Fermière, traiteur à Strasbourg;
Porte d'argent à deux fasces de sable.

N° 246. CLAUDE CAPITAINE, traiteur à Strasbourg ;
Porte d'azur à trois fers de piques d'argent, deux et un.

N° 247. BARTHÉLEMY LE ROUX, marchand-confiseur à Strasbourg ;
Porte de gueules à un chevron d'or, accompagné en pointe d'un cerf passant de même.

N° 248. LOUIS BOUART, curé de Rotheim ; (Rottelsheim ?)
Porte d'or à une fasce échiquetée de deux traits d'argent et de gueules, accompagnée de deux roses aussi de gueules, l'une en chef et l'autre en pointe.

N° 249. ABRAHAM MULLER, marchand-boucher à Strasbourg ;
Porte d'or à une roue de gueules.

N° 250. ABRAHAM HÉLIE, marchand-bourgeois de Strasbourg ;
Porte d'azur à un dextrochère d'argent, tenant une épée flamboyante d'or.

N° 251. JEAN GUERTENER, maître d'école à Strasbourg ;
Porte d'argent à trois têtes de léopard arrachées de sable.

N° 252. N..., femme de N... GRABEN, capitaine d'une compagnie de fusiliers pour la garde du Rhin ;
Porte de sinople à un chevron d'or, accompagné de trois trèfles de même.

N° 253. ANDRÉ VIONNET, grand-voyer de la basse Alsace ;
Porte d'argent à deux chênes de sinople, englandés d'or, sur une terrasse de même.

N° 254. JEAN REGNAULT, conseiller et procureur du roi en la maréchaussée d'Alsace ;
Porte d'azur à une fasce d'or, accompagnée de trois lozanges de même.

N° 255. DOMINIQUE CAZENAULT, maître-chirurgien à Strasbourg ;
Porte d'azur à un chevron d'or, accompagné en chef de deux tours de même.

N° 256. CLAUDE NIQUART, traiteur à Strasbourg ;
Porte d'argent à trois bandes d'azur.

N° 257. JEAN FISCHER, marchand-bourgeois de Strasbourg ;
Porte d'or à un trident de sable, posé en bande.

N° 258. JEAN-JACQUES BARELET, marchand-bourgeois de Strasbourg ;
Porte d'argent à trois barillets de sable, cerclés d'or, posés deux et un.

N° 259. JEAN KASTE, marchand-bourgeois de Strasbourg ;
Porte de gueules à une gerbe d'or.

N° 260. ANDRÉ D'ERBACK, marchand-bourgeois de Strasbourg ;
Porte d'argent à un chiffre de gueules composé des trois lettres A, D et B entrelacées.

N° 261. JEAN-DANIEL HÉLICQ, bourgeois de la ville de Strasbourg ;
Porte d'azur à une fasce d'argent, accompagnée de deux massacres de cerf d'or, un en chef et l'autre en pointe.

N° 262. JEAN-JACQUES BAGUET, marchand-bourgeois de Strasbourg ;
Porte de gueules à trois cotices d'or.

N° 263. JEAN BARADUE, entrepreneur des fortifications à Strasbourg ;
Porte d'azur à trois triangles d'or, deux et un.

N° 264. NICOLAS DESLER, marchand-bourgeois de Strasbourg ;
Porte d'argent à trois glands de sinople, tigés et feuillés de même, deux et un.

N° 265. PIERRE BIDURDITTIL, notaire royal à Strasbourg ;
Porte d'azur à une bande dentelée d'or.

N° 266. JEAN-JACQUES ULRICH, batelier à Strasbourg ;
Porte d'azur à une fasce ondée d'argent et une ancre de sable posée en pal, brochante sur le tout.

N° 267. La communauté des habitants du village de Machunhem ; (Mackenheim ?)
Porte d'or à un palmier de sinople accosté de deux fleurs-de-lis de gueules.

N° 268. MATHIAS STENER, prévôt du village de Machunhem ; (Mackenheim ?)
Porte d'argent à une croix alézée de gueules, cantonnée de quatre molettes de sable.

N° 269. JACQUES RAMILLON, maître-chirurgien à Strasbourg ;
Porte d'or à trois lozanges de gueules, deux et une.

N° 270. Joseph Lavalette, traiteur à Strasbourg ;

Porte d'azur à un lévrier rampant d'argent accolé de gueules, bouclé d'or.

N° 271. N... Beher, chanoine du chapitre de l'Eglise collégiale de Saverne ;

Porte d'or à un ours naissant de sable, coupé de gueules à une fasce d'argent.

N° 272. Louis Groetelz, marchand-bourgeois de Strasbourg ;

Porte d'azur à trois gerbes d'or, deux et une.

N° 273. Abraham Ficklissim, marchand-drapier à Strasbourg ;

Porte d'argent à trois fasces de gueules.

N° 274. Marie-Barbe de Beroldingen, chanoinesse de l'abbaye de Landau ;

Porte écartelé au 1er et 4e d'or à un lion de sable accolé d'azur, le lion du chef contourné, au 2e et 3e d'argent à un monde d'azur croisé d'or, et sur le tout d'azur à un aigle d'argent.

N° 275. Marie-Eléonore de Wessenberg, chanoinesse de l'abbaye d'Andlau ;

Porte d'argent à une fasce de sable, accompagnée de trois tourteaux de gueules.

N° 276. Marie-Ottille d'Ostein, chanoinesse de l'abbaye d'Andlau ;

Porte d'azur à un chien courant d'or, accolé de gueules.

N° 277. Marie-Claire de Wessemberg, chanoinesse de l'abbaye d'Andlau ;

Porte d'argent à une fasce de sable, accompagnée de trois tourteaux de gueules.

N° 278. Nicolas Keisser, prévôt d'Obenheim ;

Porte d'argent à deux aigles de sable.

N° 279. La communauté des habitants d'Obenheim ;

Porte d'azur à une bande d'or.

N° 280. Adam Wagel, cabaretier à Obenheim ;

Porte d'argent à un soleil de gueules.

N° 281. Christophe-François Larondy, chanoine de Neuviller ;

Porte d'argent à un chevron de gueules, accompagné de trois oiseaux contournés de sable, deux en chef et un en pointe.

Nº 282. JEAN-JOSEPH LARONDY, docteur en théologie, pléban et chanoine capitulaire de l'Eglise collégiale de St-Pierre-le-jeune ;

Porte de même.

Nº 283. JACQUES MAURY, marchand-bourgeois de Strasbourg ;

Porte d'argent à un cheval de sable passant sur une terrasse de sinople.

Nº 284. MARIE-CLAIRE FIERR, femme de N... HUGIN, conseiller à la régence de Saverne ;

Porte de sable à un aigle d'or.

Nº 285. MARIE-SALOMÉ DE SCHAWEMBOURG, femme de PHILIPPE-CONRARD DE MONDELTHEIM, préteur royal de la ville de Strasbourg ;

Porte d'or à un écusson d'argent, bordé d'une bordure nébulée alternativement d'azur et d'argent et un sautoir de gueules brochant sur le tout.

Nº 286. JONAS BEITH, prévôt de Queitzenheim ; (Quatzenheim ?)

Porte d'azur à un chiffre d'or composé des lettres J et B doubles et entrelacées, couronné d'une couronne de comte de même.

Nº 287. N..., femme de N... DE BERNOLD, colonel d'infanterie ;

Porte d'argent à trois roses de gueules, deux et une.

Nº 288. N... JUGNELSTETT, dame ;

Porte d'azur à trois têtes de léopard arrachées d'or, deux et une.

Nº 289. MARIE-MAGDELAINE DE GLAUBITZ, veuve de N... GREMPT ;

Porte d'azur à une carpe d'argent en fasce.

Nº 290. JEAN BECK, greffier en chef du bailliage de Landéck ;

Porte d'argent à un chevron de sinople, accompagné de trois têtes d'aigles arrachées de sable.

Nº 291. JEAN SAUNIE, marchand-bourgeois de Strasbourg ;

Porte d'or à un lion d'azur.

Nº 292. JEAN-WOLFFGANG PFEIL ;

Porte d'azur à deux loups ravissants affrontés d'or.

Nº 293. ANNE WILLESME, femme de N... GARNIER, conseiller secrétaire du roi ;

Porte d'argent à trois croix pattées de gueules, deux et une.

Nº 294. CHRISTIEN LAUCHE, maître-chirurgien à Strasbourg;
Porte d'azur à un cygne d'argent.

Nº 295. FRANÇOIS GOSSET, notaire royal à Landau;
Porte gironné d'argent et de sable de huit pièces.

Nº 296. FRÉDÉRIC HICHLER, receveur de la douane à Landau;
Porte d'azur à une tour d'or.

Nº 297. JULIEN-CHRISTOPHE KOSSELER, chirurgien à Strasbourg;
Porte d'argent à un poirier de sinople fruité de gueules.

Nº 298. ANNE-CATHRINE HUGUIN, femme de N... DE ZIMMERMANN, conseiller de la régence de l'évêché de Strasbourg;
Porte d'argent à un chevron de sable, accompagné de trois trèfles de même.

Nº 299. JEAN-JACQUES SAUDRAT, marchand-orfèvre à Strasbourg;
Porte de sable à une croix d'argent chargée de cinq coquilles de gueules.

Nº 300. JEAN-NICOLAS BASBET, marchand-orfèvre à Strasbourg;
Porte d'argent à une fasce de gueules, accompagnée de trois merlettes de sable.

Nº 301. JEAN-JOACHIM STORCH, marchand-orfèvre à Strasbourg;
Porte d'azur à une croix d'or.

Nº 302. JACQBES DIÉBOLDT, marchand-orfèvre à Strasbourg;
Porte d'argent à un cœur de gueules soutenu d'un croissant d'azur.

Nº 303. BERNARD HILTSOCH, marchand-orfèvre à Strasbourg;
Porte d'or à un cor de chasse de sable, accompagné de trois molettes de même.

Nº 304. FRÉDÉRIC MÈYER, marchand-épicier à Strasbourg;
Porte d'or à un arbre de sinople, terrassé de même.

Nº 305. JEAN GUYER, marchand-orfèvre à Strasbourg;
Porte d'argent à un cerf passant de gueules.

Nº 306. JEAN-FRÉDÉRIC HERSTENSTEIN, marchand-épicier à Strasbourg,
Porte d'azur à un rocher d'argent.

N° 307. CLAUDE OLLIER, cabaretier à Strasbourg ;
Porte d'azur à trois annelets d'argent, posés en fasce entre deux fasces de même.

N° 308. MARTIN FISCHE, cabaretier à Strasbourg ;
Porte d'azur à un javelot d'or, ferré d'argent, péri en pal.

N° 309. MARIE STOLEREM, veuve de N... VENDREMONTZ ;
Porte d'argent à un aigle de sable.

N° 310. GEORGES ALBERT STORECK, marchand-bourgeois de Strasbourg ;
Porte d'or à trois pals de sinople.

N° 311. JEAN-DIÉTRIK KOPPE, maître-chirurgien à Strasbourg ;
Porte d'or à trois bandes de gueules.

N° 312. JEAN-LÉORARD PFELLER, marchand-épicier à Strasbourg ;
Porte d'azur à un lion rampant d'or, appuyant sa patte sénestre sur un chicot posé en pal de même, et une champagne d'argent chargée d'un trèfle de sinople.

N° 313. HENRY ESCORSE, maître-perruquier à Strasbourg ;
Porte d'argent à un ours debout de gueules, tenant en ses deux pattes un monde d'azur cintré et croisé d'or.

N° 314. JACQUES HAMERER, marchand-mercier à Strasbourg ;
Porte d'azur à deux poissons d'argent, posés en fasce, l'un sur l'autre.

N° 315. MICHEL KECK, le jeune, marchand-brasseur à Strasbourg ;
Porte d'argent aux lettres M, K, J, L, C et E disposées en chiffre à l'antique, le tout de sable.

N° 316. JEAN-ADAM SCHITZ, cabaretier à Strasbourg ;
Porte d'argent à un cœur de gueules, percé d'une flèche en fasce de sable, et produisant trois roses de gueules, tigées et feuillées de sinople.

N° 317. JEAN-MELCHIOR ZEIGLER, marchand-épicier à Strasbourg ;
Porte d'argent à trois gerbes de sinople, deux et une.

N° 318. CHRISTIEN-MAURICE KRONNOYER, ministre à Oberhoffen ;
Porte d'argent à un oiseau de gueules, posé sur un mont de trois coupeaux de sinople.

15

Nº 319. La communauté des habitants du village de Buesch-weiller ; (Bueswiller ?)

Porte d'azur à un Sᵗ-Sixte, évêque, vêtu pontificalement, crossé et mitré, le tout d'or.

Nº 320. HANS CONRARD, cabaretier à Herthe ; (Hörth ?)

Porte d'or à un aigle de gueules.

Nº 321. CLAUDE BEAU, marchand-bourgeois de Strasbourg ;

Porte d'argent à un dragon de sinople, langué de gueules.

Nº 322. N... REUDERARD, maître-chirurgien à Strasbourg ;

Porte d'or à trois bandes de gueules.

Nº 323. ABRAHAM KOLB, marchand-bourgeois de Strasbourg ;

Porte d'azur à trois têtes de loup, arrachées d'or, deux et une.

Nº 324. JEAN-JACQUES NOMMEMANT, cabaretier à Strasbourg ;

Porte d'argent à une fasce de gueules, accompagnée de trois ba-rillets de sable, cerclés d'or.

Nº 325. JEAN-VALENTIN BOCH, marchand-bourgeois de Stras-bourg ;

Porte d'argent à un chevron d'azur et un chef de gueules, chargé de trois étoiles d'or.

Nº 326. GABRIEL FRÉLECQ, marchand-bourgeois de Strasbourg ;

Porte d'azur à trois croissants d'or, deux et un.

Nº 327. JEAN-OGIER CASPAREIN, marchand-bourgeois de Strasbourg ;

Porte d'or à une fasce de sable, accompagnée de trois molettes de même.

Nº 328. JEAN-HENRY HELMSTER, cabaretier à Strasbourg ;

Porte d'argent à un sarment de vigne de sinople posé en fasce, fruité de trois grappes de raisin de gueules.

Nº 329. N... KERSTLE, marchand-bourgeois de Strasbourg ;

Porte de gueules à une bande d'or, accompagnée de deux étoiles à huit raies d'or.

Nº 330. MAGNUS-THÉODORE BOCHE, marchand-bourgeois de Strasbourg ;

Porte d'azur à trois besants d'argent, deux et un.

Nº 331. JEAN-GEORGES AFFALCK, marchand-bourgeois de Strasbourg ;

Porte d'azur à un croissant d'or.

N° 332. FRÉDÉRIC LERSE, marchand-bourgeois de Strasbourg ;
Porte d'argent à une herse de sable.

N° 333. N... FNIX, marchand-orfèvre à Strasbourg ;
Porte d'azur à trois renards passants d'or, deux et un.

N° 334. JEAN KIM, marchand-bourgeois de Strasbourg ;
Porte de gueules à un chien assis d'argent, accolé de sable.

N° 335. JEAN-FRÉDÉRIC LEIDELKER, marchand-bourgeois de
Strasbourg ;
Porte d'azur à une licorne saillante d'argent.

N° 336. MATHIEU WEBER, prévôt du village de Menfeldt ;
(Minfeld ?)
Porte d'or à trois fasces de gueules.

N° 337. SIGISMOND GUTTEMBAGER, prévôt du village de Laucandel ; (Langenkandel ?)
Porte palé contrepalé de sinople et d'or.

N° 338. GUILLAUME KREBS, prévôt du village de Frekemfeldt ;
(Frankenfeld ?)
Porte d'or à une fasce de gueules, chargée de trois croissants
d'argent.

N° 339. N... GRUEL, ministre à Minfeldt ;
Porte d'argent à trois grues de sable, deux et une, chacune avec
sa vigilance de gueules.

N° 340. BÉNEDIC MASCULIUS, ministre à Laucandel ; (Langenkandel ?)
Porte de gueules à deux léopards d'or, l'un sur l'autre.

N° 341. MELCHIOR FISCHER, ministre à Frekenfeldt ; (Frankenfeld ?)
Porte d'azur à trois flèches d'or, posées en pal et en sautoir.

N° 342. La communauté des habitants du village de Salinback ;
(Salmbach ?)
Porte de sable à un chevron d'or, accompagné de trois besants
d'argent.

N° 343. La communauté des habitants du village d'Obergericq ;
(Oberkirch ?)
Porte de gueules à trois annelets d'argent, deux et un.

N° 344. La communauté des habitants du village de Schaid ;
(Scheid ?)

Porte d'azur à une fasce d'or, accompagnée de trois roses d'argent, deux en chef et une en pointe.

Nº 345. La communauté des habitants du village de Kulsheim; (Kolbsheim ?)

Porte d'or à trois fasces ondées d'azur.

Nº 346. La communauté des habitants du village de Rhinsabern ; (Rheinzabern ?)

Porte de gueules à trois croissants d'argent, deux et un.

Nº 347. Jean-Pierre Haufmann, prévôt du village de Rhinsabern ; (Rheinzabern ?)

Porte d'azur à trois pals d'or.

Nº 348. La communauté des habitants du village de Herxheim ;

Porte fascé d'or et de sable de six pièces.

Nº 349. François Blaisinger, prévôt du village de Herxheim ;

Porte d'azur à deux tours d'argent maçonnées de sable sur une terrasse de sinople.

Nº 350. Christophe Horrez, receveur du chapitre de Spire et maître des forges au val St-Georges à Loutterbourg ;

Porte parti au 1er d'azur à une figure de femme contournée, ses cheveux épars derrière le dos, sa tête couverte d'un morion à la grecque orné de panaches, appuyant son bras dextre sur une espèce de fourneau, tenant en sa main dextre une règle, un crampon et un compas, et en sa main sénestre un marteau, le tout d'or; au 2e de gueules à un St-Georges à cheval, perçant de sa lance un dragon abattu, le tout d'argent.

Nº 351. N..., veuve de N... Steffen, marchand à Strasbourg ;

Porte d'or à une bande engrelée d'azur.

Nº 352. Cléphée Merckeleine, veuve de Christman Merckel, marchand à Strasbourg ;

Porte d'argent à un rencontre de bœuf de sable.

Nº 353. Marie-Dorothée Kohlloffel, veuve de Laurent Alenschlager, marchand-bourgeois de Strasbourg ;

Porte de gueules à une barre d'argent, chargée de trois trèfles de sinople et accompagnée de deux lévriers aussi d'argent courants en barre, l'un dessus et l'autre dessous la barre.

No 354. N... Etienne, marchand-perruquier à Strasbourg ;
Porte d'azur à une syrène d'argent, chévelée d'or.

No 355. Philippe Wipmart, maître-chirurgien à Strasbourg ;
Porte d'argent à un lion de gueules.

No 356. Marguerite Mueg, veuve de N... Fronrissen, ammeistre à Strasbourg ;
Porte d'azur à trois roses d'or, deux et une.

No 357. Regina-Marguerite Mueg, veuve de N... Spylman, du conseil des treize de la magistrature de Strasbourg ;
Porte d'azur à trois roses d'or, deux et une.

No 358. Marie Himerer, veuve de Jean-Thomas Frelingue ;
Porte d'azur à une croix d'or, chargée d'un cœur enflammé de gueules.

No 359. Marguerite Gambs, veuve de N... Craseck, du conseil des treize de la magistrature de Strasbourg ;
Porte d'azur à un léopard d'or.

No 360. N..., veuve de N... Stedel, marchand-épicier à Strasbourg ;
Porte fuselé d'argent et de sable.

No 361. Marguerite Keislen, veuve de N... Dietrick, conseiller au magistrat de la ville de Strasbourg ;
Porte d'azur à un soleil d'or.

No 362. N..., veuve de Thomas Gaspard, marchand à Strasbourg ;
Porte de sable à trois croix ancrées d'or, deux et une.

No 363. Charles Gervais, marchand-bourgeois de Landau ;
Porte d'or à cinq tourteaux de gueules posés en sautoir.

No 364. Girard Raufeld, marchand-bourgeois de Landau ;
Porte d'or à six molettes de gueules, trois, deux et une.

No 365. N... de Brosse, ci-devant directeur de l'hôpital de Landau ;
Porte d'argent à un lion de gueules traversé d'une lance de sable en bande, la pointe en bas.

No 366. Salomée Alkert, veuve de Mathias Knabe, marchand à Strasbourg ;
Porte d'azur à un aigle d'argent.

No 367. N..., veuve de N... REITTER, marchand à Strasbourg;
Porte d'argent à deux chevrons de gueules.

No 368. N... SATTLER, ministre à Rinquindorff; (Ringen-dorf?)
Porte d'azur à une bande d'argent, accompagnée de deux demi-vols de même.

No 369. N... DE LA MOTTE, contrôleur de l'hôpital de Stras-bourg;
Porte d'azur à un oiseau d'or sur une motte d'argent.

No 370. PHILIPPE HELVIESTERT, marchand-épicier à Boux-viller;
Porte d'azur à un oiseau d'argent, perché sur un chicot d'or, péri en bande.

No 371. JEANNE-FRANÇOISE DE NEIENSTEIN, née GLEFFLIN D'ALTENACH;
Porte d'argent à un cep de vigne arraché, feuillé de trois feuilles de sinople et fruité de deux raisins de pourpre.

No 372. N... STOR, notaire à Strasbourg;
Porte de gueules à une épée d'argent posée en pal, la garde et la poignée d'or, la pointe en haut.

No 373. N... SALOMÉE, veuve de N... RIMBOLDT, receveur de M. le comte de Hanau;
Porte de gueules chapé d'or à trois roses, deux en chef et une en pointe, de l'un en l'autre.

No 374. La communauté des habitants de Dietwiller et d'Ossen-hen; (Dettwiller — Dossenheim?)
Porte de sable à une faux d'argent, emmanchée d'or.

No 375. La province d'Alsace;
Porte d'or à un aigle à deux têtes de sable.

No 376. MICHEL FAUGOUIN DE LA PLACE, beaumestre à Lan-dau;
Porte d'argent à deux bandes de gueules, et un chef d'azur, chargé d'un lion passant d'or.

No 377. CHARLES-REGNARD WEITSPHALLE, ministre d'Imbs-heim;
Porte d'azur à un chiffre d'or, composé des lettres C, R et W, entrelacées, couronné de même.

N° 378. N... Blasser, marchand de vin à Landau ;
Porte d'argent à une croix pattée d'azur.

N° 379. N..., veuve de N... Unzelt, ministre à Mittelbergen ;
(Mittelbergheim.)
Porte d'azur à une bande d'argent, chargée de trois quintefeuilles
de gueules.

N° 380. Jean Pescheur, doyen des chanoines de Weissembourg ;
Porte de gueules à deux poissons posés en pals adossés d'argent,
et un franc-quartier d'azur, chargé d'une étoile d'or et cachant la
moitié du premier poisson.

N° 381. N... Alberty, chanoine du chapitre de Weissembourg ;
Porte d'or à trois chevrons de sable.

N° 382. François Hairay, chanoine du chapitre de Weissembourg ;
Porte d'azur, fretté d'or, à un chef d'argent, chargé de trois molettes de sable.

N° 383. N... Cadot, chanoine du chapitre de Wissembourg ;
Porte d'azur à trois fasces ondées d'argent.

N° 384. N... de la Place, chanoine du chapitre de Weissembourg ;
Porte de sinople à un château d'or.

N° 385. N... Wilmant, chanoine du chapitre de Weissembourg ;
Porte d'argent à une bande de sable, chargée d'un lion d'or.

N° 386. N... Mausion, chanoine du chapitre de Weissembourg ;
Porte d'azur à un cygne d'argent, becqué et membré de sable.

N° 387. N... Annelle, chanoine du chapitre de Weissembourg ;
Porte de gueules à six annelets d'argent, trois, deux et un.

N° 388. Jean Wolff Speindler, marchand-boucher à Strasbourg ;
Porte d'azur à un loup ravissant d'or, lampassé de gueules.

N° 389. N..., veuve de N... Becler, notaire à Strasbourg ;

Porte d'azur à trois croissants d'or, deux et un , et une rose d'argent posée en cœur.

N° 390. La commanderie de Weissembourg ;

Porte d'argent à une croix de sable.

N° 391. N... de Flandres , chanoine du chapitre de Neuviller ;

Porte d'or à un lion de gueules.

N° 392. N... Allart , chanoine du chapitre de Neuviller ;

Porte d'azur à un chevron d'argent, accompagné de trois demi-vols de même.

N° 393. Abrabam Hejtel , échevin de la ville de Strasbourg ;

Porte de sable à trois chevrons d'or, accompagnés de trois étoiles de même, deux en chef et une en pointe.

N° 394. N..., veuve de N... Mellequer , du magistrat de la ville de Strasbourg ;

Porte d'or à trois larmes d'azur, deux et une.

N° 395. Isaac Denis , marchand-brasseur de Strasbourg ;

Porte de gueules à un croissant d'argent, accompagnés de trois étoiles de même, deux en chef et une en pointe.

N° 396. Marie-Jacob Feuster, femme de Chrysostome Muller, conseiller à la régence de Saverne ;

Porte d'azur à une figure humaine à demi-corps de carnation, vêtue d'or, sa tête couverte d'un bonnet à la hongroise de même , et tenant en sa main dextre une épée d'argent.

N° 397. François-Mathieu Muller , bailli de Binfeld ; (Benfeld)

Porte de même.

N° 398. N... de la Lande , lieutenant de la maréchaussée d'Alsace ;

Porte écartelé au 1er et 4e d'or, à trois roses de gueules , deux et une ; au 2e et 3e d'azur à trois épées d'argent, posées en pal et en chevron , enfilant une couronne d'or.

N°s 399 et 400. Pierre Bigot de la Bussière , conseiller du roi, receveur général, payeur des gages, rentes, pensions et autres charges assignées sur les gabelles et salines du comté de

Bourgogne, directeur des armoiries de la province d'Alsace, et
Marguerite Thérèse Parastre de Channerry, sa femme ;

Portent d'or à un chêne arraché de sinople, et un chef de gueules
chargé d'un lion passant d'argent, accolé de gueules, à un chevron
d'or de la pointe duquel sort une tête de cerf d'argent et un chef de
gueules, chargé de trois étoiles d'argent.

STRASBOURG.

REGISTRE SEPTIÈME.

—

N° 1ᵉʳ. N..., femme de N... CALMET, grand-Prévôt d'Alsace ;

Porte de gueules à un chevron d'or, accompagné en chef de deux grappes de raisin, et en pointe d'un soleil, le tout d'or.

N° 2. HENRY-JOSEPH VANDERBOSCHT, chanoine de l'Eglise de Sᵗ-Pierre-le-jeune de Strasbourg ;

Porte d'azur à une tour d'argent maçonnée de sable, écartelé d'argent à trois marteaux de sable péris en bande et posés deux et un.

N° 3. JEAN-BAPTISTE VANDERBOSCHT, chanoine de l'Eglise de Sᵗ-Pierre-le-jeune de Strasbourg ;

Porte de même.

N° 4. N... LE CLEUSTRE, chanoine de Sᵗ-Pierre-le-jeune de Strasbourg ;

Porte d'azur à un aigle à deux têtes d'or.

N° 5. N..., prévôt du village de Kerswiller ; (Kirrwiller ?)

Porte palé d'or et de sinople de six pièces.

N° 6. Le comté de Dabo ;

Porte d'or à une bande de gueules.

N° 7. La communauté des habitants de Dabo ;

Porte d'or à trois fasces d'azur et une bande de gueules brochante sur le tout.

Nº 8. La communauté des habitants de Valersche ; (Wal-scheid ?)

Porte de sable à un massacre de cerf d'or.

Nº 9. La communauté des habitants d'Eberscheviller ; (Elbersviller.)

Porte d'azur à trois pommes de pin d'or, deux et une.

Nº 10. La communauté des habitants de Sᵗ-Jean-des-Choux ;

Porte d'argent à un lion d'azur et une bande d'or brochante sur le tout.

Nº 11. N..., prévôt du village de Monsviller ;

Porte d'azur à trois bandes d'or.

Nº 12. La communauté des habitants du village de Monsviller ;

Porte d'or à trois lions de gueules.

Nº 13. La communauté des habitants du village de Vœlostheim ; (Wœllenheim ?)

Porte d'azur à un cerf courant d'or, sur une terrasse de sinople.

Nº 14. N..., prévôt du village de Valostheim ; (?)

Porte d'or à trois têtes de lion arrachées de gueules, deux et une.

Nº 15. N..., prévôt du village de Altenheim ;

Porte d'azur à trois canettes d'argent, deux et une.

Nº 16. La communauté des habitants du village de Kleingorff ; (Kleingœft.)

Porte d'argent à un soc de charrue de gueules posé en pal ; la pointe en haut.

Nº 17. N... Sauvage, curé de Staimbourg ;

Porte de gueules à une croix pattée d'argent.

Nº 18. N... Villemann, aide-major de Landau ;

Porte d'argent à une bande de sable, chargée d'un lion d'or.

Nº 19. N... Satournis, ministre à Landau ;

Porte d'azur à un pal d'or, accosté de quatre roues de même, posées en pal, deux de chaque côté.

Nº 20. N... de Vert, dame ;

Porte d'argent à une bande de sinople.

Nº 21. Michel Stal, marchand à Landau ;

Porte de sable à une croix ancrée d'argent.

Nº 22. Christophe Lockmer, marchand à Landau ;

Porte d'azur à un léopard d'or.

Nº 23. JACOB DE RICH, bourgeois de Landau ;

Porte d'argent à trois étoiles de gueules, deux et une.

Nº 24. PIERRE STOCH, bourgeois de Landau ;

Porte d'argent à une épée de gueules, périe en pal, la pointe en bas.

Nº 25. JACOB BRICH, bourgeois de Landau ;

Porte d'or à trois lozanges de gueules, deux et un.

Nº 26. N... REBSTOCK, bourgeois de Landau ;

Porte de sable à un lion d'or, accompagné de trois annelets d'argent, deux en chef et un en pointe.

Nº 27. N... HEMPFF, bourgeois de Landau ;

Porte d'or à une ancre de gueules.

Nº 28. CLAUDE BOREL, marchand à Landau ;

Porte de gueules à une bande de vair, accompagnée de deux lions d'or, l'un en chef et l'autre en pointe.

Nº 29. N... HOTSOFER, receveur à Landau ;

Porte d'azur à une licorne d'argent passante sur une terrasse d'or.

Nº 30. PIERRE COURBÉ, marchand à Landau ;

Porte d'or à un palmier arraché de sinople.

Nº 31. JACOB ITCHLER, marchand à Landau ;

Porte d'argent à trois tourteaux d'azur, deux et un.

Nº 32. N... LE BESSON, marchand à Landau ;

Porte d'or à un aigle à deux têtes de gueules.

Nº 33. ANTOINE COURBELMO, marchand à Laudau ;

Porte d'azur à un sautoir alèzé d'or, accompagné de quatre étoiles d'argent.

Nº 34. FRÉDÉRIC HITSCHELER, marchand à Landau ;

Porte de gueules à un rocher d'or dans une mer d'argent.

Nº 35. N... BOURGRAFF, marchand à Landau ;

Porte d'argent à trois tours de gueules, deux et une.

Nº 36. LOUIS DOUPER, marchand à Landau ;

Porte de gueules à un chevron d'argent, accompagné de trois besants de même.

Nº 37. VALENTIN HOCDORFER, bourgeois de Landau ;

Porte d'or à une bande d'azur, chargée d'une épée d'argent en pal.

Nᵒ 38. ANDRÉ BRICK, meunier à Landau ;
Porte d'or à trois lozanges de gueules, deux et un.

Nᵒ 39. MATHIEU BRICK, bourgeois de Landau ;
Porte de même.

Nᵒ 40. N... LA FOREST, cabaretier à Landau ;
Porte d'argent à trois arbres de sinople rangés sur une terrasse de même.

Nᵒ 41. JOHANNES HALTER, cabaretier à Landau ;
Porte d'or à trois fasces ondées de gueules.

Nᵒ 42. N... STELHAUSSER, cabaretier à Landau ;
Porte de gueules à trois étoiles d'argent, deux et une.

Nᵒ 43. VALENTIN ADAM, cabaretier à Landau ;
Porte d'or à trois pommes de gueules, tigées et feuillées de sinople, deux et une.

Nᵒ 44. THOMAS HECK, cabaretier à Landau ;
Porte d'argent à une fontaine de gueules.

Nᵒ 45. JOST REZET, cabaretier à Landau ;
Porte d'argent à un rosier de sinople, fleuri de gueules.

Nᵒ 46. FRANÇOIS SUISSE, marchand à Landau ;
Porte d'azur à deux hallebardes d'or, adossées et posées en pal.

Nᵒ 47. N... MATHIEU, marchand à Landau ;
Porte de gueules à un chevron d'or, accompagné de trois colombes d'argent.

Nᵒ 48. N... HERMANN, maître-apothicaire à Strasbourg ;
Porte d'argent à trois bandes de gueules.

Nᵒ 49. JACOB HAUGEL, maître-chirurgien à Landau ;
Porte de gueules à un chevron d'argent, accompagné de trois tours de même.

Nᵒ 50. N... HAFNER, maître-chirurgien à Landau ;
Porte de sable à deux fasces d'or.

Nᵒ 51. N... DOUZY, maître-chirurgien à Landau ;
Porte de gueules à un aigle d'argent couronné d'or.

Nᵒ 52. N... METZER, aubergiste à Landau ;
Porte d'argent à un arbre de sinople, accosté de deux lions affrontés de sable.

Nᵒ 53. N... SCHWERT, marchand-orfèvre à Landau ;
Porte d'or à une croix de sinople.

Nº 54. N... FINXK, marchand orfèvre à Landau ;
Porte d'azur à un dragon d'or, lampassé de sable.

Nº 55. N..., ministre de Nousdorff ;
Porte d'argent à un bourdon de gueules posé en bande.

Nº 56. La communauté des habitants de Tanne ; (Dhan ?)
Porte d'or à un soc de charrue d'azur, posé en pal, la pointe en bas.

Nº 57. N... LOISON, prévôt du village de Kirviller ;
Porte d'azur à trois oies d'argent, becquées et membrées de gueules, deux et une.

Nº 58. N... PIERRE, marchand-orfèvre à Landau ;
Porte d'azur à une fasce d'or, accompagnée de trois coquilles de même.

Nº 59. N..., prévôt du village de Oberoterback ; (Oberlauterbach ?)
Porte d'azur à quatre pals d'argent.

Nº 60. La communauté des habitants du village de Frickenfeld ; (Frankenfeld ?)
Porte de sinople à trois moutons d'argent, deux et un.

Nº 61. N..., prévôt du village de Errimback ; (Erlenbach ?)
Porte fascé d'or et de gueules de six pièces.

Nº 62. N... SCHOULTER, receveur du bailliage de Weissembourg ;
Porte d'argent à une bande d'azur, chargée de trois besants d'or.

Nº 63. N..., prévôt de Steinfeld et Capswir ; (Cabsweier.)
Porte bandé d'or et d'azur de six pièces.

Nº 64. LAURENT JOST, cabaretier à Schefelsheim ; (Schæffersheim ?)
Porte d'argent à une hure de sanglier de sable, arrachée de gueules.

Nº 65. GEORGES-LOUIS ROOGUER, ministre à Orely ; (?)
Porte d'or à un cor de chasse de sable, surmonté d'une tête de léopard de même.

Nº 66. JEAN WELPER, imprimeur à Strasbourg ;
Porte d'azur à un livre ouvert d'argent, écrit en caractères de sable.

Nº 67. Jean-Jacques Noderer, marchand-tanneur à Strasbourg ;

Porte de gueules à trois lions d'argent, deux et un.

Nº 68. Jean-Jacques Limburger, courtier à Strasbourg ;

Porte d'argent à un quatre de chiffre de marchand de gueules, le pied fourché en chevron, fiché dans un cœur vidé de même, ce cœur renfermant les deux lettres H et I en chef de sable, et la lettre L de même en pointe.

Nº 69. Jean Streit, sénateur à Strasbourg ;

Porte d'argent à un sautoir de sable.

Nº 70. N... Fougtz, marchand de bois à Strasbourg ;

Porte d'azur à trois feuilles de chêne d'or, deux et une.

Nº 71. Nicolas Rouch, marchand à Strasbourg ;

Porte de sinople à une ruche d'or, accompagnée de trois abeilles de même, deux en chef et une en pointe.

Nº 72. Valentin Hirchel, sénateur à Strasbourg ;

Porte d'azur à une croix d'or.

Nº 73. Jean Reymaud, marchand-mercier à Strasbourg ;

Porte d'azur à une fasce d'or, chargée d'un renard de gueules.

Nº 74. Jean-Pierre Hastcha, marchand-boucher à Strasbourg ;

Porte d'argent à une lance de gueules posée en pal, accostée de deux molettes de sable.

Nº 75. Jean Pastorius, imprimeur à Strasbourg ;

Porte d'azur à deux houlettes d'or, passées en sautoir, accompagnées de quatre brebis d'argent.

Nº 76. Jean-Gaspard Beringer, marchand-tanneur à Strasbourg ;

Porte de gueules à deux pals d'or.

Nº 77. N... Belant, cabaretier à Strasbourg ;

Porte d'azur à un chevron d'or, accompagné en pointe d'un agneau d'argent.

Nº 78. N..., veuve de N... Ursinius ;

Porte d'argent à trois roses de gueules, pointées de sinople, rangées en fasce.

Nº 79. N..., veuve de N... Marback ;

Porte d'argent à six merlettes de sable posées trois, deux et une.

Nᵒ 80. JEAN BOCK ;

Porte d'argent à un chevron d'azur, et un chef de gueules, chargé de trois étoiles d'or.

Nᵒ 81. GEORGES THÉVIN ;

Porte d'azur à trois sautoirs d'or.

Nᵒ 82. JEAN-JACQUES HAMERE ;

Porte d'or à une bande de gueules.

Nᵒ 83. FRÉDÉRIC TEUCH, marchand-cabaretier à Strasbourg ;

Porte d'argent à une croix potencée de gueules.

Nᵒ 84. THIBAULT FRIDOLSHEIM, sénateur à Strasbourg ;

Porte d'azur à une bande d'or, accompagnée de deux aigles de même.

Nᵒ 85. MARTIN KAUFFER, l'aîné, échevin à Strasbourg ;

Porte de gueules à trois fasces d'argent.

Nᵒ 86. JEAN HIGER, échevin à Strasbourg ;

Porte de gueules à une fasce d'or, accompagnée de trois billettes d'argent.

Nᵒ 87. MARTIN KAUFFER, le jeune, échevin à Strasbourg ;

Porte de gueules à trois fasces d'argent.

Nᵒ 88. JEAN-DAVID TRUMBACH, échevin à Strasbourg ;

Porte d'azur à un chevron d'or, chargé de trois trèfles de sinople.

Nᵒ 89. JEAN LIX, échevin à Strasbourg ;

Porte de gueules à trois lis d'argent, tigés et feuillés d'or, posés en pal, deux et un.

Nᵒ 90. THIBAULT FRIDOLSHEIM, le jeune, échevin à Strasbourg ;

Porte d'azur à une bande d'or, accompagnée de deux aigles de même.

Nᵒ 91. THIBAULT JUD, l'aîné, échevin à Strasbourg ;

Porte de gueules à une fasce d'argent, accompagnée de trois quintefeuilles d'or.

Nᵒ 92. JEAN FOLTZ, du sénat de la ville de Strasbourg ;

Porte d'azur à une gerbe d'or, surmontée d'une étoile de même.

Nᵒ 93. THIBAULT RIEL, bourgeois de la ville de Strasbourg ;

Porte d'or à un chevron d'azur, chargé de trois étoiles d'or.

Nᵒ 94. JEAN ROTH, le vieil, du sénat de la ville de Strasbourg ;

Porte de gueules à une roue d'argent.

Nº 95. Michel Foltz, bourgeois de la ville de Strasbourg ;
Porte d'azur à une gerbe d'or, surmontée d'une étoile de même.

Nº 96. Georges Hegwang, prévôt du village de Heligmeisten ; (Heiligenstein ?)
Porte d'azur à un fenderet de boucher emmanché d'or, surmonté des trois lettres G, H et W de même, rangées en chef.

Nº 97. Benoist Schwartz, prévôt du village de Guertzwiller ; (Gertwiller ?)
Porte d'argent à deux happes dont se servent les tonneliers, de sable, passées en sautoir, et un maillet de gueules posé en pal, brochant sur le tout, accosté des lettres B et S de sable.

Nº 98. Jean-Georges-Daniel Durennburguer, brasseur à Strasbourg ;
Porte de sable à un chiffre d'or, composé des lettres I, G et D jointes ensemble, et en pointe un mont de trois coupeaux d'argent, mouvant de la pointe de l'écu.

Nº 99. Jean Baur, marchand-cabaretier à Strasbourg ;
Porte d'or à trois ancolies d'azur, deux et une.

Nº 100. Jacques Leidecker, marchand-bourgeois de Strasbourg ;
Porte d'argent à trois hures de sanglier, arrachées de sable.

Nº 101. Jean-Baptiste Collonne, marchand-bourgeois de Strasbourg ;
Porte de gueules à trois colonnes d'argent rangées en pals.

Nº 102. La communauté des habitants du village de Veitzenheim ; (Wintzenheim ?)
Porte de sinople à un pin d'or, fruité de ses pommes de sable.

Nº 103. Thibault Vogt, le jeune, marchand-bourgeois de Strasbourg ;
Porte de gueules à une roue d'argent.

Nº 104. Jean Riel, marchand-cabaretier à Strasbourg ;
Porte d'or à un chevron d'azur, chargé de trois étoiles d'or.

Nº 105. La communauté des vitriers, meuniers, serruriers et potiers de Bouxviller ;
Porte d'azur à un St-Joseph d'or, tenant en sa main dextre un lis au naturel.

Nº 106. JEAN-GEORGES KRACKAU, épicier à Strasbourg ;

Porte d'argent à trois barres de fer de sable, posées en fasces alèzées, l'une sur l'autre.

Nº 107. JEAN-PHILIPPE KAUM, marchand-boucher à Strasbourg ;

Porte de gueules à un bœuf passant d'or.

Nº 108. MICHEL BOCHE, le jeune, marchand à Strasbourg ;

Porte d'argent à un chevron de sable, accompagné de trois tourteaux de même.

Nº 109. JEAN-GEORGE KORVAIS, sénateur de la ville de Strasbourg ;

Porte d'argent à une roue de gueules, accompagnée de trois tourteaux de même, deux en chef et un en pointe.

Nº 110. ANDRÉ ALHINBOURGER, marchand-orfèvre à Strasbourg ;

Porte lozangé d'or et de gueules.

Nº 111. MICHEL WEBER, cabaretier au lieu de Pfoulgriesheim ;

Porte d'argent à trois coquilles de gueules, deux et une.

Nº 112. N..., veuve de N... STREN ;

Porte d'or à une bande de gueules, accompagnée de six trèfles d'azur, posés en orle.

Nº 113. JACOB KLIN, prévôt du village de Droussenhem ; (Drusenheim.)

Porte fascé d'argent et de gueules de six pièces.

Nº 114. JEAN RIANE, submissaire du prévôt de Sᵗ-Pierre-le-jeune de la ville de Strasbourg ;

Porte d'or à un lion de sable, lampassé et armé de gueules.

Nº 115. DAVID ABBÉ, cabaretier à Watersel (?) près Strasbourg ;

Porte d'argent à trois fusées de gueules posées en fasce.

Nº 116. GUY-LOUIS ROCHON, sieur DU BERTIER, commissaire et garde d'artillerie à Strasbourg ;

Porte de gueules à une barre d'argent, chargée de trois étoiles de sable, accompagnée de deux chevrons d'or, l'un en chef et l'autre en pointe.

Nº 117. GOTTARD RENNER, receveur de M. le comte d'Hanau ;

Porte d'or à un cavalier qui court, tenant une lance en sa main, le tout de sable.

N° 118. Nicolas Hammerer, marchand-bourgeois de Strasbourg ;

Porte d'azur à deux poissons d'argent, posés en fasce l'un sur l'autre.

N° 119. La communauté des habitants du village de Dingsem ; (Dingsheim ?)

Porte d'or à un sautoir de sable.

N° 120. Toussaint Driguet, notaire et greffier à Moutzig ;
Porte de gueules à un griffon d'or.

N° 121. Louis Paisan, marchand-perruquier à Strasbourg ;
Porte d'or à un lion de sinople.

N° 122. Joseph Roussel, curé de Bissesheim ; (Bischofsheim ?)

Porte de sinople à un chevron d'or, accompagné de trois poires de même, les tiges en bas.

N° 123. François Bazelaire, chanoine du chapitre de Surbourg ;

Porte d'argent à trois fasces de gueules, écartelé d'azur à trois étrilles d'argent emmanchées d'or, posées deux et une.

N° 124. Jacob Scherer, chanoine du chapitre de Surbourg ;
Porte de gueules à un calice d'or.

N° 125. Nicolas Lambert, marchand de tabac à Strasbourg ;
Porte d'argent à un chevron de gueules, accompagné de trois feuilles de tabac de sinople.

DÉPENDANCE DE STRASBOURG.

BRISACK.

SUIVANT L'ORDRE DU REGISTRE PREMIER.

(22 novembre 1697.)

Nᵒˢ 1ᵉʳ et 2. JACQUES DISCHINGER, écuyer, gentilhomme et premier bourguemestre de la ville de Brisack, et FRANÇOISE-PHILIPPINE-ELIZABETH DE LOHR, sa femme;

Portent d'argent à une fasce d'azur, accompagnée de deux huchets de sable, accolé d'argent à un palmier de sinople, mouvant du flanc dextre de l'écu, et un homme de carnation couvert du champ, qui pose un pied contre le tronc et se suspend de la main droite à une branche pour monter dessus.

Nᵒ 3. JEAN-THIÉBAULT HUG DE WINTERBACH, bailli de la comté de Ferrette;

Porte d'or à une colline de trois coupeaux de sinople surmontée d'un trèfle de même.

Nᵒ 4. GILLES-FERRIER DE BAVILLIER, ci-devant commissaire des vivres, et receveur des domaines du roi à Belfort, et à présent l'un des fermiers des forges, mines d'argent et domaines de la seigneurie de Belfort.

Porte d'azur à une autruche d'or, éclairée de gueules, laquelle tient en son bec un fer de pique d'argent, la pointe en bas, et un chef de gueules chargé de trois étoiles d'argent.

N°s 5 et 6. MELCHIOR NOBLAT, bailli et prévôt de Belfort, licencié en droit, et ELIZABETH BOURQUENOT, sa femme ;

Portent de gueules à trois grenades d'or, tigées et feuillées de sinople, accolé d'azur à une bande d'argent chargée de trois roses de gueules et accompagnées de deux étoiles d'or.

N° 7. JEAN-PIERRE NOBLAT, syndic de l'hôpital de la ville de Belfort, et secrétaire de ladite ville ;

Porte de gueules à trois grenades d'or, tigées et feuillées de sinople.

N° 8. La communauté des cordonniers, selliers et tanneurs de la ville de Brisack ;

Porte d'azur à un St-Crépin et un St-Crépinien d'or, sur une terrasse de même, et un faucon d'argent posé en chef.

N° 9. La confrérie de la Pucelle de Brisack ;

Porte d'azur à un St-Georges armé de pied en cap, monté sur un cheval terrassant un dragon, auquel il enfonce sa lance dans la gueule ; le saint sénestré d'une pucelle à genoux et les mains jointes, le tout d'or sur une terrasse de même.

N° 10. La confrérie de la Coupe rouge de Brisack ;

Porte d'argent à une coupe couverte de gueules, supportée par deux lions affrontés de même.

N° 11. LAURENT BARBIER, écuyer, ancien chevalier de St-Lazare, commandant pour le service du roi au fort de St-Pierre de Fribourg en Brisgau ;

Porte d'azur à un cygne d'argent, écartelé d'or à trois bandes de gueules, et un chef d'azur chargé de deux épées d'argent en sautoir, les pointes en haut.

N° 12. JEAN-FRANÇOIS DU CLOS, prêtre-chanoine de l'Eglise de Belfort en Alsace ;

Porte d'azur à un aigle d'argent, chargé d'un bâton de sinople péri en bande.

N° 13. CHARLES-JOSEPH DESTAAL DE CRAVANCHE, écuyer et seigneur de la Coste, capitaine-lieutenant du régiment de Surbeck ;

Porte de sable à un pied et cuisse de griffon d'or,

Nº 14. MELCHIOR-CHRISTOPHE STADEL, licencié en droit et bailli de Rozemont ;

Porte d'azur à une cabane ou maison d'or, pavillonnée d'argent, ouverte et ajourée du champ et sommée d'une palme d'or.

Nº 15. ROLAND-THÉODORE DE PELISSIER, écuyer, sieur de Chavigny, major de la ville de Brisack ;

Porte d'azur à un lion d'argent et une bande d'or brochante sur le tout.

Nº 16. BERNARDIN DUPRÉ, écuyer, sieur d'Honville, lieutenant de l'artillerie de France et la commandant en Alsace ;

Porte d'argent à une fasce de gueules, accompagnée en chef de trois mouchetures d'hermine, et en pointe d'un lion, la queue fourchue, de sable, lampassé de gueules.

Nº 17. JOACHIM DE LA CHÉTARDYE, écuyer, brigadier des armées du roi et commandant pour le service de Sa Majesté des ville et fort de Brisack ;

Porte d'azur à trois épis de blé liés ensemble d'or, et posés en pal et en sautoir, et un chef aussi d'or, chargé de trois glands couchés de sinople, écartelé de sable à deux chats passants l'un sur l'autre d'argent.

Nº 18. JACQUES DE VALMONT, aide-major de la ville de Brisack ;

Porte d'azur à une montagne de six coupeaux d'argent sur le sommet de laquelle est plantée une marguerite de même, tigée et feuillée de sinople, qui supporte une abeille de sable miraillée d'or.

Nº 19. FRÉDÉRIC DE BERENFELZ, écuyer, conseigneur de Hesquenem (Hegenheim), capitaine au régiment de milice de la haute-Alsace ;

Porte d'or à un ours saillant de sable, lampassé de gueules sur une colline de trois coupeaux de même.

Nº 20. FRANÇOIS-JOSEPH DE FERRETTE, écuyer, seigneur de Zillisheim, lieutenant-colonel du régiment de Montjoie de milice de la Haute-Alsace ;

Porte de sable à un lion, la queue fourchue, d'argent, couronné d'or.

Nº 21. FRANÇOIS-THIBAULT DE FERRETTE, coseigneur de Marsback, capitaine au dit régiment ;

Porte de même.

No 22. GEORGES-PHILIPPE DE HAGUEBACK, écuyer, seigneur de Vitelshem ;

Porte d'argent à une croix ouverte de gueules.

No 23. JEAN-LÉOPOLD DE HAGUEBACK, écuyer, capitaine au régiment de Montjoie de milice de la haute-Alsace ;

Porte de même.

No 24. ANNE BOISGAUTHIER, bourguemestre de la ville de Brisack ;

Porte de gueules à trois têtes et cols de cygne arrachés d'argent, becqués de sable.

No 25. JEAN-NICOLAS SCHEPPLIN, bourguemestre de la ville de Brisack ;

Porte d'argent à une couronne composée de quatre roses de gueules, boutonnées d'or, entrelacées de feuilles de sinople, laquelle est supportée par une colline de gueules.

No 26. N... DE PESCHERY, mestre de camp d'un régiment de cavalerie, seigneur de Staffelfeld et lieutenant de roi de la haute Alsace ;

Porte de gueules à un chevron d'or, accompagné de trois casques de front d'argent, grillés d'or, et un chef aussi d'argent, chargé de trois flammes de gueules.

No 27. La ville de Marckolzem ;

Porte d'argent à un loup courant de sable, posé en fasce.

No 28. Le bailliage de Marckolzheim ;

Porte d'argent à une bande de gueules dont la moitié dextre est fleuronnée et contrefleuronnée de sinople.

No 29. MATHIEU HERMAN, prévôt de la ville et du bailliage de Marckolzheim ;

Porte d'argent à un bélier contourné de sable passant sur une branche d'arbre sans feuilles de gueules.

No 30. HENRY DE COUQUERAUT, chevalier, seigneur de Gondreville, brigadier des armées du roi et gouverneur pour Sa Majesté de la ville de Schélestat ;

Porte d'argent à trois têtes de Maure de sable, tortillées du champ.

No 31. JEAN-CARLE BERTOLE, coseigneur de Roquebrune, major de la ville de Schélestat ;

Porte d'or à trois cerisiers de sinople fruités de gueules, posés sur une terrasse aussi de sinople, celui du milieu surmonté d'un oiseau volant de sable, qui porte à son bec une cerise de gueules tigée et feuillée de sinople.

N° 32. PIERRE FREDY, écuyer, seigneur de Beauregard, aide-major de la ville de Schélestat ;

Porte d'azur à neuf coquilles d'or, posées trois, trois, deux et une.

N° 33. N... CAMUS DE MORTON, brigadier des armées du roi, gouverneur de ville et château de Belfort ;

Porte d'azur à trois croissants d'argent et une étoile d'or, posée en cœur, le tout surmonté d'un lambel à quatre pendants d'argent.

N° 34. N... BONENFANT, prévôt de l'Eglise collégiale de St-Denis de Belfort ;

Porte de gueules à un chevron d'or, accompagné en chef de deux étoiles et en pointe d'un croissant de même.

N° 35. N... CHARLES, chanoine à Belfort ;

Porte d'azur à un chevron d'argent, accompagné en pointe d'un croissant de même et un chef aussi d'argent chargé de trois étoiles d'azur.

N° 36. JEAN LIGONET, sieur de la Sablière, lieutenant pour le roi au gouvernement de Belfort ;

Porte d'argent à deux fasces de gueules.

N° 37. ANTOINE DU PORTAIL, ingénieur ordinaire du roi à Belfort ;

Porte d'azur à un portail d'or, et une lance d'argent posée en pal, qui traverse le cintre du portail.

N° 38. FRAÇOIS-JOSEPH OBRIER, bachelier et docteur en théologie, curé d'Essert et aumônier du roi dans le château de Belfort ;

Porte d'azur à un griffon rampant d'or, armé de gueules.

N° 39. JEAN-ENNEMOND DE BILLAUD, chirurgien-major de l'hôpital de Belfort ;

Porte d'argent à une bande d'azur, surmontée d'une hure de sanglier de sable défendue d'argent, et soutenue d'un treillis de sable.

N° 40. N... CHEVALIER, ingénieur des places et des armées du roi, chevalier de l'ordre de St-Louis, présentement à la résidence de Belfort ;

Porte d'azur à une épée d'argent, à garde, et poignée d'or, mise en pal, et un chevron d'or, brochant sur le tout, surmonté de deux molettes de même.

Nº 41. JEAN BRETEIL, bourguemestre de la ville de Saint-Hippolyte ;

Porte d'argent à un fer de charrue de sable, accosé des deux lettres capitales H et B de gueules, et accompagné en pointe de trois roses de même posées deux et une.

Nº 42. La ville de Sᵗ-Hippolyte ;

Porte d'azur à un Sᵗ-Hippolyte de carnation ayant la tête environnée d'une gloire d'or, les mains croisées sur son corps nu, et les pieds attachés à une corde de sable tirée par un cheval contourné d'argent, sur lequel est monté un bourreau de carnation vêtu de gueules, tenant de sa main dextre un fouet de sable, et un petit écusson d'or posé en pointe et chargé d'une bande d'azur, surchargée de trois croisettes d'or, le petit écusson sommé d'une couronne de marquis de même.

Nº 43. JEAN ANSELIN, greffier de la ville de Sᵗ-Hippolyte ;

Porte d'argent à un chevron de gueules, accompagné de trois trèfles de sinople.

Nº 44. CLAUDE RICHIER, prêtre-curé de la ville de Sᵗ-Hippolyte ;

Porte d'azur à une aiguille de cadran d'argent, posée en fasce, accompagnée de trois étoiles à six raies d'or, et un chef aussi d'azur chargé d'une semblable étoile d'or.

Nº 45. FRANÇOIS-GEORGES GŒTZMAN, licencié ès-lois, bailli de la seigneurie de Landser ;

Porte de gueules à une bande d'argent, chargée de trois trèfles de sinople.

Nº 46. LIÉNARD GŒTZMAN, lieutenant de la maîtrise des eaux et forêts de la Haute-Alsace ;

Porte de même.

Nº 47. PHILIPPE-MARTIN CHEMNITIUS, receveur des Eglises de la comté d'Horbourg et seigneurie de Riqueville ; (Riquewihr.)

Porte d'argent à une roue à huit raies de sable.

Nº 48. JACQUES DANASTASY, commandant pour le roi à Colmar ;

Porte d'or à un porc de gueules, lequel supporte trois branches de rosier de sinople feuillées et fleuries de même.

N° 49. François Dieterman, conseiller du roi au Conseil souverain d'Alsace, et prêteur royal de la ville de Colmar ;

Porte d'azur à une fasce haussée d'or, surmontée de deux roses de cinq feuilles de même, et accompagnée en pointe d'un ours de bout d'argent.

N° 50. Mathias Montberry ;

Porte d'or à un lion naissant de sable, tenant de sa patte droite une palme de sinople, et soutenue d'une champagne de gueules, chargée de trois étoiles d'or.

N° 51 et 52. Gabriel Broichot, commissaire ordinaire des guerres à la résidence de Belfort, et Françoise Le Noir, sa femme ;

Porte d'azur à un chevron d'or, accompagné en chef de deux roses de même, et en pointe d'un cœur aussi d'or, accolé d'azur à une tige de lis de trois fleurs au naturel, et un chef cousu de gueules, chargé de trois étoiles d'argent.

N° 53. Armand-Charles de Caumont, capitaine au régiment de Cambrésis, ingénieur ordinaire du roi, directeur des fortifications de Fribourg ;

Porte de gueules à une tête et col de lion arrachée, d'or.

N° 54. Urbain de Saunay, écuyer, chevalier, aide-major du fort de St-Pierre de Fribourg ;

Porte de sable à un lion d'argent couronné de même, et accompagné de trois besants aussi d'argent.

N° 55. Louis de Berthé, écuyer, seigneur de Chailly, capitaine d'une compagnie de bourgeois français, et aide-major de la ville de Fribourg ;

Porte d'argent à trois merlettes de sable.

N° 56. Charles de Berthé, écuyer, seigneur de Chailly, lieutenant au régiment Dauphin, bataillon de Desbordes, et garçon-major de la ville de Fribourg ;

Porte de même.

N° 57. Jean Kneiel, ci-devant garde de M. le Prince de Montbelliard, et procureur-fiscal de la comté d'Horbourg et seigneurie de Riqueville ; (Riquewihr.)

Porte de gueules à un croissant d'argent surmonté de trois étoiles d'or, rangées en chef.

Nº 58. BERNARD GRENIER, ci-devant prévôt du village de Mittelveyr; (Mittelwihr.)

Porte d'azur à un maillet d'or, posé en pal, et deux sergents d'argent passés en sautoir et brochant sur le manche du maillet.

Nº 59. JACOB BOCKELLE, prévôt du village d'Onenweyr; (Hunawihr.)

Porte de gueules à un bouc rampant d'argent, tenant de sa main droite une palme de même, et posé sur une colline de trois coupeaux de sinople.

Nº 60. N... BOMBES, major de Huningue;

Porte écartelé d'or et de gueules.

Nº 61. N... MONLESUN, commandant dans le fort d'Huningue;

Porte d'argent semé de merlettes de sable à un lion de gueules.

Nº 62. N... DE LESCLOTAIRE, capitaine des grenadiers du régiment d'Auvergne;

Porte de gueules à un aigle, le vol abaissé, d'argent, accompagné en chef d'un soleil naissant de l'angle dextre d'or, et de deux étoiles rangées de même.

Nº 63. N... DE BEAULIEU, commandant au château de Landscron;

Porte d'azur à un sautoir d'or, chargé de neuf lozanges de sable, et un chef d'or, chargé de trois étoiles à huit raies de sable.

Nº 64. JEAN St. Lo, bourguemestre de la ville de Schélestat;

Porte d'azur à un chevron d'or, accompagné en chef de deux étoiles de même, et en pointe d'un cœur aussi d'or, enflammé de gueules et sommé d'une croix au pied fiché, d'or.

Nº 65. FRANÇOIS St. Lo, bailli du corps de la noblesse en Basse-Alsace;

Porte de même que l'art. 64 ci-dessus.

Nº 66. PIERRE St. Lo, avocat au Conseil souverain d'Alsace, bailli du comté du val de Villé;

Porte de même que l'art. 64 ci-dessus.

Nº 67. GABRIEL KENZINGER;

Porte d'argent à une bande de gueules, accompagnée de deux glands de sinople.

Nº 68. FRANÇOIS BAUDINOT, prêtre, recteur et curé de la ville de Schélestat;

Porte d'azur à une fasce d'or, accompagnée en chef de trois étoiles d'argent, et en pointe d'un pigeon au naturel, becqué et membré de gueules, perché sur une colline de trois coupeaux de sinople.

N° 69. HANTS-CONRAD UTZMAN, habitant du village d'Osthen; (Ostheim.)

Porte d'azur à un croissant renversé d'argent, posé en cœur, accompagné en chef de trois lettres capitales H, C et V, rangées de même, et en pointe d'une étoile à six raies d'or.

N° 70. FRANÇOIS KIEN, prévôt du village de Behneweyr; (Bennwihr.)

Porte d'azur à un quatre de chiffre, la traverse croisée et le pied ouvert en chevron alèzé, accompagné en fasce de deux lettres capitales F et K, et le chevron traversé de deux bâtons passés en sautoir et alèzés, le tout d'or.

N° 71. JEAN-JACQUES RAUCHEER, marchand et bourgeois de la ville de Colmar;

Porte d'azur à un H d'or jointe à un R capitale de même, la traverse de l'H supportant un pal sommé d'un petit chevron cramponné aussi d'or, et noué au milieu d'une boucle de même.

N° 72. JEAN-GEORGES KŒNIGSTERFER, bourgeois, cabaretier, et maître des chevaux de poste de la ville de Colmar;

Porte d'azur à un quatre de chiffre d'or, traversé dans sa croisure d'un trait alèzé de même péri en barre, et supporté d'un H et d'un G joints ensemble aussi d'or, l'H sommé d'un K, et le G sommé d'un D de même.

N° 73. OTTO-LOUIS DE BRINNIGTHOFFEN, seigneur de Bourogne;

Porte de gueules chapé d'argent.

N° 74. CHRISTOPHE MAURICE, ministre d'Ostheim;

Porte d'azur à trois étoiles à six raies d'argent.

N° 75. JEAN-PAUL CHRISTOPHE BESANÇON, seigneur de Fontenelle, écuyer, capitaine, commandant la second bataillon du régiment de milice de la Haute-Alsace;

Porte d'azur à un lion d'or écartelé de gueules, à un dextrochère d'argent qui tient une massue d'or.

N° 76. N... DE ROPPE, capitaine au second bataillon du régiment de milice de la Haute-Alsace, seigneur en partie de Roppe;

Porte barré d'or et de gueules de quatre pièces, lesquelles sont séparées les unes des autres par trois cotices échiquetées d'or et de gueules de deux traits, posées de même en barre.

N° 77. N... DE FERRETTE D'UFFHOLTZ, écuyer, capitaine au régiment de milice de la Haute-Alsace au second bataillon;

Porte de sable à un lion d'argent couronné d'or et lampassé de gueules.

N° 78. JACQUES KESSEL, bourgeois du village d'Ostheim;

Porte de gueules à un quatre de chiffre d'argent, sa traverse croisée de même, accosté en pointe des deux lettres capitales I et K aussi d'argent.

N° 79. FRANÇOIS DE BALTIS, seigneur d'Hiseren (Hüsseren), capitaine au régiment de milice de la Haute-Alsace;

Porte d'azur à une bande d'or, accompagnée en pointe d'un monticule de trois coupeaux d'argent.

N°s 80 et 81. JEAN-FRÉDÉRIC DE ROTTEMBOURG, seigneur de Masmunster (Massevaux), maréchal des camps et armées du roi, conseiller chevalier d'épée au Conseil souverain d'Alsace, et ANNE-JEANNE DE ROZE, sa femme;

Portent d'argent à un lion de sable, lampassé de gueules, parti de gueules et d'argent de six pièces, accolé d'or à trois roses de gueules boutonnées du champ.

N° 82. La ville de Masmunster; (Massevaux.)

Porte de gueules à une ville d'argent maçonnée de sable.

N° 83. CHRISTOPHE CHAGUÉ, bailli de la seigneurie de Masmunster; (Massevaux.)

Porte d'or à trois roses de gueules tigées et feuillées de sinople, mouvantes d'un monticule de trois coupeaux de même.

N° 84. FRÉDÉRIQ-JACQUES RIEDEN, greffier de la seigneurie de Masmunster; (Massevaux.)

Porte d'or à une fasce d'azur chargée d'un chien courant d'argent.

N° 85. DANIEL BARIGERE, bourgeois et de la justice du village de Beblenhem;

Porte d'argent à trois roses de gueules tigées et feuillées de sinople, mouvantes d'une colline de trois coupeaux de sable, et un chef d'azur chargé des deux lettres capitales D et B d'or.

N° 86. JEAN KLEINMAN, ci-devant prévôt du village de Beblenheim de la seigneurie de Ricqueville; (Riquewihr.)

Porte parti de gueules et d'azur à un homme d'argent habillé de même, qui a ses deux mains appuyées sur ses côtés, et qui est posé sur une terrasse de sinople, et brochant sur la partition, accosté en chef des deux lettres capitales M et K d'or, et un chef parti d'azur et de gueules.

Nº 87. Mathieu Kleinman, prévôt du village de Beblenheim;

Porte de même, excepté qu'au lieu d'un M et d'un K, c'est un I et un K.

Nº 88. Marie Schopff, veuve de François d'Andlau, vivant conseiller du roi au Conseil souverain d'Alsace;

Porte d'or à un aigle à deux têtes de sable, couronné et langué de gueules, et chargé sur la poitrine d'un écusson aussi d'or, surchargé d'une croix de gueules.

Nº 89. Jean-Joachim Hoen de Dilembourg, écuyer, capitaine au régiment de milice de la Haute-Alsace;

Porte d'argent à trois roses de gueules, posées en pal, parti d'or, à un demi-vol de sable aussi posé en pal.

Nº 90. Jean-Christian Rung;

Porte d'azur à deux cornettes d'or, passées en sautoir et accompagnées en chef d'une rose d'argent.

Nº 91. François-Thiébault de Valcourt, écuyer, capitaine au régiment de milice de la Haute-Alsace;

Porte tiercé en fasce, le 1er d'azur à trois croisettes d'or, le 2e de même à un dextrochère de carnation, tenant un poignard d'azur, et le 3e de gueules à un lion d'argent.

Nº 92. Protais Bueb, bourguemestre de la ville de Brisack;

Porte d'argent à un cœur de gueules traversé de deux flèches de sable passées en sautoir, coupé de gueules à trois écussons d'argent posés deux et un.

Nº 93. Hierôsme de Vilalta, écuyer, capitaine des portes de la ville de Brisack;

Porte d'azur à un chevron haussé d'or, accompagné en pointe d'un dextrochère de carnation armé d'argent, lequel tient une épée de même à garde et poignée d'or, et est surmonté d'une maison d'argent, ajourée du champ.

Nº 94. La communauté des bouchers de la ville de Brisack;

Porte d'azur à un bélier rampant d'argent, tenant un couperet de même, et posé sur une colline de trois coupeaux de sinople.

N° 95. Maurice-Georges de Hernigen, grand-veneur de Mgr le Prince palatin de Burckenfeld ;

Porte d'argent à un lion coupé de sable et de gueules.

N° 96. Frédéric Zentaroue, conseiller de Mgr le Prince palatin de Burckenfeld ;

Porte de sinople à trois tulipes d'or, tigées et feuillées de même, mouvantes d'une motte de sable.

N° 97. Jean-Georges Schmit, conseiller de Mgr le prince palatin de Burckenfeld ;

Porte d'azur à une couronne d'or, dans laquelle sont passées deux lames d'épées d'argent, posées en sautoir.

N° 98. Jean-Nicolas Arnold, receveur de Mgr le Prince palatin de Burckenfeld ;

Porte de sable à trois épis d'or, tigés et feuillés de même, mouvants d'une colline de sinople.

N° 99. Jean-Christophe de Boltis, écuyer, conseigneur d'Hieseren (Hüseren), capitaine au régiment de milice de la Haute-Alsace ;

Porte d'azur à une bande d'or, et un rocher d'argent mouvant du flanc dextre.

N° 100. François-Jacques Blocklin, avocat au Conseil souverain d'Alsace ;

Porte d'argent à un chevron de gueules, accompagné de trois grappes de raisin d'azur tigées de sinople.

N° 101. Jean-Conrard Truckses de Rhinfeld, écuyer ;

Porte d'argent à trois fasces d'azur.

N° 102. Casimir de Phultzbourg, écuyer ;

Porte de sinople à deux écussons d'argent en chef et une étoile à six raies d'or en pointe.

N° 103. Maurice Voile, maire perpétuel, receveur et notaire royal au bailliage de Landser ;

Porte d'azur à une colline de trois coupeaux de sinople en pointe, supportant un cœur de carnation, du milieu duquel sortent trois tiges de trèfle d'argent, et accosté de deux étoiles d'or.

N° 104. Le bailliage et le village de Landser ;

Porte d'argent à un palmier de sinople, tigé au naturel et fruité d'or.

N° 105. GEORGES - FRÉDÉRIC BRUNCK, receveur des revenus de la ville de Brisack ;

Porte d'azur à un agneau pascal d'argent, le corps contourné, posé sur une colline de trois coupeaux de sinople, la croix d'or, et la banderolle de gueules croisée d'argent.

N° 106. FRANÇOIS-SÉBASTIEN JAGER, prévôt du bailliage et du village de Landser ;

Porte d'azur à un cor de chasse d'or, posé en fasce, et une colline de trois coupeaux d'argent en pointe.

N° 107. ETIENNE SUTER, procureur-fiscal de la seigneurie de Landser, et maire de Ketzingen ;

Porte d'argent à un cœur de gueules supportant trois roses de même, tigées et feuillées de sinople, et accosté en pointe de deux étoiles à six raies d'azur, et un chef aussi d'azur, chargé des trois lettres capitales S, T, S d'or.

N° 108. JACQUES MELCHISÉDECH DU VERGER, écuyer ;

Porte diapré d'azur à deux lions affrontés d'or, couronnés de même.

N° 109. La communauté des boulangers de la ville de Brisack ;

Porte d'azur à deux lions d'or, supportant d'une patte chacun un lacs d'amour de même posé en chef, et soutenant de l'autre une roue d'horloge d'argent surmontée des quatre chiffres d'or 1664, et un bouclier de même couché en pointe.

N° 110. FRANÇOIS DE REINACH, écuyer, seigneur de Fouxmagny ; (Foussemagne.)

Porte d'or à un lion, la queue double de gueules, la tête et le col d'azur, lampassé de gueules, écartelé aussi d'or à deux bandes de gueules, et sur le tout d'argent à un sceptre d'or et une épée d'argent à garde et poignée d'or, passée en sautoir, à la pointe de laquelle épée est suspendu un poisson d'azur et sur la garde est perché un oiseau au naturel, ce petit écusson couronné d'une couronne d'or.

N° 111. FRANÇOIS TRUCHES DE RHEINFELD, écuyer, seigneur de Niderensheim ; (Niederentzen ?)

Porte fascé d'argent et d'azur de six pièces.

N° 112. FRANÇOIS-JOSEPH, BARON DE SCHAUEMBOURG, seigneur de Herlishem ;

Porte d'or à un écusson d'azur, chargé d'un autre écusson d'argent, et un sautoir de gueules brochant sur le tout.

N° 113. JEAN-BENOIT SYRLI, greffier de la ville de Herlishem ;

Porte d'azur à une colline de trois coupeaux de gueules, lequel supporte une lune en croissant d'argent, surmontée de trois étoiles d'or, posées deux et une, au-dessus desquelles sont rangées en chef les trois lettres capitales I, B et S de sable.

N° 114. FRANÇOIS FRIES, bourguemestre du village de Niderensheim ; (Niederentzen.)

Porte d'argent à un monde d'azur, croiseté d'or.

N° 115. ROBERT BEREAN, fondeur d'artillerie de France ;

Porte de gueules à un chien d'argent, assis sur une terrasse de sinople, et regardant un soleil d'or placé au premier canton.

N° 116. FRANÇOIS DE LOSME, commis de l'extraordinaire des guerres à Brisack et Colmar ;

Porte d'azur à une tête d'homme de profil d'or, couronnée d'une couronne de laurier de même.

N° 117. ROBERT DE GUESPIN, écuyer, seigneur de St-Amand et du Chesnoy ;

Porte diapré de gueules à un dextrochère de carnation, habillé d'argent et mouvant d'un demi-vol abaissé de même, tenant une épée d'argent à garde et poignée d'or, et sénestré d'un marteau d'armes d'argent futé d'or, coupé aussi d'or à un barillet de sable enflammé de gueules, et accosté de deux cornes d'abondance aussi de sable enflammées de gueules.

N° 118. CHARLES DE MERCY, capitaine au régiment de Normandie, ingénieur ordinaire du roi, résidant à Fribourg ;

Porte d'azur à une demi-croix pattée d'argent, surmontée de trois étoiles de six raies d'or, rangées en chef, taillé de sable à une main gauche d'argent, et une bande d'or brochant sur le taillé.

N° 119. N... DE MONTAUVER, aide-major d'Huningne ;

Porte d'azur à un lion couronné d'or, accompagné en chef d'une étoile de même à dextre, et d'un croissant d'argent à sénestre.

N° 120. N... DE VILLARS LUGIER, capitaine au régiment de la Reine-Infanterie, ingénieur des camps et armées du roi, résidant à Huningne ;

Porte d'azur à un dextrochère armé d'or, mouvant du flanc dextre

17

d'une nuée de même et tenant une épée d'argent à garde et poignée d'or, accompagnés de deux lions affrontés aussi d'argent.

N° 121. N... DE ROZEL, commandant un bataillon du régiment Dauphin ;

Porte de sinople à trois chevrons d'argent.

N° 122. La ville royale d'Huningue ;

Porte d'azur à trois fleurs-de-lis d'argent rangées en fasce, coupé de gueules à trois couronnes renversées d'or, et posées deux et une, et une fasce d'or brochant sur le tout.

Nᵒˢ 123 et 124. N..., commissaire ordinaire d'artillerie à la résidence d'Huningue, et CATHERINE MARIES, sa femme ;

Portent d'argent à trois merlettes de sable, accolé d'or à une croix d'azur, cantonnée au 1ᵉʳ et 4ᵉ de deux glands de même, et au 2ᵉ et 3ᵉ de deux épis aussi d'azur.

N° 125. CHRISTOPHE ANNIBAL FLAXELANDE, écuyer, coseigneur de Turmenach ; (Durmenach.)

Porte diapré d'or à une bande de sable.

N° 126. JEAN-GEORGE DENNER, notaire et greffier de la seigneurie de Ricqueville (Riquewihr) et comté d'Horbourg ;

Porte d'or à un arbre de sinople fûté de sable, posé sur un monticule de trois coupeaux de sinople et accosté de deux roues de sable.

N° 127. JEAN-THÉOBALD DORINGER, fermier des revenus de la ville de Brisack ;

Porte d'or à une grappe de raisin d'azur et une colline de trois coupeaux de sinople en pointe.

N° 128. JEAN-JACQUES DE FLAXELANDE, écuyer, coseigneur de Turmenach ; (Durmenach.)

Porte diapré d'or à une bande de sable.

N° 129. MARIE-FRANCISCQUE D'ANDLAU, veuve de FRANÇOIS-LOUIS TRUCHES DE VOLHOUSEN, seigneur de Niderstenbron ; (Nidersteinbrunn.)

Porte de gueules à deux coupes d'argent confrontées et posées en bande.

N° 130. JEAN-PHILIPPE DAROTIUS DE MANCENA, écuyer ;

Porte d'or à un ours debout de sable, tenant d'une de ses pattes une épée d'argent et posant ses deux pattes de derrière sur un mont de trois coupeaux de sinople, mouvant de la pointe.

Nº 131. BERNARD-JACQUES BARTH ;

Porte d'azur à une flèche d'argent, empennée de gueules, posée en pal.

Nº 132. FRANÇOIS-NICOLAS ROTHPLETZ, prêtre, curé du village de Chervillers ;

Porte d'azur à un calice d'or, surmonté d'un N capitale d'or et accosté d'un F et d'un R de même.

Nº 133. L'abbaye de Munster, ordre de Sᵗ-Benoit ;

Porte d'azur à un Sᵗ-Grégoire de carnation, vêtu pontificalement d'une tiare d'or et d'une chape de même, brodée et doublée de gueules, sur une aube d'argent, ayant la croix patriarchale d'or et sa crosse de même passées en sautoir devant lui, et appuyant ses mains sur un cartouche aussi d'or, dans lequel est un écusson d'azur, chargé d'un grand portail d'église d'argent, pavillonné et croisé d'or, entre deux hautes tours aussi d'argent pavillonnées et croisées d'or, la tête du saint accostée à sénestre d'une colombe volante d'argent.

Nº 134. JEAN-VALENTIN DE WINCIERT, écuyer, conseiller du roi, commissaire ordinaire des guerres, résidant à Brisack ;

Porte d'argent à deux ceps de vigne de sinople feuillés de quatre feuilles de même, fruités de gueules, lesquels sont passés en double sautoir et accolés à un échalas d'or posé en pal, le tout mouvant d'une terrasse de sinople.

Nº 135. La ville d'Altkirck ;

Porte d'azur à une église d'argent, couverte de gueules, ajourée et ouverte d'azur, sur une terrasse de sinople, le clocher en forme de tour carrée, couvert aussi de gueules et croisé d'or.

Nº 136. JEAN-BALTHAZAR SCHNEIDER, bourgeois de la ville de Ricqueville ; (Riquewihr.)

Porte de gueules à deux fleurs-de-lis d'argent, coupé de même à un chevron de gueules.

Nº 137. JEAN-BENOIST SCHNEIDER, bourgeois de Colmar ;

Porte de même.

Nº 138. JEAN-HENRY OTTO, ministre de la ville de Ricqueville ; (Riquewihr.)

Porte d'argent à un palmier de sinople.

Nº 139. JEAN-JACQUES SANDHERR, conseiller du magistrat de la ville de Colmar ;

Porte diapré d'argent à trois trèfles de sinople, dont les tiges de même posées en pal et sautoir, sont mouvantes d'une colline de trois coupeaux de gueules, et traversées d'une flèche d'or ferrée de sable et empennée de gueules.

N° 140. La tribu nommée Crantzlen de la ville de Colmar ;

Porte d'azur à deux lions affrontés d'or, supportants d'une patte de devant une couronne de quatre roses d'argent, entrelacées de feuilles de sinople et soutenant d'une autre patte une rose de gueules, les lions posés sur une terrasse de sinople.

N°s 141 et 142. PHILIPPE-CHARLES DE REINACH, écuyer, seigneur de Montreuil et Reichweiller, et MARIANNE-EUSÉBIE BARONNE DE REICHENSTEIN, sa femme ;

Portent diapré d'or à un lion contourné de gueules, lampassé de même, la tête et le col d'azur, accolé diapré d'or à un fer de lance à l'antique de sable posé en bande.

N° 143. JEAN DISOIRD, écuyer, seigneur de Tasme, major du fort et ville neuve de Brisack ;

Porte d'or à une fasce de gueules, accompagnée de trois loups rampants et naissants de sable.

N° 144. JEAN COUSTAU, chirurgien ordinaire du roi ;

Porte d'azur à un chevron d'or, surmonté d'une étoile à six raies de même, et accompagné de trois roses d'argent, deux en chef et une en pointe.

N°s 145 et 146. N... DE VIGNACOURT, et LOUISE DE VART, sa femme ;

Portent d'argent à trois fleurs-de-lis au pied coupé de gueules, accolé d'azur à trois cœurs d'argent.

N° 147. LÉONARD CARMES ;

Porte d'azur à trois clochettes d'argent.

N° 148. JEAN-MARTIN FRIES, marchand et bourgeois de la ville de Schélestat ;

Porte d'azur à un griffon d'or, tenant dans ses serres un calice de même.

N° 149. JEAN-GEORGES KIEFFER, receveur des revenus de l'abbaye d'Andlau ;

Porte d'argent à un homme de carnation, habillé de gueules miparti d'azur, tenant de chaque main un marteau de sable.

N° 150. JEAN-ALBERT DE RIGHEMONT, bourgeois de Schélestat ;

Porte d'azur à une cuisse et pied d'oie renversée et mouvante d'une colline de trois coupeaux de sinople, la cuisse d'argent, et le pied de gueules, surmonté et accosté des trois lettres capitales A, I, R d'or.

N° 151. Louis Keller, receveur des domaines du roi au bureau de Blotzen et greffier dudit village ; (Blotzheim.)

Porte d'azur à une clef d'or.

N° 152. N... Ulrich Welden, prévôt du village de Richsem ; (Rixheim.)

Porte d'argent à un arbre de sinople, tigé et arraché au naturel, et supporté par une colline de trois coupeaux aussi de sinople, le tronc duquel est accosté à dextre d'un V capitale de gueules, et à sénestre d'un W de même.

N° 153. Antoine-Richard Brunck, avocat au conseil souverain d'Alsace, et greffier-syndic de la ville de Brisack ;

Porte d'azur à un agneau pascal contourné d'argent, posé sur une colline de trois coupeaux de sinople, la croix de gueules la banderolle d'argent croisée de gueules.

N° 154. La ville de Munster, au val de St-Grégoire ;

Porte d'argent à un portail d'église, entre deux tours pavillonnées et sommées de croix, le tout de gueules sur une terrasse de sinople.

N° 155. Joseph Bernard, greffier de la ville de Munster au val St-Grégoire ;

Porte d'argent à une cotice abaissée de gueules sur laquelle est passant un ours de sable.

N° 156. Jean-Baptiste Baudinot, bourguemestre de la ville de Munster au val St-Grégoire ;

Porte coupé de gueules sur azur, le gueules chargé de deux flèches d'argent passées en sautoir, et l'azur chargé d'une boule ou globe d'argent mouvant de la pointe de l'écu.

N° 157. André Feberey, bourguemestre de la ville de Munster au val St-Grégoire ;

Porte d'azur à une roue d'or, sommée d'un chevron renversé et alézé de même.

N° 158. Charles Faber, ministre de la ville de Munster au val St-Grégoire ;

Porte d'azur à une paire de tenailles ouvertes d'argent, posée en pal, surmontée d'une couronne d'or et soutenue d'une fleur-de-lis d'argent.

N° 159. JEAN-PHILIPPE ARNOLDY, ministre de la ville de Munster ;

Porte d'azur à deux chevrons d'argent posés en lozanges, les pointes mouvantes des flancs.

N° 160. JEAN-LIÉNARD ECKERT, ministre de Mulbach ;

Porte d'azur à un aigle s'essorant d'argent, becqué et membré de gueules.

N° 161. JEAN-CHRISTOPHE DE BERENFELZ, écuyer, coseigneur de Hesguenen ; (Hegenheim.)

Porte d'or à un ours de sable lampassé de gueules, supporté par une colline de trois coupeaux de même.

N° 162. FRANÇOIS DE HAGUENBACK, écuyer, coseigneur de Haguenback, et major du régiment de milice de la Haute-Alsace ;

Porte cinq points d'argent équipolés à quatre de gueules.

N° 163. ANTOINE DE CARRUEL, capitaine de cavalerie au régiment de la Reine ;

Porte diapré d'argent à trois merlettes de sable.

N° 164. JEAN CALMET, conseiller du roi, receveur et payeur des gages des officiers du Conseil souverain d'Alsace ;

Porte d'azur à un agneau pascal d'argent la tête entourée d'un cercle d'or et posé sur une terrasse de sinople, la banderolle de gueules croisée d'argent.

N° 165. JACQUES DE LA CHAUME, écuyer, seigneur de Remoncourt ;

Porte d'azur à un lion d'or, lampassé de gueules.

N° 166. FRANÇOIS CARLIER, garde-marteau de la maîtrise des eaux et forêts de la Haute-Alsace ;

Porte de gueules à une rose d'argent boutonnée d'or, tigée et feuillée de sinople.

N° 167. FRANÇOIS-CHRISTOPHE ROTH, bailli de Ricqueville ; (Riquewihr.)

Porte d'azur à un chevron d'or, accompagné de trois roses de même.

Nº 168. Augustin Byewant, abbé de Marback;

Porte écartelé au premier et quatrième coupé diapré de sinople et d'or, au deuxième d'argent à un cœur de gueules transpercé de deux flèches de sable, empennées d'azur et de gueules, les pointes en haut, et au troisième d'azur à un ours saillant d'argent qui tient des deux pattes de devant une hache de même emmanchée de sable.

Nº 169. L'abbaye de Marbach;

Porte d'argent à un St-Augustin de carnation, vêtu pontificalement d'une chappe de gueules, ornée d'or sur une tunique de sinople et une aube d'argent, sa mitre de pourpre, brodée d'or, le saint tenant de sa main dextre un cœur enflammé de gueules et de sa main sénestre une crosse d'or en barre, et posé sur une terrasse de sinople.

Nº 170. Florens Bourste, bailli de la ville d'Oberberckem; (Oberbergheim.)

Porte de gueules à un chevron haussé d'argent, accompagné en chef de deux étoiles d'or, et en pointe d'un lion contourné, la queue double et passée en sautoir de même, accosté à dextre d'un F capitale d'argent, et à sénestre d'un B de même.

Nº 171. Jean-Jacques Koulignaque, prévôt du village de Blotzheim près Basle;

Porte d'azur à une fleur-de-lis d'argent cantonnée de quatre étoiles à six raies de même.

Nº 172. Adam Muller, maire du village de Nidermichelback;

Porte d'azur à une demi-roue d'horloge d'argent, coupé de même à une colline de trois coupeaux de sinople, supportant trois tiges de rosiers, feuillées de même et fleuries de gueules.

Nº 173. Georges-Christian Mittenacht, ministre du village de Beblenhem;

Porte de gueules à un croissant d'argent qui soutient une étoile d'or, et dont chacune des pointes est surmontée d'une semblable étoile.

Nº 174. La ville de Brisack;

Porte de gueules à une montagne de six coupeaux d'argent, mouvante de la pointe et un chef cousu d'azur, chargé de trois fleurs-de-lis d'or.

Nº 175. Sébastien Kutls, prévôt du village de Savesheim ; (Sausheim ?)

Porte d'argent à deux étoiles à six raies d'azur, rangées en chef, et en pointe un cœur de gueules sommé des trois clous de la passion appointés de sable, le tout accompagné des deux lettres B et K aussi de gueules, posées une à chaque flanc.

Nº 176. La ville de Reichenwiller ; (Riquewihr.)

Porte d'or à trois cornes de cerf rangées en fasce, chacune chevillée de cinq pièces de sable et surmontée en chef d'une étoile à six raies de même.

Nº 177. Jean-Bernauer, greffier en chef de la Préfecture royale d'Haguenau ;

Porte de gueules à un homme contourné de carnation sur une terrasse de sinople, la tête couverte d'un bonnet d'Albanais d'argent et habillé d'un justeaucorps et chaussé de même, ombré de pourpre, appuyant la main dextre sur son côté et tenant de sa sénestre un marteau d'armes d'or.

Nº 178. Michel Lindenmeyr, prêtre, doyen de la ville de Marckolzheim ;

Porte d'or à une tige de trois feuilles de lierre de sinople supportée par une colline de trois coupeaux de même.

Nº 179. Melchior-Bernard Gouggenberger, greffier de la ville de Guemar ;

Porte d'azur à un oiseau au naturel contourné et penché sur une colline de trois coupeaux d'argent.

Nº 180. La ville de Guemar ;

Porte de sinople à une herse, sommée d'une croix pattée d'or et soutenue d'un poisson contourné d'argent, le tout accompagné de trois écussons d'or, deux en chef et un en pointe.

Nº 181. Jean Queffa, bourguemestre de la ville de Guémar ;

Porte de gueules à une croisette pattée d'argent, le pied ouvert en chevron, plié, ancré, alézé de même, accompagné en fasce des deux lettres capitales H et G aussi d'argent.

Nº 182. Benoit de la Maladière, écuyer, chevalier, sieur de Guincieux, major du régiment d'infanterie de Damas ;

Porte d'azur à une bande d'or, chargée d'un lion passant de gueules.

Nº 183. CLAUDE REISET, bailli de la seigneurie de Montreux ;

Porte d'azur à un croissant d'argent, surmonté d'un trèfle d'or et soutenu d'une colline de trois coupeaux de même.

Nº 184. La ville d'Oberberckeim ;

Porte d'argent à deux hautes tours carrées et pavillonnées de gueules, maçonnées de sable et enfermées dans une enceinte ronde de murailles crénelées aussi de gueules, maçonnée et ouverte de deux portes de sable, et un monticule de trois coupeaux de sinople posées entre les deux tours, celui du milieu plus élevé et sommé d'un écusson d'azur chargé de trois fleurs-de-lis d'or, posées deux et une.

Nº 185. GEORGES KENTZINGER, prévôt de la ville de Berckeim ;

Porte de sinople à une croix haussée, dont la traverse est composée de deux pièces passées en sautoir, et le pied de la croix ouvert en chevron alèzé, enfermant une étoile à six raies, le tout d'or, la croix accostée des deux lettres G et K de même.

Nº 186. GEORGES PAURUS, bourguemestre de la ville de Berckheim ;

Porte d'argent à un chevron de gueules, accompagné de trois roses de même, tigées et feuillées de sinople, celle de la pointe accostée des deux lettres capitales G et B de sable.

Nº 187. ARNAUD DE CHANTERAINE, bourguemestre de la ville de Berckem ;

Porte d'argent à un chevron haussé d'azur, accompagné en chef de deux étoiles de gueules, et en pointe d'une montagne de six coupeaux de sinople.

Nº 188. JEAN-JACQUES HAMPEL, commis-greffier de la ville de Berckeim ;

Porte d'argent à une barre d'azur, chargée de trois étoiles d'or.

Nº 189. THOMAS JACOLET, prêtre, chapelain de la ville d'Oberberckeim ;

Porte d'azur à une flèche d'or, ferrée d'argent et posée en bande, accompagnée de deux étoiles à huit raies d'or, posées l'une en chef et l'autre en pointe.

Nº 190. HENRI CHRISTOPHE D'JESTETTEN, écuyer ;

Porte de gueules à une roue d'horloge d'argent, écartelé aussi de gueules à une tête et col de cheval, coupé d'argent.

Nº 191. Mathieu-Jean-Jacob Scheumacher, prêtre, curé du village de Wintzenheim ;

Porte d'azur à un calice d'or sur un mont de trois coupeaux de sinople mouvants de la pointe de l'écu, le calice accosté des lettres M et I à dextre, et des lettres I et S à sénestre, aussi d'or.

Nº 192. Le collége des jésuites d'Ensishem ;

Porte d'azur à un nom de Jésus soutenu des trois clous de la passion appointés, le tout d'or, entouré d'un cercle en ovale et rayonnant de même.

Nº 193. Le village de Wintzenheim ;

Porte de sinople à un lévrier rampant d'argent, accolé et bouclé d'or.

Nº 194. Le couvent des religieuses de la Trinité à Ensishem ;

Porte d'azur à un couronnement de la Ste-Vierge fait par le Père éternel et par son fils, représentés aux deux côtés de la Vierge, le tout d'or, soutenu d'une nuée d'argent, et surmonté du St-Esprit en forme de colombe d'argent rayonnante d'or au travers d'une nuée d'argent.

Nº 195. La maison de St-Antoine d'Isenheim ;

Porte d'or à un aigle à deux têtes de sable, becqué, membré et accolé d'une couronne aussi d'or, et qui est chargé sur la poitrine d'un petit écusson suspendu à son col d'une chaîne de même, surchargé d'un T ou croix de St-Antoine d'azur.

Nº 196. La maison de St-Antoine de Notre Dame de trois épis ;

Porte de même.

Nº 197. Pierre Le Marqueur, prêtre, curé de Beblenheim et Ostem, et protonotaire apostolique ;

Porte d'azur à trois étoiles à six raies d'or.

Nº 198. L'abbaye de Paris ; (Pairis.)

Porte d'argent à un ours rampant et contourné de sable, lampassé de gueules et chargé sur le milieu du corps d'un écusson d'or, bordé de gueules et surchargé de la lettre P capitale, croisée en bas de sable, le grand écu entouré d'une autre bordure d'azur, chargée de huit fleurs-de-lis d'or.

Nº 199. Gaspard Tarteau de St-Genis, seigneur de St-Genis,

premier capitaine et commandant le régiment d'infanterie de Permangle ;

Porte d'azur semé de quintefeuilles d'or à un triangle d'argent, chargé de trois fleurs-de-lis étincelantes de gueules.

Nº 200. La ville de Kienzheim ;

Porte parti diapré d'argent et d'azur, à un barbet debout de sable accolé et bouclé de gueules brochant sur la partition.

Nº 201. Le village de Sigoltzheimb ; (Sigolsheim.)

Porte d'azur aux deux lettres capitales S et I entrelacées d'argent.

Nº 202. Jacques Moreau, prêtre, curé de Faffan ; (Pfaffans.)

Porte d'azur à trois besants d'or, posés deux et un, celui de la pointe soutenu d'une colline de trois coupeaux de sinople.

Nᵒˢ 203 et 204. Philippe Sauvage, et Marie-Hélène-Françoise de Kiffeberg ;

Portent d'azur à un sauvage contourné de carnation, couronné et couvert de feuilles de sinople, lequel appuie sa main droite sur son côté et de sa gauche tient une massue d'or, accolé de gueules à un lion d'or.

Nº 205. Nicolas de Sucy, conseiller du roi, commissaire ordinaire des guerres au département de Fribourg en Brisgau ;

Porte d'azur à trois barres cintrées d'or, accompagnées de huit besants d'or, posés un, trois, trois et un.

Nº 206. Florimonde de Charpentier, femme dudit Nicolas de Sucy ;

Porte d'azur à trois barres cintrées d'or, accompagnées de huit besants de même posés un, trois, trois et un, écartelé aussi d'azur à un chevron d'or, accompagné en chef de deux croissants d'argent et en pointe d'une rose de même.

Nº 207. Georges de Sucy, seigneur de Chambaux, capitaine d'infanterie au régiment de Villemore ;

Porte d'azur à trois barres cintrées d'or, accompagnées de huit besants d'or, posés un, trois, trois et un.

Nº 208. Pierre de Rivière, commandant pour le roi au château et fort de Fribourg ;

Porte d'azur à trois épées d'argent, la pointe en haut, posées en pal.

Nº 209. JEAN-BAPTISTE GASTON DE LA FRAMBOISIÈRE, écuyer, sieur de Cersilly, ancien brigadier des gardes du corps du roi, et major des château et forts de Fribourg en Brisgau ;

Porte d'argent à trois chevrons de sable, accompagnés de trois framboises renversées de gueules tigées de sinople, écartelé aussi d'argent à une croix potencée d'or, cantonnée de quatre autres croix potencées de même.

Nº 210. LÉON MAULEVANT, ingénieur ordinaire du roi, ayant la conduite des fortifications de Schélestat ;

Porte de gueules à un sautoir d'argent.

Nº 211. GILLES DE COURCELLE, conseiller, sécrétaire du roi, maison et couronne de France ;

Porte d'azur à une fasce en devise, accompagnée en chef de deux étoiles et en pointe d'une coquille, le tout d'or.

Nº 212. MATHIAS HERMAN, notaire-royal à Schélestat ;

Porte d'or à un bélier, la tête de front, de sable, passant sur une branche d'épine de sinople, mouvante en fasce abaissée du flanc sénestre.

Nº 213. N... FOULON, commis de l'extraordinaire des guerres à Huningue ;

Porte de gueules à trois foulons d'argent.

Nº 214. N... DE LA TOUR DE TOURNY, commissaire provincial d'artillerie ;

Porte d'azur à une croix ancrée, clechée et vidée d'argent.

Nº 215. ROSINE BUED, veuve de PIERRE VAMPÉ, entrepreneur des fortifications de Brisack ;

Porte d'argent à un chevron haussé de gueules, accompagné en pointe de deux croissants de même, à côté l'un de l'autre.

Nº 216. JOSEPH GOBERT, commissaire principal des vivres à Belfort ;

Porte d'azur à une croix échiquetée d'argent et de sable de trois traits, cantonnée de quatre coqs d'or crétés et barbés de gueules.

Nº 217. JEAN-CHRISTOPHE ZOLLER, prêtre, curé du village de Houzen ;

Porte d'argent à un massacre et col de cerf de profil au naturel, coupé de gueules, écartelé d'azur à un ...... d'or.

N° 218. BARTHÉLEMY HERTZOCQ, maire du village de Hesinghen ;

Porte d'argent à un quatre de chiffre de sable mouvant d'un monticule de trois coupeaux de sinople, accompagné en chef de deux trèfles de même, et en fasce de deux lettres capitales B et H de gueules.

N° 219. FRÉDÉRIC GREDER, maire du village d'Hesguenem près Bâle ;

Porte d'azur à une spatule de chirurgien et une sonde passées en sautoir d'argent, entrelacées avec deux crochets de même, couchés l'un en chef et l'autre en pointe, accostées des lettres F et G d'or, et accompagnées en cœur d'un besant de même et un monticule de trois coupeaux d'or, mouvant de la pointe de l'écu.

N° 220. Le convent des religieuses de Schonensteinback ;

Porte d'azur à un pélican avec ses petits d'or, dans un nid de sable.

N° 221. CÉSAR GOTTING, marchand et bourgeois de la ville de Brisack ;

Porte de sinople à un agneau pascal d'argent, posé sur une terrasse d'or, dont la tête est entourée d'un cercle de même, à la banderolle de gueules croisée d'argent.

N° 222. LOUIS ENIS, curé de la ville d'Ensisheim ;

Porte d'argent à un pigeon au naturel, tenant dans son bec un rameau d'olivier de sinople, perché sur une colline de trois coupeaux de même.

N° 223. La confrérie nommée Zurtrew (Zur Treu) de la ville de Colmar ;

Porte d'or à une foi de carnation, vêtue de gueules, mouvante du bas des deux flancs de l'écu et surmontée d'un aigle à deux têtes de sable.

N° 224. La confrérie nommée Zum Rysen de la ville de Colmar;

Porte d'or à un homme de carnation, à grande barbe, armé de pied en cap de sable, posé debout sur une terrasse de sinople, tenant de sa main dextre un grand javelot aussi de sable, la pointe en bas, et de sa sénestre appuyée sur son côté une targue ou bouclier à l'antique de même.

N° 225. La confrérie nommée Zum Wolleben de la ville de Colmar ;

Porte d'argent à un chevron ondé et alézé de sable, accompagné en cœur d'un soulier à l'antique, la pointe recourbée, de même, et en pointe d'un couteau de tanneur de gueules, emmanché d'or et posé en fasce, surmonté d'un couteau à pied d'azur, emmanché d'or et soutenu d'une cheville de gueules à laquelle sont attachées trois formes de souliers de même.

No 226. Jean-Christophe Haüs, prévôt et curé à Colmar ;

Porte d'argent à un lion de gueules, écartelé d'azur à une maison d'argent, couverte de gueules et ajourée de sable, posée sur une terrasse de sinople.

No 227. Louis-Melchisedech du Vergey, chanoine à Colmar ;

Porte de gueules à un lion contourné et couronné d'or, parti d'or à un lion couronné de gueules.

No 228. Georges-Guillaume Schvelin, chanoine à Colmar ;

Porte d'azur à trois lis épanouis d'argent, tigés et feuillés de sinople sur une terrasse de même, à un mouton aussi d'argent paissant sur la même terrasse.

No 229. Guillaume-Frédéric de Ruest, écuyer, seigneur de Riedweyr ;

Porte de gueules à trois têtes et cols de lion arrachées et contournées d'argent, couronnées d'or.

No 230. Jeanne-Marguerite de Weissenbrotten, veuve de Guillaume-Christophe de Ruest, écuyer ;

Porte de sinople à une fasce d'or, accompagnée de douze besants de même, six en chef, trois et trois, et six en pointe, trois et trois.

No 231. Nicolas Autvieux, greffier de la maîtrise des eaux et forêts de la Haute-Alsace ;

Porte d'azur à un arbre d'or, accosté des deux lettres N et A de même, et accompagné de trois larmes d'argent, une en chef et deux en pointe.

No 232. La ville d'Egisheim ;

Porte diapré de gueules à un St-Pierre de carnation sur une terrasse de sinople habillé d'argent, le manteau d'or, qui tient de sa main droite une clef de sable et de sa gauche un livre fermé de même.

No 233. Gabriel Klié, greffier de la ville d'Egisheim ;

Porte de gueules coupé diapré d'argent à un trèfle de sinople accosté des deux lettres capitales G et R de sable.

N° 234. NICOLAS ANSHELM, prévôt de la ville d'Egisheim ;

Porte diapré d'argent à un chevron haussé de gueules , accompagné de trois trèfles de sinople , celui de la pointe surmonté de deux lettres capitales N et H entrelacées de sable.

N° 235. FRANÇOIS-JACQUES ERTLIN, bailli de la ville et baronnie d'Alkirck ;

Porte de sinople à un lion d'or, lampassé de gueules, soutenant de sa patte droite une étoile de même et supporté par une colline de trois coupeaux de sable.

N° 336. JEAN-ANTOINE ERTLIN , avocat secrétaire interprète au Conseil souverain d'Alsace, et procureur fiscal de la ville de Brisack ;

Porte de même.

N° 237. FRANÇOIS-ALBERT-CHRISTOPHE DE RAMBSTEIN, seigneur bas justicier du village d'Jetenguen ; (Jettingen ?)

Porte d'or à deux bâtons de gueules fleurdelisés en chef de même

N° 238. NICOLAS BARBAUD , écuyer, seigneur de Grandvillars ;

Porte d'azur à deux barbeaux adossés d'or, posés en pal , écartelé d'argent à trois roses de gueules mal ordonnées, coupé aussi de gueules à deux poissons d'or, posés en chevron.

N° 239. CATHERINE DE LEET, femme dudit Sr NICOLAS BARBAUD ;

Porte d'azur à une fasce d'argent , chargée d'une croix fleuronnée d'or et accompagnée de trois étoiles de même , écartelé d'or à une croix d'azur.

N° 240. La seigneurie de Grandvillars ;

Porte d'azur à trois écussons d'argent, écartelé aussi d'azur à un coq d'or, crêté, becqué, barbé et membré de gueules.

N° 241. ETIENNE BARBAUD , seigneur de Florimont ;

Porte d'azur à deux barbeaux adossés d'or, mis en pal, écartelé d'or à un chien rampant et naissant de sable , langué de gueules , et accolé d'or, coupé de sinople à un gland d'or tigé de même.

N° 242. La seigneurie de FLORIMONT ;

Porte coupé d'argent et de gueules à quatre fleurs-de-lis de l'un en l'autre.

N° 243. JEAN-BABTISTE POIROT, conseiller du roi au Conseil souverain d'Alsace ;

Porte d'argent à un poirier de sinople fruité d'or et posé sur une terrasse aussi de sinople.

N° 244. JACQUES DU PIN, juge des mines de Rozemont ;
Porte de gueules à un pigeon d'argent perché sur un cœur d'or.

N° 245. MATHIAS-AMBROISE MOGG, commissaire des guerres à Colmar ;
Porte d'argent à un monticule de trois coupeaux de sinople mouvant de la pointe et sommé d'une couronne d'or de laquelle sont mouvantes trois roses de gueules tigées et feuillées de sinople.

N° 246. AMBROISE RIEGGER, du magistrat de la ville de Colmar ;
Porte de sable à un lion passant d'or, coupé de même à un chevron de sable, accompagné de trois grives de même, les deux du flanc affrontées.

N° 247. L'abbaye d'Altspach ;
Porte diapré d'argent à une Notre-Dame de carnation, habillée d'azur et de gueules, couronnée d'or, laquelle tient son enfant Jésus de la main gauche et un sceptre d'or de la droite, et l'enfant Jésus tient sa main droite élevée et un globe d'azur dans sa gauche ; coupé d'azur à une Ste-Claire d'argent, tenant un saint-sacrement d'or de sa main droite et une crosse de même de sa gauche, les trois têtes rayonnantes d'or.

N° 248. Le comté de Ribaupierre ;
Porte parti, le 1er écartelé au 1er et 4e de sable à un lion d'or, couronné de même, lampassé et armé de gueules, au 2e et 3e lozangé d'or et d'azur de vingt et une pièces ; le 2e écartelé aussi au 1er d'argent à un lion d'azur couronné, lampassé et armé d'or, au 2e échiqueté d'argent et de gueules, au 3e d'argent à trois écussons de gueules, au 4e d'argent à trois têtes d'aigles arrachées de sable, couronnées et becquées d'or.

N° 249. La ville de Ribauvillers ;
Porte d'argent à un dextrochère de carnation habillé d'azur et accompagné de trois écussons de gueules, deux en fasce et un en pointe.

N° 250. DOMINIQUE DOYEN, bailli du comté de Ribaupierre ;
Porte de gueules à un chevron d'argent, accompagné d'un croissant de même en pointe.

N° 251. MARIE-MARGUERITE DE FRIXET, veuve de PHILIPPE DE PHILTZBOURG, écuyer ;

Porte tiercé en barre, d'argent, d'azur et de gueules, le 1er chargé d'une rose de gueules, et le dernier d'une rose d'argent.

N° 252. JEAN-GEORGES HERMAN, prévôt de la ville de Ribauvillers ;

Porte de gueules à une chèvre passante d'argent.

N° 253. JEAN-PAUL SIMON, prêtre, curé de la ville de Ribauvillers ;

Porte d'azur à un calice d'or supportant une sainte hostie d'argent croisée de sable, et accosté de deux étoiles d'or, celle de la dextre surmontée des deux lettres I et P d'argent, et la sénestre d'un S capitale de même.

N° 254. FRANÇOIS-FLORIAN GOUGGEMBERGER, greffier de la ville de Ribauvillers ;

Porte d'azur à un faucon au naturel contourné et perché sur une colline de trois coupeaux de sable.

N° 255. FRANÇOIS-MARTIN BIEGEISEN, conseiller du roi, trésorier des émoluments de sceau de la chancellerie établie près le Conseil souverain d'Alsace ;

Porte d'azur à trois trèfles de sable ferrées d'argent et empennées d'or, posées en pal et sautoir.

N° 256. La communauté des chirurgiens de Ribauvillers et Ste-Marie-aux-mines du coté d'Alsace ;

Porte d'azur à un cygne d'argent becqué de gueules nageant sur des ondes de sinople, et un serpent contourné de sable couronné d'or, entrelacé avec le col du cygne qui a une couronne aussi d'or passée à son col, le tout accompagné de ces mots : *prudentia* et *vigilantia* en caractère de même.

N° 257. FRANÇOIS-RICHARD HOLDT, conseiller du roi au conseil souverain d'Alsace ;

Porte d'azur à un chicot de chêne d'or posé en fasce, feuillé de de deux feuilles et fruité d'un gland de même, coupé d'or à deux couleuvres affrontées de sable, aiguillonnées de gueules, nouées et tortillées en forme de cercle.

N° 258. N... DE ST-LOUP, lieutenant-colonel et commandant du régiment de cavalerie de Mgr le duc de Bourgogne ;

Porte d'azur à trois croissants d'or.

No 259. La ville d'Amerscheweyr ;

Porte de gueules à un St-Martin d'or, monté sur un cheval d'argent passant sur une terrasse de sinople coupant avec son épée la moitié de son manteau pour la donner à un pauvre, le tout d'or.

No 260. La ville de Turckem ;

Porte d'argent à une porte carrée de gueules dont les pentures et annelets sont de sable.

No 261. La ville de Keyzersberg ;

Porte de gueules parti d'azur, à une haute tour crénelée de trois pièces d'argent, maçonnée de sable, avec sa herse de même, enclose d'une enceinte de mur crénelée aussi d'argent, et maçonnée de sable, le tout posé sur un monticule de cinq coupeaux de sinople.

No 262. JEAN-BAPTISTE ROLLET, conseiller du roi au Conseil souverain d'Alsace ;

Porte d'azur à un cœur d'or soutenu d'un croissant d'argent et une bordure d'or.

No 263. JEAN-RODOLPHE DE REICHENSTEIN, écuyer, coseigneur de Leymen ;

Porte d'or à un fer de lance à l'antique de sable, posé en barre.

No 264. N... WOLFFGANG D'EPTINGE, écuyer, seigneur d'Oberhagenthal ;

Porte d'or à un aigle de sable couché en fasce, la tête mouvante du flanc dextre de l'écu.

No 265. JACQUES HERMAN D'ULM, écuyer ;

Porte de gueules, coupé d'azur à une fasce virée d'argent brochant sur le tout.

No 266. ANTOINE DE REICHENSTEIN, écuyer, coseigneur de Leymen ;

Porte d'or à un fer de lance à l'antique de sable posé en barre.

No 267. FRANÇOIS-HERMAN D'EPTINGE, seigneur d'Oberdorff ;

Porte d'or à un aigle de sable couché en fasce, la tête mouvante du flanc dextre de l'écu.

No 268. CONRARD-ANTOINE D'EPTINGE, seigneur de Neuweiler ;

Porte de même.

No 269. CHARLES SIMON, prévôt de Traubach ;

Porte d'azur à un lion d'or, lampassé de gueules, tenant de ses deux pattes une scie d'argent montée de gueules au-dessus d'une montagne aussi d'argent.

No 270. Le couvent de Underlinden de la ville de Colmar ;

Porte d'argent à une Vierge de carnation couronnée d'or et vêtue de gueules et d'azur, assise de front, et tenant sur ses genoux son enfant Jésus aussi de carnation, ayant la tête entourée de rayons d'or et de sa main dextre un sceptre de même.

No 271. Le couvent des pères Dominicains de la ville de Colmar ;

Porte d'argent à un chien contourné de sable, passant sur une terrasse de sinople et portant dans sa gueule un flambeau d'or allumé de gueules, péri en bande, le chef mantelé arrondi de sable, la pointe d'argent chargée d'une étoile de gueules soutenue d'un bourdon de sable pommetté d'or, et d'une branche de lis de sinople, fleurie de trois pièces d'argent passées en sautoir et brochant sur le tout, avec les lettres C et P en caractères de sable, posées en fasce.

No 272. Le couvent des religieuses de l'ordre de St-Dominique à Colmar ;

Porte d'azur à une Ste-Catherine de carnation vêtue et couronnée d'or, tenant de sa main dextre une épée d'argent, la pointe en bas, la garde d'or, et ayant derrière elle à sénestre sa roue de même.

No 273. JACQUES-SIGISMOND D'ANDLAU, écuyer, coseigneur de Kingersheim ;

Porte d'or à une croix de gueules.

No 274. FRANÇOIS-MARTIN SCHEPPLIN, procureur-général du roi au Conseil souverain d'Alsace ;

Porte d'argent à une couronne de quatre roses de gueules entrelacées de feuilles de sinople, soutenues d'une colline de gueules.

Nos 275 et 276. WOLFF-LOUIS D'ANDLAU, écuyer, coseigneur de Vittenhem, et MARIE-HÉLÈNE DE SCHONAU, sa femme ;

Portent d'or à une croix de gueules, accolé coupé de sable et d'or à trois annelets de l'un en l'autre.

No 277. CHARLES DE PÉCHERY, écuyer, premier capitaine au régiment de cavalerie de Rosen ;

Porte de gueules à un chevron d'or, accompagné de trois casques tarés de front, la visière d'or, et un chef d'argent chargé de trois flammes de gueules.

No 278. La ville d'Herlisheim ;

Porte d'argent à une étoile à six raies de gueules et un orle de six bassinets de gueules.

N° 279. Le village de Nidermorschweyr;

Porte de gueules à une tête de Moresse coiffée et perlée d'argent, et une bordure de même.

N° 280. JEAN-SIMON MUNCK, greffier de la ville de Cernay;

Porte d'or à un lion contourné de sinople, tenant de sa patte dextre un coutelas de sable.

N° 281. JOSEPH DE BREITTEN LANDENBERG, écuyer;

Porte de gueules à trois annelets d'argent.

N° 282. JEAN-JACQUES MUNCK, greffier de la ville de Gueviller;

Porte d'or à un lion contourné de sinople, tenant de sa patte dextre un coutelas de sable.

N° 283. JEAN-GEORGE WILMAN, prévôt royal de la ville de Turckem;

Porte de gueules à un sauvage de carnation couvert et couronné de feuilles de sinople sur un monticule de trois coupeaux de même, tenant de sa main dextre sa massue d'or renversée en pal, et appuyant sa sénestre sur son côté.

N° 284. CHRISTIAN PACHER, prévôt de la seigneurie d'Haguenback;

Porte d'or à une bande ondée d'azur, accompagnée en chef d'une tête de More de sable et en pointe d'une rose d'azur.

N° 285. CLAUDE CHAGUÉ, chauffecire de la chancellerie établie près le Conseil souverain d'Alsace;

Porte d'argent à un cœur de gueules, chargé d'une croisette du champ, duquel naissent ... roses de gueules, rangées en chef, tigées et feuillées de sinople, et qui est supporté et accosté de deux palmes aussi de sinople, passées en sautoir en pointe.

N° 286. La ville de Ruffach;

Porte d'azur à une Vierge de carnation, assise de front dans un trône d'or, vêtue de gueules et d'azur et couronnée d'or, tenant sur ses genoux son enfant Jésus aussi de carnation, ayant la tête entourée d'une gloire d'or, et tenant de sa main dextre une haute fleur-de-lis de même, et un écusson de gueules à une bande d'argent posé au pied du trône de la Vierge.

N° 287. PAUL SEITZ, prévôt de la ville de Ruffach;

Porte de gueules à un trèfle d'or, mouvant d'un monticule de trois coupeaux de même.

N° 288. François-Petry de Ferrot, greffier de la ville de Ruffach ;

Porte écartelé au 1er et 4e de sable à sept cloches d'or, bataillées d'azur et suspendues trois, trois et une, à trois bâtons en fasce aussi d'or, au 2e et 3e de gueules à une étoile à huit raies d'argent.

N° 289. La confrérie de la licorne de la ville de Ruffach ;

Porte de gueules à une Vierge contournée de carnation, vêtue de gueules sous un manteau d'argent, ombrée d'azur, assise à dextre et tenant sur ses genoux son enfant Jésus aussi de carnation, ayant comme elle la tête environnée d'une gloire d'or, et une licorne d'argent à sénestre, la tête contournée et posant ses deux pieds de devant sur les genoux de la Vierge, et une fleur-de-lis d'or, posée en chef.

N° 290. La confrérie de l'Eléphant de la ville de Ruffach ;

Porte de gueules à un éléphant contourné d'argent, portant une tour de même et passant sur une terrasse de sinople.

N° 291. Charles-Jacques baron de Bosenwald, seigneur de Bronchstat, château de Bis et Carlishausen ;

Porte écartelé au 1er d'azur à une bande d'argent, au 2e d'or à un fer de mulet de sable ajouré du champ, au 3e d'or à un daim de gueules passant sur une terrasse de sinople, au 4e d'azur à une syrène au naturel sur une mer d'azur, tenant de sa main droite une fleur-de-lis d'or et de sa sénestre un crampon d'argent.

N° 292. Jean Schwaller, prêtre, curé du village de Zillisheim ;

Porte échiqueté de gueules et d'or, à un chef de gueules, chargé d'une croix fleuronnée d'argent.

N° 293. Jean-Baptiste Steidelin, prêtre, curé du village de Didenheim ;

Porte de gueules à une bande d'argent, chargée de trois étoiles à six raies de gueules, écartelé de sable à un lion, la queue double d'or, lampassé de gueules, tenant de sa patte droite trois feuilles de sinople.

N° 294. Jean Silly, prêtre, curé du village de Bronstat ;

Porte d'azur à un calice d'or, accosté de deux étoiles de même, surmonté des deux lettres capitales d'argent I et S, et soutenu d'une lune en croissant couchée d'or   supportée d'une colline de trois coupeaux de sinople.

Nᵒ 295. MATHIAS NAS, prêtre, vicaire du village de Hochstat;

Porte d'azur à une barre d'argent cotoyée de six croisettes de même.

Nᵒ 296. JEAN SCHULTRIS, prévôt du village de Bronstatt;

Porte de gueules à deux clefs d'argent passées en sautoir, surmontées d'un nom de Jésus de même et accompagnées en chef de deux étoiles d'or, et en pointe d'une colline de trois coupeaux de sinople.

Nᵒ 297. MICHEL GUILLIN, ingénieur ordinaire du roi;

Porte d'or à un chêne de sinople sur une terrasse de sable, devant lequel passe un linx ou loup-cervier aussi de sable.

Nᵒ 298. PROTAIS VAUXDORÉ, chirurgien-major de l'hôpital royal de la ville de Brisack;

Porte de sinople à deux serpents d'or, entrelacés et surmontés d'un coq d'argent.

Nᵒ 299. LOUIS-JACQUES DE MARBEUF, écuyer, seigneur de Piballier, aide-major de Belfort;

Porte d'azur à deux épées d'argent, passées en sautoir, les gardes et poignées d'or, la pointe en bas.

Nᵒ 300. CLAUDE CHAPERON DE FERNAMVILLE, écuyer, seigneur de Brétigny et de Bental en partie, major pour le roi des ville et château de Belfort;

Porte de gueules à un chevron abaissé d'argent, surmonté d'une fasce haussée d'or.

Nᵒ 301. La ville de Belfort;

Porte d'azur à une tour pavillonnée d'or, ajourée du champ, maçonnée de sable et girouettée d'argent, cotoyée d'un B et d'un F d'or.

Nᵒ 302. Le chapitre de l'Eglise collégiale et paroissiale de Belfort;

Porte d'azur à un Sᵗ-Christophe d'or, dans des ondes d'argent, chargé d'un Christ de carnation, tenant un monde d'or à la main.

Nᵒ 303. LOUIS DE BEAUMONT, seigneur de Clavy, lieutenant-colonel du régiment d'Isenghem;

Porte de gueules à un écusson d'argent et une bande d'or, brochant sur le tout.

N° 304. Jacques-Rudolphe Wezel, bailli de Delle ;

Porte de sable à un chiffre d'or, composé des lettres J, R et W entrelacées.

N° 305. François-Jacques de Reinach, écuyer, seigneur de Heidweiller ;

Porte d'or à un lion contourné de gueules, ayant la tête et le col d'azur, lampassé de gueules et la queue double de même.

N° 306. Anne-Ursule Daigueline de Wanghen, veuve de N... de Reinach, seigneur en partie de Luemschwiller ;

Porte diapré d'or à un lion de gueules, ayant la tête et le col d'azur, lampassé aussi de gueules.

N° 307. François-Rudolphe Kloslin d'Alternach, écuyer ;

Porte d'argent à un cep de vigne de sinople, fruité de gueules, accolé à son échalas de sable.

N° 308. Béat de Ferrette, écuyer, seigneur du village de Dauzelles ;

Porte de sable à un lion d'argent couronné d'or.

N° 309. Marie-Magdelaine de Brinsy, femme dudit sieur Béat de Ferrette ;

Porte parti d'argent et de sable à deux étoiles de l'un en l'autre.

N° 310. Salomé de Ferrette, veuve de N... de Reinach, seigneur d'Obersteinbron ;

Porte d'or à un lion de gueules contourné, ayant la tête et le col d'azur, lampassé de gueules et la queue double de même.

N°s 311 et 312. François-Ignace de Tulliers, baron de Montjoye et d'Héméricourt, lieutenant-colonel du régiment de cavalerie de Quad, et N... de Reichenstein, sa femme ;

Portent de gueules à une clef à l'antique, l'anneau en lozange, pommettée, d'argent, écartelé aussi de gueules, billetté d'or à une semblable clef d'or ; accolé d'or à un fer de lance à l'antique de sable en barre.

N° 313. Béat-Albert-Ignace de Tulliers, baron de Monejoye et d'Héméricourt, colonel d'un régiment d'infanterie ;

Porte de gueules à une clef à l'antique, l'anneau en lozange, pommettée, d'argent, écartelé aussi de gueules, billetté d'or à une semblable clef d'or contournée, à l'antique.

Nᵒ 314. JEANNE-URSULE-CATHERINE DE TULLIERS, BARONNE DE MONTJOYE, veuve de FRANÇOIS PARIS, BARON DE MONTJOYE ; Porte de même.

Nᵒ 315. N... DE COCQ-FONTAINE, lieutenant-colonel du régiment de cavalerie de Mᵍʳ le Dauphin ;
Porte d'azur à un chevron d'or, accompagné en chef de deux étoiles d'argent et en pointe d'un lion de même.

Nᵒ 316. FRANÇOIS-CONRAD DE ROCQUEMBACH, écuyer ;
Porte parti et coupé, le 1ᵉʳ de gueules, le 2ᵉ de sable, soutenu d'argent.

Nᵒ 317. JEAN NOBLESSE, ingénieur ordinaire du roi, ayant la conduite des fortifications de Brisack ;
Porte d'or à deux écussons d'azur en chef et un chef et un cœur de gueules en pointe.

Nᵒ 318. LÉOPOLD DE GOHR, écuyer, capitaine au régiment de Montjoye ;
Porte de gueules à une barre d'argent, chargé d'un bâton d'or, lequel est accolé d'un rameau de vigne de sinople, fruité de gueules.

Nᵒ 319. GEORGES-PHILIPPE KESSELRING DE TOURNEBOURG, écuyer, capitaine au régiment de Montjoye ;
Porte d'argent à un chevron de sable, accompagné de trois cornières de même.

Nᵒ 320. CHRISTOPHE DE REINACH, écuyer, capitaine au régiment de milice de la Haute-Alsace ;
Porte d'or à un lion de gueules qui a la tête et le col d'azur.

Nᵒ 321. URS GLUT, conseiller d'état de la ville et canton de Soleure, et seigneur de Blotzheim ;
Porte diapré d'or à trois croix pattées au pied fiché de sable, une mouvante du côté du chef, et les deux des côtés, des angles d'en bas, et appointées au cœur de l'écu.

Nᵒ 322. MARIE-ELISABETH DE BRONNER, femme de N... URS GLUTZ, conseiller d'état de la ville et canton de Soleure, et seigneur de Blotzheim ;
Porte d'azur à une fontaine d'argent sommée d'une fleur-de-lis de même sur une montagne de trois coupeaux de sinople mouvante de la pointe.

N° 323. JEAN-JACQUES VIENTZ, doyen de la ville de Ruffach ;

Porte d'azur à un pont de trois arches d'or, maçonné de gueules sur une rivière d'argent, surmonté d'une lune en décours renversée de même.

N° 324. Le chapitre rural de Ruffach;

Porte d'azur à un St-Jean-Baptiste de carnation couvert d'une peau de chameau d'or, tenant de sa main sénestre une croix haussée de même, ayant sa dextre levée comme pour donner la bénédiction, le saint posé sur une espèce de trône d'argent entre deux colonnes de même.

N° 325. PIERRE BERTHIER, notaire royal et greffier de la ville d'Oberberckeim ;

Porte d'argent à un aigle de gueules, chargé d'un écusson d'or, surchargé de trois oiseaux d'azur.

N° 326. ANDRÉ SANDHERR, conseiller du magistrat de la ville de Colmar ;

Porte diapré d'argent à trois trèfles de sinople, dont les tiges de même sont entrelacées en pal et sautoir, et mouvantes d'une colline de trois coupeaux de gueules.

N° 327. JEAN-FRÉDÉRIC GUNTHIER, conseiller du magistrat de la ville de Brisack ;

Porte diapré d'azur à une tête et col de loup d'or, coupée de gueules, et traversée d'une épée d'argent à garde et poignée d'or, dont la moitié de la lame sort par la gueule.

N° 328. JOSEPH DORILLAC, écuyer ;

Porte de gueules à trois pals d'argent.

N° 329. MARGUERITE LE ROUX, femme dudit DORILLAC ;

Porte de gueules à un chevron d'argent, accompagné de trois roses de même.

N° 330. La communauté des cordonniers d'Altkirch;

Porte d'argent à un soulier contourné de sable paré de gueules.

N° 331. La communauté des maçons et charpentiers de la ville d'Altkirck;

Porte d'azur à une règle couchée en fasce, accompagnée en chef d'une hache aussi couchée, et en pointe d'une truelle, le tout d'or.

N° 332. JACQUES FELIX, écuyer, aide-major du fort du Mortier et de la ville neuve de Brisack ;

Porte de gueules à un chevron d'or, accompagné en chef de deux étoiles, et en pointe d'un coq de même.

Nº 333. Le couvent des Pères-Augustins de Brisack ;

Porte d'argent à une Vierge contournée de carnation, vêtue de gueules et d'azur, tenant sur ses genoux son enfant Jésus aussi de carnation, et assise à dextre, ses pieds posés sur une nuée d'azur, et l'enfant Jésus donnant sa bénédiction à un St-Augustin de carnation, vêtu de sable sous une chappe de gueules ornée d'or, qui lui présente de sa main dextre un cœur enflammé de gueules, le saint étant à genoux sur une terrasse de sinople et tenant de sa main sénestre sa crosse d'or, penchée en barre, au pied de laquelle est posée, sur la terrasse, sa mitre aussi d'or, les têtes de l'enfant Jésus, de la Vierge et du Saint environnées chacune d'une gloire d'or.

Nº 334. La ville de Schélestat ;

Porte d'argent à un lion couronné de gueules.

Nº 335. La justice de la ville de Schélestat ;

Porte diapré d'argent, à un aigle de sable couronné, becqué et membré d'or, ayant le corps traversé d'un croissant de même, brochant sur les ailes en fasce.

Nº 336. La communauté des bouchers et jardiniers de la ville de Ruffach ;

Porte d'azur à un couperet de boucher d'argent, diapré de gueules et emmanché d'or.

Nº 337. La communauté des tanneurs de la ville de Schélestat ;

Porte de sable à trois couteaux de tanneur d'argent, emmanchés d'or, posés en pal et en sautoir.

Nº 338. La communauté des Wothleut de la ville de Schélestat ;

Porte de sable diapré d'or à une bande de même.

Nº 339. La communauté des tonneliers et bateliers de la ville de Schélestat ;

Porte d'azur à une ancre d'or, posée en barre, et un maillet d'argent posé en fasce, brochant sur la tangue, accompagné au côté dextre du chef d'une fontaine à vin d'or, posée en barre, et une rose de même posée en abîme.

Nº 340. La communauté des maréchaux de la ville de Schélestat ;

Porte de gueules à une bande d'argent, accompagnée en chef d'un marteau d'or en pal, et en pointe d'une paire de tenailles couchée en bande de même, et la bande chargée d'un dragon de sinople, vomissant des flammes de gueules.

N° 341. La communauté des chirurgiens de la ville de Schélestat ;

Porte d'azur à un St-Antoine passant, tenant de sa main dextre son bâton, duquel pendent deux clochettes, et de sa sénestre tenant un livre ouvert, le saint accosté de deux roses et ayant derrière lui son cochon contourné, le tout d'or sur une terrasse de même.

N° 342. La communauté des boulangers et meuniers de la ville de Schélestat ;

Porte d'argent à un bradler entortillé de gueules, soutenu d'un pain en navette couché, de même, accolé d'azur à une roue de moulin à eau d'argent.

N° 343. La communauté des cordonniers de la ville de Schélestat ;

Porte de sable à un soulier à l'antique d'argent, la pointe recourbée.

N° 344. JEAN-MELCHIOR BITTEL, bourguemestre de la ville de Schélestat ;

Porte diapré d'or à un bouc rampant de sable, tenant de ses deux pattes un fer de fusil d'argent, les pieds de derrière posés sur une colline de trois coupeaux de sinople.

N° 345. JEAN EHRINGER, bourguemestre de la ville de Schélestat ;

Porte d'azur à trois épis d'or, tigés et feuillés de même, mouvants d'une colline de trois coupeaux de sinople.

N° 346. JEAN-HENRY MULLER, bourguemestre de la ville de Schélestat ;

Porte de gueules à trois roues d'horloge d'or.

N° 347. MARTIN KOPFF, bourguemestre de ladite ville ;

Porte diapré de gueules à un chevron haussé d'or, accompagné en pointe d'une tête d'homme d'argent posée de profil.

N° 348 HENRY-ANDRÉ MUEG, avocat au Conseil souverain d'Alsace et greffier en chef de la ville de Schélestat ;

Porte diapré d'or à un lion passant de gueules, coupé d'azur à deux étoiles à sept raies d'or.

No 349. N. ., veuve de N... Bronck, bourguemestre de ladite ville ;

Porte d'azur à un agneau pascal d'argent, la tête contournée, entourée d'une lumière d'or, la croix de même et la banderole d'argent croisée de gueules.

No 350. Georges-André Heffler, docteur en médecine à Schélestat ;

Porte d'argent à un pommier de sinople, fruité au naturel, le fut de l'abre accolé d'un serpent de pourpre, miraillé d'argent sur un monticule de trois coupeaux de sinople, mouvant de la pointe.

No 351. Jean-Guillaume Guinther, conseiller de la ville de Schélestat ;

Porte bandé diapré d'or et de sable de quatre pièces.

No 352. François-Ignace Bittel, bourgeois et peintre à Schélestat ;

Porte diapré d'or à un bouc rampant de sable, tenant de ses deux pattes un fer de fusil d'argent, les pieds de derrière posés sur une colline de trois coupeaux de sinople, coupé de gueules à trois écussons d'argent.

No 353. Jean-Michel Rotzbletz, conseiller de la ville de Schélestat ;

Porte d'azur à un lion d'or, montant sur une cotice abaissée de même.

No 354. Jean Kien, bourgeois de la ville de Schélestat ;
Porte d'or à un arbre de sinople sur une terrasse de même.

No 355. Jean-Henry Ehringer, le jeune, marchand à Schélestat ;

Porte d'azur à trois épis d'or, rangés et mouvants d'un monticule de trois coupeaux de même.

No 356. Gamaliel Fels, apothicaire de la ville de Schélestat ;

Porte de gueules à une chèvre sautante d'or.

No 357. Laurent Romp, notaire royal à Schélestat ;

Porte de gueules à une colombe d'argent, sur un monticule de trois coupeaux de même, tenant en son bec une plume à écrire d'or périe en barre.

N° 358. JEAN-BARTHÉLEMY HUGUIN, avocat au Conseil souverain d'Alsace et bailli de Marcolzheim ;

Porte d'argent à un chevron d'azur, accompagné de trois trèfles de sinople.

N° 359. NICOLAS LOFFEL, receveur du bailliage de Marcolzheim ;

Porte de gueules à une cuillère d'or, posée en pal, laquelle est supportée d'une colline de trois coupeaux de sinople et accostée de deux bars adossés d'argent.

N° 360. JEAN SALOMON, conseiller secrétaire du roi, maison et couronne de France, et contrôleur de la chancellerie établie près le Conseil supérieur d'Alsace ;

Porte d'argent à un ours passant de sable sur une champagne de même, et un chef d'azur, chargé de trois molettes à huit pointes d'or.

N° 361. HENRY EMPORTÉ, directeur des postes et receveur de M. le marquis d'Uxelles à Rougemont ;

Porte d'azur à un chevron abaissé d'or, surmonté d'une étoile à huit raies d'argent, soutenu d'un cornet de même, et accompagné de deux pins arrachés aussi d'or en chef, et de trois besants aussi d'argent mal ordonnés en pointe.

N° 362. FRANÇOIS JANVRET DE LA BELLOTIÈRE de Brebotte ;

Porte de gueules à deux chevrons d'argent, le premier supportant un cheval gai et naissant d'or.

N° 363. LOUIS-FRÉDÉRIC DE BUGET, écuyer, seigneur de Frotey ;

Porte d'or à un chevron de sable, chargé de cinq molettes à huit pointes d'argent et accompagné de onze trèfles aussi de sable, posés six en chef à chaque côté de l'écu deux et un, et cinq en pointe, deux et trois.

N° 364. JEAN-CLAUDE MAULRY, conseiller du roi au Conseil souverain d'Alsace ;

Porte de gueules à deux fasces d'or, la seconde accompagnée de trois molettes à huit pointes d'argent.

N° 365. FRANÇOIS-MICHEL SCHEPPLIN, avocat au Conseil souverain d'Alsace, et bailli de la seigneurie de Hohenlandsberg ;

Porte d'azur à une couronne composée de qnatre roses, deux d'or et deux d'argent, entrelacées de feuilles de sinople, écartelé d'argent à un griffon de gueules.

N° 366. L'abbaye de Murbach ;

Porte d'argent à un lévrier rampant et contourné de sable, accolé du champ, parti d'or à un dextrochère de carnation habillé de gueules, posé en pal.

N° 367. Valentin Jenny, avocat au Conseil souverain d'Alsace, bailli d'Isenheim, et receveur et conseiller de l'abbaye de Murbach ;

Porte d'or à un homme nu de carnation qui a les bras et les jambes écartés en sautoir, et liés avec des chaînes de sable, mouvantes des quatre angles de l'écu, et qui est accosté de deux chiens passants et affrontés de gueules.

N° 368. La seigneurie d'Isenheim ;

Porte d'or à un fer de cheval de sable, et une fasce d'azur brochant sur le tout, chargée de trois étoiles d'argent.

N° 369. Le couvent des Dominicains de la ville de Gueviller ;

Porte d'azur à deux bâtons cramponnés par le haut et alèzés d'argent, passés en sautoir, accompagnés en chef d'une étoile à huit raies d'or et aux flancs des deux lettres C et G de même.

N° 370. Philippe-Jacques Weckerlin, procureur fiscal de la seigneurie d'Isenheim ;

Porte d'argent à un cœur de gueules, supportant un quatre de chiffre de sable, et deux trèfles de sinople tigés de même.

N° 371. Nicolas Remy, notaire royal et greffier de ladite seigneurie ;

Porte d'azur à un dextrochère de carnation habillé d'or, mouvant du flanc et tenant une plume d'argent posée en barre.

N° 372. André Nessel, greffier de la vallée de Sulzmatt ;

Porte d'or à une branche de chêne de cinq feuilles de sinople, mouvante d'un monticule de trois coupeaux de même.

N° 373. Nicolas Leclerc, receveur des revenus de la ville de Ruffach ;

Porte d'argent à un chevron d'azur, accompagné de trois roses de gueules, tigées et feuillées de sinople rangées en chef, et en pointe d'une tour de sable couverte de gueules, ajourée du champ, et posée sur une terrasse aussi de sable.

N° 374. CLAUDE LE LABOUREUR, chevalier, seigneur de Gre-
vensteim, château, terre et seigneurie de Stolzem, des fiefs
d'Ersteim, d'Audouin et autres lieux, conseiller du roi en son
conseil d'Etat et premier président de son Conseil souverain d'Alsace;

Porte d'azur à une molette à huit pointes d'or et un chef dentelé
de même.

N° 375. CLAUDE-RÉNÉ-LOUIS LE LABOUREUR, conseiller du
roi en son conseil et adjudant-général de Sa Majesté au Conseil
souverain d'Alsace;

Porte d'azur à une molette à huit pointes d'or et un chef dentelé
de même.

N° 376. MICHEL HIRSTELL, procureur-fiscal de la comté de
Willé;

Porte d'argent à un cerf rampant au naturel, accosté de deux
lettres capitales de gueules M et H.

N° 377. IGNACE BARTH, greffier du bailliage de la comté de
Willé;

Porte d'argent à un homme de carnation, vêtu de gueules, tenant
de la main droite une flèche d'or, et la main gauche posée sur le
côté, la tête couverte d'un bonnet de gueules.

N° 378. LAURENT BARDA, prêtre, curé du bourg de Willé;

Porte de sable à un calice d'or sur un monticule de trois coupeaux
de sinople mouvant de la pointe.

N° 379. JEAN THIÉBAULT, prêtre, curé du village de Breitten-
bach;

Porte d'azur à un agneau pascal rampant d'argent, la croix de
sable et la banderolle d'argent croisée de gueules, les pieds de derrière posés sur une colline de trois coupeaux de sinople.

N° 380. MATHIEU BOURSCHT, prévôt de Cherviller;

Porte d'azur à une autruche contournée d'or, accostée de deux
étoiles de même et surmontée des deux lettres M et B, aussi d'or.

N° 381. L'abbaye de Masmunster; (Massevaux.)

Porte d'or à trois lions de sable passants l'un sur l'autre, écartelé
d'argent à un lion de sinople lampassé de gueules.

N° 382. Le chapitre de l'abbaye de Masmunster; (Massevaux.)

Porte de gueules à un portail d'église d'or, maçonné de sable,
posé sur une terrasse de sinople.

Nº 383. ANGÉLIQUE DE COINTET, née D'ANDLAU, dame de Morvillars ;

Porte de gueules à une cotice d'or, accompagnée de deux moutons rampants d'argent, parti de sable à un sautoir d'argent à un chef d'or.

Nº 384. La ville de Colmar ;

Porte parti diapré de gueules et de sinople à une molette d'éperon d'or attachée à sa branche périe en barre de même.

Nº 385. ANDRÉ SANDHERS, ancien magistrat de la ville de Colmar ;

Porte diapré d'argent à trois trèfles de sinople, dont les tiges de même sont entrelacées en pal et sautoir, et mouvantes d'une colline de trois coupeaux de gueules, et une flèche futée d'or, ferrée de sable et empennée de gueules tranchant en barre les tiges de trèfles.

Nº 386. SAMUEL ROEDLIN, syndic de la ville de Colmar ;

Porte de gueules à un écureuil contourné au naturel, tenant de ses deux pattes une scie à main d'argent posée en pal.

Nº 387. JEAN-GEORGES HERR, conseiller de la ville de Colmar ;

Porte d'or à deux bâtons alèzés de sable posés en sautoir, et une flèche de gueules ferrée et empennée d'argent posée en pal et un fer à fusil de sable brochant sur le tout en fasce.

Nº 388. La ville de Ste-Croix ; (Ste-Croix-en-Plaine ?)

Porte d'azur à une croix haussée fleuronnée, au pied fiché, d'argent, et deux crosses d'or futées d'argent, posées en sautoir sur le pied de la croix.

Nº 389. ANDRÉ FOUX, prévôt de la ville de Ste-Croix ;

Porte d'or à une marelle de gueules sans pal et ouverte en pointe.

Nº 390. JEAN-CHRISTOPHE BARTH, greffier de la ville de Ste-Croix ;

Porte d'argent à une flèche de sable, empennée d'azur, posée en barre, accompagnée de deux trèfles de sinople.

Nº 391. CHRISTOPHE CAILLY, bourgeois de la ville de Ste-Croix ;

Porte d'or à un dextrochère de carnation, paré d'argent et vêtu de pourpre, mouvant du flanc sénestre et tenant une rose de gueules tigée et feuillée de sinople.

Nº 392. Le village d'Ingersheim ;

Porte d'argent à une fasce de gueules, chargée d'un croissant tourné d'or.

Nº 393. FRANÇOIS-JOSEPH DEZERHEN, écuyer, conseigneur de Morcheville ; (Niedermorschwiller ?)

Porte d'argent à un lion contourné de sinople, la queue double et passée en sautoir, lampassé et armé de gueules.

Nº 394. RENAULT-GUILLAUME DEZERHIN, écuyer, coseigneur de Dornach ;

Porte de même.

Nº 395. FRANÇOIS DEZERHIN, écuyer, seigneur de Festar ; (?)

Porte de même.

Nº 396. GEORGES-ALBERT CASIMIR DE MERLAUT, écuyer ;

Porte de gueules à un aigle d'or, lequel a une tête de femme d'argent, couronné et membré d'azur.

Nº 397. Le village de Hapsen ; (Habsheim.)

Porte d'azur à un faucon d'argent, la tête contournée, perché sur un sautoir alèzé d'or, et accosté en chef des deux lettres H et B de même.

Nº 398. GEORGE PLUMELET, prévôt du village de Hapsen ; (Habsheim.)

Porte d'azur à un fer de fourche à trois dents, les pointes en bas, d'or, accompagné en chef des deux lettres G et P de même.

Nº 399. DOMINIQUE-GEORGES VICHARD, curé de Hohenwart et Tanvillé au val de Willé ;

Porte de gueules à un calice d'or.

Nº 400. BALTAZARD BUECKLIN, prévôt du village d'Ottenarshem ; (Ottmarsheim ?)

Porte d'or à une croix fleuronnée de gueules, cantonnée en chef de deux lettres B et B de sable.

BRISACK.

SUIVANT L'ORDRE DU REGISTRE 2e.

(Etat du 22 novembre 1697.)

⸺

Nᵒ 1ᵉʳ. JEAN-JACQUES MULLER, official de l'évêché de Bâle et curé de la ville d'Alkirck ;

Porte de sable à un lion d'or, lampassé de gueules, tenant de ses deux pattes une demi-roue d'horloge aussi de sable.

Nᵒ 2. L'officialité de Bâle ;

Porte d'argent à un buste d'évêque de carnation, son collet d'argent, son camail de pourpre, sa mitre de gueules ornée d'or, et deux crosses aussi d'or, fûtées d'argent et passées en sautoir, brochant sur la pointe du buste.

Nᵒ 3. NICOLAS WILLIAME, notaire de l'officialité de Bâle ;

Porte de sinople à un cygne d'argent, becqué et membré de gueules.

Nᵒ 4. JEAN-MARTIN VOLPRICHT, docteur en théologie, assesseur et procureur-fiscal de l'officialité de Bâle ;

Porte d'or à un arbre tigé au naturel.

Nᵒ 5. JEAN VDALRICKOPP, prêtre, curé du village de Karsback ; (Carspach.)

Porte d'azur à une couronne d'or en fasce et une colline de trois coupeaux de sinople en pointe.

Nᵒ 6. DIDIER KELLER, avocat de l'officialité de Bâle ;

Porte de sable à une balance d'argent dont les bassins sont d'or, accompagnée en chef de deux étoiles aussi d'argent, et en pointe d'une fleur-de-lis de même.

N° 7. HUGUES-BRUNO FONTAINE, sieur de Regvans, contrôleur d'artillerie au département d'Alsace ;

Porte d'azur à un chevron d'or, acccompagné de deux fers d'épieux d'argent en chef, et d'un croissant de même en pointe.

N° 8. La confrairie du Boucq de Brisack ;

Porte de gueules à un bouc rampant d'argent.

N° 9. JEAN-CONRAD DE LA PIERRE, écuyer ;

Porte d'azur à trois ...... mal ordonnées.

N° 10. FERDINAND GOUGGENBERGER, procureur-fiscal de la seigneurie de Ricqueville ; (Riquewihr.)

Porte de gueules à une bergeronnette au naturel, contournée et perchée sur la pointe d'une colline de trois coupeaux de sinople.

N°s 11 et 12. MARIE-JEANNE DE CUSTINE DE GUERMANGE, veuve de Mre JEAN D'AIMIÈRE D'ARGUES, écuyer, lieutenant pour le roi au gouvernement de Brisach ;

Porte d'azur à un aigle d'argent, membré d'or, surmonté de deux étoiles de même, et un chef aussi d'azur, chargé d'un croissant de gueules, accosté de deux étoiles d'or ; accolé d'argent à une cotice de sable cotoyée de deux filets de même, écartelé de sable semé de fleurs-de-lis d'argent.

N° 13. MARIE D'ARGUES, fille de JEAN D'AIMIÈRE D'ARGUES, écuyer ;

Porte d'azur à un aigle d'argent, membré d'or, surmonté de deux étoiles de même, et un chef aussi d'azur, chargé d'un croissant de gueules accosté de deux étoiles d'or.

N° 14. JEAN-ANTOINE DE BOISGAUTIER, conseiller du roi au Conseil souverain d'Alsace ;

Porte de gueules à trois têtes et cols de cygne arrachées d'argent.

N° 15. HENRY CHAUFFOUR, conseiller du roi, receveur et payeur des épices, vacations et amendes du Conseil souverain d'Alsace ;

Porte d'azur à un four à chaux d'argent, maçonné de gueules sur une terrasse de sinople, duquel sortent des flammes et étincelles d'or.

N° 16. La ville de Soultz ;

Porte de gueules à une croix d'argent cantonnée de quatre oiseaux passants de sable.

Nº 17. HENRY-JOSEPH FABER, bailli de Soultz ;

Porte d'or à trois trèfles de sinople tigés de même posés en pal et en sautoir et mouvants d'une colline de trois coupeaux aussi de sinople.

Nº 18. LOUIS DAUBRY, prévôt de la ville de Soultz ;

Porte de gueules à trois trèfles d'or, deux en chef et un en pointe, et une étoile à six raies de même posée en cœur.

Nº 19. ERNEST BACH, greffier de la ville de Soultz ;

Porte écartelé au 1er et 4e d'argent à une croix cramponnée et tournée de sable, au 2e et 3e aussi d'argent à trois barres ondées d'azur.

Nº 20. FRÉDÉRIG-LOUIS WALDVER DE FREUNDSTEIN, seigneur de Schweickhouse ;

Porte d'argent à trois pointes de sable sur lesquels sont perchés trois oiseaux de gueules.

Nº 21. SIBILLE - MARGUERITE WALDVER DE FREUNDSTEIN, veuve ;

Porte de même.

Nº 22. CLAUDE CURIÉ, conseiller du roi et son procureur en la prévôté royale d'Huninghen ;

Porte d'argent à un écureuil rampant de gueules.

Nº 23. FRANÇOIS-JOSEPH CURIÉ, conseiller du roi au Conseil souverain d'Alsace ;

Porte de même.

Nº 24. JEAN-PIERRE MAUSÉ, greffier du bailliage de Ferrette ;

Porte de gueules à trois roses d'argent tigées de même et mouvantes ensemble d'une terrasse d'or.

Nº 25. JEAN-HENRY-LOUIS DE REINACH, écuyer ;

Porte d'or à un lion de gueules dont la tête est d'azur et lampassé aussi de gueules.

Nº 26. JEAN-ADAM DE GELIN DE WANGHEN, écuyer ;

Porte de gueules à deux triangles d'argent, vidés et entrelacés en étoile.

Nº 27. MARTIN JOSTE, conseiller du magistrat de la ville de Brisack ;

Porte de sinople à une fasce d'or.

Nº 28. La confrérie nommée Zum Adler de la ville de Colmar ;
Porte d'or à un aigle de sable.

Nº 29. La confrérie nommée Au Lion dudit Colmar ;
Porte d'azur à un lion contourné d'or, couronné de même, lequel tient un couperet d'argent emmanché d'or.

Nº 30. La communauté des maréchaux de la ville de Colmar ;
Porte de gueules à un marteau d'or, le manche accolé d'un serpent de sinople et des tenailles ouvertes d'or, brochantes sur le tout.

Nº 31. ANDRÉ DE GUILLERMIN, écuyer, seigneur de Corny, conseiller du roi au Conseil souverain d'Alsace ;
Porte d'azur à un chevron d'or, accompagné en chef de deux étoiles de même, et en pointe d'un pélican avec ses petits dans un nid de même.

Nº 32. JEAN-HENRY VOGEL, procureur-fiscal de la comté de Ribaupierre ;
Porte d'azur à un oiseau au naturel perché sur la pointe d'un rocher de trois coupeaux d'argent.

Nº 33. FRANÇOIS GUIGNON, sieur du May, aide-major de la ville de Brisack ;
Porte d'argent à un arbre de sinople sur une terrasse de même, accosté de deux feuilles de sinople posée en bande et en barre et surmonté de trois étoiles de gueules rangées en chef.

Nº 34. JEAN-ULRICH CUTZLER, prévôt du village de Kemps ;
Porte de gueules à un fer de dard d'argent, posé en pal, surmonté de la lettre V et accosté des lettres I et L de même.

Nº 35. LAURENT LAMBRECHT, conseiller au magistrat de Brisack ;
Porte de gueules à un mouton d'argent sur une colline de sinople.

Nº 36. TOUSSAINT D'ARNOUVILLE, commissaire ordinaire d'artillerie à Brisack ;
Porte d'argent à une fasce d'azur sur laquelle passent deux merles de sable, et accompagnée en pointe d'un lévrier courant de même.

Nº 37. JEAN-UDALRICH JUNCKER, ci-devant greffier du bailliage de Landser ;
Porte d'azur à un trèfle d'or, soutenu d'un croissant d'argent.

Nº 38. HENRY JUNCKER, cabaretier du village de Sierentz ;
Porte d'azur à un trèfle d'or, soutenu d'un croissant d'argent.

No 39. JEAN-GASPARD, BARON DE SCHAUENBOURG, seigneur de Miderherchen ; (Niederhergheim.)

Porte d'or à un écusson d'azur, chargé d'un autre écusson d'argent à un sautoir de gueules brochant sur le tout.

No 40. RENARD-JULES, BARON DE SCHAUENBOURG, seigneur de Soultzbach ;

Porte de même.

No 41. HIEROSME MAYER, receveur du Sr Waldtner, seigneur de Sierentz ;

Porte d'azur à une flèche d'or, la pointe en bas, mise en pal, surmontée d'un croisement renversé de même.

No 42. JEAN-JACQUES DESCRICH, maire du village de Sierentz ;

Porte d'or à un trèfle de sinople sur sa longue tige feuillée de même, surmonté de trois lettres H, I, D de sable, rangées en chef.

No 43. HENRY BIENTZ, garde de la forêt de la Harthe ;

Porte d'or à une feuille de chêne de sinople, accostée de deux glands au naturel, tigée aussi de sinople et mouvante de la pointe de l'écu, le tout surmonté des deux lettres capitales H, B de sable.

No 44. FRÉDÉRIC SCHMIDLIN, maire du village de Waltenheim ;

Porte d'azur à un sablier d'argent monté d'or, adextré de la lettre F, et sénestré de la lettre S de même.

No 45. FRÉDÉRIC MULLER, maire du village d'Uffheim ;

Porte d'argent à une roue de moulin de sable en cœur, adextrée de la lettre F de gueules et sénestrée de la lettre M de même.

No 46. JACQUES FOUX, maire du village de Geispitzen ;

Porte de gueules à un double delta ou double triangle vidé et entrelacé, d'or, enfermant un renard passant, qui est surmonté des deux lettres I et F, et soutenu d'une étoile à six raies, le tout d'or.

No 47. Le village de Geispitzen ;

Porte d'azur à une croix haussée alèzée et à double traverse d'or.

No 48. Le village d'Uffheim ;

Porte d'argent à la lettre capitale U de gueules.

No 49. Le collége des Jésuites de la ville de Schélestat ;

Porte d'azur à un nom de Jésus soutenu de trois clous de la passion appointés, le tout enfermé dans un cercle ovale et rayonné de même.

N° 50. Le couvent des Dominicains de la ville de Schélestat ;

Porte d'argent chapé arrondi de sable, l'argent chargé d'un chien passant de sable, la tête contournée et tenant en sa gueule un flambeau de même, allumé de gueules, dont il éclaire un monde d'azur ceintré et croisé d'or, surmonté d'un bourdon aussi d'or, et d'un lis au naturel, passés en sautoir et brochants sur le chapé.

N° 51. Le couvent des religieuses de St-Dominique de la ville de Schélestat ;

Porte d'azur à une Ste-Vierge à demi-corps couronnée et tenant sur son bras dextre l'enfant Jésus, le tout d'or.

N° 52. ADAM DE LA PORTE, prêtre, curé du village d'Elsenheim ;

Porte de gueules à un portail d'or, garni de sa coulisse de sable.

N° 53. JEAN-BAPTISTE ABBÉ, conseiller du roi, prévôt et juge de la prévôté royale d'Ensisheim ;

Porte d'azur à deux flèches d'or, passées en sautoir, les pointes en haut.

N° 54. ANDRÉ SAUTIER, procureur du roi de la prévôté royale d'Ensisheim ;

Porte d'argent à une licorne saillante d'azur, sur une terrasse de sinople.

N° 55. JEAN-BARTHÉLEMY SCHAUB, greffier du bailliage de Landser et de la prévôté royale d'Ensisheim ;

Porte coupé d'argent sur sinople à une gerbe d'or, fruitée de sinople et brochant sur le tout, accostée en chef de deux étoiles à six raies de sinople.

N° 56. La ville d'Ensisheim ;

Porte de gueules à une fasce d'argent.

N° 57. FRANÇOIS-JOSEPH DE THANNE, chapelain de ladite ville ;

Porte de sable à un lion contourné d'or, parti aussi de sable à deux bandes aussi d'or.

N° 58. La communauté des briquiers et tuiliers de la ville de Colmar ;

Porte de gueules à deux couperets d'argent, ombrés d'azur et passés en sautoir, celui de dessus chargé d'une étoile à six raies de gueules.

Nᵒ 59. Christophe Stacker, lieutenant de chasse et bourgeois à Batteinheim ;

Porte de sinople à un lion d'or, lampassé de gueules.

Nᵒ 60. Georges-Frédéric Abbé, bourgeois de Hapseim ; (Habsheim.)

Porte d'azur à deux flèches d'or, posées en sautoir.

Nᵒ 61. Antoine Schmid, prévôt du village de Ovenheim ; (?)

Porte de gueules à une herse ou triangle d'or, la pointe en haut, supportant un petit marteau de sable, emmanché d'or, accosté de deux lettres capitales A et S d'argent, surmontées chacune d'une étoile d'or, et la herse soutenue d'un croissant d'argent.

Nᵒ 62. Jean-Baptiste Rayber, avocat au Conseil souverain d'Alsace, et bailli de la baronnie de Morimont ;

Porte d'or à un bouc saillant contourné et naissant de sable.

Nᵒ 63. Nicolas Willesme, garde-magasin des fourrages de Brisack ;

Porte d'azur à un chevron d'or, accompagné en chef de deux étoiles de même, et en pointe d'une rose aussi d'or, et un chef de gueules, chargé de trois croissants d'argent.

Nᵒ 64. Jean Fritschin, maire à Obermagstatt ;

Porte d'or aux deux lettres H et F capitales d'azur posées en chef, et une croix de sable en pointe au pied fiché.

Nᵒ 65. André Bourst, prévôt du village de Tessenhem, du bailliage de Landser ;

Porte d'azur à une fasce d'argent, accompagnée de deux annelets d'or.

Nᵒ 66. Jean Esbeler, prévôt du village d'Hirtzefeld ;

Porte de gueules à un crampon croisé par un bâton alézé et péri en bande, surmonté en chef d'un cœur, et accosté de deux lettres H et E capitales, le tout d'or.

Nᵒ 67. La communauté des pêcheurs de la ville de Brisack ;

Porte d'azur à deux hommes de carnation armés de pied en cap d'argent, contournés, couchés et se reposant sur une terrasse de sinople, appuyés d'une main, et tenant chacun une demi-pique de sable de l'autre, le tout surmonté de deux poissons d'argent, passés en sautoir, la tête en bas et accompagné de trois fleurs-de-lis d'or, posées en chef et aux flancs, et d'une étoile à six raies de même en pointe.

Nº 68. JACQUES FATTER, receveur de la ville de Fribourg ;

Porte diapré de gueules à une barre d'or, accompagnée de deux étoiles de même.

Nº 69. FRANÇOIS-GUILLAUME NITHARD, greffier de Bronstat ; (Brunstatt.)

Porte d'argent à une fasce d'azur, accompagnée de trois roses de gueules en chef et d'un compas d'or en pointe.

Nº 70. THIEBAULT LIDY, habitant du village de Richsheim ; (Rixheim.)

Porte d'argent à une cornière de sable surmontée d'un T et d'un L de gueules, et soutenue d'une colline de trois coupeaux de sinople.

Nº 71. JEAN-MORANDT SCHEURLIN, chirurgien du village de Rixheim ;

Porte d'azur à un cor de chasse d'or, accompagné de trois trèfles de même, et un I, un M et un S de sable, rangés en chef.

Nº 72. JEAN-CONRAD KRAFFT, greffier du village de Deschewiller ; (?)

Porte d'argent à un cep de vigne de sable accolé et tortillé autour d'un échalas de même sur une terrasse aussi de sable, le cep feuillé d'une feuille de sinople fruité d'un raisin de sable, et surmonté d'un I, d'un C et d'un K de même, rangés en chef.

Nº 73. JEAN-CONRAD KARIN, prévôt d'Eschenzwiller ;

Porte de gueules à une étoile à huit raies d'or, accompagnée de cinq autres à six raies de même, posées deux, deux et une, et un I, un C et un K aussi d'or rangés en chef.

Nº 74. THIBAULT KRAFFT, prévôt du village de Zimersheim ;

Porte d'argent à un sablier d'azur, orné d'or, posé en pointe sur une terrasse de sable, accosté de deux étoiles de gueules et accompagné en chef de deux lettres capitales D et K de sable, et au-dessous d'une étoile de gueules.

Nº 75. JEAN-GASPARD ETLIN, maire du village de Zimmersheim ;

Porte d'argent à un trèfle de sinople, tigé de même, mouvant d'une colline de trois coupeaux de sable, accosté de deux étoiles de gueules et surmonté d'un H, d'un C et d'un E de sable, rangés en chef.

N° 76. Estienne de la Mamye Clairac, lieutenant pour le roi et commandant au gouvernement de Fribourg en Brisgau;

Porte écartelé au premier d'azur, à un lion d'or, lampassé de gueules, à une fasce aussi d'or, brochant sur le tout ; au 2° d'or à un arbre de sinople sur une terrasse de même, lequel est supporté par deux griffons coupés de gueules et de sable, au 3° d'argent à une levrette courante en bande de sable, accolée et bouclée d'or et un chef d'azur, chargé de trois fleurs-de-lis d'or ; au 4° de gueules à un lion d'or, et sur le tout de gueules à un chien passant, la tête contournée, d'argent, accolé de gueules et bouclé d'or, et un chef d'azur, chargé de trois étoiles à six raies d'or.

N° 77. Claude Lescaille, médecin du roi dans la ville, château, forts et hôpitaux de Fribourg, docteur et professeur en médecine, et ci-devant vice-recteur de l'Université de Fribourg ;

Porte d'azur à un dextrochère de carnation, armé d'or, mouvant du flanc, lequel tient un bonnet carré de gueules, sommée d'une fleur-de-lis d'or.

N° 78. Pierre Oriol, chirurgien-major de la ville et château, forts et hôpitaux de Fribourg ;

Porte d'azur à un chevron d'or, accompagné en pointe d'un lion d'or, lampassé de gueules et surmonté d'un croissant d'argent accosté de deux boîtes couvertes de même.

N° 79. François-Augustin Preiss, greffier du conseil de Fribourg ;

Porte d'azur à une licorne rampante d'argent, écartelé de gueules à une lune en croissant d'argent percée d'une flèche de même en pal.

N° 80. Jean-François Gauthier, écuyer, seigneur de Schwartzbourg, conseiller du roi, substitut de son procureur-général au Conseil souverain d'Alsace ;

Porte d'or à trois pommes de pin de sinople et une bordure engrelée de gueules.

N° 81. Jacques Viard, commissaire et garde d'artillerie à Fribourg ;

Porte d'argent à un arbre de sinople, écartelé d'azur à une croix pattée d'or, et sur le tout un écusson de gueules.

N° 82. Marie-Marguerite Kefferin, veuve de Gervais Brunck, vivant bourguemestre de Brisack ;

Porte d'argent à un homme de carnation habillé d'azur, mi-parti de gueules, la tête couverte d'un bonnet de même, tenant de sa main droite un marteau de sable, et sa gauche appuyée sur son côté.

N° 83. PIERRE-FRANÇOIS DE BELLINET, commissaire ordinaire d'artillerie à Brisack ;

Porte d'or à un lion de gueules.

N° 84. PIERRE GALLOIS, conseiller du roi, maître des eaux et forêts d'Alsace ;

Porte d'azur à un chevron d'argent, accompagné de trois clefs d'or, les deux du chef confrontées, et celle de la pointe contournée.

N° 85. LAMBERT D'ESPINAY, conseiller du roi, et son procureur aux Eaux et forêts de la Haute-Alsace ;

Porte d'azur à un lion d'argent lampassé de gueules, et un lambel d'or en chef.

N° 86. JEAN-CONRAD HOFFMANN, prévôt du village de Rumers-heim ;

Porte d'azur à un croissant d'argent, en pointe, trois étoiles mal-ordonnées d'or, et un C au milieu de deux H d'argent au-dessous de l'étoile du chef.

N° 87. JEAN-MICHEL SEILLIER, prévôt du village de Bantzen-heim ;

Porte de gueules à un tertre de trois coupeaux d'argent, desquels naissent trois tulipes d'azur surmontées de deux crampons en sau-toir de sable, accostées d'un M et d'un S de même, et de deux étoiles d'or, le tout surmonté d'un croissant de même, accosté de deux autres étoiles aussi de même.

N° 88. FRANÇOIS-CONRAD PILOT, capitaine au régiment de mi-lice de la Haute-Alsace ;

Porte d'argent à une mer ondée d'azur sur laquelle vogue une galère au naturel.

N° 89. JEAN SUGER, prévôt du village de Blodelsheim ;

Porte d'azur à un brancard d'or surmonté de trois besants d'ar-gent et soutenu d'une croix aussi d'or en pointe accostée d'un H et d'un S d'argent.

N° 90. JEAN-JACQUES HERTZOG, maire du village de Barten-heim ;

Porte de gueules à une cigogne d'argent, tenant à son bec un bouquet de trois cerises de même, surmontée d'un I aussi d'argent et accompagnée en flanc de deux H de même.

N° 91. HENRY HERTZOG, prévôt du village de Niderstein-bron ;

Porte d'azur à une vergette d'or, chevronnée en chef, croisée au milieu, terminée en sautoir et posée en pal, surmontée d'un pigeon éployé d'argent fondant du chef accosté de deux H d'argent en flanc.

N° 92. HENRY SCHAFFNER, maire du village de Brincken ; (Brinckheim.)

Porte d'azur à une fleur-de-lis d'argent surmontée d'un H et d'un S de même.

N° 93. MARTIN KESLER, prévôt du village d'Enchlierback ; (Schlierbach ?)

Porte d'azur à un croissant d'argent surmonté d'un M et d'un K de même et soutenu de trois étoiles d'or.

N° 94. JEAN-GEORGES BROGLEIN, maire du village d'Oberstein-bron ;

Porte d'argent à un lac d'amour de gueules surmonté d'un H, d'un Q et d'un B de sable, et une étoile de même en pointe.

N° 95. MARIE EDELTOUTH SCHENEKIN DE CASTALL, dame du village de Brincken ; (Brinckheim.)

Porte d'argent à un bois de cerf de gueules.

N° 96. LIENARD BUSCH, prévôt du village de Dietwiller ;

Porte d'argent à un croc de sable en pal surmonté d'un L et d'un B de même.

N° 97. THIEBAULT EHRET, prévôt du village de Brourback ; (Bruebach ?)

Porte d'azur à un sable ou horloge d'argent et d'or, surmonté d'un D et d'un E de sable.

N° 98. JEAN FATTER, conseiller de Msr le Prince palatin de Burckenfeldt ;

Porte d'azur à un sagittaire d'or sur un tertre de sinople.

N° 99. WOLFFGANG-GUILLAUME SCHWEILIN BERLAP DE BOLL-SCHWEIL, écuyer;

Porte écartelé au 1er et 4e d'or à deux pattes d'ours de sable coupées et ensanglantées de gueules, posées en fasce l'une sur l'autre, au 2e et 3e coupé d'or sur sinople.

N° 100. MARIE-ANNE HARSCHIN, veuve ;

Porte d'or à deux estocs passés en sautoir de sinople, parti de gueules à un lion d'or.

N° 101. JEAN-FRÉDÉRIC STIRZEL DE BURCHEN, écuyer ;

Porte de gueules à un griffon d'argent, membré, becqué et couronné d'or.

N° 102. MARIE-CATHERINE DE TOCKEMBACH, veuve ;

Porte coupé au 1er de gueules parti de sable, et au 2e d'argent, le tout diapré d'or.

N° 103. FERDINAND HARTMAN DE SICKENGEN, écuyer ;

Porte de sable à cinq boucles d'argent, posées en sautoir et une bordure d'or.

N° 104. FRÉDÉRIC-LOUIS DE KAGENEGG, écuyer ;

Porte de gueules à une barre d'argent.

N° 105. FRANÇOIS-CHRISTOPHE MOSER DE WEILER, écuyer ;

Porte de gueules parti d'or à un tronc d'arbre arraché au naturel, étendant ses deux branches l'une sur le gueules, feuillée de sinople, et l'autre sur l'or sèche.

N° 106. FRANÇOIS-ANTOINE STURTZEL DE BUCHEN, écuyer ;

Porte de gueules à un griffon d'argent, becqué et membré des deux pattes de devant et couronné d'or.

N° 107. ADAM-MELCHIOR MAYER, bourgeois-honoraire de Fribourg ;

Porte d'azur à un griffon d'or, tenant un feston de fleurs au naturel.

N° 108. GILBERT CASTILLON, entrepreneur des fortifications ;

Porte d'or à deux lions de gueules, couronnés, lampassés et armés d'azur, soutenant de leurs pattes de devant une tour de même.

N° 109. MARIE-JACOBÉ MEZVER, veuve de JEAN-FRANÇOIS GOETZMAN, vivant bailli de Florimont ;

Porte de gueules à une barre d'argent, chargée de trois trèfles de sinople.

N° 110. JEAN-JACQUES WIMFF, conseiller du magistrat de Brisack ;

Porte d'azur à un renard rampant d'argent sur un mont de trois coupeaux de sinople.

Nº 111. Jean Wimff, fermier du receveur de la ville de Brisack ;

Porte de même.

Nº 112. Philippe-Thomas De Launay, commissaire et garde d'artillerie à Brisack ;

Porte d'or à un lion de sinople, et un chef de gueules chargé de trois étoiles d'or.

Nº 113. Joseph Gobell, receveur de la seigneurie de Thanne ;

Porte d'argent à un vase d'or posé sur une table d'azur à trois pieds fichés.

Nº 114. La prévôté et chapitre de Lutenbach ;

Porte d'azur à un St-Georges en pied d'or sur un dragon de sinople, qu'il terrasse et perce d'une longue croix de sable.

Nº 115. Jean-Gaspard Gerber, greffier et receveur de la seigneurie de Ruffach ;

Porte d'or à un arbre de sinople sur un tertre de trois coupeaux de même.

Nº 116. Marie-Elizabeth Scheffmacher, veuve de Jean-George Jost, conseiller du roi au Conseil souverain d'Alsace ;

Porte d'azur à une fasce ondée d'argent.

Nº 117. Valentin Neef, bailli de la baronnie de Montjoye ;

Porte d'argent à un crampon croisé et recroché de gueules accosté de deux étoiles de même, écartelé d'or à deux serpents de sinople, affrontés et enlacés en sautoir par les queues, et un chef d'azur à l'estre ou tronc estoqué d'or posé en fasce, et sur le tout d'azur à un triangle d'argent la pointe en haut.

Nº 118. Le chapitre de la ville de Thanne ;

Porte d'or à un évêque de carnation vêtu d'une aube d'argent et d'une chappe d'azur bordée d'or, la mitre en tête de même et tenant de sa dextre une crosse de gueules.

Nºs 119 et 120. François-Louis de Clebsattel, bailli de la seigneurie de Thanne, et Elizabeth Hag de Landser, son épouse ;

Portent d'or à un pin de sinople écartelé de gueules à un bouc d'argent contourné et courant sur un rocher de même, accolé d'or à un trèfle de sinople mouvant de trois coupeaux de même.

Nᵒ 121. La ville de Thanne ;

Porte de gueules à une fasce d'argent, parti d'azur à un pin d'or.

Nᵒ 122. François-Nicolas Maishangué, docteur en médecine ;

Porte d'azur à un chevron d'or, accompagné de trois roses de même boutonnées d'argent.

Nᵒ 123. Jean-Jacques Fritz, assesseur de l'hôtel de ville de Thanne ;

Porte d'azur à une barre d'argent, chargée de trois têtes de béliers de sable.

Nᵒ 124. Michel-Bernard Schwilgué, greffier de la ville et seigneurie de Thanne ;

Porte de gueules à un bélier d'argent mouvant d'un mont à trois coupeaux de même, tenant un pin de sinople.

Nᵒ 125. Christophe Sleiger, conseiller de l'abbaye de Murbach, et bourguemestre de Thanne ;

Porte d'argent à une bande d'azur, chargée de trois étoiles d'or.

Nᵒ 126. Jean-Thiebault Heisch, procureur-fiscal de la seigneurie de Thanne ;

Porte d'azur à un lion d'or.

Nᵒ 127. Nicolas-Gabriel de Walcourt, écuyer ;

Porte d'or à une fasce de gueules, chargée d'un bras vêtu d'or, tenant une épée d'argent et mouvant du flanc sénestre de l'écu, accompagnée en chef de trois croisettes de sable et en pointe d'un lion de même armé et lampassé de gueules.

Nᵒ 128. Jean-Georges Hilleweg, marchand et du magistrat de la ville de Thanne ;

Porte de gueules à une marque de marchand composée d'un quatre de chiffre, enté sur un cœur avec une traversé et un G au milieu de deux H H, soutenu de deux V V, entrelacés et posés dans le cœur, le tout d'or, ombré de sable.

Nᵒ 129. Claude-Jacques de Mougé, fermier des mines de Giromagny ;

Porte d'azur à un geai au naturel sur un mont de trois coupeaux d'argent, et accompagné en chef de deux étoiles d'or.

Nᵒ 130. Jean Wogelbach, prêtre, curé du village de Moussick ;

Porte d'argent à un chevron d'azur, accompagné de trois oiseaux de sable.

N° 131. Le convent des Augustins de Colmar ;

Porte d'azur à un S^t...... armé d'argent, foulant aux pieds un dragon de sinople.

N° 132. La confrérie des bateliers de Brisack ;

Porte d'azur à un rocher de six coupeaux d'argent sommé d'un ancre posé en pal aussi d'argent, la trabe d'or, et ladite trabe surmontée d'un esquif avec son aviron d'or.

N° 133. La ville de Cernay ;

Porte de gueules à un puits couvert d'argent, accosté de deux barbeaux adossés de même.

N° 134. Wolffgang de Schonbeck, écuyer, seigneur dudit Cernay ;

Porte d'argent à deux demi-corps de filles de carnation, chévelées et couronnées de gueules, mouvants du coupé de sable.

N° 135. François-Béat de Reinack, écuyer, seigneur de Steimbron ; (Steinbrunn.)

Porte d'or à un lion de gueules armé et lampassé de même, chaperonné d'azur.

N° 136. Anne-Marie de Reinack, veuve de Jean-Thiebault baron de Reinack ;

Porte d'or à un lion de gueules chaperonné d'azur, écartelé bandé d'or et de gueules de quatre pièces, et sur le tout d'argent à une épée et un sceptre d'or, passés en sautoir, accostés à dextre d'un petit poisson d'azur, et à sénestre sur la garde de l'épée d'un oiseau de gueules.

N° 137. Philippe-Ulrich de Reinack, écuyer, seigneur de Steimbronn ; (Steinbrunn.)

Porte d'or à un lion de gueules contourné et chaperonné d'azur.

N° 138. Colomban d'Andlau, écuyer, usufruitier du village d'Hadingen ; (?)

Porte d'or à une croix de gueules.

N° 139. Thomas Zaigelius, officier de la chancellerie de Gueviller ;

Porte d'azur à trois épis de seigle d'or, mouvants d'un tertre de trois coupeaux d'argent.

N° 140. THOMAS ZAIGELIUS, procureur-fiscal du bailliage de Gueviller ;

Porte de même.

N° 141. La ville de Gueviller ;

Porte d'argent à un bonnet d'Albanais de gueules retroussé d'azur.

N° 142. NICOLAS JECKLIN, bailli de Gueviller ;

Porte d'or à un oiseau de sable.

N° 143. ANTOINE-FRÉDÉRIC D'ANDLAU, écuyer, seigneur de Landau ;

Porte d'or à une croix de gueules.

N° 144. DIETRICH BRENNELER, prévôt du village de Landau ;

Porte d'azur à une civière ou brancard d'or en fasce, surmontée des lettres D et B de même.

N° 145. HIÉRÉMIE HENNER, prévôt du village de Niveret (Niffer), du bailliage de Landser ;

Porte d'argent à une brebis passante et contournée au naturel, sommé du nom Jerhen (sic) de gueules.

N° 146. BARTHÉLEMY RICKERT, prévôt du village de Hombourg ;

Porte d'azur à un cœur d'or, surmonté d'un H et d'un B et d'un R de même.

N° 147. JACOB BESSER, conseiller du roi au Conseil souverain d'Alsace ;

Porte de sable à un cerf d'argent, et un chef cousu d'azur, chargé de trois étoiles d'or.

N° 148. MARTIN CHRISTIN, prêtre, curé de la ville de Oberberckeim ;

Porte d'azur à un lion d'or sur un mont d'argent.

N° 149. GASPARD DE MARSANGES, écuyer, sieur de Berneuil, commandant le second bataillon d'infanterie de Berry ;

Porte d'argent à trois merlettes de sable.

N° 150. CHARLES DU VAL, écuyer, capitaine au régiment de Berry ;

Porte d'azur à une fasce d'argent.

N° 151. HENRY DE LA RIVIÈRE, seigneur de Bruey, capitaine de grenadiers ;

Porte d'or à un Cadril d'azur, cantonné de quatre trèfles de gueules, mouvants des quatre angles de l'écu et brochants sur les cantonnières de Cadril.

Nº 152. JEAN DE LA GARIGUE, écuyer, seigneur de Saint-Quentin de la province de Languedoc;

Porte d'azur à trois glands renversés d'or.

Nº 153. GABRIEL-JOSEPH PREISS, bourguemestre de la ville de Fribourg;

Porte d'azur à une licorne saillante sur un monticule de trois coupeaux d'argent, écartelé de gueules à une flèche d'or, la pointe en bas, chargée d'une lune en croissant de même.

Nº 154. JEAN-GUILLAUME LE CHASSEUR, bourguemestre de Fribourg;

Porte de sable à un cor de chasse d'argent lié d'or, accompagné en pointe d'un mont à trois coupeaux d'argent.

Nº 155. JACQUES FALLER, bourguemestre de Fribourg;

Porte d'or à une fasce de sable.

Nº 156. FRANÇOIS-JOSEPH GEIGER, avocat-syndic de la ville de Fribourg;

Porte de gueules à une bande d'argent chargée de trois alérions ou aiglettes de sable et accompagnée de deux syrènes d'argent.

Nº 157. La ville de Fribourg;

Porte d'argent à une croix de gueules.

Nº 158. Le conseil de la vile de Fribourg;

Porte de gueules à un château de trois tours crénelées d'argent, ouvertes et maçonnées de sable, et mouvantes d'un mur aussi crénelé d'argent, maçonné de sable et ouvert de trois portes ou arcades du champ; la tour du milieu plus élevée et les deux autres sommées de deux hommes naissants et contournés de carnation, sonnant chacun d'une trompette d'or, et ayant derrière leurs têtes une étoile de même, le tout accosté en fasce de deux étoiles à six raies aussi d'or et soutenu en pointe d'une fleur-de-lis de même.

Nº 159. La confrérie des cordonniers de Fribourg;

Porte d'argent à un chien debout, accolé et enchaîné de gueules, tenant sa chaîne des pattes de devant.

Nº 160. La confrérie des tailleurs de la ville de Fribourg;

Porte d'azur à une guirlande d'argent.

Nº 161. La confrérie des charpentiers de Fribourg ;

Porte d'azur à un croissant renversé et figuré d'or, accompagné de trois étoiles de même.

Nº 162. La confrérie des tonneliers de Fribourg ;

Porte d'or à un tonneau dressé d'argent sur deux maillets de gueules posés en sautoir, surmonté d'un vase ou bure de gueules, adextré d'un broc de même et sénestré d'une doloire d'azur.

Nº 163. La confrérie des tanneurs de la ville de Fribourg ;

Porte de gueules à un lion d'or, portant un couteau de tanneur d'argent.

Nº 164. La confrérie des bouchers de Fribourg ;

Porte d'or à un poisson étendu en fasce d'azur, surmonté d'une étoile de gueules, accostée de deux couperets de boucher de gueules.

Nº 165. La confrérie des drapiers de Fribourg ;

Porte de gueules à un lion d'or, contourné, tenant une harpe de même, parti d'azur à un rosier au naturel fleuri de cinq roses épanouies, mouvant d'un tertre de sinople.

Nº 166. La confrérie des marchands de Fribourg ;

Porte d'or à un aigle essorant de gueules sur un mont à trois coupeaux de sinople.

Nº 167. La confrérie des maréchaux de Fribourg ;

Porte d'argent à un serpent tortillé d'azur en pal, accosté à droite d'un marteau d'azur, emmanché de gueules et à sénestre de tenailles d'azur.

Nº 168. La confrérie des boulangers de Fribourg ;

Porte de gueules à un éléphant contourné d'argent, chargé d'une tour, et accosté à sénestre d'un pain d'or.

Nº 169. La confrérie des peintres de Fribourg ;

Porte de gueules à trois écussons d'argent.

Nº 170. L'abbaye de Ginterstal (Guntersthal), dépendante de Fribourg ;

Porte coupé au 1er de sable à une bande échiquetée d'argent et de gueules de deux traits, parti d'or à un G de sable, et au 2e d'azur à trois têtes de rois couronnées à l'antique d'argent.

Nº 171. La prévôté de tous les Saints des chanoines réguliers de l'ordre de St-Augustin de la ville de Fribourg ;

Porte parti au 1er d'argent à deux clefs de sable adossées et passées en sautoir, et au 2e de sinople, à une autruche d'argent portant en son bec un fer de cheval de sable sur un monticule de trois coupeaux d'azur.

Nº 172. Le collége des jésuites de Fribourg ;

Porte d'azur à un nom de Jésus d'or, soutenu de trois clous appointés de même, le tout dans une bordure rayonnante aussi d'or.

Nº 173. Le couvent d'Adelhuse de Fribourg ;

Porte coupé du mystère de la salutation angélique en chef, et d'une figure de Ste-Catherine et de St...... en pointe.

Nº 174. Le couvent des Augustins de Fribourg ;

Porte de sable à un St-Augustin, vêtu pontificalement d'argent, tenant de sa dextre un cœur enflammé et de sa sénestre une crosse, le tout de même.

Nº 175. Le couvent de Ste-Claire de Fribourg ;

Porte d'azur à une custode rayonnante du St-Sacrement d'or.

Nº 176. Le couvent des Chartreux de Fribourg ;

Porte d'or à un agneau pascal d'argent, diadêmé de gueules, tenant une croix de gueules, à laquelle est attachée une banderolle d'argent chargée d'une croix aussi de gueules, l'agneau sur un tertre de trois coupeaux de sinople.

Nº 177. Le couvent des Dominicains de Fribourg ;

Porte d'argent chapé de sable, sur l'argent un chien tenant un flambeau allumé de gueules entre ses dents, et un C un O et un P.

Nº 178. L'hôpital du St-Esprit de Fribourg ;

Porte d'azur à une colombe éployée et contournée d'argent diadêmée d'or.

Nº 179. Jean-Baptiste baron de Ferrette, seigneur de Tiereinstein et autres lieux, capitaine d'infanterie au régiment de la Haute-Alsace ;

Porte de sable à un lion d'argent, couronné d'or.

Nº 180. Louis Julien, prêtre, curé de Fribourg ;

Porte de sable à un chevron d'or, accompagné de trois étoiles de même.

Nº 181. Jean-Baptiste Bronner, bailli des comtes de Schauenbourg, baron de Ferrette et bourgeois-honoraire de Fribourg ;

Porte de sable à un bassin de fontaine héxagone d'argent, à une pile de même à deux tuyaux coulants d'or, et un lion issant de la pile de même, tenant un dard d'argent.

Nᵒ 182. JEAN-CHRISTOPHE RICHER, conseiller à Fribourg ;
Porte de gueules à un taureau effaré et contourné d'or.

Nᵒ 183. JEAN-GUILLAUME BARTH, conseiller à Fribourg ;
Porte d'azur à un dard d'arbalète ou gireton d'argent, fûté d'or.

Nᵒ 184. ETIENNE BÉYER, receveur de Mʳ l'évêque de Constance en la ville de Fribourg ;
Porte écartelé au 1ᵉʳ et 4ᵉ d'azur à deux abeilles d'or en fasce, au 2ᵉ et 3ᵉ de gueules à un demi-bélier d'argent, mouvant du côté sénestre du quartier.

Nᵒ 185. JEAN-JACQUES BENTZ, docteur en médecine de la ville de Fribourg ;
Porte coupé d'azur et d'argent, l'argent flotté d'azur à une oie d'argent nageant, becquée de gueules.

Nᵒ 186. NICOLAS GASTON, bourguemestre de la ville d'Huninghen ;
Porte de gueules à un N, un G et un D d'or, entrelacés, sommés et soutenus de deux étoiles de même.

Nᵒ 187. PIERRE CERTAIN, greffier de la ville de Huninghen ;
Porte de gueules à une foi de carnation, vêtue d'azur, tenant un cœur enflammé d'or, et accompagnée en pointe d'une étoile de même.

Nᵒ 188. THIERRY REGNARD, ancien capitaine de guides des armées du roi ;
Porte d'argent à un renard passant de sinople sur un tertre de sable.

Nᵒ 189. Le couvent des cordeliers de Brisack ;
Porte d'argent à un mont de six coupeaux de sinople, sommé d'un F de gueules, accosté à dextre d'un S et d'un F, et à sénestre d'un M, d'un C et d'un B de sable.

Nᵒ 190. JEAN BECKLER, prévôt du bourg de Soulzmat, bailli de Ruffach ;
Porte d'azur à un croissant d'argent, surmonté de trois étoiles d'or, deux et une, et soutenu d'un mont de trois coupeaux de sinople.

Nᵒ 191. Le bourg et vallée de Soulzmat ;
Porte d'or à un coq au naturel, becqué, crété et barbé de gueules, sur un monticule de trois coupeaux de sinople.

Nº 192. Anne-Françoise de Mercy, veuve de Jean Hérard, baron de Falkeinstein ;

Porte d'azur à un cerf passant d'or.

Nº 193. Peter Guepfer, prévôt du village de Helffkerick, (Helfrantzkirch ?)

Porte d'argent à un cœur de gueules percé d'une flèche de même, la pointe en haut et surmonté à dextre d'un H et à sénestre d'un K aussi de gueules, et un fer à cheval de sable, cloué d'argent et accosté de deux étoiles aussi de sable en chef.

Nº 194. (Manque.)

Nº 195. Christophe Pilgue, maire du village de Cappelen ;

Porte d'argent à un cœur de gueules, surmonté d'une croix pattée au pied fiché de sable, accostée de deux étoiles de même et soutenu d'un croissant aussi de sable, surmonté à dextre d'un K et à sénestre d'un A, le cœur chargé d'un globe cintré d'or.

Nº 196. Blaise Martin, commis de l'extraordinaire des guerres à Schélestat ;

Porte d'or à un chevron d'azur, accompagné en chef de deux quintefeuilles et en pointe d'un pigeon de même.

Nºˢ 197 et 198. Wolff Frédéric, baron de Béroldingen, et Suzanne-Françoise de Falkeinstein, son épouse ;

Portent d'or à un lion de sable, lampassé de gueules, la queue fourchue et passée en sautoir, écartelé d'or à un globe d'azur croisé de sable, chargé d'une rose d'argent, et sur le tout d'azur à un aigle à deux têtes d'or, accolé d'azur à un mont de trois coupeaux d'or, surmonté d'un cerf passant de même.

Nº 199. Le chapitre de Stᵉ-Croix ;

Porte d'argent à une bande ondée d'azur, accompagnée de deux croisettes de gueules, une en chef et l'autre en pointe.

Nº 200. Joseph Ketterlin, prévôt du village de Attensch-willer ;

Porte d'azur à un cœur d'or d'où sort un bouquet de trois fleurs au naturel, accosté de deux croix potencées de gueules et en pointe une étoile au milieu d'un I et d'un K de gueules.

Nº 201. Jean Munich Mayer, prévôt du village de Obermichel-bach ;

Porte d'argent à un dard de sable, potencé par le bas, accroché à sénestre et accosté d'un H et d'un M de gueules et cantonné de quatre roses de même.

N° 202. MATHIEU WAKHERS, maire du village d'Oberansback;

Porte d'argent à un anneau de tournoi de sable surmonté d'un M et de deux W de gueules, et une étoile de même en chef.

N° 203. PIERRE GUEPFERT, maire du village de Niderans-bach;

Porte d'argent à un joug de sable en fasce surmonté d'un P et d'un G et soutenu d'un E de sable, à trois roses de gueules, une en chef et deux en pointe.

N° 204. CONRAD-JOSEPH-CHRISTOPHE D'ANDLEAU, écuyer, co-seigneur du village de Landau;

Porte d'or à une croix de gueules.

N° 205. JEAN-GEORGE HORTSCHEID, procureur-fiscal du bailliage d'Alkirch;

Porte d'azur à trois crampons d'argent mal ordonnés.

N° 206. La confrérie des tailleurs et tisserands de la ville d'Al-kirch;

Porte d'azur à un ciseau ouvert en sautoir d'argent, chargé d'une aiguille de même, la pointe en haut, et soutenu d'un peloton en pointe, accosté d'un A et d'un K aussi d'argent, et surmonté d'une navette de même avec son peloton.

N° 207. JEAN-GEORGES GERBER, conseiller du magistrat de Brisack;

Porte de gueules à un lion d'or, tenant entre ses pattes un couteau à deux mains d'argent emmanché d'or.

N° 208. GABRIEL DE DURAND, seigneur de Lasvonterre;

Porte d'azur à un lion d'or, armé et lampassé de gueules, et un chef cousu de même, chargé de trois étoiles d'argent.

N° 209. JEAN HERT, marchand-bourgeois de Colmar;

Porte d'or à une flèche de sable en pal, la pointe en haut, bro-chant sur un sautoir alézé de même, et un rabot agroupé aussi de sable brochant sur le tout, et un filet de sable en orle.

N° 210. GEORGE-GUILLAUME FABER, marchand et bourgeois de Colmar;

Porte de gueules à des tenailles de maréchal de sable ouvertes en chevron, couronnées d'or et accostées de deux demi-fleurs-de-lis d'argent, mouvantes des flancs de l'écu, et une autre fleur-de-lis de même posée en pointe.

Nº 211. ANTOINE DE BOMBELLES, écuyer, seigneur en partie de Breul, lieutenant-colonel du régiment d'infanterie de Permangle ;

Porte de gueules à trois pals d'or et une molette d'argent, brochant sur le pal du milieu, écartelé d'argent plein.

Nº 212. CLAUDE-LOUIS DE PONT DE BOURNEUF, écuyer, capitaine au régiment de la marine ;

Porte fascé d'argent et de gueules de six pièces et une bande aussi d'argent brochant sur le tout.

Nº 213. JEAN DE BAREILLON, écuyer, seigneur de Roquefort, capitaine au régiment de Picardie ;

Porte d'azur à deux sautoirs d'or, alèzés et accostés, surmontés d'une étoile d'or au milieu en chef.

Nº 214. L'abbaye de Lucelle ;

Porte d'argent à une bordure d'azur, chargée d'étoiles d'or, sur le tout la figure d'une église d'argent, sur laquelle est assise une Vierge vêtue de gueules et d'azur, au milieu de deux clochers, tenant un petit Jésus de carnation nu sur son bras dextre, et à ses pieds un cartouche de gueules, chargé de deux bars adossés d'argent.

Nº 215. PIERRE TANNEUR, abbé de l'abbaye de Lucelle ;

Porte d'or à un chevron de sable, accompagné de trois pommes de pin de même.

Nº 216. Le village de Lautterbach ; (Lutterbach.)

Porte d'argent à une Vierge de carnation vêtue de gueules et d'azur, et couronnée d'or, ayant sur ses genoux son enfant Jésus aussi de carnation, qu'elle soutient de son bras sénestre, tenant de cette main un sceptre d'or et embrassant de la dextre le clocher d'argent, couvert de sinople et croisé d'or, d'une grande église d'argent, couverte de gueules et ouverte de sable, posée sur un terrain de sinople, l'enfant Jésus tenant aussi de sa main sénestre un flambeau allumé et couché d'or, et la Vierge assise sur le toit de cette église, ses pieds posés sur une nuée de sable, soutenus d'un écusson penché à l'antique aussi de sable à une bande échiquetée d'argent et de gueules de deux traits, le tout entouré d'une bordure d'azur, chargée d'étoiles d'or.

Nº 217. VALENTIN REICHSTETTER, notaire royal de Colmar ;

Porte d'argent à deux fleurs-de-lis d'azur, issant d'une fasce d'or, l'une ayant la pointe renversée.

Nº 218. FRANÇOIS DE MOUGÉ, receveur des revenus de la baronnie d'Alkirck ;

Porte d'azur à un mont de trois coupeaux d'argent, chargé d'un geai au naturel et surmonté de deux étoiles d'or en chef.

Nᵒˢ 219 et 220. LOUIS-GASPARD DES BROCHES DU MOUCHET, écuyer, capitaine au régiment de Greder, et ANNE-MARIE D'ANDLAU, son épouse ;

Portent d'azur à trois hures de sanglier contournées, allumées et défendues d'argent, accolé d'or à une croix de gueules.

Nº 221. FRANÇOIS DU TIVEL, écuyer, sieur de Pansière, capitaine au régiment de Berry ;

Porte d'argent à un chevron d'argent, accompagné de trois étoiles de même.

Nº 222. FRANÇOIS MAHY DE LA COUPLIÈRE, trésorier des troupes à Fribourg ;

Porte d'argent à un aigle essorant de sable et un chef d'azur, chargé de trois étoiles à six raies d'or.

Nº 223. SIGISMOND-FERDINAND DE ROTH, lieutenant au régiment d'Alsace ;

Porte de gueules à un homme armé d'argent, tenant l'épée haute, écartelé d'azur à deux bars adossés d'argent, sur le tout d'or à un lion de gueules, la queue fourchée et passée en sautoir.

Nº 224. JEAN-CLAUDE CUEMIN, fermier des revenus de la ville de Belfort ;

Porte d'argent à une barre d'azur, accompagnée en chef de trois tourteaux de sable, et en pointe d'un lion contourné de gueules.

Nº 225. PIERRE CAILLET, receveur des domaines du roi, et commissaire des poudres et salpêtres à Belfort ;

Porte d'azur à un chevron d'or, accompagné de trois cailletaux de même.

Nº 226. JACQUES LEQUOY, commissaire des vivres à Schélestat ;

Porte d'azur à un chevron d'or, accompagné en chef de deux

étoiles d'or et d'une cannette, et de deux croisettes d'argent en pointe.

N° 227. JOSEPH EBERHARD SCHOFF, bourgeois et boucher du village de Rixen; (Rixheim.)

Porte de sinople à un mouton contourné d'argent, sommé d'un couperet de même et d'un I, un E et un S de sable.

N° 228. Le village de Richseim; (Rixheim.)

Porte d'argent à la lettre R de gueules enfermée dans deux cadrils entrelacés en rose et cambrés de même.

N° 229. JOSEPH NITHARD, procureur au Conseil souverain d'Alsace;

Porte d'argent à une fasce d'azur, accompagnée de trois roses de gueules, rangées en chef et d'un compas ouvert de sable posé en pointe.

N° 230. FRANÇOIS WAST GARDIEN, écuyer, chevalier de l'ordre de Malte, Dame du Mont Carmel et de St-Lazare de Jérusalem, conseiller du roi, commissaire ordinaire des guerres au département de Colmar;

Porte d'argent à cinq grenades de gueules, tigées et feuillées de même, posées en orle.

N°s 231 et 232. N... DE L'EPINE, garde magasin des fourrages à Huninghen, et N. FONTENELLE DE BESANÇON, sa femme;

Portent d'argent à une montagne de trois coupeaux de sinople, accompagnée en chef de deux branches d'épine de même, accolé d'azur à un jet d'eau d'argent mouvant et jaillissant d'un rocher de même et accompagné en chef de deux perles de même.

N° 233. PIERRE-LOUIS DE ROLL, écuyer;

Porte d'azur à un lion d'or contourné, écartelé de gueules à une fasce d'argent, accompagnée en chef d'une roue d'or et en pointe d'un bezan d'argent.

N° 234. SIGISMOND GOOELL, bourgeois de Thanne;

Porte d'azur à un vase d'or.

N° 235. FRANÇOIS-RENAUD ROSCH, greffier de la ville de Turckem;

Porte de gueules à une tête de lion morné, arrachée d'or, écartelé aussi de gueules à trois besants d'or.

N° 236. Jean-Ulrich Metzquer, prévôt de la seigneurie de Hohenlandsberg ;

Porte d'argent à un chevron d'azur, accompagné de deux trèfles de sinople en chef, et d'une étoile à six raies de gueules en pointe.

N° 237. Joseph Singler, bourguemestre de Turckem ;

Porte d'argent à un cœur de gueules, fleuri de trois roses de même tigées de sinople, soutenu d'un mont de trois coupeaux de sinople.

N° 238. Hants-Hierich Zeller, prévôt de la ville de Herlesheim ; (Herrlisheim.)

Porte d'argent à deux crampons d'azur mis en croix, cantonnés de quatre étoiles d'or et surmontés des lettres H, G, Z de gueules, et quatre grains d'or aux crochets des crampons.

N° 239. Jean Axter, prévôt du village de Haslat; (Hattstatt.)

Porte d'argent à un chevron d'azur, accompagné de trois tourteaux de même et un mont de trois coupeaux de sinople, mouvant de la pointe.

N°ˢ 240 et 241. Henry-Claude de Champagne, écuyer, seigneur de Morsnis, major du régiment de cavalerie de Chaumoran, et Marie-Françoise de St-Maurice, son épouse ;

Portent d'azur à une bande d'argent cotoyée de deux cotices potencées et contrepotencées d'or de treize pièces, sept et six, accolé d'azur à trois lions d'or, armés et lampassés de même.

N° 242. Joseph-Christophe Zipper d'Arguenstein, écuyer ;

Porte de gueules coupé d'argent à une corbeille aussi de sinople, mouvant de la pointe et remplie d'un bouquet de trois roses d'argent à sénestre et d'une tige feuillée de sinople à dextre brochant le tout sur le gueules et l'argent de l'un en l'autre.

N° 243. Anne-Marguerite de Landsberg, veuve de Jean-Pierre Plaom, écuyer ;

Porte d'azur à un lévrier rampant d'argent accolé de sable.

N° 244. François-Ferdinand Meyer, docteur et professeur en droit en l'université de Fribourg ;

Porte écartelé au 1ᵉʳ et 4ᵉ de gueules à un bouquet de petit muguet fleuri de deux tiges adossées d'argent, et une feuille de sinople, le tout posé sur un tertre de trois coupeaux de même, au 2ᵉ d'azur à une croix alèzée de gueules, au 3ᵉ d'argent à un épervier au naturel sur un poing de carnation vêtu d'or.

N° 245. CHARLES DE KLEINBRODT ;

Porte d'azur à une bande d'argent chargée de deux brocs de gueules, écartelé d'argent à un pin de sinople, et sur le tout d'or à une rose de gueules.

N° 246. FRANÇOIS-CHRISTOPHE HOUGUE, bourgeois honoraire de Fribourg ;

Porte de gueules à un mont de trois coupeaux d'argent mouvant de la pointe et supportant un trèfle de même ombré de sinople.

N° 247. JEAN-MICHEL STIPPICH, curé de la ville de Gueviller ;

Porte d'azur à trois étoiles d'or posées en pal, parti d'argent à trois roses de gueules posées de même, et sur le tout de la partition à un pal écartelé au 1er et 4e d'argent à cinq cotices d'azur, au 2e et 3e d'argent plein.

N° 248. ESTER DE LA MAISONNEUVE, veuve de N... DE BETZ, major d'infanterie ;

Porte d'or à un lévrier de sable langué et accolé de gueules, soutenu par un mont de trois coupeaux de même mouvant de la pointe de l'écu.

N° 249. FRANÇOIS DE BARÉGES, écuyer, sieur de Lhies, lieutenant pour le roi au gouvernement de Schelestat ;

Porte d'argent à deux vaches de gueules l'une sur l'autre.

N° 250. JEAN-RUDOLFF KEMPFF D'ANGRETH, écuyer ;

Porte d'argent à un sautoir, ancré de gueules.

N° 251. SILVAIN GOLBERY, receveur de M. le cardinal de Furstemberg à Ruffach ;

Porte d'or à un œillet de gueules tigé de sinople.

N° 252. ERASME BOLLEMBACH, bourguemestre de Ruffach ;

Porte d'argent à un lion d'or, lampassé d'argent, tenant une hallebarde de même.

N° 253. MARIE-ELIZABETH ...., veuve de JEAN-PAUL SERENG, vivant prévôt de la ville de Ruffach ;

Porte de gueules à deux hallebardes d'argent fûtées d'or posées en sautoir et accompagnées de trois étoiles à six raies d'or.

N° 254. La ville de Delle ;

Porte d'or à neuf tiges de joncs étêtés et appointés en pointe de sinople.

Nº 255. JEAN-PIERRE TECLET, maire de la ville de Delle ;

Porte d'azur à un chevron d'argent et accompagné de deux étoiles d'or en chef et d'un croissant d'argent en pointe.

Nº 256. JULIEN BOUG, procureur-fiscal de la seigneurie de Delle ;

Porte de gueules à une tête arrachée de bouc d'argent, accostée de deux croissants de même et surmontée de trois étoiles d'or en chef.

Nº 257. CLAUDE FLOTTAT, greffier de la seigneurie de Delle ;

Porte d'argent à un mont de trois coupeaux de sinople supportant une plante au naturel de sinople fleurie de gueules, accostée en chef de deux étoiles d'azur et sommée d'un C et d'un F de gueules.

Nº 258. MELCHIOR DE MOUGÉ, avocat au Conseil souverain d'Alsace ;

Porte d'azur à un rocher d'argent, sommé d'un geai au naturel et un chef cousu de gueules, chargé de trois étoiles d'or.

Nº 259. JOSEPH WERNER, avocat au Conseil souverain d'Alsace et bailli de Cernay ;

Porte de gueules à une bande d'argent, lizerée d'or, et trois poires de même tigées de sinople issantes de la bande vers le chef.

Nº 260. MARTIN MAYER, maître-papetier à Cernay ;

Porte d'argent à un bouquet de petits muguets d'azur, tigés et feuillés de sinople, sénestré d'une tour carrée de gueules, pavillonnée et girouettée et posée sur un perron de cinq marches de même, maçonné d'argent, accosté de trois barbeaux adossés aussi de gueules, et en pointe les deux lettres S et M de sable.

Nº 261. ANTOINE MITTENACH, bourgeois de Rouffach ;

Porte d'azur à un croissant figuré d'argent, contourné à sénestre, et trois étoiles d'or posées en triangle.

Nº 262. ABRAHAM D'EUSTACHE, sieur de Duvant, major de Fribourg ;

Porte d'azur à un aigle d'or.

Nº 263. WENDELIN GUNTSER, conseiller et apothicaire de Colmar ;

Porte de gueules à une fasce d'argent, écartelé d'argent à trois rencontres de buffle de sable, couronnés de gueules, les cornes enfilées dans les couronnes.

N° 264. MARIE-SIBILLE DE REINACH, femme de RENAULT-GUILLAUME DEZCOHIM, écuyer, coseigneur de Dornack;

Porte d'or à un lion de gueules, ayant la tête d'azur lampassé de gueules.

N° 265. JEAN DE LA BAUME DE FORSAT, colonel de cavalerie et brigadier des armées du roi, chevalier de St-Jean de Jérusalem;

Porte écartelé au 1er et 4e d'argent à un aigle de sable, au 2e et 3e de gueules à un loup passant d'or, et sur le tout d'azur à une fleur-de-lis d'or.

N° 266. FRANÇOIS-IGNACE RIEDEN, prêtre, curé de la ville de Soultz;

Porte d'or à une fasce d'azur, chargée d'un lévrier courant d'argent, accolé de gueules.

N° 267. JEAN-PIERRE BERAND, procureur du roi de la maréchaussée d'Alsace;

Porte d'or à un chevron d'azur, accompagné en chef de deux étoiles de gueules et d'un croissant de même posé en pointe.

N° 268. JEAN VANNOT, conseiller du magistrat de la ville de Brisack;

Porte d'argent à une levrette courante de sable, accolée d'or sur un tertre de trois coupeaux de sinople, et un chef d'azur chargé de cinq étoiles d'or, trois rangées en chef et deux accostées d'une fleur-de-lis d'argent au-dessous des trois autres.

N° 269. FRANÇOIS FAVIER, conseiller du roi au Conseil souverain d'Alsace;

Porte de gueules à une fasce d'argent, chargée d'un croissant d'azur et accompagnée de trois étoiles d'or.

N° 270. JEAN-CLAUDE DE MOUGÉ, avocat au Conseil souverain d'Alsace;

Porte d'azur à une montagne à sept coupeaux d'argent, ombrés de sinople, sommé d'un émouchet au naturel, et un chef cousu de gueules, chargé de trois étoiles d'or.

N° 271. ETIENNE ROUSSON, capitaine des portes de la ville de Fribourg;

Porte d'argent à une épée de gueules, la pointe en haut.

N° 272. JEAN-BAPTISTE DU SOUPAT, écuyer, sieur dudit lieu, premier capitaine, commandant le régiment de Bellaffaire ;

Porte parti d'or et d'azur à un chevron de l'un en l'autre, accompagné en pointe de deux pigeons affrontés de même et surmonté d'une étoile mi-parti aussi de l'un en l'autre.

N° 273. MICHEL CAILLEU, garde d'artillerie au Fort St-Pierre de Fribourg ;

Porte d'azur au double orle ou trescheur d'or, et en cœur une feuille de houx de même, écartelé d'argent à une croix potencée et contrepotencée d'or, accompagnée de quatre croisettes de même, sur le tout d'azur à un soleil d'or, soutenu d'une mer d'argent, chargée de sept moules de sable ouvertes d'azur.

N° 274. FLORIAN-FRÉDÉRIC SCHOULTS DE THALHEIM, écuyer ;

Porte écartelé au 1er et au 4e d'argent à une demi-ramure de cerf, posée en bande de gueules, au 2e et 3e d'azur à un cygne d'argent.

N° 275. FRANÇOISE-MAGDELEINE DE KAGGENEG ;

Porte de gueules à une bande d'argent.

N° 276. ANTOINE D'ANDLAU, écuyer, seigneur de Landau et autres lieux, capitaine d'une compagnie franche des fusiliers pour la garde du Rhin à Ittmarsheim ; (Ottmarsheim ?)

Porte d'or à une croix de gueules.

N° 277. N... MADELEN, veuve de FRANÇOIS-MELCHIOR DE SERESTE, écuyer ;

Porte d'azur à un lion d'or.

N° 278. JEAN JOUET, premier bourguemestre de la ville de Colmar ;

Porte écartelé au 1er et 4e d'azur à une corne de cerf d'or, couchée en fasce, coupé d'or à un chevron d'azur, au 2e et 3e de sable à une licorne naissante d'argent.

N° 279. L'abbaye de Ottmarsheim ;

Porte de gueules à neuf besants d'or, rangés trois, trois et trois.

N° 280. ANNE-ELIZABETH DE LA TOUCHE, abbesse de l'abbaye de Ottmarsheim ;

Porte écartelé au 1er et 4e de gueules à neuf besants d'or, posés trois, trois et trois, au 2e et 3e d'argent à un chevron ployé de sable, accompagné en chef de deux grappes de raisin au naturel et en pointe d'une pièce de brassard de gueules, et un chef d'azur chargé d'une étoile à six raies d'or.

N° 281. HENRY DE LA TOUCHE, écuyer, capitaine au régiment de Roze ;

Porte comme ci-devant art. 280, 2e et 3e quartier.

N° 282. MARIE-HUMBERT WILLEMAN, prévôt du chapitre de Lautenback ;

Porte d'azur à un sauvage d'argent, couvert et couronné de feuilles de sinople sur un monticule de trois coupeaux de même, tenant en sa main dextre un arbre arraché d'or, sa sénestre appuyée sur son côté.

N° 283. CÉSAR - CHARLES - FRANÇOIS KEMPFF D'ANGRETH, écuyer ;

Porte d'argent à un sautoir ancré de gueules.

N° 284. JACQUES-CHRISTOPHE KEMPFF D'ANGRETH, écuyer ;
Porte de même.

N° 285. JEAN-CONRAD ZINTH DE KENZINGUEN, écuyer ;

Porte d'or à trois têtes et cols de daim coupées de sable, lampassées de gueules, deux et une, les deux du chef affrontées.

N° 286. SAMUEL DE SEGUIN, écuyer, sieur du Hons, lieutenant-colonel du régiment de dragons de Ginaudan ;

Porte d'azur à trois pals d'or, et un chef aussi d'azur, chargé d'un lion passant d'argent, lampassé et armé de gueules.

N° 287. N... DE BANQUEMARC, abbé de l'abbaye de Pairis au val d'Orbey ;

Porte d'azur à un chevron d'or, accompagné de trois têtes de léopards de même.

N° 288. JACQUES DE LA TOUCHE, écuyer, sieur de Hauterive, officier-major du château de Belfort en Alsace ;

Porte de gueules à un lion d'or et une fasce d'azur, brochant sur le tout, chargée de trois croissants d'argent.

N° 289. MARIE-SIBILLE DE ROCQUEMBACH, veuve de FRANÇOIS-JOSEPH DE ZERHIN, coseigneur de Morcheviller ;

Porte coupé au 1er de sable, parti de gueules, au 2e d'argent.

N° 290. MICHEL-JACQUES LECOMTE, commis des vivres en la ville de Colmar ;

Porte d'azur à deux lions affrontés d'or, soutenant de leurs pattes de devant une couronne d'argent.

Nº 291. La confrairie des vignerons de la ville de Schélestat ;

Porte d'azur à un saint de carnation, vêtu pontificalement, l'aube d'argent, la tunique de gueules, la chape d'or, sa tête couverte d'une tiare papale de gueules et d'or, tenant en sa main dextre un échalas d'or, auquel est accolé un sarment de vigne d'argent, fruité de deux raisins de pourpre, et de sa main sénestre tenant une crosse d'argent périe en barre.

Nº 292. La confrairie des laboureurs de la ville de Schélestat ;

Porte coupé d'azur et de sinople à une houlette d'or et un coutre d'argent, passés en sautoir et un fer de charrue de sable, brochant encore sur le tout.

Nº 293. La confrérie des pêcheurs de la ville de Schélestat ;

Porte d'azur à deux poissons adossés d'argent, un filet de pêcheur de même, brochant sur le tout, et un chef aussi d'azur, ondé d'argent.

Nº 294. ANTOINE BERTRAND, prêtre, curé du village d'Ingersheim ;

Porte d'argent à un chiffre de gueules, composé des lettres A et B doubles et entrelacées, surmonté d'une couronne de même.

Nº 295. FRÉDÉRIC HAFFNER ;

Porte d'azur à un lion d'or, tenant de ses deux pattes un pot à une anse de gueules, chargé d'une fleur-de-lis d'or, appuyant ses deux pieds sur les deux pointes d'une ancre renversée d'argent, et accompagné en chef d'une molette d'or, posée au premier canton.

Nº 296. WILHELME WEBER, ministre de la ville de Colmar ;

Porte tranché d'or et de sable à un griffon contourné de l'un en l'autre.

Nº 297. ANDRÉ BOURGUER, ministre de la ville de Colmar ;

Porte d'azur à un château d'or, donjonné de trois tourelles de même, la porte ouverte garnie de sa herse ou coulisse aussi d'or, accompagné en chef des trois lettres A, M et B capitales de même, le château sur une terrasse de sinople.

Nº 298. JEAN-GEORGES HERR, le jeune, marchand-épicier à Colmar ;

Porte d'or à une flèche de gueules ferrée d'argent, posée en pal, deux bâtons de sable passés en sautoir et un fusil d'argent, posé en fasce, brochant sur le tout.

N° 299. JEAN-JACQUES BARTH, marchand-épicier en la ville de Colmar ;

Porte d'or à un quatre de chiffre de marchand de sable, soutenu des deux lettres I et B jointes par un trait de même.

N° 300. JEAN-LIÉNARD HITSCHLER, marchand-épicier à Colmar ;

Porte d'azur à trois navettes d'or, posées en fasces, l'une sur l'autre.

N° 301. Feu N..., suivant la déclaration de MATHIAS GRAFF, marchande-épicière à Colmar ;

Portait d'azur à un fer charrue d'argent en pal, mouvant d'un mont de trois coupeaux d'or, et accompagné en chef de deux étoiles à six raies d'or.

N° 302. JEAN-ULRICH GOLL, marchand-drapier à Colmar ;

Porte d'azur à un geai au naturel, posé sur un mont de trois coupeaux de sinople.

N° 303. JEAN-THIÉBAULT HAMBERGER, greffier de la ville d'Ammerscheweyer, et notaire royal ;

Porte d'azur à un agneau pascal d'argent et un chef de même, chargé de deux roses de gueules, pointées de sinople.

N° 304. ALEXANDRE KNECHTLIN, du magistrat de la ville de Ruffach ;

Porte d'azur à trois étoiles à six raies d'or, posées deux et une.

N° 305. (Manque.)

N° 306. FRANÇOIS-MICHEL TRONCET, écuyer, sieur de Marcilly, ci-devant capitaine de dragons au régiment de la Lande ;

Porte d'azur à une gerbe d'or.

N° 307. EMMANUEL ROTTLIN, licencié ès-lois ;

Porte de gueules à un renard contourné et rampant d'or, tenant de ses deux pattes une feuille de scie d'argent en pal.

N° 308. PIERRE WIPPER, prêtre de l'ordre de St-Antoine, et curé de Weyr au val de St-Grégoire ;

Porte d'or à un tau d'azur.

N° 309. JEAN-JACQUES MADAMÉ, bourguemestre de la ville de Colmar ;

Porte d'azur à une sirène, le corps de femme de carnation, tenant de ses deux mains ses deux queues de poisson d'argent.

Nº 310. FRANÇOIS-JOSEPH HIRSINGER, bailli de la préfecture de Keyzersberg ;

Porte d'azur à un cerf d'or rampant et posé sur un rocher de trois coupeaux d'argent en pointe.

Nº 311. JACQUES KOCH, prêtre, curé de Wattviller ;

Porte d'argent à trois coquilles de sable, deux et une, et une croix de gueules posée en abîme.

Nº 312. PIERRE BODENIUS, lieutenant et receveur de l'abbaye de Murbach à Vatteviller ;

Porte d'azur à un aigle d'argent, tenant de chacune de ses serres un crampon d'or.

Nº 313. MELCHIOR RITZARD, prêtre, curé du village d'Uffholtz ;

Porte de gueules à un calice d'or, surmonté d'une croisette de même.

Nº 314. La ville de Vatteviller ;

Porte d'argent à un aigle de sable et un chef d'azur, chargé de deux fleurs-de-lis d'or.

Nº 315. JEAN-CONRAD BIERR, marchand en la ville de Colmar ;

Porte de sable à trois fleurs-de-lis d'argent, mal ordonnées, surmontées des trois lettres H, C et B d'or, rangées en chef.

Nº 316. FRANÇOIS CHRISTIAN, prêtre, curé du village de Nidermorscheweyer ;

Porte d'or à une croix haussée à triple traverse de gueules, plantée sur un mont de sable et accostée des deux lettres F et C de gueules.

Nº 317. JEAN-ULRICH MULLER, prévôt de la préfecture de Keyzersberg et Nidermorscheweyr ;

Porte d'or à un trèfle de sinople à longue tige, planté sur un mont de trois coupeaux de même, la lettre V de gueules, brochante sur la tige, accostée des deux autres lettres H et M aussi de gueules.

Nº 318. ELIAS SCHERB, prévôt de la seigneurie de Hohenlandsberg à Nidermorscheweyr ;

Porte d'argent à un monde d'azur cintré et croisé d'or, accosté des deux lettres S et E de gueules et accompagné en pointe de deux palmes de sinople mouvantes de la pointe de l'écu.

N° 319. JEAN-ADAM MEYER, bourguemestre du village de Nidermorscheweyr ;

Porte d'argent à une grenade de sinople ouverte de gueules, tigée et feuillée aussi de sinople sur une terrasse de même, accompagnée en chef de la lettre A de gueules et des deux lettres I et M de même, posées une à chaque flanc.

N° 320. JEAN-GEORGE MAYER, prêtre, curé du village de Niderherckem ;

Porte d'argent à trois roses de gueules, tigées et feuillées de sinople, mouvantes d'un mont de trois coupeaux de même et surmontées des trois lettres I, G et M de même, rangées en chef.

N° 321. MICHEL HELTZELBACH, prévôt du village de Niderherckem ;

Porte d'argent à un quatre de chiffre de sable, planté sur un mont de trois coupeaux de sinople, accosté des lettres M et H de gueules, chacune surmontée d'une étoile de même.

N° 322. NICOLAS KLEIN, ministre à Colmar ;

Porte d'azur à trois marguerites de gueules, tigées et feuillées d'or et mouvantes d'un mont de trois coupeaux de même.

N° 323. JEAN-THOMAS STAUB, marchand en la ville de Colmar ;

Porte d'azur à une gerbe d'or.

N° 324. FRANÇOIS-JOACHIM UHL, prêtre, curé du village de Heidtviller ;

Porte de gueules à une figure d'homme de carnation sans bras, vêtu d'or, sa tête couverte d'un bonnet pointu de même, mouvant d'un mont de trois coupeaux d'argent et soutenu d'un chevron renversé de même.

N° 325. JEAN-THIEBAULT KIRTZ, conseiller de la ville d'Alkirck ;

Porte d'argent aux trois lettres I, D et K de sable, rangées en chef, deux étoiles de gueules posées en fasce sur un mont de trois coupeaux de sinople, mouvant de la pointe.

N° 326. JACOB MAURER, prêtre, curé du village de Roderen ;

Porte de gueules à une barre d'argent, chargée de trois marteaux de sable emmanchés d'or.

No 327. FRANÇOIS-PHILIPPE KLOTZLIN DE ALTENNACH, prêtre, curé de Masmunster ; (Massevaux.)

Porte d'argent à un cep de vigne de sinople sur une terrasse de même, fruité de deux raisins de pourpre.

No 328. HENRY ANTHESS, directeur de la forge d'Oberbroncken ; (Oberbruck.)

Porte d'azur à un chiffre d'or, composé des lettres H et A doubles et entrelacées.

No 329. STÉPHANO AUGNADRYO, entrepreneur des fortifications de la ville de Brisack ;

Porte de gueules à trois brochets d'argent posés en fasces, l'un sur l'autre.

No 330. GERVAIS BAUMEYR, prêtre, curé de la ville de Kientzhem ;

Porte d'argent à un palmier de sinople.

No 331. DANIEL GOLL, major du régiment de cavalerie étranger de Rosen ;

Porte d'azur à un geai au naturel sur un mont de trois coupeaux d'or.

No 332. DANIEL HUGUENIN, marchand-bourgeois de la ville de Colmar ;

Porte d'or à un quatre de chiffre, le pied fiché dans un cœur vide enfermant les deux lettres D et H en chef et une étoile en pointe, le tout de sable.

No 333. DANIEL PAPELIER, marchand-bourgeois de la ville de Colmar ;

Porte d'or, aux deux lettres D et P, jointes par un trait, supportant un bâton en pal, sur lequel est brochant un sautoir alèzé, le tout de sable.

No 334. JEAN-DAVID SALZMAN, marchand-bourgeois de la ville de Colmar ;

Porte d'or à un quatre de chiffre de marchand, dont le pied est accolé de la lettre S et soutenu des deux lettres H et D jointes, le tout de sable.

No 335. ANDRÉ LICHTEMBERGER, ministre de la ville de Colmar ;

Porte d'azur à un chandelier d'église d'argent, accompagné en chef des deux lettres A et L d'or et de trois coquilles d'argent posées deux aux flancs et une en pointe.

Nᵒ 336. JEAN-FRÉDÉRIC LICHTEMBERGER, marchand et bourgeois de la ville de Colmar ;

Porte d'azur à un chandelier d'église d'argent, accompagné des deux lettres F et L d'or en chef, et de trois coquilles d'argent posées une à chaque flanc et une en pointe.

Nᵒ 337. JEAN WEITZEL, marchand et bourgeois de la ville de Colmar ;

Porte de gueules à un vase garni de trois fleurs d'argent, tigées et feuillées de sinople, posé sur une terrasse de même et accosté en pointe des lettres I et W d'or.

Nᵒ 338. FRÉDÉRIC DURCKEN, marchand et bourgeois de la ville de Colmar ;

Porte parti au 1ᵉʳ d'or à un lion de sable, lampassé de gueules, et au 2ᵉ d'azur coupé d'un trait d'or à deux étoiles à six raies de même, l'une en chef et l'autre en pointe.

Nᵒ 339. MICHEL-ANTOINE HUGET, marchand de vin et bourgeois de Colmar ;

Porte d'or à un quatre de chiffre de marchand, le pied fiché dans un cœur vidé, rempli d'un chevron, accompagné en chef des lettres M et H et en pointe de la lettre A le tout de sable.

Nᵒ 340. DANIEL KIENER, marchand-bourgeois de la ville de Colmar ;

Porte d'or à un quatre de chiffre de marchand, le pied fiché dans un cœur vidé, rempli d'un trait en fasce, accompagné en chef des lettres D et K et en pointe d'une étoile à six raies, le tout de sable.

Nᵒ 341. BÉAT-JACQUES ZURLAUBEN, baron de Gestenembourg, comte de Willé, chevalier de l'ordre militaire de Sᵗ-Louis, maréchal des camps et armées du roi et colonel d'un régiment d'infanterie allemande pour le service du roi ;

Porte écartelé au 1ᵉʳ et 4ᵉ d'or à une tour de sable, maçonnée d'argent, au 2ᵉ et 3ᵉ d'azur à un lion d'argent, tenant de ses deux pattes une branche de peuplier d'or en pal, feuillée de trois feuilles de même.

Nᵒ 342. ANDRÉ CETTY, entrepreneur des fortifications de la ville de Schélestat ;

Porte d'argent aux deux lettres A et C entrelacées de sable.

N° 343. PHILIPPE-IGNACE ERNST, prêtre, curé du village de Katzenthall ;

Porte d'or à un chevron de gueules, accompagné de trois raisins d'azur, et un chef de même, chargé de trois étoiles d'or.

N° 344. PHILIPPE-JACOB METZQUER, prêtre-vicaire de la ville de Turckeim ;

Porte d'azur à un calice d'or, surmonté de la figure de la S^{te} hostie d'argent, adextré des lettres P et H de gueules et sénesté des lettres I et M de même.

N° 345. La communauté et confrairie des potiers de terre de Brisack ;

Porte d'argent à un pot à une anse de gueules, garni de trois roses de même, boutonnées d'or, tigées et feuillées de sinople.

N° 346. JEAN WEYH, prêtre, curé du village de Benweyr ;

Porte d'argent à un paon au naturel, posé sur un mont de trois coupeaux de sinople et surmonté d'un calice de gueules.

N° 347. BERNARD SPECH, prêtre, curé de la ville de Zellemberg ;

Porte d'azur à un calice d'or en chef, une couronne de même en pointe et deux étoiles aussi d'or, posées une à chaque flanc de l'écu.

N° 348. Le chapitre nommé Sous Otthons Buhl ;

Porte de gueules à un agneau pascal d'argent, couché sur un livre fermé d'or.

N° 349. JEAN-MICHEL SYBILLE, ci-devant chirurgien-major de la compagnie des gentilhommes ;

Porte de gueules à une fasce d'argent, chargée de trois roses de gueules, accompagnée en chef d'une Sibille, représentée par une figure humaine de fille d'argent, et en pointe d'une montagne de trois coupeaux de même, ombrée de sable.

N° 350. GEORGE THOMAN, prévôt du village d'Ingersheim ;

Porte de gueules à une étoile à six raies d'or.

N° 351. DAVID PAPELIER, bourgeois de la ville de Ribauvilliers ;

Porte d'argent à la lettre D de sable, enfermant la lettre P de même.

N° 352. ZACHARIE PAPELIER, marchand de la ville de Ribauvilliers ;

Porte d'argent à un quatre de chiffre de marchand, accosté des lettres Z et P, et accompagné en pointe d'une étoile à six raies, le tout de sable.

Nº 353. JUST-CHRISTIAN ALBIN, apothicaire à Colmar;

Porte de gueules à un homme armé d'argent, tenant de sa main dextre une hallebarde de même.

Nº 354. JACOB PETTERSOLZ, bourgeois de la ville de Ribauvilliers;

Porte d'argent aux deux lettres I et P de sable en chef, et en pointe une croix cramponnée de même.

Nº 355. FRÉDÉRIC ROSÉ, apothicaire en la ville de Ribauvilliers;

Porte d'argent à un quatre de chiffre, le pied fiché dans un cœur vidé et accosté des lettres F et R, le tout de sable.

Nº 356. JEAN KISSINGER, hôte de l'hotellerie de l'Etoile à Ribauvillers;

Porte d'argent à une étoile à six raies de gueules, accostée des deux lettres I et G de sable, et soutenue en pointe d'un mont de trois coupeaux de sinople.

Nº 357. ELIAS LANG, bourgeois de la ville de Colmar;

Porte d'azur à une tige de fleurs de muguet d'argent, une épée de même, la garde et la poignée d'or, passées en sautoir, et un casque aussi d'argent doublé de gueules, brochant sur le tout.

Nº 358. CHRISTIAN SCHERB, médecin à Colmar;

Porte d'argent à un monde de sable croisé de même et renversé.

Nº 359. ANDRÉ PESER, hôte de l'hôtellerie de l'Eléphant et du magistrat de la ville de Ribauvillers;

Porte d'azur à une lune en croissant, couchée d'or, surmontée de trois étoiles de même rangées en fasce.

Nº 360. SÉBASTIEN PESER, hôte de l'hôtellerie du Sauvage, et procureur en la ville de Ribauvillers;

Porte d'argent à un quatre de chiffre, le pied fiché dans un cœur vidé, et rempli d'un chevron, accompagné en chef des deux lettres S et B, et en pointe de la lettre R, le tout de sable.

Nº 361. JEAN-GEORGES BERNARD, maître-maréchal et procureur de la ville de Ribauvillers;

Porte d'argent à un fer de cheval de sable, accompagné des trois lettres G, H et B de même, l'une en chef et les deux autres aux flancs.

N° 362. Henry Stiffel, hôte de l'hôtellerie du Cerf à Ribau-villers;

Porte de gueules à une botte d'argent, éperonnée de même, sur-montée d'une étoile à six raies d'or.

N° 363. Jean Humbert, maire du village de Ranru;

Porte d'argent aux deux lettres I et H d'azur, posées en chef, et en pointe un cœur de gueules.

N° 364. Tobias Gutman, prêtre, curé du village de St-Mar-tin;

Porte d'azur à une croix à double traverse d'argent, sur un mont de même, surmontée d'une étoile à huit raies d'or et accostée des deux lettres T et G de même.

N° 365. Conrad Klein, maire de la ville de Wuillé;

Porte de gueules à une enclume sommée d'une croisette pattée d'or, chargée d'un tourteau de gueules et surmontée d'un couperet d'argent, emmanché d'or, et deux besants de même posés un à chaque flanc de l'écu.

N° 366. Nicolas Scherr, maire du village d'Erlebach;

Porte d'argent à deux happes de tonnelier de sable, passées en sautoir, et un maillet de gueules, posé en pal, brochant sur le tout.

N° 367. Jean-George Mongino, maire de la ville de Willé;

Porte d'azur à un rencontre de bœuf d'or, sommé d'un mouton contrepassant d'argent, accompagné en chef des trois lettres H, G et M d'or, et en pointe de deux étoiles de même.

N° 368. Laurent Neff, maire du village de Zilisheim;

Porte d'argent à un soc de charrue de sable, la pointe en haut, les deux lettres L et N de gueules posées en chef, deux étoiles d'a-zur posées une à chaque flanc et un mont de trois coupeaux de sinople, mouvant de la pointe de l'écu.

N° 369. Jean-Thiébault Haguebach, maire du village de Lumschwiller;

Porte d'azur à une ramure de cerf d'or, surmontée d'un couperet d'argent, emmanché d'or.

N° 370. Jean-Adam Foltzer, maire du village d'Illfurt;

Porte d'argent à trois roses de gueules, tigées et feuillées de sinople, mouvantes d'un mont de trois coupeaux de même et surmontées de deux étoiles d'azur.

Nº 371. JEAN BEGLIN, weibel du village d'Aspach ;

Porte d'argent à un soc de charrue posé à dextre, la pointe en haut, un coutre à sénestre, la pointe en bas, accompagnés en chef des lettres I et B et en pointe des lettres W, V et A, le tout de sable.

Nº 372. JEAN-JACQUES HARNISCHT, maire du village de Walheim ;

Porte de gueules à un corps de cuirasse d'argent, auquel sont joints les cuissarts de même.

Nº 373. SÉBASTIEN DORINGER, bourgeois de la ville d'Alkirck ;

Porte d'argent à un bâton de sable posé en pal sur un plot de même et sommé d'un cœur renversé aussi de sable, un couteau de tanneur de même, emmanché d'or, posé en fasce, brochant sur le pal, accosté en chef de deux annelets de gueules.

Nº 374. PAULUS VERNET, weibel du village de Mannspach ;

Porte d'argent à une croix haussée à double traverse de gueules, posée sur un mont de trois coupeaux de sinople, accostée en chef des lettres B et W d'azur, et aux flancs de deux étoiles de même.

Nº 375. JEAN-PIERRE KEMPFF, weibel du village de Hindlingen ;

Porte d'argent à un poisson de gueules sur une mer de sinople, acccompagné en chef des deux lettres H et K de gueules.

Nº 376. JEAN WAMESTER, maire du village de St-Ulrich ;

Porte d'argent à un soc de charrue, la pointe en haut, posé à dextre, un couteau à sénestre, la pointe en bas, les lettres S et V posées en chef et les lettres H et double W posées en pointe.

Nº 377. THIÉBAULT MULLER, ministre du village de Andelzheim ; (Andolsheim.)

Porte d'argent à un triangle vidé de gueules, enfermant trois trèfles de sinople mal ordonnés.

Nº 378. JEAN-HENRY BENDER, ministre du village de Montzheim ; (Munzenheim ?)

Porte d'azur à un crucifix, la croix d'or et le Christ de carnation, courant d'argent.

Nº 379. HANTS BRANDT, weibel du village de Hausgave ;

Porte de gueules à un fer de charrue d'argent en pal, surmonté d'un triangle vidé d'or, la pointe en bas, brochant sur la pointe du fer de charrue et accompagné en chef de deux étoiles aussi d'or.

Nº 380. MICHEL WIHAG, maire du village de Nidermorsch-ville ;

Porte d'argent à un cep de vigne de sinople, fruité de deux raisins de pourpre et accolé à un échalas d'or sur une terrasse de sinople.

Nº 381. JEAN-JACQUES SIX, conseiller de la ville de Colmar ;

Porte de gueules à une roue de moulin d'or, percée en carré.

Nº 382. JEAN-JOSEPH MUSSELL, marchand-bourgeois de la ville de Colmar ;

Porte d'or à un quatre de chiffre de marchand, le pied fiché dans un cœur vidé et rempli d'un chevron, accompagné en chef des deux lettres I et I, et en pointe de la lettre M, le tout de sable.

Nº 383. SAMUEL WETZEL, passementier, bourgeois de la ville de Colmar ;

Porte de gueules à un vase d'argent, garni de trois fleurs d'or, tigées et feuillées de sinople sur une terrasse de même.

Nº 384. JEAN-JACQUES RIEGGER, marchand à Colmar ;

Porte coupé au 1er de sable à un lion passant d'or, et au 2e d'or à un chevron de sable, accompagné de trois grues de même, les deux du chef affrontées.

Nº 385. JEAN-NICOLAS SCHAURER, ministre du village de Sund-hauffen ;

Porte de gueules à une halle couverte en dos d'âne d'or, sur une terrasse de sinople.

Nº 386. JEAN-NICOLAS SCHAURER, marchand-épicier à Col-mar ;

Porte de même.

Nº 387. JEAN-JACQUES SONTAG, apothicaire à Colmar ;

Porte d'azur à un chevron d'argent, accompagné en chef de deux étoiles d'or et en pointe d'un soleil de même.

Nº 388. JEAN RUDOLPHE, chirurgien, marchand à Colmar ;

Porte de sable à deux tours d'argent ; coupé de gueules à un che-vron d'or, accompagné en chef de deux étoiles à six raies de même.

Nº 389. JEAN-GUILLAUME GOLL, épicier à Colmar ;

Porte d'azur à un geai au naturel sur un mont de trois coupeaux d'or.

Nº 390. JEAN-MARTIN KALT, apothicaire à Colmar ;

Porte d'azur à un dextrochère de carnation, vêtu de gueules, mouvant du flanc gauche d'une nuée d'argent, tenant en sa main un poisson en pal de même.

Nº 391. JACQUES BUOB, conseiller de la ville de Colmar ;

Porte de gueules à une flèche d'argent, empennée d'azur, périe en barre, la pointe en haut, accompagnée en chef d'une rose d'argent, boutonnée d'or, et en pointe d'un dé aussi d'argent, marqué de sable.

Nº 392. JEAN BUOB, conseiller de la ville de Colmar ;

Porte de même.

Nº 393. MATHIAS WILHELME, procureur fiscal de la seigneurie de Hohenlandsberg ;

Porte de gueules à une licorne d'argent sur une terrasse de trois monticules de sinople.

Nº 394. JEAN-OSWALD HIFFEL, prévôt de la ville de Keyzersberg ;

Porte de sable à trois pals d'argent.

Nº 395. MATHIAS HIFFEL, bourguemestre de la ville de Keyzersberg ;

Porte de même.

Nº 396. GILLES GERTE, bourguemestre de la ville de Keysersberg ;

Porte de gueules à un sautoir d'or.

Nº 397. JEAN-THIÉBAULT HIRSINGER, bourguemestre de la ville de Keyzersberg ;

Porte de gueules à trois cygnes d'argent, deux et un.

Nº 398. JEAN-PIERRE KOLLMAN, bourguemestre de la ville de Keyzersberg ;

Porte d'azur à un chevron d'or, accompagné en pointe d'une tête et col de licorne coupée d'argent.

Nº 399. JEAN-JACQUES-REINHARD RESCH, licencié ès-lois et greffier de la ville de Keyzersberg ;

Porte de gueules à une tête de chien arrachée d'or.

N° 400. GÉDÉON-HENRY HEINIUS, ministre du village de Forsch-weyr ; (Fortschwihr.)

Porte d'azur à trois roses d'or, tigées et feuillées d'argent, mou-vantes d'une tête de mort de même, accostées de deux cyprés d'or sur une terrasse de même et surmontées de trois mouches à miel aussi d'or, rangées en chef.

BRISACK ET COLMAR

N° 1er. JEAN-GEORGES MADAMÉ, prêtre, curé du village de Holtzweyr ;

Porte de gueules à un calice d'or, surmonté de la figure de la Ste-hostie d'argent, entourée de rayons d'or, le pied du calice accosté de quatre étoiles d'or posées deux de chaque côté, une sur l'autre, deux nuées d'argent mouvantes des deux côtés de l'écu, et une terrasse d'or chargée des trois lettres I, G et M rangées de sable et la lettre G soutenue de la lettre H de même.

N° 2. La communauté des habitants de Holtzweyr et Wickersweyr ;

Porte d'or à un sautoir alèzé formant la lettre X de sable, accompagné en chef des lettres H et W de même.

N° 3. JEAN RIBERT, prévôt du village de Merxheim ;

Porte de gueules à un triangle vidé d'argent, enfermant trois besants d'or mal ordonnés.

N° 4. JEAN RIFFELMAN, marchand à Colmar ;

Porte d'or à un quatre de chiffre de marchand ; le pied, après avoir servi de branche à la lettre R, va s'appuyer sur la lettre H, le tout de sable.

N° 5. DOMINIQUE LAMOUREUX, chirurgien-major de l'hôpital royal de la ville de Schélestat ;

Porte d'azur à un chevron d'or, accompagné en pointe d'un croissant d'argent, et un chef aussi d'azur chargé de trois étoiles d'or et soutenu de même.

Nº 6. La communauté du village de Ridweyr ;

Porte d'azur à la lettre S d'or.

Nº 7. NICOLAS MAILLET, marchand-confiseur et bourgeois de la ville de Schélestat ;

Porte de gueules à un quatre de chiffre de marchand d'argent, accompagné en chef des deux lettres N et M d'or et en pointe de trois maillets de même posés deux et un.

Nº 8. PIERRE ZURBUECH, prêtre, curé du village d'Oberensheim ;

Porte de sable à une tête de mort d'argent, posée sur deux os passés en sautoir de même.

Nº 9. JEAN ANDRÉ, marchand-bourgeois de la ville de Colmar ;

Porte d'argent à un chiffre de marchand, le pied fiché dans un cœur vidé enfermant les deux lettres A et I en chef et une étoile en pointe, le tout de sable.

Nº 10. JEAN-PAUL LOFFET, ministre du village de Wolgolzheim ; (Volgelsheim.)

Porte de gueules aux trois lettres I, P et L d'or, rangées en fasce, chacune sénestrée d'un point aussi d'or.

Nº 11. JOSEPH THOMAS, maire des chanoines de St-Dié ;

Porte coupé de gueules et d'azur par une fasce d'or, chargée de trois trèfles de sinople, les tiges mouvantes de la pointe ; accompagnée en chef de deux roses d'argent et en pointe d'une étoile d'or.

Nº 12. JEAN-JACQUES GROSSVES, prévôt du village de Katzenthall ;

Porte d'azur à un pied humain coupé de carnation, adextré des lettres G et I, l'une brochante sur l'autre d'or, sénestré de la lettre F de même, accompagné en chef d'une étoile aussi d'or et en pointe d'une rose de même.

Nº 13. JEAN-CHRISTOPHE WOGEL, avocat au Conseil souverain d'Alsace ;

Porte coupé au 1er d'argent à un aigle s'essorant de sable couronné d'or, au 2e aussi d'argent à trois bandes de gueules.

Nº 14. MAURICE MOIGNAT, écuyer ;

Porte d'or à trois écussons d'azur, deux et un.

N° 15. JEAN-ERASMUS SOHN, commissaire aux revues des troupes qui passent à Ruffach ;

Porte de gueules à une syrène d'argent, chévelée d'or, tenant de ses deux mains ses deux queues de poisson d'azur.

N° 16. JEAN-ERASMUS TREIZEAUX, procureur-fiscal du bailliage de Ruffach ;

Porte coupé au 1er d'azur à un griffon naissant d'or, langué de gueules, au 2e de gueules à des besants d'or sans nombre d'argent.

N° 17. ERASMUS WIRTE, maître de la tribune (sic) de l'Eléphant de la ville de Ruffach ;

Porte de gueules à un couperet d'argent emmanché d'or, accomgné de trois étoiles à six raies de même, posées deux aux flancs et une en pointe.

N° 18. N... GLOXIN, docteur en médecine de la ville de Colmar ;

Porte coupé d'azur et d'or par une fasce de sable frettée d'or, l'azur chargé d'un chevron d'argent, accompagné de trois étoiles à six raies de même, et l'or chargé de trois aiglons, le vol abaissé, de sable, rangés en fasce.

N° 19. ADAM KLEINGER, prévôt du village de Gruzen ; (Grussenheim.)

Porte d'argent à une croix pattée alèzée de gueules, accompagnée en chef des deux lettres A et K de sable.

N° 20. ANNE-MARIE NANCÉ, veuve de N... BERNNAPPEL, commissaire aux revues des troupes à Hapseine ; (Habsheim.)

Porte d'argent à un bœuf de gueules accorné de sable, passant sur une terrasse de sinople.

N° 21. ANNE-MARIE HABIN, veuve de N... VERNIER, capitaine de cavalerie ;

Porte d'argent à un cerf élancé de sable, ses pieds de derrière posés sur une terrasse de sinople.

N° 22. FRANÇOIS SERAFFON, premier bourguemestre de la ville de Colmar ;

Porte d'argent à un arbre arraché de sinople et un chef d'azur, chargé de trois étoiles d'argent mal ordonnées.

N° 23. JOSEPH-WALTER KLIE, receveur de la commanderie de Colmar ;

Porte parti au 1er de gueules à un trèfle d'or, et au 2e d'azur à un croissant d'argent.

No 24. SAMSON OFFINGER, prêtre, curé du village de Sigolzheim ;

Porte d'argent à un calice de gueules accosté des lettres S et O de même.

No 25. JEAN GROUS, prévôt du village de Sigolzhheim ;

Porte d'argent à un vase de gueules, garni d'une tulipe et de trois roses de gueules tigées de sinople.

No 26. JOSEPH ANTSBACH, prêtre, curé du village de Mersheim ; (Merxheim.)

Porte de sinople aux trois lettres I, A et S d'or, rangées en fasce et une bordure aussi d'or.

No 27. LUCAS RISSE, du magistrat de la ville de Ruffach ;

Porte d'argent à une gerbe de sable, accompagnée de trois étoiles de même, l'une en chef et les deux autres aux flancs.

No 28. JEAN-JACQUES ROUELL, bourgeois et marchand en la ville de Ruffach ;

Porte d'or aux deux lettres I et R de sable, jointes par un trait de même supportant un quatre de chiffre aussi de sable et accompagné en pointe d'un cœur vidé de sable.

No 29. La communauté des habitants du village de Geberschwir ;

Porte d'azur à une face de maison pignonnée de deux montants d'argent, ouverte de trois fenêtres mal ordonnées de sable, bordées de gueules, et d'une porte aussi de sable bordée de gueules.

No 30. MATHIAS WECH, prévôt du village de Geberschwir ;

Porte de gueules à la lettre M et la double lettre W d'or, rangées en fasce, séparées par un bâton d'argent posé en pal, sommé d'un croissant renversé de même, et supporté d'une étoile d'or, et deux autres étoiles de même posées une à chaque côté de la pointe de l'écu.

No 31. La communauté du lieu de Faffenhem ; (Pfaffenheim.)

Porte d'argent à un croissant renversé de sable, sommé d'une croix pattée de même.

No 32. EVE DE ZERHIN, veuve de N... ROZE, écuyer ;

Porte d'argent à un lion contourné de sinople, lampassé et armé de gueules.

Nº 33. La communauté du village de Gandelsheim ; (Gundols-heim.)

Porte de gueules à un croissant renversé d'or, sommé d'une tête de coq de même.

Nº 34. La ville de Ferrette ;

Porte d'azur à deux barbeaux adossés d'argent.

Nº 35. FRANÇOIS GERING, conseiller de la ville de Fribourg ;

Porte d'argent à trois roses de gueules boutonnées d'or, sur une même tige de sinople, mouvante d'une montagne de même, accompagnée en chef des deux lettres F et G de sable, le tout entre deux palmes de sinople, les tiges passées en sautoir et liées de gueules.

Nº 36. IGNACE MAYER, conseiller de la ville de Fribourg ;

Porte d'argent à un chiffre de sable, composé des lettres I, G et M doublées et entrelacées.

Nº 37. FRANÇOIS SCHMITT, conseiller de la ville de Fribourg ;

Porte coupé au 1er d'argent à un aigle à deux têtes de gueules, chargé d'un pal de sable, surchargé de trois flammes d'or, et au 2e de sable à un lion naissant d'or, lampassé de gueules, tenant de ses deux pattes un marteau d'argent.

Nº 38. GEORGES STECKLIN, conseiller de la ville de Fribourg ;

Porte d'argent à un lion de sinople, tenant entre ses deux pattes un livre ouvert d'or, et posant ses deux pieds de derrière sur un mont de trois coupeaux de sinople, et surmonté en chef des deux lettres G et S de sable.

Nº 39. BALTAZARD BONKEIS, conseiller de la ville de Fribourg ;

Porte d'argent à un homme de carnation, vêtu de gueules et tenant en sa main dextre un marteau de sable.

Nº 40. MATHIAS-GUILLAUME GUNTHER, conseiller de la ville de Fribourg ;

Porte de sable à une barre d'or.

Nº 41. N... SEGMEHL, receveur de la seigneurie d'Hesters-heimb ;

Porte d'azur à deux lions affrontés d'or, lampassés de gueules, soutenant de leurs deux pattes une moitié de roue de moulin d'argent défaillante à sénestre, et en pointe une montagne de trois coupeaux aussi d'argent.

No 42. François Hartmann Pyer, greffier à la direction des Domaines de la ville de Fribourg ;

Porte d'argent à une fasce d'azur, accompagnée de trois roses de gueules.

No 43. Jean-Baptiste Hildebrandt, procureur-fiscal de la ville de Fribourg ;

Porte d'argent à une figure humaine de carnation à moitié corps, vêtu d'azur, tenant en sa main une flèche de gueules.

No 44. Jean-Michel Behr, archivier ;

Porte d'argent à un chiffre de sable composé des lettres I, M et B doublées et entrelacées.

No 45. Le magistrat de Fribourg ;

Porte de gueules à une couronne à l'antique d'or, pommettée d'argent.

No 46. George-Bernard Meyr de Weissemberg ;

Porte d'argent à un vautour s'essorant de sable, adextré d'un cœur de gueules.

No 47. Guillaume Saladin de Lohn, bourgeois de la ville de Fribourg ;

Porte d'argent à une figure humaine de carnation, couverte d'argent, posant son pied dextre contre le pied d'un palmier de sinople, et de sa main dextre atteignant jusqu'au sommet de cet arbre pour le faire courber, le tout sur une terrasse de sinople.

No 48. Jean-Jacques Heker, conseiller de Colmar ;

Porte d'argent aux trois lettres I, I et I jointes par deux traits, celle du milieu supportant une flèche, la pointe en haut, le tout de sable.

No 49. Jean-Pierre Welsch, conseiller de la ville de Colmar ;

Porte d'argent à une barre de pourpre chargée de trois grenades d'argent posées en bande et ouvertes de gueules.

No 50. Jean Haffner, conseiller de la ville de Colmar ;

Porte d'azur à un croissant renversé d'argent, accompagné en pointe d'une étoile d'or.

No 51. Jean-Henry Besner, conseiller de la ville de Colmar ;

Porte d'argent à un quatre de chiffre, le pied duquel, après avoir servi de branche pour former la lettre B, vient s'appuyer sur les lettres I et I jointes par un trait en fasce, le tout de sable.

N⁰ 52. La communauté des tanneurs de la ville de Ribauvillers ;

Porte d'azur à trois couteaux de tanneur d'argent, emmanchés d'or, l'un en pal et les autres deux en sautoir, soutenu par deux lions affrontés d'or, surmontés chacun d'une étoile de même.

N⁰ 53. La communauté et confrérie des cordonniers de la ville de Ribauvillers ;

Porte de gueules à un soulier d'or, surmonté d'un couteau à pied d'argent, emmanché d'or.

N⁰ 54. FRANÇOIS BERNARD, curé du Rougegoutte ;

Porte d'azur à une fasce d'argent, chargée de trois roses de gueules, accompagnée en chef d'un soleil d'or et en pointe d'une montagne d'argent ombrée de sable.

N⁰ 55. LOUIS BONNET, bourgeois de la ville de Ribauvillers ;

Porte d'azur à trois bonnets d'argent posés un et deux.

N⁰ 56. JEAN-GEORGES DROSLIN, vigneron et bourgeois de Ribauvillers ;

Porte d'azur à un chiffre composé des lettres I, G et D, entrelacées, surmonté d'une couronne de laurier et accompagné de deux palmes, les tiges passées en sautoir, le tout d'or.

N⁰ 57. GUILLAUME VOGT, prévôt du village de Rurlesheim ; (Ruelisheim.)

Porte d'argent à une main dextre de carnation, parée d'azur, mouvante du flanc dextre, tenant un bâton de sable en pal, et accompagnée en chef des lettres W et V de gueules.

N⁰ 58. JEAN MUSSIUS, prêtre, curé du village de Rurlesheim ; (Ruelisheim.)

Porte d'azur à un calice d'or, accosté des deux lettres I et M d'argent.

N⁰ 59. La faculté du Droit de l'université de Fribourg ;

Porte d'azur à un homme habillé en docteur, assis dans une niche, tenant devant soi un livre ouvert posé sur une table carrée et accosté de deux anges dont l'un tient un écusson chargé d'une fasce, et l'autre tenant aussi un écusson chargé d'une croix, le tout d'or.

N⁰ 60. JEAN-FRANÇOIS WILLISEN, prêtre, chapelain des villages de Suertzach et Harnist ;

Porte d'azur à un calice d'or, surmonté de la figure de la Stᵉ-hostie d'argent, et posé sur une terrasse de sinople, un dextrochère de carnation mouvant d'une nuée du haut du flanc sénestre, d'or, tenant une couronne de laurier de sinople, posée directement au-dessus de la S^{te}-hostie.

N° 61. Sébastien Glig, conseiller de la ville d'Alkirck ;

Porte d'argent à un chevron de gueules, accompagné de trois roses de même, pointées de sinople, posées une en chef et deux aux flancs, celle du chef accostée des lettres S et G de sable.

N° 62. Nicolas Mor, conseiller de la ville d'Alkirck ;

Porte d'azur aux deux lettres N et M posées en fasce, accompagnées en chef d'un échaudé à jour et en pointe d'une navette couchée, le tout d'or.

N° 63. Valentin Zumstein, conseiller de la ville d'Alkirck ;

Porte d'argent à un quatre de chiffre de marchand de sable, le pied fiché dans un cœur vidé de même, enfermant les lettres V et Z en chef et la lettre S en pointe aussi de sable, accompagné en chef de deux étoiles de gueules.

N° 64. Jeanne-Ursule-Catherine de Tulliers, baronne de Montjoie, veuve de François Paris, baron de Montjoie ;

Porte écartelé au 1er et 4e de gueules à une clef d'argent, au 2e et 3e aussi de gueules à une clef d'or, le penneton tourné à sénestre, accostée de huit billettes de même.

N° 65. Valentin Nansé, conseiller de la ville d'Alkirck ;

Porte d'azur à un lion contourné, la queue fourchée d'or, lampassé et armé de gueules sur un mont de trois coupeaux de sinople et tenant de ses deux pattes un couteau de tanneur d'argent.

N° 66. Jean de Martimprey, écuyer, prêtre, curé du village de la Poutroye, au val d'Orbez ;

Porte d'azur à une fasce d'or, chargée de trois étoiles à six raies de gueules.

N° 67. N... de Tazat, de Cellery, lieutenant de cavalerie au régiment de Forsat ;

Porte d'azur à un lion d'or, accompagné de trois étoiles d'argent posées en bande, une en chef, une derrière le corps du lion, et l'autre au-dessous de sa queue.

N° 68. Antoine Meyer, commis-greffier de la ville de Wattwiller ;

Porte de gueules à un oiseau d'or, sur un mont de trois coupeaux d'argent, tenant en son bec une plante de muguet de sinople, fleuri de quatre fleurs d'argent.

No 69. Louis du Norrigier de Saint-Aulaire, seigneur de Masion en Saintonge, ci-devant gouverneur de Suze en Piémont, et à présent lieutenant pour le roi au gouvernement de Brisack ;

Porte d'or à une bande de gueules, accompagnée de six merlettes de sable, posées en orle.

No 70. François-Joseph de Scheffmacher, chanoine de Loudenbach ;

Porte d'azur à un chevron d'argent, accompagné en chef de deux étoiles à six raies d'or, et en pointe d'un navire de même.

No 71. Pierre Bonnet, directeur de l'hôpital royal de la garnison de Brisack ;

Porte d'azur à un chiffre d'or, composé des lettres P et B doubles et entrelacées, surmonté d'une couronne de fleurs de même.

No 72. Justus-Wilheim Euth, marchand-bourgeois de la ville de Colmar ;

Porte d'argent aux deux lettres V et W entrelacées, une croix haussée brochant sur le tout, supportée par un trait en fasce, joignant les deux lettres I et E, le tout de sable.

No 73. Jean Brouder, marchand-bourgeois de la ville de Colmar ;

Porte d'argent aux deux lettres I et B de sable, jointes par une ligne en fasce de même, supportant un quatre de chiffre de marchand aussi de sable.

No 74. N. Raguin, conseiller-secrétaire du roi, maison et couronne de France en la chancellerie du Conseil souverain d'Alsace ;

Porte d'azur à un cœur d'or, produisant une fleur de pensée au naturel, accosté de deux étoiles d'or et soutenu d'un croissant d'argent.

No 75. Dominique Roberdem, capitaine d'une compagnie franche de fusiliers pour la garde du Rhin ;

Porte d'azur à un chevron d'or, accompagné en chef de deux besants d'argent et en pointe d'un château en forme de tour de même.

No 76. Jacques Wacher, marchand en gros à Belfort ;

Porte d'azur à un arc bandé d'or, encoché d'une flèche en fasce de même, soutenu d'un croissant d'argent, et un chef cousu de gueules, chargé de trois étoiles d'argent.

N° 77. THOMAS DE LA PORTE, bourgeois de la ville de Belfort;

Porte d'azur à une porte d'or, ouverte d'argent, garnie de sa herse, ou porte-coulisse de sable, et un chef de gueules chargé de trois roses d'argent.

N° 78. FRANÇOIS-HENRY MEYER, receveur du grand-chapitre de l'évêché de Basle;

Porte de gueules à une plante de trois tiges de muguets, fleuries d'argent, tigées et feuillées de sinople.

N° 79. La communauté des habitants de la ville de Saint-Hippolyte;

Porte d'azur à trois tours d'or, rangées sur une terrasse de sinople.

N° 80. La seigneurie de Saint-Hippolyte;

Porte d'azur à une fleur-de-lis d'argent, posée entre deux tours d'or.

N° 81. JEAN-PIERRE BROBEQUER, bourguemestre de la ville de Turckem;

Porte d'or à trois lions de sable, deux et un.

N° 82. La communauté des habitants du village de Katzentall;

Porte d'azur à une lune en décours renversée d'argent, sommée d'une croix pattée d'or.

N° 83. La communauté des habitants du village de Battenheim;

Porte d'argent à un fer de cheval de sable.

N° 84. JEAN-JACQUES WECBECKER, bourgeois du lieu de Blodelsheim;

Porte d'azur à un gobelet d'argent, soutenu d'un cœur d'or.

N° 85. JEAN WILHELM, ammeistre de la ville de Ensisheim;

Porte d'argent à deux lions affrontés de gueules, soutenant un cartouche ovale de même, sur une terrasse de sinople.

N° 86. PIERRE JANNOT, marchand-bourgeois de la ville d'Ensishem;

Porte d'argent à un quatre de chiffre de marchand, le pied fiché dans un cœur vidé et enfermant un P à dextre et un I à sénestre, et en pointe une étoile à six raies, le tout de sable.

N° 87. La communauté des habitants du village de Ber-viller ;

Porte d'argent à la lettre S de sable en chef et une montagne de trois coupeaux de sinople mouvante de la pointe de l'écu.

N° 88. URBAIN MULLER, prévôt du village de Berviller ;

Porte d'argent à une roue de moulin d'azur, et une terrasse de plusieurs monticules de sinople.

N° 89. La seigneurie de Berviller ;

Porte d'argent à une croix ancrée de sable.

N° 90. NICOLAS PIRROT, prêtre, curé du village du Bonhomme au val d'Orbez ;

Porte d'azur à une fasce d'or, accompagnée de trois coquilles de même.

N° 91. Le chapitre de l'Eglise collégiale de Notre-Dame, nom-mée *inter colles*.

Porte d'argent à deux figures de femme de carnation, vêtues de gueules, d'or et d'azur, représentant la visitation de la Ste-Vierge à Ste-Elisabeth.

N° 92. JEAN-GEORGES MUNICH, prêtre, doyen du chapitre *inter colles* du bailliage de Lanzer, et curé du village de Ranzwiller ;

Porte d'argent à une croix de gueules, cantonnée de quatre étoiles d'azur.

N° 93. NICOLAS WOUNENBURGER, prêtre, chambrier du cha-pitre *inter colles* du bailliage de Lanzer et curé du village de Zimmersheim ;

Porte d'azur à deux lunes adossées d'argent, l'une en croissant et l'autre en décours, accompagnées de deux étoiles d'or, l'une en chef et l'autre en pointe.

N° 94. JEAN-CHRISTOPHE NANCÉ, prêtre, curé du village d'Eschenzwillers ;

Porte d'azur à un lion d'or, tenant de sa patte dextre une épée de même et de sa sénestre touchant à une étoile aussi d'or, posée au canton dextre de la pointe.

N° 95. JEAN-FRANÇOIS EGGENSTEIN, prêtre, curé du village de Habseim ;

Porte d'argent à un chevron de gueules, accosté de deux tigres affrontés et rampants au naturel.

N° 96. Daniel Fischer, prêtre, curé du village d'Obersteinbron ;

Porte de gueules à une flèche d'or, posée en pal, accostée de deux bars adossés de même.

N° 97. Jean-Dominique Curié, prêtre, curé du village de Nidersteinbron ;

Porte d'argent à un écureuil de gueules.

N° 98. Jean-Jacques Besseneck, prêtre, curé du village de Bruebach ;

Porte de gueules à un calice d'or, accosté des lettres I et B de même.

N° 99. Thomas Kheinflein, prêtre, curé du village de Rixem ;

Porte de gueules à un calice d'or, surmonté de la figure de la Ste-hostie d'argent et accosté des lettres T et K d'or.

N° 100. Léonard Vogtlin, prêtre, curé du village de Cappelen ;

Porte d'argent à un chiffre de gueules composé de la lettre V et des deux lettres L et L entrelacées.

N° 101. Jean-Thiébault Keller, prêtre, curé du village de Nidermachstat ;

Porte de gueules à une clef d'argent en pal, accostée des deux lettres T et K d'or.

N° 102. La prévôté d'Ollemberg ;

Porte d'azur à un nom de Jésus d'or, soutenu des trois clous de la passion, le tout enfermé dans un cercle rayonné de même.

N° 103. N..., curé du village de Rainiguen ;

Porte d'or à trois croisettes de gueules, deux et une.

N° 104. Le prieuré de St-Morand ;

Porte d'azur à un nom de Jésus soutenu des trois clous de la passion d'or, le tout enfermé dans un cercle rayonné de même.

N° 105. N..., supérieur du prieuré de St-Morand :

Porte d'azur à un bourdon d'or posé en pal, accosté des deux lettres S et M de même.

N° 106. La communauté des habitants du village d'Ottmarsheim ;

Porte de gueules à une lune en décours renversée d'argent.

No 107. Philippe-Nicolas Medinger, bourguemestre de la ville de Kientzheim;

Porte d'azur à un chevron d'argent, accompagné de trois étoiles à six raies d'or.

No 108. Jean Ziekel, bourguemestre de la ville de Kientzheim;

Porte d'or à un pigeon d'azur, becqué et membré de gueules, perché sur la pointe d'un quatre de chiffre de sable, dont le pied est terminé en triangle, accosté des deux lettres I et Z aussi de sable.

No 109. Michel Ulmer, bourguemestre de la ville de Kientzheim;

Porte d'argent à un vase de gueules, garni de diverses fleurs au naturel.

No 110. N... de Brinigkoffen, née Ecbrecht de Turckeim;

Porte d'argent à deux arcs de sable sans corde, posés en pal et joints ensemble.

No 111. Jean-Jacques Fuick, prêtre, curé du village de Roderen;

Porte de gueules à un oiseau d'or, sur un mont de trois coupeaux d'argent.

No 112. Jean-Jacques Zurback, prêtre, curé du village de Leimback;

Porte d'azur à un poisson contourné de sable, nageant dans une mer d'argent.

No 113. Jean-André Heguelin, chanoine et chantre du chapitre de St-Thiébauld à Thanne;

Porte de gueules à deux crampons d'argent passés en sautoir.

No 114. Jean-Jacques Heisch, chanoine et custos du chapitre de St-Thiébauld de Thanne;

Porte de gueules à un chiffre d'argent composé des lettres I, I, H et C d'argent, et en pointe un mont de six coupeaux de même.

No 115. Jean-Melchior Textor, chanoine du chapitre de St-Thiebauld de Thanne;

Porte d'or à une navette de sinople périe en barre.

No 116. Jean-Michel Chaqué, chanoine du chapitre de St-Thiebauld de Thanne;

Porte de gueules à un mont d'or de trois coupeaux, de chacun desquels est mouvante une fleur d'argent, tigée et feuillée de sinople, celle du milieu plus élevée que les deux autres.

N° 117. La communauté des habitants du village de Saushem ;

Porte d'argent à un gril de sable, la queue en haut, surmontée d'un croissant de gueules.

N° 118. La communauté des habitants du lieu de Blotzem ;

Porte d'argent à un triangle vidé de sable, la pointe en haut, sommé d'une croix pattée de même.

N° 119. MARTIN VONKIRN, marchand-épicier à Colmar ;

Porte d'argent à un chiffre de sable composé de la lettre K posée en chef et d'une ligne perpendiculaire croisée par le milieu et aboutissante à la lettre M posée en pointe.

N° 120. LOUISE DE MADRY, femme de N... PESGHERY, capitaine de cavalerie au régiment de Rosen ;

Porte de gueules à trois lions d'or, deux et un.

N° 121. La communauté des habitants du village de Zimmersheim ;

Porte de gueules à un fer de cheval d'argent.

N° 122. JEAN-JOSEPH FRÈRE, chanoine du chapitre de St-Thiebauld de la ville de Thanne ;

Porte de sinople à une foi de carnation mouvante des deux flancs d'une nuée d'argent, et supportant un cœur enflammé d'or.

N° 123. JEAN-JACQUES KLINGLIN, chanoine de St-Thiebauld à Thanne ;

Porte d'azur à une fasce d'argent, accompagnée de trois fleurs-de-lis de même.

N° 124. FRANÇOIS KLINGLIN, chanoine de St-Thiébauld de Thanne ;

Porte de même.

N° 125. JEAN-CONRAD BOUFFIER, chanoine de St-Thiébauld de Thanne ;

Porte d'argent à trois fleurs, savoir, une tulipe, un œillet et une rose de gueules, tigées de sinople, mouvantes de l'oreille d'un cœur de gueules.

N° 126. SÉBASTIEN CLOBSATTEL, prévôt du chapitre de St-Thiebauld de la ville de Thanne ;

Porte écartelé au 1er et 4e d'or, à un arbre de sinople, terrassé de même, et au 2e et 3e de gueules, à un bouc contourné d'argent, passant sur une terrasse raboteuse de même.

Nº 127. La communauté des habitants du village d'Eschenzweiller du département de Lanzer ;

Porte d'argent à deux clefs de sinople adossées et passées en sautoir, les anneaux en haut.

Nº 128. URSULE D'ULIN, femme de FRANÇOIS BLAT DE REINACH, capitaine au régiment d'Alsace ;

Porte coupé d'azur et de gueules, par une fasce virée d'argent.

Nº 129. JEAN-FRANÇOIS FOUCHARD, prêtre, curé du Bourg de Grandvillars ;

Porte d'argent aux trois lettres A, A et A de gueules, posées une et deux et un point de même posé en abîme.

Nº 130. MARIE-CORDULE DE ROTZSCHUTZ, femme de N... WALDENER DE FREUNDSTEIN, écuyer ;

Porte d'argent à une corne de cerf de gueules, et une trompe d'éléphant de même rangées en pals.

Nº 131. JACQUES VAUCLAIR, prêtre, curé du village de Damjutin ;

Porte d'azur à un œil d'argent en fasce surmonté d'une étoile d'or, adextré de la lettre I et sénestré de la double lettre W de même, et en pointe un mont de trois coupeaux de sinople.

Nº 132. MARIE-EVE BARONNE DE CHAUENBOURG, femme de FRANÇOIS TRUCHSES DE REINFELDEN ;

Porte d'or à un écusson d'argent, bordé d'une bordure nébulée d'azur et un sautoir de gueules, brochant sur le tout.

Nº 133. ANNE-CLAIRE GUIDTERIN, veuve de NICOLAS MULLER ;

Porte parti au 1er d'azur à une roue d'horloge d'argent en chef, et une fleur de lis de même en pointe, et au 2e aussi d'azur à deux rameaux d'arbres d'argent passés en sautoir, sur lesquels est perché un oiseau de même.

Nº 134. JEAN-THIEBAULD HÉGUELIN, conseiller du magistrat de la ville de Thanne ;

Porte de gueules à deux crampons d'argent passés en sautoir.

Nº 135. N..., femme de N... DE HACGUEBACH, écuyer ;

Porte d'or à une fasce de sable.

No 136. Daniel Barth, marchand-drapier de la ville de Colmar ;

Porte d'or à une tête humaine de vieillard de carnation, chevelée et à grande barbe, mêlée de sable et d'argent.

No 137. Matthieu Huguenin, marchand-drapier à Colmar ;

Porte d'argent à trois pals, celui du milieu de gueules, les deux autres d'azur.

No 138. Marie-Agnès Goll, femme de N. Goll, major au régiment de cavalerie de Rosen ;

Porte d'azur à un lion d'or, tenant de ses deux pattes une hallebarde, le fer d'argent et le bâton d'or.

No 139. Mathias Erhard, prévôt du village de Faffenheim ;

Porte de gueules à deux instruments dont se servent les tonneliers, appelés happes, passés en sautoir, d'argent, et un maillet d'or, posé en pal, brochant sur le tout, et sommé d'un quatre de chiffre d'argent.

No 140. Jean-Melchior Schneider, bourguemestre du village de Faffenheim ;

Porte d'argent à un monde d'azur, croisé de même, chargé d'un trèfle d'or, dont la queue est passée en sautoir, avec un crampon de même.

No 141. Ulrich Ertebrod, marchand-épicier et bourgeois de la ville de Colmar ;

Porte d'argent à un quatre de chiffre de marchand, dont le pied passant au milieu de la lettre V, va s'appuyer sur les deux lettres I et B jointes par un trait en fasce, le tout de sable.

No 142. Hiérémie Barth, marchand-épicier et bourgeois de la ville de Colmar ;

Porte d'azur à une montagne d'or.

No 143. La communauté des habitants du village de Weyr ; (Wihr-en-Plaine ?)

Porte d'argent à deux fourreaux de pistolets adossés de sable.

No 144. La communauté des habitants du village de Bennevir ;

Porte d'azur à une croix d'argent.

No 145. La communauté des habitants du village de Kroussenhen ; (Grussenheim.)

Porte d'or à une croix pattée alèzée de sinople, cantonnée des quatre lettres G, R, V et S de sable, une à chaque canton.

N° 146. La communauté des habitants du village de Nider-herchen ; (Niederhergheim.)

Porte d'argent à la lettre S de sable.

N° 147. La communauté des habitants du village de Meyen-hem ;

Porte d'argent à deux lions affrontés de gueules.

N° 148. Marie-Anne Reinach, femme de Jean-Conrad Truch-ses de Reinfelden ;

Porte écartelé au 1er et 4e d'or à un lion coupé d'azur et de gueules, au 2e et 3e d'or à une bande de gueules, et sur le tout d'argent à deux lances de sable passées en sautoir, accompagnées en pointe d'un tourteau de même.

N° 149. Marie-Anne de Montjoie, femme de François-Joseph, baron de Schavenbourg de Herlishem ;

Porte d'azur à dix feuilles de lierre d'argent, posées trois, trois, trois et une, et un chef d'or, chargé d'un *tau* ou croix de St-Antoine de sable.

N° 150. Catherine-Agathe de Rung, femme de Jean-Joachim Hoen de Dilembourg, écuyer ;

Porte d'azur à deux cornettes d'or, passées en sautoir, accompagné en chef d'une rose d'argent.

N° 151. Jean-Gaspard Hantes, bourgeois du lieu de Giro-magny ;

Porte d'argent à une bande fuselée de sable, accompagnée en chef d'un lion de gueules.

N° 152. Jean-Jacques Teck, prévôt du village de Fessen-heim ;

Porte d'or à deux chevrons de gueules.

N° 153. François-Charle Fels, receveur de l'abbaye de Ebersenmunster ;

Porte d'azur à une licorne d'argent, accornée d'or, saillante et baissant sa corne, sur une montagne de 5 coupeaux de sinople.

N° 154. Martin Hyelle, prévôt du village de Elsenhem ;
Porte d'argent à deux fasces d'azur.

N° 155. Georges Fezer, prévôt du village d'Artzhem ; (Artzen-heim.)
Porte d'azur à trois pals d'argent.

N° 156. NICOLAS HAUMEISSER, prévôt du village de Palzhem ; (Baltzenheim.)

Porte de gueules à trois coquilles d'argent, deux et une.

N° 157. JEAN SCHMID, prévôt du village de Urschem ; (Urschenheim.)

Porte d'or, fretté de sable, à un chef d'argent, chargé d'une merlette de sable.

N° 158. MATHIAS VONZ, prévôt du village de Dessenhem ;

Porte de gueules à un sautoir d'argent.

N° 159. SÉBASTIEN LA VIGNE, prévôt du village de Schwabshem ; (?)

Porte d'argent à trois raisins de pourpre, tigés et feuillés de sinople, posés deux et un.

N° 160. JEAN-GEORGE TAGLANG, prévôt du village de Richtolshem ;

Porte de sable à trois épées d'argent posées en bandes, les pointes en haut.

N° 161. La communauté des habitants du village de Helsenhem ;

Porte d'or à un lion de sable.

N° 162. JEAN VEY, maître de la poste de la ville de Marckolsheim ;

Porte de gueules à un cornet de postillon d'or, sommé d'un oiseau de même, le pied dextre levé, et un mont de trois coupeaux d'argent mouvant de la pointe de l'écu.

N° 163. SIDONIE-PHILIPPINE DE BUCHENAU, femme de MAURICE-GEORGE DE HARNIGEN, écuyer ;

Porte d'or à un perroquet de sinople, accolé, becqué et membré de gueules.

N° 164. La communauté des habitants du village d'Onenhem ;

Porte d'azur aux trois lettres O, S et H d'or, rangées en fasce, accompagnées en chef de deux étoiles de même, et en pointe d'un croissant d'argent.

N° 165. JEAN FRONHOFFER, prévôt de la ville de Kientzheim ;

Porte d'argent à un chameau contourné et passant de sable, sur lequel est monté un homme de carnation, vêtu de gueules ; sa tête couverte d'un bonnet de même, sur une terrasse de sinople, accompagné en chef des lettres I et F de sable.

N° 166. Samuel Bourguer, fermier des biens de M. le baron de Leyen à Kientzheim ;
Porte d'azur à une gerbe d'or surmontée d'un soleil de même.

N° 167. La communauté des habitants de la ville de Herleshem ;
Porte d'or à trois pals de sable.

N° 168. Jean Draon, prêtre, curé de Frésland au val d'Orbey ;
Porte fascé d'argent et d'azur de six pièces.

N° 169. La communauté des habitants du village d'Orbey ;
Porte d'argent à un monde d'azur cintré et croisée d'or.

N° 170. Georges Schillingre, statmeistre ;
Porte d'or à trois roses de gueules, tigées et feuillées de même, mouvantes d'un mont de trois coupeaux aussi de gueules, celle du milieu posée en pal et les autres deux passées en sautoir.

N° 171. Jean-Jacques Schielin, prévôt de la ville d'Ammerschevir ;
Porte d'or à un nom de Jésus de gueules sur lequel à la place d'une simple croix ordinaire, il y a un quatre de chiffre dont la branche qui croise en fasce est terminée en une croix pattée aussi de gueules.

N° 172. Gaspard Jacklin, prévôt de la ville d'Ammerschevir ;
Porte d'or à un maillet dont le manche après avoir broché sur la lettre X se termine en un quatre de chiffre renversé, et les deux lettres C et I posées une à chaque flanc, le tout de gueules.

N° 173. Antoine Adam, bourguemestre de la ville d'Ammerschevir ;
Porte d'or à trois roses de gueules tigées, feuillées et mouvantes d'un cœur de même, accompagné en chef des deux lettres A et A aussi de gueules.

N° 174. Gaspard Merckle, doyen et curé du village d'Oberherge ; (Oberhergheim.)
Porte d'or à trois merlettes de gueules, deux et une.

N° 175. La communauté des habitants du village d'Oberherge ; (Oberhergheim.)
Porte d'argent à une fasce de gueules, accompagnée de trois tourteaux de même.

N° 176. La communauté des habitants de la ville de Berckeim ;

Porte parti au 1er d'azur à un cep de vigne de sinople, fruité de trois raisins de pourpre, et accolé à un échalas d'or sur un mont de trois coupeaux de même, accompagné en chef de deux serpettes d'argent en pal, emmanchées d'or, au 2e de gueules à un soc de charrue d'argent adextré d'un marteau et sénestré d'un coutre de même, en trois pièces sur un mont de trois coupeaux d'or, et trois trèfles de même en chef dont les tiges sont mouvantes du soc de charrue.

N° 177. JEAN-JACQUES GUESBEL, baumestre de la ville de Colmar ;

Porte d'azur à trois mouches d'or, deux et une.

N° 178. JEAN-GEORGES BARTH, arpenteur-juré et conseiller du magistrat de la ville de Colmar ;

Porte de sinople à trois fasces d'or, et deux barbeaux adossés d'argent, brochant sur le tout.

N° 179. JEAN-PHILIPPE SALZMAN, maître-potier d'Etain et bourgeois de la ville de Colmar ;

Porte d'argent à trois hures de sanglier de sable, deux et une.

N° 180. NICOLAS-JOSEPH ZINDEL, licencié en droit et avocat du Conseil souverain d'Alsace ;

Porte d'azur à une ancre d'argent, la trabe d'or, et la tangue enfilée d'une couronne aussi d'or.

N° 181. DOMINIQUE MARTIN, marchand-tanneur et maître des postes de la ville de Schélestat ;

Porte d'argent à un chien courant de gueules, sur une terrasse de sinople, surmonté d'une rose de gueules.

N° 182. JEAN-GEORGES STELZ, conseiller et receveur des revenus de la ville de Schélestat ;

Porte coupé au 1er de gueules à deux rames de batelier d'or, passées en sautoir, et au 2e d'azur à un oiseau d'argent, le pied dextre levé et le sénestre appuyé sur un mont de trois coupeaux de même.

N° 183. ZACHARIE KLEIN, marchand-épicier à Colmar ;
Porte d'or à trois bandes de gueules.

N° 184. GEORGE SCHERB, marchand-drapier et bourgeois de la ville de Colmar ;

Porte d'azur à deux serpents affrontés d'or tortillés en pal.

23

No 185. DAVID ANDRÉ, docteur en médecine à Colmar;
Porte de gueules à un sautoir d'or.

No 186. ANNE-MARGUERITE BLOUIN DE HORNSTORFF, femme de HENRY-CHRISTOPHE DE JOSLETTEN, écuyer;
Porte d'azur à un lévrier sautant et contourné d'argent, accolé de sable.

No 187. MARIE-URSULE DE ROQUEMBACH, femme de JOSEPH DE BRETTEN HAUDEBERG, écuyer;
Porte coupé au 1er de gueules, parti de sable et au 2e d'argent diapré bordé de sable.

No 188. La communauté des maréchaux de la ville de Gueviller;
Porte d'azur à un géant d'argent, couvert et couronné de feuilles d'arbres de sinople sur un monticule de trois coupeaux de même, et tenant en sa main dextre un arbre arraché d'or.

No 189. La communauté des boulangers de la ville de Gueviller;
Porte de gueules à un échaudé tortillé d'or en chef, et une navette de même couchée en pointe.

No 190. La communauté des tailleurs de la ville de Gueviller;
Porte écartelé au 1er de gueules à une balance d'or, au 2e d'hermine à une bordure de gueules, au 3e de gueules à des ciseaux ouverts en sautoir d'argent, et au 4e aussi de gueules à un navette de tisserand d'or garnie de fil d'argent.

No 191. La communauté des vignerons de la ville de Gueviller;
Porte de gueules à trois serpettes d'argent, emmanchées d'or, appointées en cœur les manches en dehors posés en perle.

No 192. PIERRE KREYENRIEDT, du magistrat de la ville de Gueviller;
Porte d'or à un corbeau de sable, senestré d'une étoile à six raies de gueules.

No 193. JEAN KREYENRIEDT, conseiller de la ville de Gueviller;
Porte d'or à un corbeau de sable, senestré en chef d'une étoile à six raies de gueules.

N° 194. N... SCHLISURQUE, enregistrateur de la chancellerie de Gueviller ;

Porte de sable à une clef d'argent en pal, le penneton à sénestre, accostée en fasce de deux étoiles à six raies d'or, le tout entouré de deux plantes de muguet fleuries d'argent, tigées et feuillées de sinople.

N° 195. N... OSTEIN ;

Porte d'azur à un chien dogue, rampant et contourné, lampassé accolé et vilainé de gueules.

N° 196. MARIE-MAGDELEINE RAUCH DE VINEDA, femme de JEAN-CONRAD ZINDT DE KENTZINGUEN, écuyer ;

Porte d'argent à une bande de sable, chargée de trois roses d'or, pointées de sinople.

N° 197. MARIE-URSULE RAUCH DE VINEDA, femme de CÉSAR CHARLES-FRANÇOIS KEMPFF D'ANGRETH, écuyer ;

Porte de sable à une barre d'argent chargée de trois roses de gueules boutonnées d'or et pointées de sinople.

N° 198. N... STRENG, chanoine de Lautenbach ;

Porte de gueules à deux épées d'argent passées en sautoir, les pointes en bas, les gardes et les poignées d'or, et accompagnées de trois étoiles de même, deux aux flancs et une en pointe.

N° 199. NICOLAS ROTH, chanoine et curé de Lautenbach ;

Porte d'azur à trois étoiles à six raies d'or, rangées en fasce, accompagnées en chef des deux lettres N et R d'argent et en pointe d'une moitié de roue de moulin d'or.

N° 200. Le couvent des religieuses de l'ordre de St-Dominique de la ville de Gueviller ;

Porte d'or à un St Michel de carnation vêtu de gueules et d'azur, aîlé de gueules, tenant en sa main dextre une épée haute d'azur et de sa sénestre une balance de sable, dans un de ses bassins une figure humaine de carnation paraissant à demi-corps, les mains jointes et élevées, représentant l'âme juste, faisant élever l'autre bassin de la balance, nonobstant que le diable en forme de dragon de sable tâche de la faire baisser.

N° 201. N..., femme de JOSEPH-CHRISTOPHE ZIPPER DANGUENSTEIN, écuyer ;

Porte d'azur à trois bandes d'or et un chef d'argent chargé de trois roses de gueules.

Nº 202. La communauté des habitants du village de Sierentz ;
Porte d'azur à un aigle d'or.

Nº 203. La seigneurie du village de Blotzeim ;
Porte d'azur à un triangle vidé d'argent, la pointe d'en haut sommée d'une croix pattée de même.

Nº 204. JEAN-JACQUES KELLER, procureur-fiscal de la seigneurie de Blotzeim ;
Porte de sable à une clef d'argent posée en pal, le penneton à sénestre, accostée des deux lettres I et K de même et supportée d'un mont de trois coupeaux de sinople.

Nº 205. GEORGES-LOUIS BENINGER, clerc de la chancellerie de la ville de Gueviller ;
Porte d'azur à une colombe d'argent, becquée et membrée de gueules, le corps contourné, la tête tournée à dextre, tenant en son bec une rose de gueules, tigée et feuillée de sinople, la colombe posant ses pieds sur une terrasse de sinople.

Nº 206. JACQUES PFULB, du magistrat de la ville de Wattviller ;
Porte d'argent à un lévrier rampant de sable, lampassé et accolé de gueules.

Nº 207. CONRAD GUESEL, du magistrat de la ville de Ricquevir ;
Porte d'argent à un quatre de chiffre de sable, accosté des deux lettres C et G de même.

Nº 208. JEAN-ULRICH WIELAND, maître-chirurgien à Ricquevir ;
Porte d'argent à une rose de gueules.

Nr 209. La communauté des habitants du village de Beblenheim ;
Porte d'argent, à un agneau pascal de sable, la croix de même, la banderolle de gueules, chargée d'une croix d'argent.

Nº 210. JEAN FLOCH, du magistrat de la ville de Ricquevir ;
Porte d'or à trois trèfles appointés de sinople, mouvants d'un mont de trois coupeaux de même.

Nº 211. MICHEL KRIEGELSTEIN, du magistrat de la ville de Ricquevir ;
Porte coupé au 1er d'or à trois billettes couchées d'azur, une sur

les deux autres et au 2e d'azur à douze rayons dardants d'or, mouvants du chef.

No 212. MATHIEU BIPPER, échevin de la ville de Ricquevir;

Porte d'argent à une branche de chêne de sinople, garnie de trois glands d'or, posée en pal, enfilant un mors de cheval de sable et fichée dans un mont de trois coupeaux de sinople.

No 213. JEAN-SIMON KIENER, maître-chirurgien et échevin de la ville de Ricquevir;

Porte de gueules à un lion, la queue nouée en lac d'amour d'argent, rampant contre un bâton d'or posé en bande.

No 214. La communauté des habitants du village de Mittelvir;

Porte d'argent à un lion de gueules.

No 215. ENGELHARDT SCHERB, cabaretier au village de Gueberschevir;

Porte d'azur à un phi grec d'or couronné d'un couronne à l'antique, et accosté des deux lettres E et I d'argent.

No 216. N... BARTHINS, veuve de ADAM MEICHE;

Porte d'or à une croix de sable, la traverse alèzée, et le montant allongé cramponné doublement en chef, et simplement en pointe, accostée en fasce des lettres M et B de même.

No 217. ZACHARIE VOBORSKY, ministre du village de Mittelvir;

Porte d'azur à un croissant d'or.

No 218. La communauté des habitants du village de Saal; (?)

Porte d'azur à une étoile d'or posée en cœur.

No 219. MARIE-JULIENNE DE BOISGAUTIER, femme de N... DIETERMAN, conseiller au Conseil souverain d'Alsace, et préteur royal de la ville de Colmar;

Porte de gueules à trois têtes de cygne arrachées d'argent, becquées de sable, deux et une.

No 220. JOSEPH SIMON, prévôt du val d'Orbey;

Porte d'or à un chevron de gueules, accompagné en pointe d'un mont de six coupeaux de sinople.

No 221. RUDOLPHE-HENRY EBRITZ, prêtre, curé de la ville de Cernay;

Porte d'azur à un nom de Jésus d'or, soutenu d'un cœur de même.

N° 222. JEAN-THIEBAULT STEMMELIN, du magistrat de la ville de Cernay ;

Porte d'argent à trois fasces de sable.

N° 223. JEAN-SIMON MEYER, bourguemestre de la ville de Cernay ;

Porte d'azur à un cygne d'argent nageant dans des ondes de même.

N° 224. PIERRE BOKELIN, du magistrat de la ville de Cernay ;

Porte d'or à un bouc rampant de sable.

N° 225. ABRAHAM BRONSVICH, juif ;

Porte de gueules à six besants d'argent, trois, deux et un.

N° 226. HENRY BINDER, bourgeois de la ville de Riquevir ;

Porte d'or à trois bandes d'azur.

N° 227. La communauté des habitants du village de Blodelsheim ;

Porte d'argent à la lettre P de sable.

N° 228. La communauté des habitants du village de Ostheim ;

Porte d'or à une corne de cerf de gueules, posée en pal, soutenue d'un mont de trois coupeaux de sinople, duquel sont mouvants un soc de charrue de sable à dextre, et un couteau de même à sénestre, et les deux lettres O et S aussi de sable posées en chef, l'une à dextre, et l'autre à sénestre.

N° 229. FÉLIX HAUTZMAN, bourgeois de la ville de Ricquevir ;

Porte d'azur à une maison d'argent, essorée de gueules sur une terrasse de sinople, accompagnée en chef d'une étoile d'or.

N° 230. RUDOLPHE ZELLER, prévôt du village de Muntzenhem ;

Porte de sinople à une bande d'argent, remplie d'azur et chargée de deux étoiles à sept raies, chacune d'argent.

N° 231. La communauté des habitants du village de Forsland (Fréland) du val d'Orbey ;

Porte d'argent à un arbre de sinople, accosté de deux étoiles d'azur.

N° 232. ANNE-MARIE REICH, femme de GILLES DE COURCELLE, conseiller secrétaire du roi, maison et couronne de France, au Conseil souverain d'Alsace ;

Porte d'or à un arbre de sinople, accosté de deux étoiles d'azur.

No 233. La communauté des habitants du village de la Poutoye du val d'Orbey ;

Porte d'azur à un pont d'or, sommé d'une oie d'argent becquée et membrée d'or.

No 234. FRANÇOIS MEYR, maître-tanneur de la ville de Colmar ;

Porte d'or à un quatre de chiffre de sable, le pied allongé supporté par la lettre M de même, et accosté de deux lions affrontés de gueules, tenant deux couteaux de tanneur d'argent, passés en sautoir et brochants sur le pied du quatre de chiffre, le tout sur une terrasse de sinople.

No 235. CONRARD AUFFDERBRUCK, maître-tanneur et bourgeois de la ville de Colmar ;

Porte d'azur à deux couteaux de tanneur d'argent emmanchés d'or, passés en sautoir, accompagnés d'un sablier d'horloge d'or en chef, de deux roses d'argent aux flancs, et d'un mont de trois coupeaux d'or, mouvant de la pointe.

No 236. ALEXANDRE GSEL, marchand-tanneur à Colmar ;

Porte d'argent à un cerf ailé de sable.

No 237. MATHIAS MEYR, maître-tanneur à Colmar ;

Porte d'or à un quatre de chiffre de sable, le pied allongé et fourché en chevron de même, accosté de deux lions affrontés de gueules, tenant deux couteaux de tanneur d'argent, passés en sautoir brochants sur le quatre de chiffre qui est accosté en pointe des deux lettres M et M de sable, le tout sur une terrasse de sinople.

No 238. JEAN-JACQUES GRAFF, marchand-tanneur à Colmar ;

Porte d'azur à trois fermeaux d'or, deux et un.

No 239. La communauté des habitants du village de Zellemberg ;

Porte d'argent à un écusson d'azur, accompagné de trois merlettes de sable.

No 240. JEAN BENTZ, maître-chaudronnier à Colmar ;

Porte de sable à trois marteaux d'argent emmanchés d'or, deux et un.

No 241. MARTIN WEBER, maître-tonnelier et bourgeois de la ville de Colmar ;

Porte d'or à un maillet de gueules accompagné de trois étoiles de même, deux aux flancs et une en pointe.

N° 242. TOBIAS FUSCHS, maître-tonnelier, bourgeois de la ville de Colmar ;

Porte d'argent à trois fusées de sable posées en fasce.

N° 243. JOSEPH FONTAINE, marchand et bourgeois de la ville de Schélestat ;

Porte d'azur à trois fontaines d'argent, deux et une.

N° 244. JEAN-GEORGE RICHEMONT, marchand et bourgeois de la ville de Schélestat ;

Porte de gueules à un rocher d'or, surmonté de trois besants de même, rangés en chef.

N° 245. JACQUES MONTFORT, marchand-bourgeois de la ville de Schélestat ;

Porte d'azur à une tour d'argent, sur une montagne d'or.

N° 246. CLAUDE DUNANT, marchand et bourgeois de la ville de Schélestat ;

Porte d'azur à une fasce d'hermine, accompagnée de trois têtes de lion arrachées d'argent, lampassées de gueules.

N° 247. JACOB ESTRINGER, cabaretier et bourgeois de la ville de Schélestat ;

Porte d'azur à un chef d'or, chargé de trois molettes de sable.

N° 248. JEAN BRUNNE, cabaretier et bourgeois de la ville de Schélestat ;

Porte d'argent à un lion morné de gueules.

N° 249. CHRISTOPHE STEKINGUER, maître potier d'étain, et bourgeois de la ville de Schélestat ;

Porte d'azur à un chevron d'or, accompagné de trois roses de même.

N° 250. TOBIAS SENGLER, laboureur et bourgeois de la ville de Schélestat ;

Porte de sinople à un pal d'or, accompagné de deux roues de même.

N° 251. SÉBASTIEN KENAB, procureur de la ville de Schélestat ;

Porte de sable à un massacre de cerf d'or.

N° 252. MATHIAS FUSCHS, marchand-tonnelier et bourgeois de la ville de Schélestat;

Porte d'argent à trois fusées de sable, posées en fasce.

N° 253. MATHIAS WITZ, maître-batelier et bourgeois de la ville de Schélestat;

Porte d'azur à une bande d'or, chargée de trois étoiles de gueules.

N° 254. JEAN-GEORGES OBERLIN, bourgeois de la ville de Schélestat;

Porte d'or à une fasce de sable, chargée de trois annelets d'argent.

N° 255. JEAN-VIOLANT FONTAINE, marchand-mercier et bourgeois de la ville de Schélestat;

Porte d'azur à trois fontaines d'argent, deux et une.

N° 256. N..., veuve de GEORGES WOLFFGAN, bourgeois de la ville de Schélestat;

Porte d'or à un lion de sable, à l'orle de huit roses de gueules.

N° 257. N..., veuve de N... KENTZINGUER, bourgeois de la ville de Schélestat;

Porte d'argent à une croix de gueules, chargée de cinq quintefeuilles d'argent.

N° 258. N..., veuve de N... HAAN, bourgeois de Schélestat;

Porte d'argent à deux fasces d'azur, accompagné de six roses de gueules, trois, deux et une.

N° 259. JEAN MEYER, le forgeron, bourgeois de la ville de Colmar;

Porte d'azur à un cygne d'argent, nageant dans des ondes de même.

N° 260. La communauté des habitants de la ville de Guémar;

Porte d'argent à un léopard de sable, accompagné de trois coquilles de même.

N° 261. La communauté des habitants du village d'Andolsheim;

Porte d'argent à une corne de cerf de sable, posée en pal, soutenue d'une étoile de même.

N° 262. JEANNE-HÉLÈNE DE ROTHBERG, femme de JEAN-LÉOPOLD DE HÆGEMBACH, écuyer;

Porte d'or à une fasce de sable.

Nº 263. JEAN-FRANÇOIS MARLOIS, avocat au Conseil souverain d'Alsace ;

Porte d'azur à deux fasces d'argent, accompagnées de trois étoiles d'or, posées en pal.

Nº 264. JEAN-CONRAD MARLOIS, du magistrat de la ville de Soultz ;

Porte coupé au 1er, fascé de quatre pièces d'azur et d'argent, au 2e de gueules à un sautoir d'or, accompagné de quatre étoiles à six raies de même.

Nº 265. JEAN-MICHEL WITSCHER, du magistrat de la ville de Soulz ;

Porte de gueules à un croissant d'argent, surmonté de trois étoiles à six raies d'or, rangées en chef.

Nº 266. LAURENT BOLZ, du magistrat de la ville de Soulz ;

Porte palé d'or et de gueules, à une fasce d'argent, brochante sur le tout, chargée de trois quintefeuilles d'azur.

Nº 267. JEAN-ULRICH CROMER, bourgeois de la ville de Soulz ;

Porte d'or à un lion de sable et une cotice de gueules, brochante sur le tout.

Nº 268. MAURICE SCHMID, bourguemestre de la ville de Soulz ;

Porte d'azur à un chevron d'or, accompagné de trois tours de même.

Nº 269. PIERRE BERNANS, marchand en la ville de Soulz ;

Porte de gueules à un chevron d'argent, accompagné en chef de deux étoiles à six raies d'or et en pointe d'un trèfle de même.

Nº 270. ANTOINE SCHMID, marchand en la ville de Soulz ;

Porte de gueules à deux étoiles à six raies d'or en chef, et en pointe trois trèfles d'argent mouvants d'un mont de trois coupeaux d'or.

Nº 271. HENRY SCHMID, du magistrat de la ville de Soulz ;

Porte d'azur à un chevron d'or, accompagné de trois tours de même.

Nº 272. HENRY-ANDRÉ MAUER, marchand en la ville de Soultz ;

Porte d'argent à trois roses de gueules boutonnées d'or, pointées, tigées et feuillées de sinople, mouvantes d'un cœur de gueules qui est soutenu d'un croissant de même.

N° 273. La communauté des habitants du village de Hartmanswiller ;

Porte de gueules, à trois fasces d'argent et un lion de sable brochant sur le tout.

N° 274. N.., ; femme de WOLFFGANG DE SCHOMBECK, écuyer ;

Porte d'azur à un chevron d'or, chargé de trois roses de gueules.

N° 275. N..., femme de HENRY DE LA TOUCHE, écuyer ;

Porte de gueules à trois besants d'argent, deux et un.

N° 276. Le comté de Thanne ;

Porte d'azur à un sautoir d'or, accompagné de quatre étoiles de même.

N° 277. La prévôté d'Issenheim ;

Porte d'argent à un chef de sable.

N° 278. JEAN VIOLLAND, marchand à Thanne ;

Porte d'argent à un cerf de gueules, passant devant un arbre de sinople.

N° 279. JEAN-JACQUES SCHIK, bourgeois de Thanne ;

Porte échiqueté d'argent et de gueules.

N° 280. N..., femme de FRANÇOIS-CONRARD PILLOT ;

Porte d'azur à une ancre d'or, accostée de deux étoiles de même.

N° 281. N... SIGENAUD, receveur de la ville de Thanne ;

Porte d'or à trois cyprès de sinople, deux et un.

N° 282. La communauté des marchands de la ville de Thanne ;

Porte d'azur à un St-Louis, roi de France, vêtu à la royale, d'or.

N° 283. N..., femme de N... DE FERRETTE, écuyer ;

Porte d'or à un chevron de gueules, chargé de trois croissants d'argent.

N° 284. La communauté des habitants du village de Uffholtz ;

Porte d'azur à un lion d'argent.

N° 285. DAVID GIBOUTET, bourgeois de Belfort ;

Porte d'azur à un chevron d'or, accompagné de trois geais de même, et un chef de gueules chargé de trois étoiles d'argent.

N° 286. ANDRÉ KIENER, maître-chirurgien à Ricquevir ;

Porte de gueules à une lance d'or, posée en pal, accostée de deux besants de même.

Nº 287. Jacob Grusse, prévôt du village de Merxheim ;

Porte d'or à deux bâtons d'azur, passés en sautoir, celui en barre cramponné en chef, accompagné des deux lettres I et G de sable, posées aux flancs.

Nº 288. La tribune du parc de la ville de Soulz ;

Porte d'argent à trois jumelles de gueules.

Nº 289. Georges-Louis Clebsattel, maître - apothicaire à Thanne ;

Porte d'or à trois pommes de pin de sable, deux et une.

Nº 290. Valentin Orscheid, bourgeois de la ville d'Alkirck ;

Porte d'or à trois massacres de cerf de sable, deux et un.

Nº 291. Jean-Georges Rech, ministre du village d'Honnevir ; (Hunawihr.)

Porte d'azur à un agneau pascal d'argent sur une terrasse ou mont de trois coupeaux de même, tenant de son pied dextre sa longue croix de sable, d'où pend une banderolle de gueules, et de son côté dextre sort une fontaine de sang de gueules qui va couler dans un calice d'or.

Nº 292. Johannes-Rudolphe Hess, prêtre, curé du village de Schveckousen ; (Schweighausen.)

Porte de gueules à un calice d'or, soutenu d'un croissant d'argent.

Nº 293. Blarer de Wartenzey, femme de François-Thiébault de Ferrette, écuyer, seigneur de Karsback ; (Carspach.)

Porte d'or à un cor de chasse d'azur, surmonté d'une rose de gueules.

Nº 294. Cléophée de Haguenback, femme de Adam de Guillin de Vanghen, écuyer ;

Porte d'or à une fasce d'azur, chargée de trois étoiles d'or.

Nº 295. N..., femme de Léopold de Gots, écuyer ;

Porte de gueules à un calice d'or.

Nº 296. François-Jacques Kemppf Dangreth ; écuyer ;

Porte d'argent à un sautoir ancré de sable.

Nº 297. N..., femme de Léopold de Gor, écuyer ;

Porte de gueules à une fasce d'argent, accompagnée de six roses de même, trois rangées en chef, et trois en pointe, posées deux et une.

Nº 298. Christophe Bengel, maître-chirurgien à Munster ;

Porte d'argent à une bande de gueules.

No 299. Cattelin du Cret, marchand à Keizersberg ;
Porte d'azur à trois pals d'or.

No 300. La communauté des habitants du village de Cherviller ; (Scherwiller.)
Porte d'argent à trois cerfs de sable, deux et un.

No 301. Frédéric Voguel, marchand-tanneur et bourgeois de Colmar ;
Porte d'azur à un navire équipé d'or, sur une mer d'argent.

No 302. Martin Sauthier, marchand et bourgeois de la ville d'Ensishem ;
Porte d'argent à trois fasces ondées d'azur, accompagnées de trois roses de gueules, rangées en chef.

No 303. Nicolas Hertzocq, marchand-tanneur et bourgeois de Colmar ;
Porte d'argent à un chevron de sable, accompagné de trois tourteaux de même.

No 304. Jean-Georges Keffer, curé du village d'Hirtzfelden ;
Porte de sable à une tête de mort d'argent, soutenue de deux ossements passés en sautoir de même.

No 305. François-Simon Legrand, prêtre, curé de Munichhaussen ; (Munckhausen.)
Porte d'or à trois pals d'azur.

No 306. Jean-Jacques Leiby, curé du village de Munichhaussen ;
Porte d'argent à un moine de carnation, vêtu de sable, devant la porte d'une maison de gueules, maçonnée d'argent.

No 307. N..., femme de N... de Valcour, écuyer ;
Porte d'azur à une croix d'or.

No 308. Jean-Georges Baccara, marchand-chamoiseur en la ville de Colmar ;
Porte d'or à un chandelier d'église de gueules sur une terrasse de sinople, accosté de deux lions affrontés de gueules, tenant de leurs deux pattes de devant deux couteaux de tanneur d'argent, emmanchés de gueules, passés en sautoir, et brochants sur le chandelier, surmonté des trois lettres H, G et B de sable, rangées en chef.

N° 309. Ls communauté des habitants du village d'Ohrsch-wir ;

Porte de gueules à une croix pattée d'argent, posée en chef, et un serpent de même en pointe étendu en fasce et contourné.

N° 310. Le corps des officiers de la maîtrise particulière des eaux et forêts d'Ensisheim ;

Porte d'azur à un marteau d'or, surmonté d'une fleur-de-lis de même.

N° 311. MARIE-FRANCISQUE-JUDITH REICHIN DE REICHENSTEIN, femme de JEAN-HENRY-LOUIS DE REINACH, écuyer ;

Porte d'argent à un fer de pique de sable, péri en bande.

N° 312. JULIENNE-CATHERINE DE ROGUEBOUILLAC, femme de FRANÇOIS-MICHEL DU TRONCET, écuyer ;

Porte d'or à trois roses de gueules, deux et une.

N° 313. JEAN-NIGOLAS GUENGUER, prêtre, curé de Logelhem, et chanoine du chapitre de Colmar ;

Porte d'or à un arbre arraché de sinople accosté de deux croi-settes de gueules.

N° 314. MELCHIOR KLIN, prévôt du village de Keintzheim ;

Porte d'azur à un bâton d'argent et une houlette de même passée en sautoir, une serpette d'or posée en pal brochante sur le tout et un chef d'argent chargé de la lettre M de sable jointe à la lettre K de même.

N° 315. JEAN-FRÉDÉRIC HENRY, marchand-apothicaire en la ville de Ruffach ;

Porte d'azur à un chevron d'or, accompagné en pointe d'une croix pattée de même.

N° 316. LÉONTIUS RIBZARD, prêtre, curé du village de Gue-berswir ;

Porte d'argent à deux bandes de gueules.

N° 317. La seigneurie de Bourogne ;

Porte d'argent à une pointe de gueules.

N° 318. La communauté des habitants de la ville d'Amersche-wir ;

Porte de sable à un aigle d'or.

N° 319. JEAN BROBECKER, du magistrat de la ville d'Eguishem ;

Porte d'azur à une face d'or, accompagnée de trois tours de même.

Nº 320. JEAN BROBECKER, du magistrat de la ville d'Eguishem ;
De même qu'à l'art. 319.

Nº 321. JEAN WEBECKER, du magistrat de la ville d'Eguishem ;
Porte de gueules à une bande d'argent accompagnée de deux molettes d'or, l'une en chef et l'autre en pointe.

Nº 322. JEAN NISSEL, du magistrat de la ville d'Eguishem ;
Porte d'or à une croix nilée de gueules.

Nº 323. JEAN-JACQUES BROUCKER, du magistrat de la ville d'Eguishem ;
Porte d'argent à une rose de gueules pointée de sinople et boutonnée d'or.

Nº 324. JEAN-JACQUES BOOL, cabaretier de la ville d'Eguishem ;
Porte d'or à trois coquilles de gueules, deux et une.

Nº 325. MARIE-CATHERINE WAPNER DE MARTINSBOURG, femme de FRANÇOIS-THIBAULT DE VALCOUR, écuyer ;
Porte d'argent à un chevron de gueules accompagné de trois mouches de sable.

Nº 326. SÉBASTIEN WENGAND, bourgeois de la ville de Ruffach ;
Porte d'argent à deux bandes d'azur.

Nº 327. FRANÇOIS-JOSEPH SCHMID, marchand-bourgeois de la ville de Ruffach ;
Porte d'azur à un chevron d'or, accompagné de trois tours de même.

Nº 328. JEAN-GEORGES WENGAND, marchand-bourgeois de la ville de Ruffach ;
Porte d'argent à deux bandes d'azur.

Nº 329. JEAN-BARTHOLOMÉ PETER, marchand et bourgeois de la ville de Ruffach ;
Porte de sable à une bande d'argent chargée d'un lion de gueules.

Nº 330. JEAN NÉZELLE, bourguemestre du village d'Ohrschevir ;
Porte de gueules à une branche de chêne de trois feuilles d'or posées en pal.

Nº 331. HANTS-HIERICH BROUGUET, cabaretier à Rouffach ;
Porte d'argent à trois feuillles de lierre de gueules deux et une.

N° 332. PIERRE PAGNOL, marchand-bourgeois de la ville de Ruffach ;
Porte de gueules à trois fasces d'argent.

N° 333. La seigneurie de Namzen ; (Nambsheim.)
Porte d'azur à trois lions d'or, deux et un.

N° 334. La communauté des habitants du village de Namzen ;
Porte de même.

N° 335. CLAUDE-FRANÇOIS GAY, marchand-bourgeois de la ville de Ruffach ;
Porte de gueules à une tour couverte en dôme d'argent.

N° 336. GEORGES WINGAND, maître de poste à Ottmarshem ;
Porte d'argent à deux bandes d'azur.

N° 337. La communauté des habitants du village de Sund-hauffen ;
Porte de gueules à un soc de charrue d'argent, posé en pal.

N° 338. La seigneurie de Sashem ; (Sausheim.)
Porte d'or à un aigle de sable.

N° 339. ANTOINE FLECK, prévôt du village de Orschewir ;
Porte de pourpre à un soc de charrue d'argent en pal, sommé d'une croisette pattée de même.

N° 340. JACQUES RUSSEL, prêtre, curé du village de Baten-heim ;
Porte d'azur à une fasce ondée d'argent accompagnée de trois croisettes d'or.

N° 341. La communauté des habitants du village de Ober-steinbron ;
Porte d'argent à la lettre D jointe à la lettre O de gueules.

N° 342. La communauté des habitants du village de Schlier-bach ;
Porte d'argent à une croix alézée de sable, accostée de deux lettres S et B de même.

N° 343. La communauté des habitants du village de Nider-steinbron ;
Porte d'azur à un besant mi-parti au 1er d'argent, et au 2e d'or, coupé de sable.

Nᵒ 344. La communauté des habitants du village d'Hesingen ;

Porte d'azur à une croix patriarchale fleuronnée d'or, bordée de gueules.

Nᵒ 345. La communauté des habitants du village d'Erlembach ;

Porte d'azur à trois chevrons d'argent.

Nᵒ 346. La communauté des habitants du bourg de Willé ;

Porte de gueules à trois tours d'argent sur une terrasse de sinople.

Nᵒ 347. La communauté des habitants du village de Breitenbach ;

Porte fusée d'argent et d'azur de six pièces.

Nᵒ 348. La communauté des habitants du village de Steige ;

Porte d'argent à une croix de sable, cantonnée de quatre molettes de même.

Nᵒ 349. La communauté des habitants du village de Ranru ;

Porte d'or à un pal de gueules, accosté de deux étoiles de même.

Nᵒ 350. RÉGINE-HENRIETTE DE ROTBERG, femme de FRÉDÉRIC DE BERENFELZ, écuyer ;

Porte d'or à une fasce de sable.

Nᵒ 351. La seigneurie d'Jsguenheim ; (Issenheim ?)

Porte d'or à trois hures de sanglier de sable, deux et une.

Nᵒ 352. MARIE-ANNE SCHEPPLIN, femme de ROBERT DE GUESPIN, écuyer, sieur de Sᵗ-AMAND ;

Porte d'or à cinq roses de gueules, posées en sautoir.

Nᵒ 353. CHRISTOPHE BORSTE, ci-devant receveur des domaines au bureau de Bartenheim ;

Porte d'or à une bande d'azur chargée de trois besants d'argent.

Nᵒ 354. JACOR RITTER, prévôt du village Neuf de Huningue ;

Porte d'argent à un aigle de gueules.

Nᵒ 355. La communauté des habitants du village de Kemps ;

Porte d'argent à un fer de cheval de sable, accosté des deux lettres G et K de même.

Nᵒ 356. JEAN-ULRICH HEYTS, maître de la poste du village de Kemps ;

Porte d'azur à un cerf d'argent, contourné et courant sur une terrasse de sinople, sur laquelle il y a un cor de postillon d'or, posé entre les quatre jambes du cerf.

No 357. JEAN LAMBER, commis des domaines au bureau de Kemps ;

Porte coupé de gueules et d'or par une fasce de sinople, le gueules chargé d'un lévrier courant d'argent, et l'or chargé d'un trèfle de sinople.

No 358. JEAN-ULRICH HEYTE, prêtre, curé du village de Kemps ;

Porte d'azur à un cerf courant d'argent, un calice d'or brochant en pal sur le tout et posé sur une terrasse de sinople.

No 359. La communauté des habitants du village de Bartenhem ;

Porte d'or à un crampon de gueules péri en bande, enfermé dans une couronne de laurier de sinople.

No 360. La communauté des habitants du village de Ketzingen ;
Porte d'or aux deux lettres S et S de sable, passées en sautoir.

No 361. La communauté des habitants du village de Bruebach ;

Porte d'or à une lozange vidée et couchée en fasce de sable.

No 362. La communauté des habitants du village de Bantzenhem ;

Porte d'azur à un fer de cheval d'argent et un mont de trois coupeaux d'or, mouvant de la pointe de l'écu.

No 363. PIERRE MALAISÉ, maire du village de Salle au val de Willé ;
Porte d'argent à une bande engrelée d'azur.

No 364. GASPARD BELTZ, prêtre, curé du village de Saushem ;
Porte de gueules à un calice d'or, posé sur un livre fermé d'argent, couvert de sable, et accosté des deux lettres G et B d'or.

No 365. ANDRÉ MULLER, prêtre, curé du village de Blodelshem ;

Porte d'argent à un chiffre composé des deux lettres A et M de sable entrelacées, surmonté d'un calice de gueules, accosté de deux étoiles de même et soutenu d'une moitié de roue de moulin de sable.

No 366. JEAN SUZAR, prêtre, curé du village de Fessenhem ;

Porte d'azur à un calice d'or, surmonté d'une main dextre bénissante de carnation, sortant d'un nuage d'argent.

N° 367. La communauté des habitants de la ville d'Ensishem ;
Porte d'azur à un château d'argent.

N° 368. JOSEPH GOLLEMAN, marchand-bourgeois de la ville de Ruffach ;
Porte d'or à un dragon de sinople, langué de gueules.

N° 369. JEAN-BERNARD SATTLER, prêtre, curé du village de Rumersheim ;
Porte de gueules à un pal d'argent, chargé de trois croisettes de gueules.

N° 370. GUILLAUME-ULRICH INSPRINGER, sergent royal au bailliage de Landser ;
Porte d'argent à un griffon de sable.

N° 371. La communauté des habitants du village de Montreux-le-Château ;
Porte d'azur à un château d'or, sur une terrasse de sinople.

N° 372. N..., veuve de N... KLINGLIN ;
Porte d'argent à un aigle à deux têtes de sable.

N° 373. N..., femme de JEAN-BAPTISTE ABBÉ, conseiller du roi et son prévost à Ensishem ;
Porte de gueules à trois lions d'or, deux et un.

N° 374. N..., femme de JEAN-BAPTISTE POIRON, conseiller du roi au Conseil souverain d'Alsace ;
Porte d'azur à un lion d'argent, couronné d'or.

N° 375. JOST SCHULTEIS, curé du village de Hombourg ;
Porte de gueules à un maillet d'or, accompagné de trois étoiles de même.

N° 376 N... BURNER, prêtre, curé du village d'Ottmarshem ;
Porte d'azur à une fasce d'or, accompagnée de trois croisettes de même.

N° 377. N... KOBEL, prêtre, curé du village de Bantzenhem ;
Porte de gueules à un calice d'or, accosté de deux étoiles de même.

N° 378. N..., veuve de N... EBELMAN de Ruffach ;
Porte de gueules à une bande d'argent, chargée de trois coquilles de sable.

No 379. FRANÇOIS THOMAS, conseiller du magistrat de la ville de Belfort ;

Porte d'azur à une tourterelle d'argent, perchée sur la pointe d'un rocher d'or, et un chef cousu de gueules, chargé de trois étoiles d'or.

No 380. JEAN SCHUTZ, capitaine au régiment de milice d'Alsace;

Porte d'or à un sauvage contourné de carnation, couvert de sinople, bandant un arc d'argent, cordé de sable et encoché d'une flèche d'or.

No 381. FRANÇOIS TOURTELIER, maître de la poste de Delle ;

Porte d'azur à une fasce d'argent, chargée d'une couronne de gueules, et accompagnée de trois tourterelles d'or, deux en chef et une en pointe, celle-ci soutenue d'un croissant d'argent.

No 382. JEAN-BAPTISTE JEAN-PIERRIN, sieur de Cravanche, ci-devant capitaine suisse au régiment de Salis;

Porte d'azur à un rocher d'argent, surmonté d'un croissant de même, et un chef de gueules chargé de trois étoiles d'or.

No 383. FRANÇOIS PASSAVANT, grand maire de la ville de Belfort ;

Porte d'azur à une bande, accompagnée en chef d'un croissant et en pointe de deux grenades tigées et feuillées, passées en sautoir et surmontées d'une étoile, le tout d'or.

No 384. JACQUES CUENIN, tabellion de la ville et comté de Belfort ;

Porte d'azur à une bande d'or, chargée de trois cœurs de gueules.

No 385. La communauté des habitants du village de Saal ; (?)
Porte d'or à un sanglier de sable.

No 386. JEAN-JACQUES HAAS, prêtre, curé du village de Bernviller ;

Porte d'azur à 4 besants d'or, posés deux et deux, et un chef d'or chargé d'un lièvre contourné, courant de gueules, et soutenu de sinople.

No 387. JEAN-THIEBAULT MEYER, prêtre, curé du village d'Oberspebach ;

Porte d'or à un rosier de sinople, fleuri de trois roses de gueules sur une terrasse de sinople.

Nᵒ 388. La communauté des habitants du lieu de Berviller ; (Bernwiller ?)

Porte de gueules à une rivière d'argent en barre, accompagnée de deux croix fleuronnées de même, l'une en chef et l'autre en pointe, et des deux lettres B et W d'or, posées aux flancs.

Nᵒ 389. JEAN THIBAULT ....., jeune, maire du village de Bernviller ;

Porte d'or à une fasce de sable, accompagnée en chef d'une roue de gueules et en pointe d'un coq contourné de même.

Nᵒ 390. La communauté des habitants du village de Balscheviller ;

Porte de gueules à un sautoir d'or.

Nᵒ 391. La communauté des habitants du village de Rantzviller ;

Porte d'or à trois aigles de sable, deux et un.

Nᵒ 392. La communauté des habitants du village de Riedesheim ;

Porte d'argent à une biche de gueules, passante sur une terrasse de sinople.

Nᵒ 393. MARIE-CLEOPHÉ ZINTTE DE KAINTZINGE, femme de JACQUES HERMAN D'ULM ;

Porte d'or à trois têtes et cols de cerf de sable, lampassées d'or, deux et une.

Nᵒ 394. N..., femme de N... ROLLET, conseiller du roi au Conseil souverain d'Alsace ;

Porte d'or à un trèfle de sinople, mouvant d'un mont de même.

Nᵒ 395. La communauté des habitants du village de Vitelsheim ;

Porte d'argent aux deux lettres V et V de sable jointes, et une crosse de même, posée en pal, brochante sur le tout.

Nᵒ 396. N..., femme de N..., conseiller du roi, premier président au Conseil souverain d'Alsace ;

Porte d'azur à trois chevrons d'or, et un chef d'argent, chargé de trois roses de gueules.

Nᵒ 397. N..., femme de FRANÇOIS DE HAGUEBACH, écuyer ;

Porte d'argent à trois coquilles d'azur, deux et une.

Nᵒ 398. N..., femme de N... FAVIER, conseiller du roi au Conseil souverain d'Alsace ;

Porte de gueules à un chevron d'or, accompagné de trois lozanges de même.

Nº 399. N..., femme de N... HOLDT, conseiller du roi au Conseil souverain d'Alsace ;

Porte d'azur à un lévrier rampant d'argent, accompagné de trois besants de même, deux en chef et un en pointe.

Nº 399 (bis.) MARIE-CLAIRE SCHEFFMAKER, femme de N... HOLDT, conseiller du roi au Conseil souverain d'Alsace ;

Porte d'azur à un chevron d'argent, accompagné en chef de deux étoiles d'or, et en pointe d'un navire de même.

Nº 400. N..., femme de N... DE BOISGAUTIER, conseiller du roi au Conseil souverain d'Alsace ;

Porte d'azur à trois colombes d'argent, becquées et membrées de gueules, deux et une.

BRISACK ET COLMAR

—

Nᵒ 1ᵉʳ. JEAN ENDERLIN, prêtre, curé et recteur à Sierentz;
Porte d'azur à deux bâtons d'argent en sautoir, accompagnés en chef d'un calice d'or et en pointe d'un cimier de crosse de même, d'une cigogne contournée d'argent, posée au flanc dextre, et d'une croix patriarchale, posée au flanc sénestre de même.

Nᵒ 2. JACQUES TIREL, conseiller du roi, receveur des consignations du Conseil souverain d'Alsace;
Porte d'azur à un chevron d'or, accompagné en chef de deux croix pattées, au pied fiché d'argent, et en pointe de trois cannes de même, mal ordonnées.

Nᵒ 3. ANTOINETTE DE MONTAUBAN, femme de N... BAROTIUS;
Porte de gueules à un chevron d'or.

Nᵒ 4. La seigneurie de Wissembourg;
Porte de sinople à une fasce d'or.

Nᵒ 5. JEAN FORTIER, de Belfort;
Porte d'azur à une tour donjonnée d'une tourelle d'or, pavillonnée de gueules, girouettée d'argent, maçonnée de sable, posée sur un mont de sinople et un chef cousu de gueules, chargé de trois étoiles d'argent.

Nᵒ 6. LOUIS DE LA GRANGE, conseiller du roi et d'Eglise au Conseil souverain d'Alsace, et abbé de Munster au val St-Grégoire;
Porte de gueules à un chevron d'argent, surmonté d'un croissant de même et accompagné de trois gerbes d'or.

N° 7. N..., femme de N... DE GUILLERMIN, conseiller du roi au Conseil souverain d'Alsace ;

Porte d'azur à un chevron d'or, accompagné en chef de deux roses d'argent et en pointe d'un lion d'or.

N° 8. N... , femme de N... SCHVILGUÉ, conseiller du roi au Conseil souverain d'Alsace ;

Porte d'azur à une tour d'argent.

N° 9. N... , femme de N... ROLLE, écuyer ;

Porte d'azur à un sautoir d'or.

N° 10. NICOLAS BOCHET, directeur des postes à Belfort ;

Porte d'argent à trois fasces ondées d'azur.

N° 11. N..., veuve de HENRY D'EPTINGEN, écuyer ;

Porte d'or à un aigle de sable versé de côté.

N° 12. BARBE D'EPTINGEN, femme de RODOLPHE DE REICHENSTEIN, écuyer ;

Porte d'argent à une bande de sable chargée de trois étoiles d'or.

N° 13. DAVID HUGUENIN, maître-chirurgien à Belfort ;

Porte d'argent à trois cœurs de gueules, deux et un.

N° 14. La communauté des habitants du village de Bournehaupt, le haut et le bas ;

Porte d'azur à un sautoir d'argent accompagné de quatre étoiles de même.

N° 15. APPOLINAIRE BITSCH, prévôt du village de Bournehaupt ;

Porte d'or à trois pigeons d'azur, deux et un.

N° 16. La seigneurie de Zillishem ;

Porte d'argent à trois fasces ondées d'azur.

N° 17. N..., femme de N... DE FERRETTE, écuyer, seigneur de Zillisheim ;

Porte d'argent à trois quintefeuilles de gueules, deux et un.

N° 18. JEAN-WOLFFGANG BINDT, receveur de Mᵃᵈᵉ Truchses ;

Porte d'or à deux bourdons de sable passés en sautoir accompagnés d'une croix pattée au pied fiché de gueules, posée en chef, de deux étoiles de même posées aux flancs, et d'une terrasse de trois monticules de sinople mouvante de la pointe de l'écu.

N° 19. La communauté des habitants du lieu d'Aspach ;

Porte d'argent à la lettre A de sable.

Nº 20. JEAN-JACQUES CRUST, prévôt du village d'Aspach ;
Porte d'azur à une comète d'argent.

Nº 21. La communauté des habitants du village de Roderen ;
Porte de sable à un clocher d'argent accosté des deux lettres R et L d'or.

Nº 22. La communauté des habitants du village de Dannemarie ;
Porte d'azur à une Eglise d'argent sur la couverture de laquelle il y a une Notre-Dame d'or supportée d'un nuage d'argent.

Nº 23. PIERRE BEURRET, maire du village de Dannemarie ;
Porte d'azur à trois canards d'or nageant dans un étang d'argent.

Nº 24. La communauté des habitants du lieu de Schvenchausem ; (Schweighausen ?)
Porte d'argent à un annelet de sable.

Nº 25. JEAN-JACQUES DIÉCHY, prévôt du village de Schvechausen ;
Porte d'azur à une clef d'argent posée en pal l'anneau en haut.

Nº 26. La communauté des habitants du village de Withenen ; (Wittenheim ?)
Porte d'or à une fasce de gueules accompagnée de trois léopards de sable, deux en chef et un en pointe.

Nº 27. VICTOR MIESCH, prévôt du village de Wuittelshem ;
Porte d'azur à un cheval passant d'argent.

Nº 28. La seigneurie de Staffefelden ;
Porte de gueules à un aigle à deux têtes d'argent.

Nº 29. MARIE-ANNE DE BETY, femme de N... DE PESCHERY, seigneur de Staffelden, maistre de camp d'un régiment de cavalerie, lieutenant de roy de la haute Alsace ;
Porte d'or à un chien rampant de sable accolé de gueules, cloué et bouclé d'or appuyant ses deux pieds de derrière sur un mont de trois coupeaux de gueules.

Nº 30. La communauté des habitants de Fontaine ;
Porte de sable à une fontaine d'argent.

Nº 31. La communauté des habitants du lieu de Sepois-le-haut ;
Porte d'azur à un cœur d'or.

Nº 32. BERGARD PRUDHOMME, maître de la poste au village de Sepois-le-haut ;

Porte de gueules à deux couteaux de tanneur d'argent, emmanchés d'or, passés en sautoir, accompagnés en chef de deux lettres B et P aussi d'or.

No 33. La communauté des habitants du village de Bou‑rogne ;

Porte d'azur à un mouton d'argent surmonté de la lettre B d'or.

No 34. La communauté des habitants du village de Rechessy ;
Porte d'azur à une fleur-de-lis d'or, couronnée de même.

No 35. JEAN-GEORGES RERAT, prêtre, curé et doyen à Cour‑tavon ;

Porte d'argent à trois clous de sable appointés et fichés dans un cœur de gueules.

No 36. MARIE-EVE SICHLERIN, femme de FRANÇOIS-MARTIN BIEIGESEN, conseiller du roi, trésorier des émoluments du sceau de la chancellerie établie près le Conseil souverain d'Alsace ;

Porte d'azur à une faucille d'argent emmanchée d'or, accompagnée de trois étoiles de même, une dans le rond de la faucille et deux aux flancs, et un mont de trois coupeaux mouvant de la pointe.

No 37. JEAN-JACQUES NANSÉ, marchand-bourgeois d'Alkirck ;
Porte d'azur à un navire d'or sur une mer d'argent.

No 38. CHRISTIAN SCHLINGUER, prêtre, curé du village d'Ober‑morscheviller ;

Porte d'or à deux flèches de sable ferrées et empennées d'argent passées en sautoir, les pointes en haut, et liées de gueules, et une terrasse de trois monticules de sinople.

No 39. La communauté des habitants du village d'Illfurt ;
Porte d'azur à un chevron d'argent accompagné en cœur d'un pont de quatre arches d'or sur une rivière d'argent, et en pointe d'une serpette de même.

No 40. JEAN-CHRISTOPHE FEHREIBER, prêtre, curé du village d'Illfurt ;

Porte d'azur à un homme à demi-corps, vêtu à la romaine, posé en fasce, le bras dextre étendu, et son bras sénestre appuyé sur son côté, le tout d'or.

No 41. ROCH NEF, prévôt du village de Hocstat ; (Hochstatt.)
Porte d'argent à un crampon de sable, posé en pal, accosté des

deux lettres R et N de même, accompagné en chef de trois étoiles d'azur mal ordonnées, et en pointe de trois roses de gueules, deux et une.

N° 42. La communauté des habitants du village d'Hocstat ;

Porte de gueules à deux clefs d'argent, rangées en pal, les pennetons en dedans.

N° 43. JEAN-LÉONARD WALTER, prêtre, curé du village de Balderstorff ; (Ballersdorff.)

Porte d'or à un sauvage de carnation, couvert et couronné de feuilles de sinople, naissant à demi-corps d'un mont de trois coupeaux de même, et tenant sur son épaule un arbre arraché de sinople.

N° 44. NICOLAS-JOSEPH TOULLOT, prêtre, curé du village de Manspach ;

Porte d'argent à un ours debout de sable et un lion de même affrontés, accompagnés en chef d'un oiseau d'azur et en pointe des trois lettres N, I et T de sable.

N° 45. JEAN-CLAUDE LEHMAN, marchand-bourgeois de Manspach ;

Porte d'azur à un cheval se cabrant d'argent, adextré d'un fer de lance de même, péri en barre, la pointe en haut.

N° 46. La communauté des habitants du village de Bettendorff ;

Porte d'argent à un livre fermé, la tranche de gueules, la couverture de sable, garni d'or aux quatre coins, et un chapelet de gueules brochant sur le tout.

N° 47. VALENTIN WIDERPACH, prêtre, curé du village de Bettendorff ;

Porte d'azur à un mouton d'argent, montrant ses deux yeux et posé dans une rivière de même, bordée d'arbres au naturel.

N° 48. La communauté des habitants du village de Hirtzbach ;

Porte d'or à un cerisier de sinople, fruité de gueules et une champagne d'argent, chargée d'un cerf de gueules, buvant dans une rivière d'azur.

N° 49. JEAN-GEORGES SENGELIN, curé du village de Hirtzbach ;

Porte d'argent à un calice de gueules, sénestré d'un cerf de sable rampant et regardant dans le calice, acccompagné d'un cœur aussi de gueules, posé au côté d'extre du chef.

N° 50. FRANÇOISE KEMPFF D'ANGRETH, femme de FRANÇOIS-RODOLPHE, écuyer, seigneur d'Altenach ;

Porte de sable à deux os de mort d'argent, posés en sautoir.

N° 51. La communauté des habitants du lieu de Walbach ;

Porte d'argent à un fer de cheval de sable, accompagné en pointe de la double lettre W, à dextre, et de la lettre B à sénestre, aussi de sable.

N° 52. La communauté du lieu de Jetingue ; (Jettlingen ?)

Porte d'argent aux deux lettres I et T de sable, séparées par un point de même.

N° 53. La communauté des habitants du village de Francken ;

Porte d'azur à la lettre capitale F d'or, couronnée de même.

N° 54. La communauté des habitants du village de Walhem ;

Porte de gueules à un besant d'argent.

N° 55. GUILLAUME-THIBAULT LANTHERY, curé de Hagueback ;

Porte d'azur à un griffon passant et contourné d'argent, couronné d'or.

N° 56. La communauté des habitants du lieu de Sepois-le-bas ;

Porte d'argent à la lettre S de sable.

N° 57. HENRY SCHIRCK, bourgeois du lieu de Sepois-le-bas ;

Porte d'azur à un lion d'or, accosté des lettres H et S de même.

N° 58. La communauté des habitants du lieu de Didenheim ;

Porte d'argent à la lettre D de sable.

N° 59. FRANÇOIS-THIEBAULT PFISTER, curé du village de Hersingem ; (Hirsingen.)

Porte d'argent à un rosier de sinople sur une terrasse de même et fleuri de trois roses de gueules.

N° 60. La communauté des habitants du village de Hersingem ; (Hirsingen.)

Porte d'azur aux deux lettres H et S d'or, rangées en fasce, surmontées d'une couronne de même.

N° 61. La communauté des habitants du village de Luemschwiller en haute-Alsace ;

Porte d'argent parti par un trait de sable, au 1er à la lettre L en chef, et au 2e à la double lettre W aussi en chef, et en pointe un chevron alèzé brochant sur le parti, le tout de sable.

Nº 62. PIERRE-JOSEPH JAIGUER, prêtre, curé du village de Loumschwiller ;

Porte écartelé d'argent et d'azur à un cornet d'or, posé en barre brochant sur le tout, attaché à un ruban de gueules voltigeant en chef.

Nº 63. La seigneurie de Loumschwiller ; (Luemschwiller.)

Porte de sable à trois lions d'argent, deux et un.

Nº 64. JEAN KOENICH, prévôt du village de Freningue ; (Frœningen.)

Porte d'azur à deux clefs d'argent passées en sautoir, les pennetons en haut, tournés en dedans, accompagnées en chef d'une couronne d'or, et en pointe d'un cœur de même.

Nº 65. La communauté des habitants du lieu de Bronstat ;

Porte d'argent à un fer de cheval de gueules.

Nº 66. La communauté des habitants du lieu de Zillisheim ;

Porte d'argent à la lettre T de sable.

Nº 67. La communauté des habitants du village de Karsback ;

Porte d'azur à un St-Georges d'or, sur un cheval d'argent.

Nº 68. JEAN-JACQUES WALCH, marchand-bourgeois de Karsbach ;

Porte d'azur aux quatre vents représentés par quatre têtes de chérubins d'or, posées en sautoir, soufflant leur vent d'argent en cœur.

Nº 69. JACQUES BUECHER, prêtre, curé et doyen de Landzer ;

Porte de gueules à un lion d'or.

Nº 70. La communauté des habitants du village de Dietviller ;

Porte d'azur à la lettre capitale T d'or, accostée de deux étoiles de même, et soutenue d'un cœur d'argent.

Nº 71. GEORGES FONTAINE, prévôt du village de Nidermagstat ;

Porte d'azur à une fontaine à trois robinets d'or, desquels coule son eau d'argent.

Nº 72. La communauté des habitants du village de Nidermagstat ;

Porte d'argent à une croix haussée de gueules, posée sur trois degrés de même, accostée des lettres N et T de sable.

Nº 73. JACQUES BELGUE, laboureur au village de Nidermagstat ;

Porte d'argent à un bourdon de sable, posé en pal, accosté de deux coquilles de gueules.

No 74. La communauté des habitants du lieu de Steten ;

Porte d'argent aux deux lettres S et S de sable, passées en sautoir.

No 75. La communauté des habitants du village de Obermichelbach ;

Porte d'azur à un couteau de tanneur, posé en fasce, accompagné en chef de deux étoiles d'or, et en pointe d'un cœur de même.

No 76. La communauté des habitants du village de Helfransekirch ;

Porte d'argent à une anse de sable, sommée d'une croix pattée, au pied fiché de même, accosté des deux lettres H et K aussi de sable.

No 77. La communauté des habitants du village d'Attenscheviller ;

Porte d'argent à un compas ouvert de gueules enfermant la lettre A de sable.

No 78. JEAN-JACQUES RISER, curé du village de Niderans-pach ;

Porte d'azur à un lion d'or.

No 79. FRANÇOIS LEBLEU, dit la feuille, entrepreneur des fortifications de Belfort pour le roi ;

Porte d'azur à un piédestal d'or, sommé d'une pomme de pin de sable, sur laquelle est perchée une tourterelle contournée au naturel, et un chef cousu de gueules, chargé de trois étoiles d'argent.

No 80. JEAN-ERARD GUÉRER, prêtre, curé de la ville de Ferrette ;

Porte écartelé au 1er de gueules à un lion contourné d'or, tenant de ses deux pattes un couteau de tanneur d'argent, au 2e d'azur à un gland d'or, la tige en bas, lié en forme de fleurs-de-lis de même, au 3e d'azur à un guidon d'argent, et au 4e de gueules à une licorne saillante d'argent.

No 81. JOSEPH MENNEUEG, conseiller du magistrat de la ville de Ferrette ;

Porte d'argent à trois ancres de gueules, deux et une.

No 82. HENRY LIBIS, bourgeois de la ville de Ferrette ;

Porte d'azur aux deux lettres H et L d'or, rangées en fasce, accompagnées de deux étoiles de même, l'une en chef et l'autre en pointe.

Nᵒ 83. Jean Freidinger, procureur-fiscal du comté de Ferrette;

Porte d'azur à deux roses d'argent, tigées d'or, les tiges mouvantes du chef et formant une espèce de chevron, accompagné de trois étoiles de même, deux en chef et une en pointe.

Nᵒ 84. La confrérie des tanneurs et cordonniers de la ville de Ferrette;

Porte d'argent à trois couteaux de tanneur d'azur, emmanchés d'or, posés en pal et en sautoir, adextrés d'un soulier de sable et sénestrés d'une botte de cuir de même.

Nᵒ 85. La confrérie des tisserands de la ville de Ferrette;

Porte d'azur à une navette d'argent, posée en fasce.

Nᵒ 86. La communauté des habitants du Vieux-Ferrette;

Porte d'argent à deux bâtons écotés de gueules, passés en sautoir, alèzés, accostés de deux lions assis affrontés de même.

Nᵒ 87. Jean Imsser, maire du Vieux-Ferrette en haute-Alsace;

Porte d'argent à un lion de sable, tenant de ses deux pattes une rose de gueules, tigée et feuillée de sinople.

Nᵒ 88. La communauté des habitants du village de Kerslach; (Kœstlach?)

Porte d'argent à un perçoir ou foret de gueules, posé en pal, accosté des deux lettres K et L de sable.

Nᵒ 89. La communauté des habitants du village de Menach; (Mœrnach?)

Porte d'or à un marteau d'armes d'azur, emmanché de sable, posé en pal, accosté des deux lettres L et M de sable.

Nᵒ 90. La communauté des habitants du lieu de Moos;

Porte d'argent à une roue de moulin de sable, accompagnée en pointe des deux lettres M et S de même.

Nᵒ 91. La communauté des habitants du village de Liebstorff;

Porte d'argent à une gerbe de bled de gueules, accompagnée en chef des deux lettres L et T de sable.

Nᵒ 92. La communauté des habitants du lieu de Vinkel;

Porte d'argent à un sapin de sinople sur une montagne de trois coupeaux de même, accompagnée en chef de la double lettre W de sable à dextre, et de la lettre K de même à sénestre.

N° 93. La communauté des habitants du village de Durlins-torff ;

Porte d'or à une clef de sable posée en pal, une épée de gueules posée en fasce, brochant sur la clef, accostée des lettres D et L aussi de sable.

N° 94. Jean-Philippe Amerlin, maire du village de Durlins-torff ;

Porte d'azur à une main dextre de carnation, mouvante d'un nuage d'argent et tenant un marteau de même, accosté de deux étoiles d'or.

N° 95. La communauté des habitants du village de Velbach ; (Feldbach.)

Porte d'argent à un bourdon de sable posé en pal et accosté des deux lettres V et B de même.

N° 96. La communauté des habitants du village de Pérouze ; (Pfetterhausen.?)

Porte d'argent à une oie de sable, becquée et membrée de gueules, accompagnée en pointe des trois lettres P, F et H rangées.

N° 97. La communauté des habitants du village de Waltig-hoffen ;

Porte d'argent à un cœur de gueules, surmonté d'une fleur-de-lis d'azur, adextré de la lettre double W de sable, sénestré de la lettre H de même, et accompagné de trois molettes aussi de sable, deux en chef et une en pointe.

N° 98. La communauté des habitants du village de Ropens-willer ;

Porte de gueules à un cygne d'argent, accosté des deux lettres R et Z d'or, accompagné en pointe d'une étoile à plusieures raies de même.

N° 99. La communauté des habitants du village de Stein-soultz ;

Porte d'argent aux trois lettres S, T et S de sable, rangées en fasce, cette dernière séparée des autres deux par une petite étoile de même, le tout accompagné en pointe de trois tourteaux mal ordonnés aussi de sable.

N° 100. La communauté des habitants du village de Gren-tzinguen ;

Porte d'azur à deux lions assis et affrontés d'or, tenant chacun un couteau d'argent.

N° 101. NICOLAS BICHOFF, curé du village de Grentzinguen ;
Porte d'azur à une mitre d'évêque d'or, couchée en fasce.

N° 102. La communauté des habitants du village de Obermousbach ; (Obermuespach.)
Porte d'azur à un mouton passant d'argent, accosté des deux lettres O et M d'or.

N° 103. La communauté des habitants du village de Mittelmuspach ;
Porte fascé d'or et de sable de six pièces, et un lion de gueules, brochant sur le tout.

N° 104. ADAM GROB, prêtre, curé du village de Mittelmuspach ;
Porte d'or à trois trèfles de sinople, deux et un.

N° 105. GEORGES SPINEMSFELD, maître de poste à Maisonrouge ;
Porte d'argent à une croix pattée alèzée de sable, cantonnée au 1er de la lettre G, au 2e de la lettre S, au 3e de la lettre I et au 4e de la lettre F, et un cornet de postillon, posé en pointe, aussi de sable.

N° 106. La communauté des habitants du village de Nidermouspach ; (Niedermuespach.)
Porte d'argent à un arbre arraché de sinople, accosté de deux merlettes de gueules.

N° 107. La communauté des habitants du village de Volgensbourg ; (Folgensbourg.)
Porte d'azur à un cygne d'argent, accompagné en pointe de la lettre V d'or, posée à dextre, et des deux lettres S et P de même, posées à sénestre.

N° 108. La communauté des habitants du village de Bouxviller ; (canton de Ferrette.)
Porte d'argent à un arbre de sinople sur un terrain de même, adextré de la lettre B de sable et sénestrée de la double lettre W de même.

N° 109. La communauté des habitants du village de Werenzhousem ; (Werentzhausen.)
Porte d'azur à un bourdon d'or, duquel pend à sénestre une co-

quille de même, accompagné en pointe de la double lettre W d'argent et à dextre, de la lettre H de même à sénestre.

Nº 110. La communauté des habitants du lieu de Linstorff ;

Porte d'argent à une croix pattée, alèzée de sable, accompagnée en pointe des deux lettres L et F de même.

Nº 111. La communauté des habitants du village de Bettlach ;

Porte d'argent à une givre rampante de sable, languée de gueules, accompagnée en pointe des lettres B et L aussi de sable.

Nº 112. La communauté des habitants du village de Fislis ;

Porte d'argent à un poisson étendu en fasce de gueules, soutenu des deux lettres F et L de sable.

Nº 113. JEAN ALTEMBOURGUER, prêtre, curé de l'Eglise de St-Baïse du village de Bettlach ;

Porte d'azur à une oie d'argent, tenant en son bec une palme d'or, accompagnée en chef des deux lettres I et A de même.

Nº 114. La communauté des habitants du village de Oltinguen ;

Porte d'argent à une demi-roue de Ste-Catherine de gueules, adextrée de la lettre O de sable et sénestrée de la lettre B de même.

Nº 115. THIBAULT FOLTZER, prêtre, curé du village de Oltinguen ;

Porte d'argent à une rivière en fasce ondée abaissée d'azur, surmontée d'un soc de charrue vidé de sable, entrelacé avec un triangle de même, et accompagné en pointe d'un mont de trois coupeaux de sinople, sur lequel est posé un chien rampant, contourné de sable, brochant sur la rivière.

Nº 116. HENRY JORDAN, greffier du village d'Oltinguen ;

Porte d'argent à une bande de gueules et une rivière d'azur en barre brochant sur la bande, et les deux lettres H et I de sable, posées une à chaque flanc.

Nº 117. La communauté des habitants du village de Sonderstorff ;

Porte d'argent à un cœur de gueules et une scie d'or, brochante en fasce sur le cœur, soutenu de la lettre S de sable à dextre, et des deux lettres S, T, de même à sénestre, et accompagné en pointe d'un soleil de gueules.

Nº 118. La communauté des habitants du village de Ruetterstorff ; (Rædersdorff.)

Porte d'argent à une roue de sable, adextrée de la léttre R de même, et sénestrée des deux lettres S et T aussi de sable.

N° 119. La communauté des habitants du village de Lixtorff ; (Ligsdorff.)

Porte d'azur à un St-Georges d'or sur un cheval d'argent, accompagné en chef des deux lettres L et T d'or.

N° 120. NICOLAS MULLER, curé du village de Lixtorff ;

Porte d'argent à un calice de gueules, accosté des deux lettres N et M de sable.

N° 121. La communauté des habitants du village de Loutter ; (Lutter.)

Porte d'azur à la lettre capitale L d'or, couronnée de même.

N° 122. La communauté des habitants du lieu de Volscheviller ;

Porte d'argent à un sapin de sinople, sur un terrain de même, adextré de la double lettre W et sénestré des lettres S, C, H de sable.

N° 123. La communauté des habitants du village de Kiffier ; (Kiffis.)

Porte d'azur à une montagne d'or, sommée d'une colombe d'argent, et accostée des deux lettres K et F de même.

N° 124. La communauté des habitants du village de Turmenach ; (Durmenach.)

Porte d'argent à un couteau d'azur en pal, accosté des lettres T et M de sable.

N° 125. MARIE-HANNASTIE DE RENACH, femme de CHRISTOPHE-ANNIBAL DE FLAXELANDE, écuyer, seigneur de Turmenach ;

Porte d'or à un lion de gueules, couronné d'azur.

N° 126. CLAIRE-SUZANNE-KENIGONTE CHINNQUET DE CASTEL, femme de JEAN-JACQUES DE FLAXELANDE, écuyer, seigneur de Turmenach ;

Porte d'argent à une ramure de cerf de gueules.

N° 127. La communauté des habitants du village de Obersdorff ; (Oberdorff.)

Porte de sinople à un fléau à battre le blé d'argent, lié de sable.

N° 128. JACQUES ORSCHEID, greffier du village d'Obersdorff ;

Porte d'argent à trois crampons de sable, posés un en chef et deux en pointe.

No 129. Eve-Elizabeth-Thérèse de Sourbronne, femme de Jean-Frédéric Schoulter de Dalem, écuyer ;

Porte d'or à un sautoir, composé d'argent et de sable.

No 130. La communauté des habitants du village de Bendorff ;

Porte d'argent à une croix pattée alèzée de gueules, cantonnée au 1er de la lettre P de sable, au 2e de la lettre D de même, et au 3e et au 4e d'une flèche en pal, aussi de sable.

No 131. Thomas Spart, maire du village de Leymen ;

Porte d'argent à un couperet d'azur, chargé de deux étoiles d'or, l'une sur l'autre, surmonté de la lettre T à dextre de sable et des lettres S et T de même à sénestre.

No 132. Jean-Conrard Zipper d'Angelsteim, curé du village de Leymen ;

Porte d'argent à une ancre renversée de sable.

No 133. La communauté des habitants du village de Leymen ;

Porte d'azur à un bâton d'or et un croc d'argent, passés en sautoir, adextré de la lettre L d'or, et sénestré d'une fleur-de-lis d'argent.

No 134. La communauté des habitants du village de Niderhaguetal ; (Niederhagenthal.)

Porte d'argent à une cigogne de sable, tenant en son bec un serpent de sinople.

No 135. La communauté des habitants du village de Oberhaguetal ; (Oberhagenthal.)

Porte d'argent à une croix pattée alèzée de sable, soutenue d'un soc de charrue couché de même.

No 136. La communauté des habitants du village de Neyviller ; (Neuwiller.)

Porte d'argent à une clef de sable posée en pal, surmontée de la lettre N capitale de même.

No 137. Jean Vanneur, maire du village de Weretsviller ; (Wentzwiller.)

Porte d'argent à un vannet de gueules, posé en chef et les lettres H et double W de sable, posées en pointe.

No 138. La communauté des habitants du village de Werstswiller ; (Wentzwiller.)

Porte d'argent à un crampon en pal de sable, posé en chef, accompagné en pointe des deux lettres doubles W et W de même.

Nº 139. La communauté des habitants du village de Bouche-viller en haute-Alsace ; (Buschwiller.)

Porte d'azur à une colombe d'argent sur un terrain d'or, accompagnée en chef de deux molettes d'argent et en pointe des deux lettres B et double W aussi d'or.

Nº 140. La communauté des habitants du village de Liebensviller ;

Porte d'argent à deux crocs de sable, passés en sautoir, adextré de la lettre L de même, et sénestré de la double lettre W aussi de sable.

Nº 141. La communauté des habitants du village de Bieter-hal ; (Biederthal.)

Porte d'azur à une étoile à huit raies d'or, accompagnée en chef des deux lettres P et D de même.

Nº 142. La communauté des habitants du village de Himers-dorff ; (Heimersdorff.)

Porte de sable à une ruche d'or, accompagnée en chef des deux lettres H et E de même.

Nº 143. La communauté des habitants du village de Dornach ;

Porte d'argent à une montagne de sable, sommée d'une croix pattée au pied fiché de même.

Nº 144. JEAN-JACQUES ARNOUL, sergent-royal au département de Delle ;

Porte d'azur à un sautoir d'or.

Nº 145. La commanderie de Rixen ; (Rixheim.)

Porte de gueules à une croix pattée d'argent.

Nº 146. La seigneurie de Wentzwiller ;

Porte d'or à une fasce de sable.

Nº 147. N... DUCHÉ DE LA VERRIÈRE, receveur des domaines au département d'Altkirck ;

Porte lozangé d'argent et de sinople.

Nº 148. La seigneurie de Broustat ; (Brunstatt.)

Porte de gueules à une fleur-de-lis d'or, accompagnée de trois crampons d'argent.

Nº 149. La communauté des habitants du village de Landau ; (Petit.)

Porte de gueules à un sautoir d'or.

Nº 150. La communauté des habitants du village de Niffer ;

Porte d'azur à trois lances mornées d'or, péries en bande.

N° 151. La communauté des habitants du village de Hombourg ;

Porte d'azur à une lionne en pied d'or, alaitant deux lionceaux de même.

N° 152. MARTIN WIRLIN, bourgeois de la ville de Colmar.

Porte de gueules à une bande de vair.

N° 153. NICOLAS HURST, conseiller du magistrat de la ville de Colmar ;

Porte d'azur à trois roues d'or, deux et une.

N° 154. ANTOINE RICQUART, laboureur à Colmar ;

Porte d'azur à dix besants d'or, quatre, trois, deux, et un.

N° 155. FRANÇOIS REICH, beaumeistre de la ville de Colmar ;

Porte d'argent à trois pals d'azur.

N° 156. ROBÉRT GAULTIER, bourgeois du lieu de Giromagny ;

Porte d'argent à un pélican avec sa piété dans son aire d'azur, ensanglanté de gueules, accompagné en chef de deux étoiles de même.

N° 157. MATHIAS HURST, bourgeois de la ville de Colmar ;

Porte comme à l'art. 153 ci-dessus.

N° 158. ANDRÉ RECH, bourgeois de la ville de Colmar ;

Porte d'azur à un cerf élancé d'argent, ses pieds de derrière appuyés sur un mont de trois coupeaux d'or.

N° 159. JEAN-RUDOLPHE THIERRING, bourgeois de la ville de Colmar ;

Porte d'azur à une bande d'argent, chargée de trois mouchetures d'hermine de sable.

N° 160. VALENTIN BRONNER, bourgeois de la ville de Colmar ;

Porte d'azur à un cor de chasse d'or, accompagné de trois besants de même.

N° 161. CHRISTIAN REICHSTETE, bourgeois de la ville de Colmar ;

Porte d'argent à trois pals d'azur.

N° 162. PHILIPPE TURNINGER, maître-tonnelier à Colmar ;

Porte d'argent à une tour de gueules, sommée d'un maillet de sable.

N° 163. JEAN-MICHEL GEYER, bourgeois de la ville de Colmar ;

Porte d'or à trois geais au naturel, deux et un.

N° 164. N..., femme de N... Hirsinger, bailli de la Préfecture royale de Keyzersberg ;

Porte d'argent à un sautoir de gueules, accompagné de quatre roses de même.

N° 165. Jean-Jacques-Richard Guenin, maire du village de Novillars ;

Porte d'azur à un léopard d'or.

N° 166. Jacques Caneau, directeur des postes à Colmar ;

Porte d'or à trois cannettes nageantes de sable, mal ordonnées.

N° 167. Anne-Elizabeth-Judith de Rotberg, femme de Antoine de Caruel, écuyer, capitaine de cavalerie au régiment de la Reine ;

Porte d'or à une fasce de sable.

N° 168. Pierre Chevalier, sieur de la Basinière, seigneur de Morvillars ;

Porte d'or à trois chaudrons de sable, deux et un.

N° 169. Jean Wietsner, prêtre, curé du village de Gandelsheim ; (Gundolsheim ?)

Porte de gueules à un calice d'or, et une flèche de sable en pal, brochante sur le tout.

N° 170. Jean-Baptiste Eguelin, prêtre, curé d'Orchevir près Sultz ;

Porte d'argent à deux fasces abaissées d'azur, surmontées d'un calice de gueules à dextre, et d'une fleur-de-lis d'azur à sénestre.

N° 171. Jacques Pipion, curé de Pfaffenheim ;

Porte de gueules à une main de carnation parée d'argent, mouvante du flanc sénestre d'une nuée de même, et supportant un calice d'or, surmonté de la figure de la Ste. hostie d'argent.

N° 172. N... de Ferette, écuyer ;

Porte de gueules à deux truites adossées d'or.

N° 173. N..., femme de N... de Ferette, écuyer ;

Porte d'argent à trois quintefeuilles d'azur, deux et un.

N° 174. La seigneurie du village neuf d'Huningue ;

Porte d'or à deux hallebardes de sable posées en pals.

N° 175. Jean-Thiebault Frey, prêtre, curé du village de Soulzmatt ;

Porte d'argent à un sauvage de carnation, couvert de feuilles de sinople, tenant sur sa main dextre un oiseau d'or, et posant son pied sénestre sur un globe d'azur.

N° 176. JEAN-HENRY DECKER, maître-imprimeur du roi au Conseil souverain d'Alsace ;

Porte d'azur à un griffon d'or, tenant entre ses deux griffes deux balles de gueules servant à l'imprimerie.

N° 177. La communauté des habitants du village d'Onenweyr ; (Hunawihr.)

Porte d'azur à une bande d'argent, chargée de trois cloches de gueules.

N° 178. NICOLAS HAXO, notaire royal établi au Conseil souverain et pays d'Alsace, et procureur audit Conseil ;

Porte d'azur à une fasce d'or, accompagnée de trois besants de même.

N° 179. MATHIAS SÉRAFFON, conseiller du roi, substitut de son procureur-général au Conseil souverain d'Alsace ;

Porte d'azur à trois fers de lance d'or, deux et un, et une étoile de même posée en abime.

N° 180. La communauté des habitants du village de Vetelsheim ; (Wettolsheim.)

Porte d'argent à une tortue de sable.

N° 181. MATHIEU CUSTER, bourgeois du village de Wetelsheim ;

Porte d'argent à un soc de charrue posé en pal, la pointe en bas, accosté des deux lettres M et K, le tout de sable.

N° 182. JEAN HENRY, prévôt du village de Wetelshem ;

Porte d'argent à une couleuvre ondoyante en pal de sinople, accostée des deux lettres H et H de sable.

N°s 183. La communauté des habitants du village de Roppe ;

Porte d'or à une croix de sable, cantonnée de quatre roues de même.

N° 184. NICOLAS NOEL, sergent royal au Conseil souverain d'Alsace ;

Porte de sable à un cerf passant d'or.

N° 185. La seigneurie de Landau, Niffer et Hombourg ;

Porte d'azur à un lion passant d'or.

N° 186. La communauté des habitants du village d'Obermorschwir ;

Porte d'azur à trois aigles d'or, deux et un.

N° 187. LAURENT SILLER, prévôt du village d'Obermorschwir ;
Porte d'or à un griffon de gueules.

N° 188. La commanderie de Colmar, Mulhausen et Soultz ;
Porte de gueules à une croix d'argent.

N° 189. JEAN-JOSEPH JONER, avocat au Conseil souverain d'Alsace, bailli du comté de Hanau ;
Porte écartelé au 1er et 4e d'azur à une corne de cerf d'or, couchée en fasce, coupé d'or à un chevron d'azur, au 2e et 3e de sable, à une licorne naissante d'argent.

N° 190. N..., prêtre, curé de la ville d'Amerschevir ;
Porte d'azur à une bande d'argent, chargée de trois croix au pied fiché de gueules.

N° 191. N... LADUBAR, prêtre, curé de la ville de Delle ;
Porte d'argent à deux fasces ondées d'azur, et deux bars adossés d'or, brochants sur le tout.

N° 192. La communauté des habitants du village de Ste-Marie-aux-mines ;
Porte d'azur à une Notre-Dame d'argent posant ses pieds sur une montagne d'or.

N° 193. N..., prévôt de Ste-Marie-aux-mines ;
Porte palé d'or, d'azur de six pièces.

N° 194. N..., femme de JEAN FATTET ;
Porte d'argent à trois fusées de gueules, deux et une.

N° 195. N... GOLDINA, ministre à Ste-Marie-aux-mines ;
Porte d'azur à un château d'argent sur une terrasse de sable.

N° 196. N... BRONNER, ministre à Ste-Marie-aux-mines ;
Porte d'azur à un cor de chasse d'or, accompagné de trois besants de même.

N° 197. N... MICHEL, ministre à Ste-Marie-aux-mines ;
Porte d'or à trois coquilles de sable, deux et une.

N° 198. DAVID DIVON, étapier à Ste-Marie-aux-mines ;
Porte d'azur à trois étoiles d'or, deux et une.

N° 199. ULRICH STEINTZ, maître-tanneur à Ste-Marie-aux-mines ;
Porte d'argent à un chevron de gueules, accompagné de trois tourteaux de sable.

N° 200. JEAN-JACQUES FISCHER, greffier de Ste-Marie-aux-mines;

Porte d'azur à une épée d'argent, garnie d'or, posée en pal, la pointe en bas.

N° 201. HENRY PETERZOLS, marchand-tanneur à Ste-Marie-aux-mines;

Porte de sable à trois fasces d'argent.

N° 202. SÉBASTIEN DROÜEL, procureur-fiscal à Ste-Marie-aux-mines;

Porte de gueules à un chevron d'or, accompagné de trois lozanges d'argent.

N° 203. JOANNES MANN, prévôt du village d'Oberherkem;

Porte d'or à trois pattes d'ours coupées de sable, deux et une.

N° 204. La communauté et confrairie des tonneliers de la ville de Keyzersberg;

Porte parti d'azur et de gueules, à deux maillets d'or, passés en sautoir, brochants sur le tout.

N° 205. La communauté et confrairie des boulangers de la ville de Keyzersberg;

Porte mi-parti au 1er d'azur à une demi-aigle d'argent, becquée et membrée d'or, mouvante de la partition, et au 2e de gueules à un lion d'argent.

N° 206. La communauté et confrairie des tanneurs de la ville de Keyzersberg;

Porte d'azur à un lion contourné d'argent sur un mont de trois coupeaux de sinople, et tenant entre ses deux pattes un couteau de tanneur d'argent.

N° 207. La communauté des habitants du village de Weyr, près Horbourg en haute-Alsace; (Wihr-en-Plaine.)

Porte d'azur à une tour d'argent donjonnée d'une tourelle de même, maçonnée de sable.

N° 208. La seigneurie de Foussemagny; (Foussemagne.)

Porte de gueules à un aigle à deux têtes d'argent, becqué et membré d'or.

N° 209. GABRIEL DE VERT, docteur en médecine à Ensishem;

Porte d'argent à un homme à demi-corps de carnation, vêtu de gueules, ses deux bras étendus, tenant chacun une palme de sinople.

Nº 210. MARIE-JUSTINE SCHVEBLIN, veuve de N... VOGEL, bailli d'Ensisheim ;

Porte coupé au 1er d'argent à un aigle s'essorant de sable, et au 2e d'azur à trois bandes d'or.

Nº 211. N..., prêtre, curé de Saint-Amarin ;

Porte d'argent à un sautoir de gueules.

Nº 212. La communauté des habitants d'Horbourg, Forche-wir, Bichewir et d'Urrenenzhem ; (Horbourg. Fortschwihr. Bischwihr. Durrenentzen.)

Porte d'or à une croix de gueules, cantonnée de quatre lions de sable.

Nº 213. La communauté des habitants du village de Soultz-bach-le-haut et le bas ; (Ober et Nieder-Soultzbach, arrondisse-ment de Saverne ?)

Porte d'argent aux deux lettres S et B de gueules, enfermées dans un cercle rayonnant de même.

Nº 214. JEAN MENTZER, marchand-boucher et bourgeois de la ville de Colmar ;

Porte d'azur à un rencontre de bœuf d'or, soutenu d'un croissant d'argent.

Nº 215. JEAN ADAM, sergent royal à Ribauvillers ;

Porte d'argent à un arbre de sinople, sénestré d'un griffon de gueules, rampant contre le fut de l'arbre.

Nº 216. JEAN DIEUDONNÉ, sergent royal à Ribauvillers ;

Porte de gueules à trois barres d'argent.

Nº 217. JEAN-MARTIN SCHILLING, cabaretier à Ribauvillers ;

Porte d'argent à une fasce de gueules, chargée de trois lozanges d'or.

Nº 218. HENRY KLINGEL, marchand-chirurgien à Ribauvillers ;

Porte de sable à un sautoir d'or.

Nº 219. HENRY GOBHARD, marchand-cordier à Ribauvillers ;

Porte d'or à trois roues de sable, deux et une.

Nº 220. VALENTIN SCHERER, conseiller du roi, et son bailli de l'ancienne et de la ville neuve de Brisack ;

Porte d'azur à trois roses d'or, tigées de sinople, mouvantes d'une terrasse de trois monticules d'or.

Nº 221. La communauté des habitants du village de Moussich ; (Mussig ?)

Porte d'argent à deux étoiles d'azur en chef et en pointe, une échelle de trois échelons de gueules, posée en pal.

N° 222. Hants-Adam Kenecht, prévôt du village de Pfaffenhem ;

Porte d'azur à trois têtes de léopard d'or, deux et une.

N° 223. La communauté des habitants de Bavilliers et Pérouze ;

Porte de sable à un lion d'or.

N° 224. La communauté des habitants de Chastenoy, Brignard et Dampierre ;

Porte d'azur à trois tours d'or, deux et une.

N° 225. La communauté des habitants du village de Giromagny ;

Porte d'argent à trois tours de gueules, pavillonnées de même et girouettées d'or, rangées sur une terrasse de même.

N° 226. La communauté des habitants de Chaux et La-Chapelle ;

Porte de sable à un aigle d'or.

N° 227. La communauté des habitants de Sermamagny et Gromagny ;

Porte d'azur à trois flèches d'or, ferrées d'argent, posées en pal et en sautoir, liées de gueules.

N° 228. La communauté de la Mairie d'Estufond ;

Porte d'or à deux chevrons de sable.

N° 229. La communauté des habitants de Méroux et Vézeloix ;

Porte d'azur à trois pommes de pin d'or, deux et une.

N° 230. La communauté de la mairie d'Argiessan ;

Porte d'azur à une fasce d'or, accompagnée de trois coquilles de même.

N° 231. La communauté des habitants d'Angert et Vautrimont ; (Angeot, Vauthiermont.)

Porte d'argent à deux lions affrontés de sable.

N° 232. La communauté des habitants d'Anjutin et Trétudent ; (Danjoutin. Trétudans.)

Porte d'or à deux loups d'azur passants l'un sur l'autre.

N° 233. La communauté des habitants du village de Chèvremont ;

Porte d'azur à un chevron d'or, accompagné en pointe d'une montagne de six coupeaux de même.

N° 234. La communauté de la mairie de Nouaillard; (Novillard.)

Porte d'azur à un arbre arraché d'or.

N° 235. La communauté des habitants du village de Bezoncourt;

Porte d'azur à trois couronnes d'or, posées en pal, l'une sur l'autre.

N° 236. PIERRE LAURENS, maire du village de Chastenoy;

Porte d'argent à un laurier de sinople terrassé de même.

N° 237. N..., maire du village de Giromagny;

Porte d'or à trois pals de sable.

N° 238. NICOLAS DONZÉ, maire du village de Vezelois;

Porte de gueules à trois fasces ondées d'or.

N° 239. THIEBAULT MALUSEAU, maire du village d'Argiesan;

Porte d'azur à trois flèches d'or, posées en pal, deux et une, et un oiseau de même posé en chef.

N° 240. NICOLAS FESTIER, maire du village de Vautirmont;

Porte d'argent à trois chevrons de gueules.

N° 241. Double emploi avec l'art. 165, du registre 4e du présent état;

N° 242. JEAN RICHARD, maire de Rougegoutte;

Porte d'azur à un chevron d'or, accompagné de trois besants d'argent.

N° 243. N... LIEBLIN, maire du village de Chaux;

Porte d'or à trois fasces ondées de gueules.

N° 244. THOMAS JUIF, maire du village de Chévremont;

Porte d'azur à trois croissants d'or, deux et un.

N° 245. N..., veuve de N... DE MONGÉ et GIROMAGNY;

Porte de gueules à une bande d'argent, chargée de trois merlettes de sable.

N° 246. N... POIROT, greffier des mines de Giromagny;

Porte d'azur à trois poires d'or, tigées et feuillées de même.

N° 247. N..., femme de N... DE FONTENELLE;

Porte de gueules à cinq besants d'or, posés en sautoir.

N° 248. N... DE FROTTÉ, femme de FRÉDÉRIC DE BOUGET;

Porte d'azur à une croix d'argent frettée de gueules.

No 249 Double emploi avec l'art. 156 du présent registre 4e.

No 250. PIERRE JACQUES, prêtre, curé de Chaux ;
Porte de sable à trois besants d'argent, deux et un.

No 251. JEAN HEYDET, maître de poste à Felon ;
Porte de gueules à un cor de chasse d'or.

No 252. NICOLAS VIOLARD, de Bessoncourt ;
Porte d'argent à une fasce de gueules, accompagnée de trois flammes de même.

No 253. N... SIBILLE, prêtre, curé du village de Chèvremont ;
Porte lozangé d'or et d'azur.

No 254. N... BAULME, prêtre, curé du village de Nouaillard ; (Novillard.)
Porte d'or à un arbre de sinople, surmonté de trois croisettes de gueules rangées en chef.

No 255. Le comté de Belfort ;
Porte d'azur à trois jumelles d'or.

No 256. JEAN CUNOT, marchand-bourgeois de Belfort ;
Porte d'or à trois têtes de lion arrachées de gueules, deux et une.

No 257. N... KRETZINGUER ;
Porte d'azur à deux chevrons d'or.

No 258. Double emploi avec l'art. 79 du présent registre 4e.

No 259. JEAN-PIERRE CHARDOUILLET, bourgeois de la ville de Belfort ;
Porte d'argent à un chardon de cinq fleurs de sinople, sur une terrasse de même, sommé d'un chardonneret au naturel, accosté de deux étoiles de gueules.

No 260. HENRY VERNER, bourgeois de la ville de Belfort ;
Porte d'or à un arbre de sinople.

No 261. PIERRE CHAPELLE, bourgeois de la ville de Belfort ;
Porte d'azur à trois croix recroisettées au pied fiché d'or, deux et une.

No 262. N... CAMUS, directeur de l'hôpital de Belfort ;
Porte d'or à une tête de More de sable.

No 263. N..., veuve de JEAN KELLER, bourgeois de Belfort ;
Porte d'argent à un sautoir de gueules, accompagné de quatre roses de même.

N° 264. MAURICE TESTU, bourgeois de Belfort ;

Porte d'azur à une tête humaine d'argent, surmonté d'un maillet d'or.

N° 265. N... DU FEAUX, bourgeois de Belfort ;

Porte d'azur à une foi d'argent parée de gueules, mouvante des deux flancs de l'écu.

N° 266. FRANÇOIS VIOLAND, bourgeois de Belfort ;

Porte d'azur à une fasce ondée d'argent.

N° 267. PIERRE PACHON, bourgeois de Belfort ;

Porte d'azur à trois cornes de cerf d'or, rangées en pals.

N° 268. N... CARPENTIER, maître-perruquier à Belfort ;

Porte de gueules à un pal d'argent accosté de deux lions affrontés d'or.

N° 269. N... GRIESSA, d'Essert ;

Porte d'azur à un griffon d'or.

N° 270. N..., femme de CHRISTOPHE DE REINACH ;

. . . .

N° 271. N..., prêtre, curé du village de Schlierbach ;

Porte d'azur à un pal d'argent, chargé d'un calice de gueules.

N° 272. VICTOR SCHIRBENEGG ;

Porte d'argent à une fasce de gueules, accompagnée de trois croisettes de même.

N° 273. BLAISE BOURRE, prêtre, curé du village de Hesguenem ;

Porte d'azur à un calice d'or, accompagné en chef de deux raisins d'argent et en pointe de deux gerbes d'or.

N° 274. JEAN-GEORGES SCHELDT, prêtre, curé du village neuf d'Huningue ;

Porte d'azur à un chevron d'or, accompagné de trois billettes d'argent.

N° 275. La communauté des habitants du village de Heidolsheim ;

Porte d'azur à deux pals d'or, et un aigle de sable, brochant sur le tout.

N° 276. La communauté des habitants du village de Bollviller ;

Porte de sinople à une bande d'argent, accompagnée de six merlettes d'or, posées en orle.

Nº 277. La communauté des habitants du village de Feldkirck ;

Porte d'azur à un lion d'or et une cotice de gueules, brochante sur le tout.

Nº 278. La communauté des habitants du village d'Ungershem ;
Porte d'azur à trois trèfles d'or, deux et un.

Nº 279. La communauté des habitants du village de Rexheim ; (Réguisheim ?)

Porte d'argent à un léopard rampant de sable.

Nº 280. La communauté des habitants du village de Flaxelande ;

Porte d'azur à un cerf passant d'or.

Nº 281. La communauté des habitants du village de Hemsbronne ; (Heimsprung.)

Porte d'argent à trois cors de chasse de gueules, deux et un.

Nº 282. N..., prévôt du village de Bollviller ;
Porte palé contrepalé d'or et d'azur.

Nº 283. JEAN-GEORGES MULLER, prévôt du village de Feldkirck ;

Porte d'or à une roue de sable, accompagnée de quatre étoiles de gueules, une en chef, une en pointe, et une à chaque flanc.

Nº 284. N..., prévôt du village d'Ungershem ;
Porte bandé d'argent et de gueules, de six pièces.

Nº 285. N..., prévôt du village de Rexhem ; (Reguisheim.)
Porte d'or à trois fasces d'azur.

Nº 286. N..., prévôt du village de Flaxelande ;
Porte d'azur à trois lions d'or, deux et un.

Nº 287. JEAN-MARC SCHLITZWECQ, prêtre, curé du village de Rexhem ;

Porte d'azur à un chevron d'or, accompagné de trois molettes de même.

Nº 288. JEAN-GEORGES SCHVINGRE, receveur de la seigneurie de Bollviller ;

Porte d'argent à une fasce d'azur, chargée de trois besants d'or.

Nº 289. JEAN BÉCLER, prêtre, curé du village d'Ungershem ;
Porte d'or à trois cigognes de gueules, becquées et membrées d'argent, deux et une.

Nº 290. JEAN-JACQUES BOUCHET, prêtre, curé du village de Feldkirck ;
Porte d'argent à trois pals de sable.

Nº 291. La communauté des habitants du village de Rueleshem ;
Porte d'azur à trois chevrons d'or.

Nº 292. La communauté des habitants de Wolffgantzen, Wolgelshem et Algolshem ;
Porte d'or à un chevron d'azur, accompagné de trois lions de sable.

MONTROYAL

SUIVANT L'ORDRE DU REGISTRE 1er.

N° 1er. N... DE BARS., commandant pour le service du roi en la ville et château de Trarback;

Porte écartelé au 1er et 4e d'azur à deux bars adossés de gueules, au 2e et 3e d'argent à six étoiles d'azur, trois, deux et une.

N° 2. N... DE HALLIER, DE L'HOSPITAL, major des ville et château de Traerback;

Porte de sable à un coq d'argent crèté et barbé de même sur un tertre de sinople, ayant une fleur-de-lis de gueules pendue à son col.

N° 3. LEBEUF, receveur des postes;

Porte d'azur à un chevron d'or, accompagné en chef de deux molettes d'argent, et en pointe d'un aigle éployé à deux têtes de même.

N° 4. PIERRE DUMASSE, major à Montroyal;

Porte d'argent à une tour de sable, maçonnée d'argent, surmontée d'un dextrochère de gueules, tenant un sabre de sable.

N° 5. JEAN-CHRYSOSTOME DE GRÉSILLEMONT, écuyer, conseiller du roi, commissaire ordinaire de ses guerres, ordonnateur à Montroyal;

Porte d'azur à une croix d'argent, chargée de cinq coquilles de sable.

N° 6. CHARLES DE GRÉSILLEMONT, conseiller du roi, commissaire ordinaire de ses guerres au département de Rion;

Porte de même qu'à l'art. précédent.

Nº 7. PELLETIER, lieutenant de l'artillerie de France, la commandant dans la province de la Sarre et à Montroyal ;

Porte d'azur à une fasce d'argent, chargée d'un croissant de gueules, et accompagnée de trois étoiles d'or, deux en chef et une en pointe.

Nº 8. FIERS, ingénieur en chef des fortifications du roi à Montroyal, ville et château de Traerbach ;

Porte d'azur à un chevron d'or, accompagné de trois trèfles de même.

Nº 9. COQUEBERT, aide-major de Trarback ;

Porte de gueules à trois coqs d'or, deux et un.

Nº 10. DESTINCALENFELZ, grand bailli du bailliage du bas comté d'Esponhem, séant à Trarback ;

Porte de sinople à un lion passant d'argent, couronné d'or.

Nº 11. JEAN-PHILIPPE DOFFUS, conseiller de M. le Cardinal de Fustemberg, et lieutenant au grand bailliage du bas comté d'Esponhem séant à Trarback ;

Porte écartelé au 1er et 4e échiqueté d'argent et de sable à une croix de gueules, brochante sur le tout, et au 2e et 3e d'or à trois pals de gueules, l'or chargé de quatre mouchetures d'hermine de sable.

Nº 12. N... HOUDOT, ex-écuyer de la maréchaussé de Montroyal ;

Porte d'azur à un lion naissant d'or, accosté de deux épées d'argent posées en pal.

Nº 13. DE LENS, médecin pour le roi à l'hôpital de Montroyal ;

Porte d'azur à un croissant d'or, surmonté d'une étoile de même, écartelé d'argent à une bande de gueules, chargée de trois roses d'argent, accompagnée en chef d'un cornet de sable.

Nº 14. JEAN-MATHIAS LANGOUST, receveur de M. le Prince palatin de Birckinfeld ;

Porte d'azur à un cœur d'or duquel sortent trois trèfles à longues tiges de même.

Nº 15. JEAN-CHARLES GASPARY, bourgeois du village de Traben ;

Porte d'azur à un épi de blé d'or.

No 16. Hélies Lauger, marchand-bourgeois de Trarback ;

Porte d'azur à un vaisseau flottant d'argent sur une mer de même, surmonté d'une fortune de carnation, tenant de ses deux mains un voile d'argent, volant sur sa tête.

No 17. Jean-Antoine Weilland, licencié ès-droits, conseiller de son Altesse Palatine de Birckinfeld ;

Porte d'azur à un vase d'argent duquel sortent trois roses de gueules tigées de sinople.

No 18. Anne-Catherine Bemelemeuse, veuve de N... Leroy, bourgeoise et hôtellière à Trarback ;

Porte d'azur à un dauphin couronné d'or, accosté des deux lettres A et R de même.

No 19. La ville de Trarback ;

Porte d'azur à une tour d'argent, maçonnée de sable.

No 20. N... de Canat, capitaine des portes de la ville de Montroyal ;

Porte d'argent à un chevron d'azur, accompagné de trois quintefeuilles de gueules, deux en chef et un en cœur, et en pointe d'une canne d'azur nageant dans un marais de sinople.

No 21. René-François Dupuis, fermier des postes de Montroyal ;

Porte d'azur à un puits d'argent duquel sort un rosier de sinople fleuri de roses de gueules.

No 22. François Carlot, grand bailli de Kerckbrocq, et contrôleur des passedroits du roi de Montroyal ;

Porte d'azur à un chevron d'or, accompagné en chef de deux croissants d'argent, et en pointe d'une gerbe d'or.

No 23. N... de Massassis, garde-magasins et provisions du roi à Montroyal ;

Porte d'or à deux cœurs unis de gueules, mouvants d'une flamme de même, et produisant diverses fleurs au naturel.

No 24. De Courroy, aide-major à Montroyal ;

Porte d'or à un chevron de sable, accompagné de trois merlettes de même.

Nº 25. JEAN-BAPTISTE THIBAULT, commissaire des vivres à Montroyal ;

Porte d'argent à deux bandes de gueules, accompagnées de neuf mouches de sable posées trois, trois et trois.

Nº 26. JEAN LABBÉ, prévôt de la maréchaussée de Montroyal ;

Porte d'argent à une fasce de gueules, accompagnée de trois canettes de sable, deux en chef et une en pointe.

SARLOUIS

SUIVANT L'ORDRE DU REGISTRE 1er.

—

Nº 1. JACQUES REMY DUPILLYARD, écuyer, sieur de Requin, conseiller du roi, président, lieutenant-général civil et criminel au bailliage et siége présidial de Sarlouis ;

Porte d'azur à un pilier d'argent sommé de trois flammes au naturel, composées de trois pointes chacune.

Nº 2. FRANÇOIS-ERNEST KOELLER, conseiller du roi, 1er président au bailliage et siége présidial de Sarlouis ;

Porte d'azur à trois pals d'argent et un écusson d'or en cœur, brochant sur le tout, et chargé d'une tête de lion arrachée de gueules.

Nº 3. JEAN-DANIEL MORLIN DE DALENT, chevalier, sieur de Framberg ;

Porte d'argent à un More de sable, tenant en sa main dextre un épi d'or, et un chef parti au 1er de gueules à une croix d'argent, et au 2e d'or à une tour d'azur.

Nº 4. SÉBASTIEN THOMIN, de la ville de Sarlouis ;

Porte d'azur à une fasce d'argent, chargée de quatre sautoirs de gueules et accompagnée de six étoiles d'or, rangées trois en chef et trois en pointe.

Nº 5. PHILIPPE-EVRARD DE VAULX, écuyer, seigneur d'Achy;

Porte d'argent à deux bars adossés de gueules.

Nº 6. GUILLAUME KLOCKER, prévôt de Gravendalle ;

Porte d'azur semé de fleurs-de-lis d'or, et un franc quartier d'argent, chargé de trois croissants de gueules, deux et un.

Nᵒ 7. FRÉDÉRIC DE MÉTERNICK, seigneur en partie de Château rouge ;

Porte d'argent à trois coquilles de sable.

Nᵒ 8. FRÉDÉRIC HERNEST D'HELTS, seigneur en partie de Château rouge ;

Porte de gueules à un lion naissant d'argent, coupé aussi d'argent.

Nᵒ 9. L'abbaye de Wergasse ;

Porte d'azur à une ancre d'argent, la stangue accolée d'un serpent de sinople et accostée de deux étoiles d'or.

Nᵒ 10. La ville de Saaralbe ;

Porte parti de deux, coupé d'un, ce qui fait huit quartiers ; le 1er fascé d'argent et de gueules de huit pièces, le 2ᵉ d'azur semé de fleurs-de-lis d'or, brisé en chef d'un lambel de quatre pendants de gueules ; le 3ᵉ d'argent à une croix potencée d'or cantonnée de quatre croisettes de même ; le 4ᵉ d'or à quatre pals de gueules ; le 5ᵉ d'azur semé de fleurs-de-lis d'or à une bordure de gueules ; le 6ᵉ d'azur à un lion d'or couronné de même ; le 7ᵉ d'or à un lion de sable, couronné de gueules, et le 8ᵉ d'azur semé de croix recroisettées au pied fiché d'or, à deux bars adossés de même, et sur le tout d'or à une bande de gueules, chargée de trois alérions d'argent.

HOMBOURG

—

N° 1er. DE FUMERON, conseiller du roi, commissaire ordonnateur en la province de la Sarre ;

Porte d'azur à un chevron d'or, accompagné de trois étoiles d'argent.

N° 2. N... BERTON, sieur de Quenonville, capitaine au régiment de Dragons de Montallet;

Porte d'azur à un chevron d'or, accompagné en chef de deux étoiles aussi d'or.

N° 3. DE TALARU DE CHALMAZEL, brigadier des armées du roi ;

Porte parti d'azur et d'or à une bande de gueules, brochant sur le tout.

N° 4. NICOLAS PERRIN, chevalier et commandeur de l'ordre de Malte, abbé commendataire de l'abbaye de Notre Dame de Freisteoff, lieutenant de roi, commandant pour le service de Sa Majesté au gouvernement de Hombourg ;

Porte d'azur à une épée d'argent posée en pal, la pointe en haut, la poignée d'or, couronnée de même, et accostée de deux fleurs-de-lis d'or, et un chef cousu de gueules, chargé d'une croix de Malte d'argent.

TABLE DES NOMS

CONTENUS DANS L'ARMORIAL DE LA GÉNÉRALITÉ D'ALSACE.

A.

B.

C.

D.

E.

F.

G.

H.

N.

O.

P.

Q.

R.

S.

T.

U.

V.

W.

Y.

Z.

SEIGNEURIES ET COMTÉS.

BAILLIAGES.

VILLES. — VILLAGES. — COMMUNAUTÉS D'HABITANTS.

COMMUNAUTÉS D'ARTS ET MÉTIERS.

ALTKIRCH.

La com^té des cordonniers, 281.
— des maçons et charpentiers, 281.
La confrérie des tailleurs et tisserands, 311.

ANWEILLER.

La com^té des boulangers, 80.
— des cordonniers, 130.
— des drapiers, 150.
— des tanneurs, 80.

BENFELD.

La com^té des maçons et charpentiers, 148.
— des pêcheurs, 155.
— des tailleurs et cordonniers, 148.
— des tisserands, 142.

BERGZABERN.

La com^té des bouchers, 158.
— des boulangers, 158.
— des charpentiers, 158.
— des cordonniers, 158.
— des maréchaux, 158.
— des tisserands, 158.

BISCHWILLER.

La com^té des bouchers, 71.
— des cordonniers, 71.
— des maîtres du grand métier, 70.

La com^té des passementiers, 70.
— des tailleurs, 70.
— des tisserands, 70.

BOUXWILLER.

La com^té des marchands drapiers, 207.
— des marchands merciers, 188.
— des vitriers, meuniers, serruriers et potiers, 241.

BRISACH.

La com^té des bateliers, 304.
— des bouchers, 254.
— des boulangers, 256.
— des cordonniers, selliers et tanneurs, 245.
— des pêcheurs, 296.
La confrérie des potiers de terre, 327.

COLMAR.

La com^té des briquiers et tuiliers, 295.
— des maréchaux, 295.

ERSTEIN.

La com^té des cordonniers, 27.
— des laboureurs, 150.
— des pêcheurs, 5.
— des tisserands, 54.

LA PETITE-PIERRE.

La comté des charpentiers , 64.
— des maréchaux , 64.
— des tailleurs , 64.
— des tisserands , 64.

LAUTERBOURG (BAILLIAGE).

La comté des bouchers, boulangers
et meuniers , 36.
— des cordonniers , 36.
— des maréchaux , 35.
— des potiers de terre , des
serruriers, menui-
siers, charpentiers
et maçons , 35.
— des tailleurs , 36.
— des tisserands , 36.

LAVANTZENAU.

La comté des pêcheurs , 45.
— des potiers de terre , 45.
— des tisserands , 45.

MARLENHEIM.

La comté des charpentiers , 205.
— des tonneliers , 202.

MOLSHEIM.

La comté des boulangers , 42.
— des cordonniers , 42.
— des Jésuites , 74.
— des maçons , 42.
— des maréchaux , 42.
— des meuniers , 42.
— des tailleurs , 42.
— des tisserands , 42.
— des tonneliers , 41.

MUTZIG.

La comté des maîtres tonneliers, 56.

OBERNAY.

La comté des bouchers , 116.
— des boulangers , 116.
— des tailleurs , 116.
— des tanneurs , 116.
— des tonneliers , 116.

PHALSBOURG.

La comté des bouchers , 6.
— des boulangers , 6.

RHINAU.

La comté des laboureurs , 175.
— des pêcheurs , 174.

RIBAUVILLÉ.

La comté des chirurgiens , 273.
— des cordonniers , 340.
— des tanneurs , 340.

ROSHEIM.

La comté des boulangers et meuniers , 156.
— des tonneliers , 148.

ROUFFACH.

La comté des bouchers et jardiniers,
282.

SCHLESTADT.

La comté des boulangers et meuniers , 282.
— des chirurgiens , 282.
— des cordonniers , 282.
La confrérie des laboureurs , 321.
La comté des maréchaux, 282.
La confrérie des pêcheurs , 321.
La comté des tanneurs, 282.
— des tonneliers et bateliers,
282.

TRIBUS. — CONFRÉRIES.

CORPS DIVERS.

MAIRIES.

SCEAUX ET CACHETS.

HOPITAUX ET FONDATIONS.

ÉVÊCHÉ. — OFFICIALITÉS. — PRÉVOTÉS.

FABRIQUES.

ABBAYES.

CHAPITRES.

PRIEURÉS.

COMMANDERIES.

COUVENTS.

PAROISSES ET CURES.